Werner Conze
Ostmitteleuropa

Vorwort

Das hier veröffentlichte Manuskript aus dem Nachlaß Werner Conzes ist einem der großen Probleme gewidmet, über die Conze sein ganzes Historikerleben lang nachgedacht hat: Ostmitteleuropa als, wie er sagte, «geschichtlicher Raum» in dem historischen Prozeß des zweiten nachchristlichen (des europäischen) Jahrtausends. Conze wollte mit dieser Arbeit im Alter an seine Anfänge anknüpfen und versuchen, «die Geschichte Ostmitteleuropas mit seinem sozialgeschichtlichen Instrumentarium neu zu deuten» (R. Koselleck). Der fragmentarische Charakter der Arbeit, die im 18. Jahrhundert abbricht und auch ohne Anmerkungsapparat geblieben ist, beeinträchtigt in keiner Weise das Erfordernis, diese tiefschürfenden strukturgeschichtlichen Betrachtungen einer europäischen Geschichtsregion der interessierten Fachwelt zugänglich zu machen.

Den wissenschaftlichen Apparat nachzuarbeiten, wäre – bei der Belesenheit Conzes – sehr zeitaufwendig gewesen und hätte die Publikation des Manuskripts noch auf lange Zeit hinausgezögert. Ich habe darum zu der Aushilfe eines kleinen bibliographischen «Nachworts» gegriffen, in dem die allerwichtigste Literatur zu Ostmitteleuropa im ganzen und zu den einzelnen Kapiteln des Buches nachgewiesen ist. Das eigentliche Nachwort aber ist Werner Conze als Osteuropahistoriker gewidmet, als welcher er sich in diesem nachgelassenen Manuskript auf jeder Seite erweist.

Mein herzlicher Dank gilt Frau Gisela Conze dafür, daß sie mir die Herausgabe dieses Buches anvertraut hat. Danken möchte ich auch Herrn Dr. Michael G. Müller, der, wie immer, ein unentbehrlicher Ratgeber bei der Arbeit an dieser Edition war, Herrn Dr. Christian Lübke für seine redaktionelle Hilfe sowie Frau Hella Zimmer, die mit der ihr eigenen Präzision die Textverarbeitung gemeistert hat.

Berlin, im Sommer 1991   *Klaus Zernack*

Inhalt

Anhang

Einleitung

In den folgenden Betrachtungen soll von einem geschichtlichen Raum, von einem Teil Europas von spezifischer Eigenart die Rede sein. «Geschichtlicher Raum» meint, daß die hier vorgestellte Region durch *historische* Merkmale und damit als ein Ergebnis der Geschichte, nicht aber physisch-geographisch abzugrenzen ist. Alle Versuche, den Raum des östlichen Mitteleuropa oder Mitteleuropas im ganzen natürlich erd-räumlich zu begrenzen, sind fehlgeschlagen, weil es stets nur bei subjektiv begründeten Entwürfen geblieben ist, aus denen keine allgemeine Übereinstimmung gewonnen werden konnte. Das ist nicht erstaunlich. Denn ein Blick auf die Karte Europas zeigt, daß sich ein mittleres oder gar ein östlich-mittleres Europa nirgends überzeugend zusammenfassen und umgrenzen läßt. Physisch-geographisch ließe sich allenfalls an eine Zweiteilung denken, die durch die Gebirgszüge des Erzgebirges, der Sudeten und der Karpaten bestimmt werden könnte. So ließe sich ein Südost-Europa herausheben, während im Norden die niederländisch-norddeutsche Tiefebene ungehindert in die große osteuropäisch-eurasische Landmasse ausläuft.

Trotzdem wird – nicht nur im Deutschen – von «Mitteleuropa» und «Ostmitteleuropa» mehr als in einem nur beiläufigen Sinne gesprochen. Das Bedürfnis dazu ist nicht geographisch, sondern politisch-historisch begründet. Die Wort- und Begriffsgeschichte der beiden Bezeichnungen belehrt uns darüber, daß es sich um eine junge Terminologie handelt. Nach einem gewissen Vorlauf im 19. Jahrhundert wurde «Mitteleuropa» erst im Ersten Weltkrieg, «Ostmitteleuropa» erst nach 1918 in den historisch-politischen Wortschatz übernommen.

Das Wort «Mitteleuropa» kam 1849/50 auf, als es darum ging, zunächst zollpolitisch einen über die bestehenden Staaten hinausgehenden großen Wirtschaftsraum zu schaffen, der alle deutschen Staaten und dazu die nicht zum Deutschen Bund gehörenden Teile des Kaiserreichs Österreich umfassen sollte. Dies vom österreichischen Ministerpräsidenten Fürst Felix von Schwarzenberg und seinem Handelsminister v. Bruck angestrebte Ziel eines «mitteleuropäischen» 70 Millionen-Bundes scheiterte zwar am preußischen Widerstand, aber die «Mitteleuropa»-Idee blieb von da an in Erinnerung und war geeignet, wenn die Umstände dazu herausforderten, auf die politische Tagesordnung gesetzt zu werden. Das geschah 1879 im Zusammenhang mit der Hinwendung Bismarcks zu Österreich-Ungarn und schließlich, scheinbar höchst aussichtsreich, wenn auch grundsätzlich und im einzelnen umstritten, im Weltkrieg 1914–18. Durch Friedrich Naumanns schnell weit verbreitetes Buch «Mitteleuropa» wurde das Wort zum Begriff einer von den beiden «Mittelmächten» ausgehenden mitteleuropäischen Bundesordnung, der auch westliche Gebiete des Russischen Reiches, mindestens Polen und die baltischen Länder eingefügt werden sollten. Drückte der «Mitteleuropa»-Begriff solcherart eine übernationale politische Ordnung aus, in der Nationen und Nationalitäten zu ihrem Rechte kommen sollten, so haftete ihm an der Seite der Kriegsgegner Deutschlands von vornherein der Makel eines kontinentalen «Imperialismus» der Mittelmächte an. Darum war der Begriff nach der Niederlage der beiden Kaiserreiche und dem Zusammenbruch Österreich-Ungarns belastet und galt vielfach als verbraucht.

Dagegen drängte sich angesichts der europäischen Nachkriegsordnung der Begriff eines besonderen östlichen Mitteleuropa auf, da infolge der territorialen Zurückdrängung des Deutschen Reiches und Österreichs im Westen, des Russischen Reiches im Osten eine Zone neuer souveräner (National-)Staaten entstanden war. Diese waren gemeinsam dadurch gekennzeichnet, daß sie im Machtvakuum der ehemaligen drei Großmächte aufgetaucht waren, ihre Existenz den westlichen Siegermächten verdankten und unter großen politisch-wirtschaftlichen Schwierigkeiten bestrebt waren, sich als Nationalstaaten in einem Raum zu festigen, in dem es bisher keine Nationalstaaten gegeben hatte und nach verbreiteter Meinung auch nicht würde geben können. Diese Zone neuer Klein- und Mittelstaaten vom Balkan bis nach Finnland ist von Frankreich aus als ein «cordon sanitaire» sowohl gegen die mögliche deutsche wie die mögliche russische Gefahr gedacht gewesen. Daß diese französische Sicherheitszone, die z. T. durch ein an Frankreich angeschlossenes Bündnissystem gestützt wurde, nicht als «mitteleuropäisch» mit den daran haftenden deutschen Erinnerungen, aber auch nicht als «osteuropäisch», da an Rußland gemahnend, belastet werden durfte, lag auf der Hand. So begann der jetzt zum ersten Mal in der Geschichte naheliegende Begriff «Ostmitteleuropa», wenn auch zunächst meist nur zögernd gebraucht, aufzukommen.

Der Agrarwissenschaftler Max Sering, der im Jahre 1917 ein Buch unter dem Titel «Westrußland in seiner Bedeutung für die Entwicklung Mitteleuropas» veröffentlicht hatte, gab 1930 einem neuen Buch die Überschrift «Die agrarischen Umwälzungen im außerrussischen Osteuropa», sprach aber dann im Text auch vom «östlichen Mitteleu-

ropa» und ließ seine Unsicherheit in der Benennung für den unge-
wohnt zerstückelten Raum auch noch durch den Zusatz erkennen.
«Der lange Streifen zwischen Mittel- und Osteuropa, auch ‹Zwischeneuropa› genannt».

Dieser von dem Geographen Albrecht Penck 1915 geprägte Begriff
bot sich in den 20er Jahren an und wurde vielfach übernommen, so von
Giselher Wirsing in dem Buch «Zwischeneuropa und die deutsche Zukunft» von 1932. Der dem «Tat-Kreis» zugehörige Publizist wollte
«Mitteleuropa» allenfalls geographisch, also entpolitisiert gebrauchen,
da ihm dieses Wort, auch in seiner Einschränkung auf den Osten, als
Ausdruck einer vergangenen «Kriegsideologie» kompromittiert erschien.

Zwischen 1939 und 1948 verlor Ostmitteleuropa als «Zwischeneuropa» seine Aktualität. Es wurde zuerst durch die Eroberungen des
nationalsozialistischen Deutschen Reiches und dann durch die Rote
Armee der Sowjetunion überwalzt. Die Begegnung amerikanischer
und sowjetischer Truppen am 25. April 1945 in Torgau an der Elbe
symbolisierte die weltgeschichtliche Entscheidung, daß es von nun an
– und noch bis auf den heutigen Tag – weder Mitteleuropa noch Ostmitteleuropa als politische Regionen mehr geben und auch als politische Leitziele nicht mehr geben sollte. Der «Eiserne Vorhang» durchschnitt und durchschneidet das mittlere Europa, und Ostmitteleuropa
ist zum westlichen vorgeschobenen Gebiet direkter oder indirekter russischer Herrschaft geworden.

Selbstverständlich war es, vom Westen aus gesehen, nie das Ziel des
Krieges, der von Großbritannien und Frankreich am 3. September
1939 ausdrücklich für die Behauptung der Freiheit Polens erklärt worden war, diese Nation und weitere Völker Ostmitteleuropas der Sowjetunion auszuliefern. Alle diese Völker erhofften sich vom Kriegs-
ausgang ihre Befreiung, und es lag nahe, daß sie dabei an die politische
Ordnung anknüpften, wie sie zwischen den Kriegen gegolten hatte.
Ihre Emigranten in den westlichen Ländern, vornehmlich in den Vereinigten Staaten, suchten sich international für diese Erwartungen Ge-
hör zu verschaffen. Die Begriffe Mitteleuropa und Ostmitteleuropa
wurden dabei in den Vordergrund gerückt, und das Faktum ihrer
Eigenart und Zusammengehörigkeit wurde historisch untermauert. Es
ist bezeichnend, daß 1941 in den Vereinigten Staaten eine Zeitschrift
mit dem Titel «Journal of Central European Affairs» von amerikani-
schen und britischen Historikern gegründet wurde, in der Politiker,
Publizisten und Historiker mittel- oder ostmitteleuropäischer Völker
zu Wort kommen sollten. Im ersten Heft dieser Zeitschrift, im April

1941, stellte Eduard Beneš, der Präsident der tschechoslovakischen
Exilregierung in London, das politische Programm eines «New Cen-
tral Europe» dem neuen Unternehmen voran. Beneš bezog sich auf die
gemeinsame Erklärung der tschechoslovakischen und der polnischen
Exilregierung vom 11. November 1940 und forderte nicht nur eine
Föderation dieser beiden ehemaligen und künftigen Staaten, sondern
weiterer ostmitteleuropäischer Länder als Ziel für die Zukunft. Die
Brüchigkeit der politischen Ordnung Ostmitteleuropas zwischen den
Weltkriegen sollte hinkünftig vermieden, die nationalstaatliche Auf-
splitterung und Konfliktsvielfalt durch einen Staatenbund überwölbt
werden. Auch Österreich sollte als eine von den Deutschen unterschiedene Nation einbezogen werden.

Die Idee eines ostmitteleuropäischen Bundes freier Völker ging in
der Mächtekonstellation der Endkriegsphase 1944/45 unter. So scheinen Mittel- und Ostmitteleuropa als politische Begriffe auf die Epoche
der Weltkriege 1914 bis 1945 beschränkt gewesen zu sein. Doch ent-
spräche ein solches Urteil nur den offiziellen Sprachregelungen des
Status quo der Nachkriegszeit. Sehen wir historisch tiefer und beach-
ten dabei die Geschichte Ostmitteleuropas seit 1945, so ist unzweifel-
haft deutlich, daß die Problematik des ostmitteleuropäischen Raums
und seiner Nationen geschichtlich keineswegs abgetan ist. Offenbar ist
die alte Frage «Rußland und Europa», die von der russischen Intelligenz des 19. Jahrhunderts immer von neuem aufgewühlt worden ist,
mehr gewesen als nur eine ideologisch überhöhte, ergebnislose Dauerdiskussion in geschichtsphilosophischer Erregung. Obgleich grausam
vollendete Tatsachen geschaffen worden sind, ist Ostmitteleuropa eine
offene Frage geblieben. Das fordert dazu heraus, es in seinen tiefer
liegenden geschichtlichen Wurzeln aufzusuchen und damit über eine
vordergründige Aktualität hinaus verständlich zu machen.

Einen geschichtlich jungen, modernen Begriff für einen politisch
verstandenen Raum zeitlich weit zurückzuverfolgen und sich dabei des
Bildes der Wurzel zu bedienen, ist auf den ersten Blick methodisch
bedenklich. Ein solches Vorgehen muß begründet und erläutert werden. Auf keinen Fall kann es darum gehen, das «Mitteleuropa» der
Epoche der Weltkriege weit zurückzuverlegen, so wie z. B. eine «Geschichte der Tschechoslovakei» bis ins Mittelalter zurück dargestellt
oder die Geschichte der Deutschen von Hermann dem Cherusker an
gesehen worden ist. Eine entsprechende Rückverschiebung läßt sich
zudem für Mitteleuropa oder Ostmitteleuropa schon deswegen nicht
durchführen, weil zwischen 1914 und 1948 sehr gegensätzliche Vorstellungen und Wertungen mit dem Terminus verbunden worden sind.

Jegliche Rückbeziehung von politischen Gegenwartsbegriffen auf vergangene Strukturen und Konstellationen widerspricht einer sauberen historischen Methode und ist daher zu vermeiden. Dieser methodische Grundsatz brauchte nicht besonders hervorgehoben zu werden, wenn er nicht fortgesetzt – nicht nur in Geschichtsbüchern für Touristen oder in publizistischer Polemik, sondern auch von Universitätshistorikern – verletzt würde. Im ostmitteleuropäischen Kampffeld der gegeneinander wirkenden Nationalismen liegt diese Versuchung besonders nahe. Die Geschichte Ostmitteleuropas ist im Zeitalter der modernen Nationalbewegungen stets vielfältig kontrovers gesehen und gewertet worden, je nach der nationalen Voreingenommenheit und Parteilichkeit der Verfasser. Die von ihrer jeweiligen Gegenwart her geprägten Positionen in ihrer Relativität zu sehen, dabei aber auch die jeweilige Berechtigung national einseitiger Stellungnahmen historisch zu verstehen, ohne für eine von ihnen Partei zu ergreifen, ist die ausdrücklich hier zu Beginn erklärte Absicht unserer Darstellung.

Doch damit ist die Frage nicht beantwortet, ob und inwiefern es berechtigt sei, von einer spezifisch geschichtlichen Region «Ostmitteleuropas» innerhalb der europäischen Geschichte im ganzen zu sprechen. In einigen Thesen soll angedeutet werden, wie diese Frage beantwortet werden kann.

Vorab sei an die naturräumlich bestimmenden Konstanten erinnert. Sie sind grundlegend, auch wenn nicht von ihnen aus der geschichtliche Raum begriffen werden soll. Dieser Raum, in dem sich die Geschichte abgespielt hat, ist durch die Ostsee und das Adriatische Meer begrenzt. Die Seehäfen spielten mit ihrem Handel eine erhebliche Rolle im europäischen Ost-West-Verkehr, so etwa die Hansestädte im Norden, Venedig im Süden. Sie wirkten aber nur peripher, besonders dort, wo größere Flußläufe erleichternd hinzukamen, in die weite Landmasse hinein. Die Karpaten schlossen das Donaubecken von den großen Ebenen im Norden und Osten ab. Diese Naturgrenze kam einer Scheidelinie gleich, die sich historisch sowohl in Siedlungsbewegungen als auch in Staatsbildungen ausgewirkt hat. Doch wurde sie mehrfach von einbrechenden östlichen Reitervölkern, nachhaltig wirksam von den Ungarn, überwunden. Abgesehen von der Karpatenlinie gab es keine natürlichen Trennungslinien im großen Raum, dessen Grenzräume nach Westen und Osten veränderlich gewesen sind, je nach den wirkenden Kräften, aber auch je nach den Perspektiven, unter denen wechselnde politische Raumbildungen gesehen worden sind.

Von einem östlichen Mitteleuropa kann erst dann gesprochen werden, als «Europa» sichtbar, d. h. christliche Kirche und die mit ihr verbundene Kultur wirksam wurde. Das geschah in den Jahrhunderten vom Ausgang des Römischen Reiches bis zur Vollendung der Christianisierung im hohen Mittelalter. Auf die von Süden kommende kulturelle Einfügung der Gebiete zwischen Adria und Donau folgte seit der Regierungszeit Karls des Großen die west-östliche Einbeziehung durch Mission und politische Herrschaftsbildung. «Europa» wurde also zuerst von Süden in der vom Römischen Reich erreichten Begrenzung und sodann weiter ausgreifend vom Fränkischen Reich aus nach Osten in einen scheinbar grenzenlosen Raum hinein vorgeschoben.

Dabei fiel eine erste historische Entscheidung, die konstitutiv für die Herausbildung eines besonderen östlichen Mitteleuropa wurde: die Missionierung des Kiever («russischen») Reichs durch Byzanz und damit die Prägung eines sich von nun an, d. h. seit dem 10. Jahrhundert, vom «römischen» Europa kirchlich und kulturell abhebenden Ostens. Damit war, vom Westen aus gesehen, die Grenzenlosigkeit aufgehoben. Bei den Südslaven ist schon früher, im 9. Jahrhundert, die Abgrenzung zwischen Rom und Byzanz konfliktreich festgelegt worden. Dem römisch-christlichen Europa wurde also im Osten überall da Einhalt geboten, wo die byzantinisch-christliche Kirche sich fest begründete. Die «lateinisch»-«griechische» Missions- und Kirchengrenze wurde für das kommende Jahrtausend zur Trennungslinie zwischen Mittel- und Osteuropa.

Wenig später, im und um das Jahr 1000 fiel eine zweite kirchenorganisatorische Entscheidung, die uns veranlaßt, von dieser Zeit an ein östliches Mitteleuropa auch nach Westen hin, wenn auch in geringerer Schärfe abzugrenzen. War bis zum 10. Jahrhundert die Christianisierung nach Osten hin von Aquileja, Salzburg mit den bayerischen Bistümern Regensburg und Passau, sowie seit der Mitte des 10. Jahrhunderts im Norden von Magdeburg, schließlich auch von Prag ausgegangen, so wurde nun durch die Gründung der Erzbistümer Gran für Ungarn und Gnesen für Polen einer weiteren Ausdehnung der ostfränkisch-deutschen Reichskirche im Osten Einhalt geboten. Gran und Gnesen standen von nun an als römische Kirchenprovinzen außerhalb des deutschen Königreichs und der deutschen Erzbistümer an der Ostgrenze der «lateinischen» Kultur. In enger Verbindung mit den Diözesen im Westen, aber doch von diesen deutschen Zentren deutlich abgehoben, wurden sie zu Mittelpunkten kirchlich-nationaler Eigenständigkeit. Sie waren damit unterschieden sowohl vom Bistum Prag, das der Mainzer Kirchenprovinz eingefügt wurde, als auch, seit dem 13. Jahrhundert, vom Erzbistum Riga, das im deutschen Zusammenhang stand. Polen und Ungarn wurden aufgrund dieser kirchlich-politischen

Entscheidungen seit der Jahrtausendwende die führenden Nationen im östlichen Mitteleuropa zwischen Deutschen und Russen.

Nirgends sind Kirche, Königtum und «natio» so eng verbunden gewesen wie in Polen und Ungarn. Vergleichbar war dem nur die Deckung von böhmischer Krone und böhmischem Bistum (Prag). Doch wurde Böhmen politisch und kirchlich schon im 10. Jahrhundert dem Reich eingeordnet. Dieser Fall zeigt ebenso wie die schon erwähnte Gründung des Erzbistums Riga, daß es ein nutzloses und sinnwidriges Unterfangen sein würde, für das Hochmittelalter ein östliches Mitteleuropa nach Westen hin aufgrund politischer und kirchlicher Grenzen abzuschneiden. Der moderne Begriff «Ostmitteleuropa» ist unter politisch-historischen und kirchengeschichtlichen Kriterien auf das Mittelalter und auch auf die folgende Zeit bis zum 19. Jahrhundert kaum anwendbar.

Statt dessen bietet die Siedlungsgeschichte, die in ihren Verläufen selbstverständlich nicht von der kirchlichen und politischen Geschichte zu isolieren ist, einen Zugang. In ihr verbinden sich die mittelalterlichen Ursprünge mit der spezifisch ostmitteleuropäischen Problematik des 19. und 20. Jahrhunderts. Oder anders gesagt: diese Problematik kann nur verstanden werden, wenn die Entstehung der sprachlichen und ethnischen Vielfalt des Raumes in den Blick genommen wird. Die Besiedlung und die Siedlungsverteilung zu erklären, heißt dann zugleich, die politisch-sozialen Strukturen zu entdecken und solcherart sich schließlich doch auch wieder den Entscheidungen und Wandlungen der politischen Geschichte zuzuwenden. Gehen wir siedlungs- und strukturgeschichtlich vor, so kommen wir nicht nur den Ursachen für die nationalen Spannungen des 19. und 20. Jahrhunderts auf die Spur, sondern gelangen auch zu politisch-sozialen Indikatoren für die Eigenart des in Frage stehenden Raumes bis zu den Anfängen im 9. und 10. Jahrhundert.

In dieser Zeit, als die west-östlich getrennte Christianisierung zwischen Prag und Kiev zum Durchbruch kam, war der weite Raum östlich des Ostfränkisch-deutschen Reichs, soweit er schon kultiviert war, fast gänzlich von slavischen Stämmen besiedelt.

Dies war für sie als Bauern weitgehend in erzwungener Symbiose mit dem Reitervolk der Awaren geschehen, das von der Mitte des 6. Jahrhunderts an Südosteuropa lange Zeit vollständig beherrscht hatte. Nach der Niederlage der Awaren vor Byzanz im Jahre 626 wurde und blieb ihre Macht aber eingedämmt, und nachdem sie von Karl dem Großen Ende des 8. Jahrhunderts besiegt worden waren, haben sie offenbar ihre nomadische Heeresverfassung aufgegeben und erlagen der

Assimilierung durch Verschmelzung mit den weit zahlreicheren Slaven.

Diese haben nie eine politische Einheit gebildet oder gar den Versuch zu einer slavischen Großreichsbildung unternommen, wozu sie aufgrund ihrer Stammes- und Agrarverfassung nicht fähig gewesen wären. Auch war ihre sprachliche Differenzierung weit vorgeschritten. Sie befanden sich überall im Übergang von kleineren Stämmen zu größeren Fürstenherrschaften, gerieten dabei aber in ihren westlichen Siedlungsgebieten zwischen Ostsee und Adria, wechselhaft, unter die Oberhoheit der Bayern im Süden, der Sachsen im Norden.

Zudem wurde durch große Siedlungsbewegungen vom 9. bis zum 14. Jahrhundert bewirkt, daß die Slaven aufhörten, das einzige, wenn auch in sich unterschiedene Volkstum im östlichen Mitteleuropa zu bilden. Um 896 brach das ugrisch-türkische Reitervolk der Ungarn über die Karpatenpässe nach Pannonien und Dakien ein und gewann dort ständige Wohnsitze. Es gelang dadurch, daß die Ungarn, konsequenter als die Awaren vorher, zur seßhaft bäuerlichen Lebensweise übergingen und durch die Annahme des Christentums sich der europäischen Kultur einfügten. Als Ergebnis dieser Eroberung und Akkulturation entstand ein dauerhafter ungarischer Volksboden im Donaubecken, durch den West- und Südslaven voneinander getrennt worden sind.

Der zweite, Ostmitteleuropa verändernde große Siedlungsvorgang war die Ostwanderung des Überschusses deutscher Stämme, zeitlich vorangehend der Bayern in den Alpentälern und an der Donau bis nach Preßburg. Im Norden begann die deutsche Ausbreitung über Saale und Elbe hinaus erst gegen Mitte des 12. Jahrhunderts und setzte sich bis zur Mitte des 14. Jahrhunderts so fort, daß die deutsch-slavische Sprachgrenze entstand, die, von kleineren Veränderungen abgesehen, bis zum Beginn des 20. Jahrhunderts fest geblieben ist, und daß darüber hinaus deutsche bäuerliche und städtische, besonders bergstädtische Siedlungen in Böhmen, Mähren, Ungarn und Polen begründet wurden, während im baltischen Norden nur adelige Rittergüter und Bürgerstädte entstanden, eine bäuerliche deutsche Siedlung aber ausblieb. Als Ergebnis der großen deutschen Wanderung ist festzuhalten: Der geschlossene Siedlungsboden der deutschen Stämme wurde weit nach Osten vorgeschoben – bis zu einer alles andere als geraden oder überall ungebrochenen Linie von Marburg und Radkersburg im Süden bis nach Königsberg und Wehlau im Nordosten. Überall dort, wo Deutsche in städtischer oder ländlicher Siedlung außerhalb des geschlossenen Volksgebietes seßhaft wurden, geschah dies aufgrund von Sonderrechten, die sie von den jeweiligen Obrigkeiten zugestanden erhielten, so besonders von den ungarischen und polnischen Königen. So ergab es sich, daß sprachliche und nationale Eigenart bestimmten sozialen oder ständischen Sonderrechten entsprach. Diese national-ständische Kongruenz setzte sich auch in der neuzeitlichen Siedlungspolitik bis zum 18. Jahrhundert fort. Damit ist eine strukturtypische Eigentümlichkeit Ostmitteleuropas bezeichnet, deren Erblast im Zeitalter der Demokratisierung und des Nationalismus erheblich gewesen ist, weil sie nun erst angefochten wurde.

Nicht nur die Deutschen, sondern auch die in West- und Mitteleuropa lebenden Juden haben im Mittelalter, massenhaft erst vom 13. bis 15. Jahrhundert infolge von Verfolgungen und Vertreibungen, ihre Wanderung nach Osten angetreten. Besonders günstige Bedingungen für Handel und Gewerbe fanden sie in Polen, wo Kasimir der Große die Stellung der Juden durch ein für ganz Polen geltendes Privileg im Jahre 1364 geregelt hat. Doch auch in anderen Territorien wurden Juden zugelassen. So bildeten sie im späten Mittelalter eine über weite Teile Ostmitteleuropas, besonders Polens und Litauens verstreute, in Städten und Marktflecken ansässige Volksgruppe mit Sonderrecht. Ihre wirtschaftliche Funktion wurde bedeutend, nutzbringend und unentbehrlich, die politisch-soziale Belastung im religiös-nationalen Spannungsfeld war erheblich.

Bis zum ausgehenden Mittelalter war also das östliche Mitteleuropa in einem vielhundertjährigen Prozeß ethnisch vielgestaltig geformt worden. Deutsche und Juden waren fast über den ganzen Raum hin gestreut und sind Träger besonderer, ihnen zugemessener Aufgaben gewesen. Sie hatten auf verschiedene Weise der adelig-bäuerlichen Welt der Slaven zunächst Siedlungs- und Rechtsformen erhöhter Rationalität mit technischen Innovationen in Landwirtschaft, Stadtwirtschaft und Bergbau – so die Deutschen – sowie Intensivierung von Handel und Gewerbe – so die Juden – gebracht und weitervermittelt. Diese Kulturträgerfunktion ist seit dem 19. Jahrhundert in nationaler Propaganda und Gegenpropaganda ideologisch überhöht oder verworfen worden. Tatsächlich ist die Leistung des Landesausbaus und der Kulturvermittlung durch die Deutschen weniger «deutsch-national» als unter dem Gesichtspunkt der west-östlichen Kulturströmung im zeitlichen Nacheinander – vom römischen Gallien über das deutsch besiedelte Mitteleuropa nach Osten in die ungarischen und slavischen Territorien bis an die Grenze des orthodoxen Osteuropa hin – zu verstehen. Deutsche Herren, Geistliche, Bürger und Bauern waren die historisch-räumlich vorgegebenen Vermittler des gesamteuropäischen Kulturprozesses nach Osten. Die ostmitteleuropäischen Gebiete standen, wie vor allem am Ablauf der Christianisierung deutlich ist, dabei an letzter Stelle. Auch die Juden sind im Zusammenhang dieses west-östlichen Kulturverlaufs zu sehen, wenngleich sie aufgrund ihrer Sonderrechtsstellung als nichtchristliche «Nation» eingegrenzt für sich bleiben mußten und nicht zum Konnubium mit Slaven oder Ungarn gelangen konnten wie die Deutschen, die auf diese Weise sowohl assimilierten als auch assimiliert wurden.

Die nationalgeschichtliche Eigenart Ostmitteleuropas ist mit dem Hinweis auf die Deutschen und die Juden aber noch keineswegs erschöpft. Überblicken wir die Völker zwischen Deutschen und Russen, im Südosten seit dem späten Mittelalter auch Türken, so erkennen wir, wiederum aufgrund von Voraussetzungen, die im Mittelalter gelegt worden sind, deutlich politische Rangordnungen. An erster Stelle standen «Nationen» mit sehr zahlreichem Adel, die um eine «Krone» als symbolischem und personifiziertem Mittelpunkt gruppiert gewesen sind. Das traf für Polen und Ungarn zu, eingeschränkt, wie wir sahen, auch für die Böhmen und Mährer. Andere Fürstenherrschaften wie die der Kroaten und der Litauer wurden schon früh von oben magyarisiert und polonisiert. Die vielen kleineren Fürsten und Stammesbildungen im Westen wurden dagegen eingedeutscht und bewahrten nur zum kleinen Teil wie etwa die Lausitzer Sorben oder die «windischen» Alpen- und Voralpenslaven (Slovenen) ihre Sprache, wurden aber deutsch beherrschten Territorien eingefügt. Auch die Rumänen im Karpatenbogen und die baltischen Stämme wurden nicht zu politischen «Nationen»; die Prußen aber wurden bis zum 16. Jahrhundert eingedeutscht. So waren, territorialstaatlich gesehen, nur die Polen und die Ungarn geschlossene (Adels-)Nationen. Überall sonst waren fürstliche Territorien, die allerdings alle hinter dem geschichtlichen Erfolg der Polen und Ungarn zurückblieben, ethnisch nicht einheitlich, und selbst in Polen und Ungarn gehörten die Könige nach dem Aussterben der Piasten und der Arpaden im 14. Jahrhundert nicht immer von Geburt der Nation an, über die sie herrschten. Der ostmitteleuropäische Raum ist also seit seinen politischen Ursprüngen nie von reinen «Nationalstaaten» erfüllt gewesen. Diese Feststellung bleibt bestehen, auch wenn wir, wie es allein möglich ist, den Begriff «Nationalstaat» mit Vorsicht in einem alteuropäischen Sinne verstehen.

Als im ausgehenden 18. und frühen 19. Jahrhundert die Epoche des modernen Nationalstaats und der nationalrevolutionär demokratisch gerichteten Nationalitätenkämpfe, zunächst nur in Ansätzen oder in theoretischen Entwürfen, begann, war Ostmitteleuropa noch weniger als je zuvor ein Raum national eigenständiger Territorien, sondern war aufgeteilt zwischen den beiden deutschen Großmächten Österreich und Preußen einerseits, dem weit nach Westen vorgeschobenen Russischen Reich andererseits. Selbst die alteuropäischen Adelsnationen der Polen und der Ungarn bestanden staatlich nicht mehr. Es gab nur drei Reiche, die sich als mächtige Völkerrechtssubjekte im europäischen System verstanden und nationalen Sonderwünschen in ihren Grenzen umso weniger nachzugeben gewillt waren, als sie sich im Laufe des 19. Jahrhunderts, mit verschiedenem Erfolg, zu zentralistisch regierten Großmächten zu entwickeln trachteten. Als einzige ostmitteleuropäische Nation erhielten nach dem Sieg Preußens über Österreich im Jahre 1867 wenigstens die Ungarn eine staatliche Autonomie unterhalb der Völkerrechtsfähigkeit. Sie verfolgten daraufhin bezeichnenderweise sogleich das Ziel, ihr multinationales Königreich dem Fernziel eines magyarischen Einheitsstaates zu unterwerfen. In der gleichen Zeit der Jahrzehnte vor dem Ersten Weltkrieg entwickelten sich auch sonst in ganz Ostmitteleuropa nationale Emanzipationsbewegungen und Nationalitätenkämpfe in großer Vielfalt. Das aus dem Mittelalter in die moderne Zeit hineinragende ständisch-national geschichtete Alteuropa behauptete sich bis 1914 zwar noch weithin. Doch wurde es in seinem Gefüge bedroht und teilweise gebrochen, sowohl von den unifizierenden Großstaaten als auch von den Nationalbewegungen der Vielvölkerzone.

Die überall in Europa steigende Tendenz zur Demokratisierung mit Forderungen zur politischen Beteiligung bisher nur untertäniger, großenteils sogar noch illiterater «Massen» wirkte sich demgemäß im Osten Mitteleuropas besonders einschneidend aus. Prinzipiell waren die überkommenen Strukturen des zwischen den Großmächten aufgeteilten Raumes bereits erschüttert, als der Weltkrieg ausbrach und dann im Zuge der wechselnden Kriegskonstellationen bis zur Niederlage aller drei Großmächte die Kräfte freigesetzt wurden, die eine erste und, wie sich zeigen sollte, nur vorläufige Ausformung eines «modernen» Ostmitteleuropa herbeiführten.

Damit war die tausendjährige Geschichte des Raumes zu Ende gegangen, dessen alte und neue Problematik nun krisenhaft zugespitzt erlebt wurde, und den in einen Begriff zu fassen zum Bedürfnis wurde. Daß es berechtigt ist, diesen in der Zeitwende geprägten Begriff in seinen alten Voraussetzungen aufzusuchen und Ostmitteleuropa in geschichtlicher Tiefe zu erfassen, sollte diese Einleitung erwiesen haben. Die folgende Darstellung wird diesem hier vorgestellten Entwurf entsprechen.

I.
Beginn und Entfaltung im Mittelalter

1. Die Bildung Ostmitteleuropas
durch die römisch-christliche Mission

a) Ost und West im Werden des christlichen Europa

Die Mittelmeer-Hochkultur, die im Hellenismus und im Imperium Romanum gegipfelt hat und um die Mitte des ersten Jahrtausends nach Christus ihrem Ende entgegenzugehen drohte, hat das spätere Europa nur in seinen mediterranen Landschaften mit Ausstrahlung bis zur Donau sowie in Gallien und Britannien erfaßt. Als nach dem Abebben der sog. Völkerwanderung das Frankenreich im Westen zur Großmacht aufstieg und das oströmisch-byzantinische Reich sich im Auf und Ab seiner Behauptungskämpfe, wenn auch geschmälert, zu konsolidieren verstand, begann die mittelalterliche Hochkultur Europas sich allmählich und ungleichmäßig jenseits der alten römischen Reichsgrenzen auszubreiten. Diese Kulturbewegung verlief sowohl in süd-nördlicher wie in west-östlicher Richtung.

Im Westen strömte die Kultur der mediterran-gallischen Welt durch das Medium der lateinischen Sprache in die einst «barbarischen» Gebiete der Germania und später des Slaventums ein. Im Osten war Griechisch die Kultursprache. In der Mitte aber, im kroatisch-pannonisch-mährischen Raum, der de facto weder fränkisch noch byzantinisch beherrscht war, überschnitten sich die lateinisch oder griechisch vermittelten Kultureinflüsse. «Kultur» war *christliche* Kultur. Durch diesen Ursprung unterschied sich die beginnende europäische Hochkultur von ihrer antiken Vorgängerin im Mittelmeerraum, der erst im 4. Jahrhundert maßgebend christlich bestimmt wurde, ohne daß damit seine vorchristliche Tradition abgebrochen worden wäre. Kulturträgerin im Neuland war aber von vornherein allein oder fast vorwiegend die christliche Kirche, die durch ihre Kleriker nicht nur den christlichen Glauben predigte und im Gottesdienst sinnfällig einprägte, sondern auch antikes Bildungsgut, einschließlich technologischer Kenntnisse, soweit die Texte bekannt waren, bewahrte und übermittelte.

Auch die politischen Herrschaftsgebilde, Nationen, Völker oder Stämme, die in vorchristlicher Zeit entstanden waren, gewannen in ihren unablässigen Machtkämpfen die notwendige Stufe gesteigerter Bestands- und Schlagkraft nur dadurch, daß sie sich missionieren ließen und sich der christlich-kirchlich geprägten Kultur einfügten. Europa bildete sich in den letzten Jahrhunderten des nachchristlichen Jahrtausends jenseits der Grenzen von Rhein und Donau, indem es christlich wurde und seine Völker kirchlich-politisch in Verfassung gebracht wurden.

Es war das Schicksal Europas, daß seine Ursprungsepoche zweigeteilt einsetzte. Zwar wurde am Gedanken der Einheit des Reichs und der Kirche festgehalten, nachdem das weströmische Reich im 5. Jahrhundert zu Ende gegangen war. Aber trotz zeitweiliger Erfolge ist es dem Kaiser und mit ihm dem Patriarchen von Konstantinopel nicht gelungen, den Westen kirchlich und imperial zu behaupten oder wiederzugewinnen. Die Teilung in eine westliche und eine östliche Kirche wurde faktisch durch Kaiser Leon (717–741), einen Syrer, bekräftigt, als er vergeblich die Dekrete gegen die kirchliche Bilderverehrung den Päpsten Gregor II. und Gregor III. aufzuzwingen versuchte und gleichzeitig mit drastischen Besteuerungen, Enteignungen und Jurisdiktionsverboten gegen die römische Kirchengewalt in Süditalien, Sizilien und Illyrien vorging. Nicht ohne Zusammenhang mit der päpstlichen Abbindung von Konstantinopel kam es kurz darauf (751) zum Bündnis des Papstes mit dem fränkischen König, und im Jahre 800 wurde mit der Kaiserkrönung Karls des Großen das Römische Reich im Westen mit allen daraus folgenden Ansprüchen ausdrücklich erneuert. Es gab fortan in der Wirklichkeit zwei Kaiserreiche und zwei Reichskirchen, die sich in ihren Missionsbestrebungen gegenseitig ausschlossen.

Das ist für die bis zum 8. Jahrhundert noch ungestaltet gewesenen Gebiete Mittel- und Osteuropas von folgenschwerer Bedeutung geworden. Zur Gestaltung, die in jener Zeit nur durch das Zusammenwirken von politischer Herrschaftsbildung und christlicher Mission zustandekommen konnte, gehörte an erster Stelle die Frage, ob die nach Christianisierung ihrer Völker verlangenden Fürsten sich westlich oder östlich anzulehnen suchten. Von diesen Entscheidungen, die im 9. und 10. Jahrhundert gefallen sind, hing es ab, wie die Grenze oder besser der Grenzsaum zwischen der römischen und der byzantinischen Kirche sich bilden und verfestigen konnte. Eine Zeitlang war vieles noch flüssig, und manche Entscheidungen, die schon getroffen zu sein schienen, mußten revidiert werden. Es war keineswegs vorgegeben, welche Gebiete zwischen der oberen Donau und dem Schwarzen Meer sowie zwischen Istrien und den Ägäischen Inseln römisch oder griechisch missioniert werden konnten. Bezeichnend war es, daß um 860

Boris, der Fürst der Bulgaren, sich an den Papst in Rom mit der Bitte wandte, die Bulgarenmission zu übernehmen, und daß andererseits etwa gleichzeitig der Mährerfürst Rastislav Gesandte nach Konstantinopel schickte, die um Übersendung von Missionaren nach Mähren bitten sollten. In beiden Fällen suchten sich die Fürsten der Bedrohung nächstgelegener Nachbarn durch solche Kirchenpolitik zu entziehen. Beide Male wurde ihrer Bitte entsprochen. Doch beide Versuche scheiterten nach anfänglichen Erfolgen an den gegebenen Machtverhältnissen. Gegen Ende des 9. Jahrhunderts war die Offenheit der Chancen endgültig beendet. Es war entschieden, daß Böhmen und Mähren sowie das dalmatinische und pannonische Kroatien unter römischer, Serbien, Makedonien, Griechenland, Bulgarien, seit dem Ende des 10. Jahrhunderts auch die Kiever Rus' unter byzantinischer Jurisdiktion stehen sollten. Damit war der Grund für die Abgrenzung Mitteleuropas von Osteuropa gelegt. Die kirchliche Trennung wurde entscheidend für die Verschiedenartigkeit der Kulturen. Die Verwendung des lateinischen Alphabets westlich, des griechischen und kyrillischen östlich der Trennungslinie war ein äußeres Kennzeichen für tiefergreifende Wesensunterschiede: der Liturgie, des Kirchenbegriffs, des Verhältnisses zur bildenden Kunst, der Entwicklung von Kultur, Wissenschaft und Politik.

Nicht nur in den beiden genannten Konflikten zwischen Rom und Byzanz, in der Bulgarenmission und im Wirken der Slaven-Lehrer Kyrill und Method in Mähren, sondern auch in Kroatien war der Wettbewerb zwischen Rom und Byzanz, somit zwischen der lateinischen und der griechischen Sprache, dadurch belastet, daß es, abgesehen von den romanisch sprechenden dalmatinischen Stadtbürgern, fast ausschließlich um die Missionierung slavisch sprechender Völker ging (die Germanenmission war, außer im Norden, abgeschlossen und ist nie zwischen Konstantinopel und Rom strittig gewesen). Die Brüder Kyrill und Method führten einen Ritus in kirchenslavischer Sprache ein, die aus der Mundart ihrer makedonischen Heimat entwickelt worden war, bedienten sich dazu des glagolitischen Alphabets und missionierten mit Hilfe landeseingeborener Kleriker in der jeweiligen Volkssprache. Der Gebrauch der Volkssprache und damit einer verständlichen Sprache der Liturgie war nicht nur missionswirksam, sondern entsprach auch dem Willen der sich dem überlegenen Christentum zuwendenden Fürsten, die in die Richtung eigener, möglichst unabhängiger Landes- oder Nationalkirchen strebten. Sowohl der Patriarch in Konstantinopel als auch vorübergehend und zögernd sogar der Papst in Rom gaben diesen Tendenzen nach. Doch ist im Westen die kirchenslavische Sprache mit der

«Glagolica» nur in Kroatien, in geringen Resten bis in die Gegenwart, erhalten geblieben, obgleich das Erzbistum Spalato (Split) endgültig seit 928 dem römischen Stuhl unterstellt gewesen ist.

Die bis zum Ende des 9. Jahrhunderts erreichte Abgrenzung der römischen von den griechischen Missionsgebieten und Kirchenprovinzen im südöstlichen Europa wurde in den Jahren nach 894 durch den Einbruch des heidnischen Steppen-Reitervolks der Ungarn in den Donauraum noch einmal gründlich in Frage gestellt. Die Kontinuität der Christianisierung wurde für ein halbes Jahrhundert unterbrochen. Nach der verlorenen Schlacht auf dem Lechfeld (955) fügten sich die Ungarn jedoch selbst in die Christianisierung ein. Sie begnügten sich mit ihren festwerdenden Wohnsitzen im Raum südlich der Beskiden sowie westlich der Karpaten und öffneten sich, ausgehend vom Herrscherhaus, der römisch-christlichen Mission. Obwohl Ungarn auch mit Byzanz, sogar durch fürstliche Eheschließungen, in vielfältige Beziehungen trat, wurde es kirchlich, kulturell und politisch ein Teil des römisch-fränkisch-deutsch bestimmten Mitteleuropa.

Die Ungarn haben also durch ihren Einbruch in den Donauraum den Prozeß der kirchlichen Abgrenzung zwischen Rom und Konstantinopel nur aufgehalten, haben aber dann durch ihre westliche Einfügung ein für allemal bestätigt, daß Pannonien und Transsylvanien Latein-Europa zugehören sollten.

Nördlich der Erzgebirgs-Sudeten-Karpaten-Linie hatte die Christianisierung erst später, im 10. Jahrhundert, begonnen. So bildete sich auch im Nordosten allmählich ein Grenzsaum zwischen der westlichen und der östlichen Kirche heraus. Die römisch-christliche Taufe des Herzogs Mieszko von Polen (966) einerseits, die Taufe des Kiever Fürsten Vladimir (988) mit der allmählich darauffolgenden Hinwendung des Fürstentums Kiev zur griechischen Kirche andererseits, sind die entscheidenden Daten des Beginns für einen langen Christianisierungs- und Trennungsvorgang, der sich bis in das 13. und 14. Jahrhundert hingezogen hat.

b) Die Ausbreitung des lateinischen Christentums in Ostmitteleuropa

Wir haben bisher unser Augenmerk in erster Linie auf das Problem der Kirchentrennung und damit auf die Abgrenzung des lateinischen Mitteleuropa vom Kulturraum der griechischen Kirche im Osten und Südosten gelegt. Nun soll versucht werden, die Grundzüge der Erfassung unseres Raumes durch die römisch-christliche Mission übersichtlich zu ordnen. Damit soll ein erster Schritt zur historischen Strukturierung

Ostmitteleuropas getan werden, die aber erst durch die Geschichte der politischen Herrschaftsbildung sowie der Siedlungs- und Wanderungsbewegungen abgerundet und vollendet werden kann. Die drei Blickrichtungen – Geschichte der Kirchenausbreitung, der Herrschaftsorganisation und des Landesausbaus – lassen sich allerdings nur analytisch, nicht inhaltlich trennen. Ihr Wirkungszusammenhang muß im Auge behalten werden, wenn die Missionsgeschichte für sich an den Anfang gestellt werden soll.

Um das Jahr 800 war, vom skandinavischen Norden abgesehen, die Germanenmission abgeschlossen, wie stark oder schwach auch immer das Volk mit christlichem Glauben und kirchlicher Sitte durchdrungen gewesen sein mag. Die Ausdehnung der Christianisierung nach Norden und Osten war mit den Grenzen des karolingischen Reiches im großen und ganzen zusammengefallen. Die Mission über diese Grenzen hinaus auszubreiten, war nun eine Aufgabe, die sich gewissermaßen von selbst stellte. Macht- und Siedlungspolitik der Herzöge von Bayern waren schon im 8. Jahrhundert mit der Mission bayerischer Klöster und Bistümer verbunden worden. Sachsen folgte dem erst nach der gewaltsamen Christianisierung im 9. und 10. Jahrhundert nach. Seit Karl dem Großen wurde die fränkische Reichskirche in ihrer starken Bindung an den Willen des Königs maßgebend für die Mission im Osten. Doch war der Papst in Rom stets an der Planung und Durchführung aller Missionsbemühungen beteiligt – in gegenseitiger Abhängigkeit, in Gemeinsamkeit, aber auch in Rivalität mit dem Kaiser oder König.

Die Marken an der Ostgrenze des ostfränkisch-deutschen Reiches
Bayern ist bereits ein christlich durchdrungenes Land gewesen, als Bonifatius dort im Jahre 739 ein kirchliches Verwaltungssystem mit den Bistümern Regensburg, Freising, Passau und Salzburg schuf, das erst später, im Jahre 798, zum Erzbistum erhoben wurde. Im Süden schloß sich, seit Karl dem Großen durch die Drau abgegrenzt, das schon im 6. Jahrhundert bestehende Patriarchat Aquileja an, das in den Marken Istrien, Friaul und Karantanien südlich der Drau missionierte, während Karantanien nördlich dieses Flusses (Steiermark und Kärnten) Salzburg offenstand.

So kam die Mission im Süden – von Aquileja und Salzburg ausgehend – früher, kräftiger und dauerhafter zur Wirkung als im Norden, wo nach bescheidenen Anfängen unter Karl dem Großen Mission und Bistumsorganisation erst unter den Ottonen im 10. Jahrhundert in Gang gesetzt wurden. Das geschah zur gleichen Zeit, als auch die von den bayerischen Bistümern seit dem 8. Jahrhundert nach Osten gerichtete Christianisierung ins Große wuchs, so daß in diesem Jahrhundert schließlich die Lösungen gefunden wurden, die Latein-Europa im Osten konstituierten und im Zusammenwirken von kirchlicher und weltlicher Herrschaft in Form brachten.

Im Laufe des 10. Jahrhunderts wurde die Missionsfront der an der Grenze der westlichen Christenheit liegenden Bistümer im Zusammenhang mit der ottonischen Herrschaftsausdehnung nach Osten vorgeschoben. Blieb im Missionsraum nach wie vor das Ausstrahlungsfeld der Erzbistümer und Bistümer Aquileja, Salzburg, Freising, Passau und besonders Regensburg, so wurde im Norden die Elbe-Saale-Linie mit den Bistümern Halberstadt und Hamburg alsbald durch eine Kette weiterer Bistümer überschritten. Zwischen 937, als Otto I. das Missionskloster des heiligen Mauritius, Schutzpatron des Königreichs Burgund, in Magdeburg gegründet hatte, und 968, als dort der Sitz für einen Erzbischof errichtet wurde, lagen 30 Jahre fortgesetzter, immer wieder durch innere und äußere Kämpfe gestörter und unterbrochener Bemühungen Ottos I. um die Ausbreitung von Kirche und Reich im Nordosten. Dem Erzbistum Magdeburg wurden die z. T. schon vor 968 gegründeten Bistümer Havelberg, Brandenburg, Merseburg, Zeitz (um 1030 nach Naumburg verlegt) und Meißen eingefügt. Oldenburg in Holstein (Wagrien) wurde dagegen dem Erzbistum Hamburg-Bremen eingeordnet. So entstand nördlich des bayerisch-böhmischen Raums eine Linie kirchlicher Mittelpunkte der neuen Kirchenprovinz Magdeburg. Die Mission richtete sich auf die slavischen Stämme zwischen Elbe und Oder, aber auch schon darüber hinaus. Denn auch in Posen entstand 968 ein Bistum. Es wurde zunächst unmittelbar Rom unterstellt; doch der zweite, deutsche Bischof suchte und fand die Einordnung Posens in die Magdeburger Kirchenprovinz. Deren Bestand war freilich noch keineswegs auf Dauer gesichert. Durch den großen Slavenaufstand von 983 wurde das begonnene Werk unterbrochen und weithin, außer bei den Sorben zwischen der Saale und Meißen, zerstört. Im Süden dagegen schritt die Missionierung Böhmens vorwiegend von Regensburg, Mährens besonders von Passau aus, ununterbrochen voran, während die slavisch besiedelten Alpen- und Voralpenländer Karantaniens, das seit Ende des 8. Jahrhunderts dem Herzogtum Bayern eingefügt worden war, von Freising und Salzburg aus erfaßt wurden.

Darüber hinaus erreichte die christliche Mission just in dem historischen Moment, als zwischen Elbe und Oder der große Rückschlag eingetreten war, weiter östlich Polen und Ungarn. Daraus ergab sich eine neue Lage, die zu kirchenpolitischen Entscheidungen herausforderte. Noch 973, als Otto der Große gestorben war, hatte östlich der Kirchenprovinzen Magdeburg, Mainz, Salzburg und Aquileja ein weites Missionsfeld gelegen, das nach Osten hin, abgesehen von dem Zusammentreffen mit dem byzantinischen Christentum an der dalmatinischen Küste, fast unbegrenzt erschien. Nicht überall aber war dieser dem ottonischen Reich und seiner Reichskirche vorgelagerte weite Raum noch von Stämmen besiedelt, die in dezentralen Stammesverfassungen lebten, wie in Karantanien, wo sie der bayerischen Herrschaft anheimfielen, oder zwischen Elbe und Oder, wo sie in eine deutschsächsische Marken- und Bistumsverfassung einbezogen werden sollten. In Böhmen und Mähren, in Polen und Ungarn hatten sich vielmehr eigene Herzogs- oder Königsgewalten entwickelt, und diese trachteten danach, in ihren Ländern auch kirchlich eigenständig zu werden. Die Einheit von ostfränkisch-deutscher Reichsgewalt und kirchlicher Mission im Osten stieß damit an ihre Grenzen.

Ein Jahrhundert vorher hatte es bereits ein bedeutendes Vorspiel dieser Tendenz gegeben, die durch die slavischen Fürsten des großmährischen Reichs betrieben worden war. Im 9. Jahrhundert war vor und während der Bildung dieses Fürstentums erfolgreich von Salzburg und Regensburg mit seinem Domkloster St. Emmeram aus missioniert worden. Kirchengründungen, mit Schwerpunkt im Marchtal, waren von dem mährischen Fürsten begünstigt und mit dem Ziel verbunden worden, die kirchliche Unabhängigkeit von der ostfränkisch-bayerischen Obergewalt zu erreichen. Fürst Rastislav hatte, wie schon erwähnt, im Jahre 862 die griechischen «Slavenapostel» Konstantin (später mit dem Mönchsnamen Kyrill) und Method ins Land gerufen. Diese hatten jedoch nicht vermocht, Mähren für die östliche Kirche zu gewinnen, hatten sich vielmehr nach Rom gewandt, mit Billigung des Papstes die Liturgie in slavischer Sprache und Schrift eingeführt und die bayerischen Kleriker und Mönche zeitweise verdrängt. Nach Kyrills Tod (869) hatte Method kurze Zeit an der Spitze einer von Salzburg unabhängigen, dem Papst unmittelbar unterstellten pannonisch-slavischen Kirchenprovinz mit dem Sitz in Sirmium (Mitrovica) gestanden, wodurch an die ehemalige römische Bistumstradition angeknüpft, die Hoheit des Salzburger Erzbischofs ausgeschaltet und der ostkirchlichen Mission unter den Slaven entgegengewirkt werden sollte. Doch war dieser Versuch alsbald zum Scheitern verurteilt. Der Bischof von Passau ließ, ohne Rücksicht auf den Papst, Method im Handstreich verhaften, von einer bayerischen Synode als einen rechtswidrig Eingedrungenen verurteilen und in ein Kloster verbannen.

Zwar wurde Method nach langer Wartezeit freigelassen. Aber der Salzburger Erzbischof nahm seine Kirchenhoheit über Pannonien von 874
an wieder wahr, kurz bevor das mährische Reich niederging und die
Ungarn in Pannonien einbrachen. Vorher schon war – nach dem Tode
Methods im Jahre 885 – die slavische Liturgie vom Papst fallengelassen
worden. Die slavischen Priester wurden aus Mähren vertrieben und
flohen größtenteils nach Bulgarien, dem jüngsten Bollwerk byzanti-
nisch-slavischen Christentums. Dort aber und ein Jahrhundert später
im Kiever, noch später schließlich im Moskauer Rußland wurde der
Grundsatz Kyrills und Methods, die Liturgie und die Kirchenschrift-
sprache slavisch zu entwickeln, verwirklicht. Das schied die Ostkirche
für die Zukunft vom römisch-christlichen Europa, wo das Kirchenslavische nur noch eine Zeitlang in Böhmen, besonders im Sazava-Klo-
ster, und dauerhaft in einigen kroatischen Gemeinden gepflegt wurde.
Die Volkssprache zur Kirchensprache zu erheben, ist in Latein-Europa
abgelehnt und erst spät in den Ländern der Reformation anerkannt
worden.

Böhmen

Kehren wir nach diesem Rück- und Ausblick zur Lage im 10. Jahrhundert zurück, als sich nach dem Zwischenspiel des großmährischen
Reichs und der Ungarn-Gefahr die kirchliche Ordnung erneut und
endgültig festigte. In Böhmen kam es zuerst zu einer dauerhaften Lösung. Dort war das Geschlecht der Přemysliden zur Alleinherrschaft
aufgestiegen. Herzog Wenzel (922–935) und sein Brudermörder Boleslav I. (935–967/72), die auf der Burg in Prag residierten, konnten
jedoch nicht eine so weitgreifende Herrschaft anstreben, wie es vor
ihnen die Mährenfürsten Rastislav und Svatopluk vermocht hatten.
Denn Böhmen war schon lange dem bayerischen Einfluß und dem
Übergewicht des ostfränkischen Reichs ausgesetzt gewesen. Die Přemysliden waren trotz dieser Lage, ähnlich wie ihre mährischen Vor-
gänger, bestrebt, sich soweit wie möglich selbständig, auch und gerade
in kirchlicher Hinsicht, zu behaupten. Bezeichnend war es, daß Wenzel
die neue Prager Burgkirche, einen Rotundenbau mit vier Konchen,
dem sächsischen Patron St. Veit weihte und kurz darauf sich offen an
König Heinrich I., den Sachsen, anschloß.

Doch wurde damit Böhmen kirchlich noch nicht von Bayern gelöst.
Es gehörte weiterhin zur Diözese Regensburg und stand im Kreuzungsfeld Bayerns und Sachsens. Nachdem 968 das Erzbistum Magdeburg gegründet worden war, tauchte die Möglichkeit auf, in Prag ein
Bistum entstehen zu lassen und es Magdeburg zu unterstellen. Doch

die Přemysliden wollten die ursprüngliche Anlehnung an Bayern nicht mit der Unterordnung unter das neue Erzbistum Magdeburg vertauschen. Boleslav II. strebte nach kirchlicher Selbständigkeit als entscheidender Voraussetzung für eine entsprechende politische Stellung, soweit dies möglich war. Der heilige Veit war sein Patron, nicht aber dessen Rivale St. Mauritius, den Otto I. sich für seine und des Reiches Sache erkoren hatte. Der heilige Mauritius herrschte in Magdeburg, jener aber im Missionskloster Corvey, das zur Kirchenprovinz Mainz gehörte. Der Tod Ottos I. machte die Bahn frei für die böhmischen Absichten. Zwischen 973 und 976 wurde das Bistum Prag, reich ausgestattet durch böhmisches Königsgut, gegründet und nicht Magdeburg, sondern Mainz unterstellt. Der erste Prager Bischof kam wahrscheinlich aus Corvey, jedenfalls aus Sachsen, der dritte und vierte aber sind sicher Corveyer Mönche gewesen, nachdem nur dazwischen von dieser Linie durch die Einsetzung des großen Missionars aus dem böhmischen Slavnikiden-Hause, Adalbert, hatte abgewichen werden müssen. Das Bistum Prag blieb vorerst de facto die Eigenkirche der Přemysliden. Adalbert hatte vergeblich dagegen opponiert. Die Bischöfe wurden in der folgenden Zeit jeweils maßgeblich vom Böhmen-Herzog vorgeschlagen, dann vom Klerus und dem «populus», d. h. dem böhmischen Adel, gewählt, vom deutschen König investiert und vom Mainzer Erzbischof geweiht. Die Bestimmungsgewalt des Herzogs war also entscheidend.

Noch stärker entwickelte sich diese Gewalt in Olmütz, dessen Bistum um 1063 vom böhmischen Herrscher ohne nachweisbare Beteiligung des Papstes oder des Kaisers eingerichtet wurde, offensichtlich in der Absicht, dort die Prager Zentralgewalt gegen die mährischen Teilfürsten wirksamer als bisher durchzusetzen. Olmütz wurde damit zum Bistum für Mähren. Erst im 12./13. Jahrhundert gewann die Kirche in Prag und Olmütz, gemäß den hier erst spät eingeführten Reformen im Anschluß an das Wormser Konkordat von 1122, eine vom Landesfürsten unabhängigere Stellung. Konflikte zwischen Herzog und Bischof brachen aus, auch wenn (zuerst 1086) oder gerade weil die Bischöfe selbst Přemysliden waren. Zeitweise verließen die Herzöge sogar die Burg in Prag und verlegten ihre Residenz auf den Vyšehrad. Sie behaupteten jedoch schließlich ihre bestimmende Stellung gegenüber den Bischöfen.

Das Gebiet der kirchlichen Jurisdiktion von Prag und Olmütz entsprach räumlich dem Herzogtum, später dem Königreich Böhmen und Mähren im Lehensverband des Deutschen Reichs. Eine solche Deckung von fürstlicher Territorialherrschaft und Bistumsgebiet hat es sonst im Reich, wo seit dem Beginn des 13. Jahrhunderts die Bischöfe Territorialfürsten wurden, nicht gegeben. Auch dadurch war die Sonderstellung Böhmens und Mährens deutlich hervorgehoben. Dieser Verbindung von weltlichem Fürstentum und «Landeskirche» entsprach es, daß Wenzel I., der schon nach der Ermordung durch seinen Bruder (935) zum Märtyrer stilisiert worden war, gegen Ende des 10. Jahrhunderts heiliggesprochen und bald darauf zum Patron Böhmens und Mährens erhoben wurde. In der Wenzelslegende, die in mehreren Fassungen vom 10. Jahrhundert an überliefert ist, wurde der Herrscher, ähnlich wie bei den Ungarn König Stephan I., zum Heiligen mit der einem solchen eigenen Lebensführung gemacht. Die für die Geschichte der Tschechen grundlegende Sakralisierung des Herrschertums und die Landespolitisierung der Kirche wurden durch diese ins Volk getragene Wenzelsverehrung eingeleitet. So berichtet der Chronist Cosmas von Prag schon zum Jahre 1102 vom überirdischen Eingriff, der «sancti Wenceslai intercessio», auf der Prager Burg gegen die eingebrochenen Polen. Im Jahre 1126 soll Wenzels Beistand den Sieg der Böhmen über den deutschen König Lothar III. entschieden haben. Das Verhältnis des heiligen Landespatrons zu seinem Volk gipfelte in der Bezeichnung der Tschechen als «familia sancti Wenceslai». Wahrscheinlich schon seit dem Beginn des 12. Jahrhunderts ist in Böhmen und Mähren die Wenzelshymne in tschechischer Sprache gesungen worden: «Heiliger Wenzel, Herzog des böhmischen Landes, unser Fürst, bitte Gott für uns, den Heiligen Geist, Kyrie eleison!» Im 15. Jahrhundert – vermutlich – wurde als 5. Strophe hinzugefügt: «Du bist der Erbe des böhmischen Landes, erinnere Dich Deiner Nachfahren, laß uns nicht untergehen und auch nicht unsere Nachkommen...» Wenzel wurde zur Personifizierung des tschechischen Nationalbewußtseins, erneuert und verstärkt in der Nationalbewegung des 19. Jahrhunderts und in den Freiheitsbekundungen unserer Gegenwart.

Polen

Polen folgte einige Jahrzehnte später nach. Noch klarer als in Böhmen gelang, begünstigt durch die größere Entfernung von Bayern und Sachsen, eine fürstliche Machtkonzentration oberhalb von Stämmen mit dem Mittelpunkt in Posen, womit der Kern der entstehenden «natio polonica» gebildet wurde. Ebenso wie in Böhmen war die Behauptung der Herrschaft nur möglich, wenn der Fürst seiner Macht durch die Annahme der Religion des überlegenen Christengottes eine höhere Weihe verlieh, damit größeres Ansehen erwarb und seine Stellung auf

Dauer festigte. Es ist kaum etwas Sicheres über die Taufe des Piasten Mieszko bekannt. Sicher aber ist die Beziehung zu Böhmen, da die Heirat mit der Tochter Boleslavs I., Dubrava, offenbar mit der Taufe in Verbindung gestanden hat, und sicher ist die unmittelbare Beziehung zum Papst in Rom, da bei der Gründung des Bistums Posen das etwa gleichzeitig entstehende Erzbistum Magdeburg nicht berücksichtigt wurde. Im Gegensatz zum Bistum Prag ist offenbar die kirchliche Eingliederung Posens, das zum Missionsbistum mit offenen Grenzen wurde, unklar geblieben, bis zum Jahre 1000 die weltgeschichtliche Entscheidung fiel, die für die polnische Kirche endgültig bestimmend wurde: In Gnesen wurde ein unmittelbar unter dem Papst stehendes Erzbistum gegründet. War die Christianisierung bisher an die ostfränkisch-ottonische Reichskirche angelehnt gewesen, so wurde hier in neuer Weise von Rom aus eine Kirchenprovinz ins Leben gerufen, durch die der Ausdehnung Magdeburgs eine Schranke gesetzt und zugleich der Blick nach Osten in die noch freien Räume bis zum byzantinisch-russischen Missionsgebiet gerichtet wurde. Um den Mittelpunkt Gnesen entstand ein großräumiges Herrschaftsgebiet. Sein Fürst besaß eine königsähnliche Stellung, die von seinem Sohn Bolesław später selbsttätig zum Königtum erhöht wurde. Der Fürst und König stand an der Spitze einer aus Adelsgeschlechtern bestehenden Nation und verband sich eng mit der selbständigen Kirche seines Landes. Er gab ihr seinen Schutz und wurde durch sie geheiligt.

Die Errichtung des Erzbistums Gnesen kam durch die Überschneidung zweier politischer Kraftlinien zustande: Auf der einen Seite entsprach sie der außergewöhnlich energischen Machtpolitik Bolesławs, des «Tapferen» (992–1025), des ältesten Sohnes Mieszkos, der der kirchlichen Unabhängigkeit für Polen um seiner eigenen Macht willen bedurfte; auf der andern Seite kam die auf der Freundschaft mit Papst Sylvester II. beruhende Weltreichs- und Weltkirchenpolitik des jugendlichen Kaisers Ottos III. zur Wirkung. Seine Reise von Rom über Regensburg und Meißen nach Gnesen zu Herzog Bolesław, der von ihm zum «patricius», d. h. zum kaiserlichen Stellvertreter, erhoben sowie «Bruder» und «Freund» genannt wurde, war symbolisch für die erneuerte Idee des christlich-europäischen Universalreiches. Politisch-kirchlich bedeutete dies die Lösung vom ottonischen Königreich. Bischof Thietmar von Merseburg bemerkte dazu in seiner Chronik mißbilligend, daß Bolesław vom «tributarius» zum «dominus» gemacht worden sei. In der Tat: wie auch immer die kaiserlich-päpstliche Politik der «renovatio Imperii» und ihr Scheitern damals und später beurteilt worden sein mag, die polnische Nationalkirche und das polnisch-nationale

Königtum sind als dauerndes Ergebnis der politischen Entscheidung
Ottos III. und Sylvesters II. bestehen geblieben.
Die neuen Bistümer Breslau, Krakau und Kolberg wurden der
neuen Kirchenprovinz unterstellt. Letzteres konnte allerdings in den
Wirren des 11. Jahrhunderts, als pommersche Fürsten sowohl die Mission als auch die polnische Oberhoheit abwehrten, nicht behauptet
werden.

Ungarn
Die Christianisierung Ungarns ist in ihren Grundzügen parallel zum
polnischen Vorgang zu sehen. Im Jahre 1000 liefen beide Entwicklungen in Rom zusammen und wurden in der päpstlich-kaiserlichen Universalpolitik verbunden. Die Voraussetzungen sind allerdings in Ungarn andersartig gewesen. Der Stammesverband des militärisch straff
geführten Hirten- und Reitervolks hatte von seinem Einbruch in die
pannonische Ebene 896 bis zu seiner schweren Niederlage in der Lechfeld-Schlacht von 955 durch seine weiten Kriegs- und Beutezüge in
Mittel- und sogar in Westeuropa Furcht und Schrecken verbreitet. Die
Ungarn erschienen als die Wilden, als die mit dem Teufel verbundenen
Heiden, Feinde und Zerstörer der christlichen Lebensordnung, weswegen sie der Rache Gottes anheimfallen sollten. Ihre Niederlage brachte
die Wende; sie übte eine lähmende Wirkung auf die Ungarn aus; die
Konsequenz wurde aus Not und Einsicht gezogen; Selbstbescheidung
war unausweichlich; die eigene Herrschaftsorganisation wurde in das
europäische Mächtesystem eingefügt, die Annäherung an die christliche Kirche gegen starke Widerstände im eigenen Adel gesucht. Dabei
war es anfangs noch möglich, daß Ungarn sich der byzantinischen
Kirche anschloß, deren Missionsspuren aus dem 9. Jahrhundert nicht
gänzlich verschwunden waren. Doch schon Geza (972–997), der Urenkel des Stammvaters Arpad und der Vater Stephans des Heiligen
(997–1038), erkannte den Vorteil des Anschlusses an den Westen, an das
mächtige deutsche Königreich allgemein und das Herzogtum Bayern
im besondern. In der Legenda minor des heiligen Stephan, gut 100
Jahre später, wurde im Geist christlich-ungarischen Selbstbewußtseins
berichtet, daß Geza «zur Erkenntnis der Wahrheit gelangt» sei; er habe
sich vor Gottes Anblick als so lobenswert bewährt, «daß er alle Begleiter seines Heereszuges zur Verehrung des wahren Gottes bekehrte. Wer
aber einem anderen Glauben anhing, wurde von ihm mit Drohungen
oder Schrecknissen unterdrückt.» Gezas Sohn Vaik ist bereits in christlich-lateinischer Bildung erzogen worden. So war die Zeit reif für die
Entscheidungen der Jahre 997–1001. Am Beginn stand die Taufe Vaiks,

der den Namen des Erzmärtyrers Stephan erhielt, sowie seine Vermäh-
lung mit Gisela, der Schwester Herzog Heinrichs von Bayern, der im
Jahre 1002 deutscher König wurde. Mit dieser Heirat trat der ungarische Stammesverband endgültig aus seiner Isolierung heraus. Der
Übergang in das christliche Europa wurde vollzogen. Nach dem Tode
Gezas 997 leitete Stephan alsbald die Christianisierung für Ungarn ein.
Im Jahre 1000 ließ er den Abt Astrik nach Rom reisen, der erfolgreich
die Wünsche seines königlichen Herrn durchsetzte: die Königswürde
aus der Hand des Kaisers, im Einvernehmen mit dem Papst, und die
päpstliche Genehmigung der Gründung des Erzbistums Gran (Eszter-
gom) an der Donau, wodurch gleichzeitig mit Polen das Königreich
Ungarn seine eigene Kirchenprovinz erhielt, die allerdings nicht ganz
Ungarn umfaßt hat. Im Osten wurde das Erzbistum Kalocsa gegründet. Neben Gran, dem Sitz des Primas von Ungarn, stand der Königssitz
der «weißen», d. h. der Herrscher-Burg: ungarisch Fehervar, lateinisch
Civitas Alba, deutsch Weißenburg. König Stephan baute den Ort in
der Nachfolge Karls des Großen nach dem Vorbild Aachens aus. «Um
die Gnaden des Schutzes der Jungfrau umso mehr erlangen zu können», ließ Stephan in Alba zu ihren Ehren eine prächtige Kirche er-
bauen, deren Chor mit Mosaiken bedeckt und deren Fußboden mit
Marmortafeln belegt war. So wurde in der Legenda major (um 1080)
berichtet. Stephan ließ sich in dieser Marien-Kirche bestatten und leitete damit eine Tradition ein. Die Marien-Basilika wurde zur Krö-
nungskirche der ungarischen Könige. Wie in Aachen wurden die Insi-
gnien dort aufbewahrt, wurde ein Kollegiatstift, unabhängig von aller
Bischofsgewalt, gegründet und der königliche Thron errichtet, der
hinkünftig für die Krönungsfeierlichkeiten bereitstand. Weißenburg
wurde als «regalis sedis civitas» zu «Stuhl-Weißenburg» (Szekesfeher-
var), dem ungarischen Aachen. Durch diese Imitation wurde die innere
Bindung an die fränkisch-deutsche Reichskirche symbolisiert, während gleichzeitig durch die Gründung des Erzbistums in Gran die Unabhängigkeit von deren Kirchenprovinzen, einschließlich auch des Bistums Prag, für alle folgende Zeit festgelegt wurde.

Vor und nach diesen Entscheidungen wurde das Land konsequent
kirchlich durchgegliedert. Zehn Bistümer wurden gegründet. Diese
neuen Bischofssitze entstanden an herausragenden Orten, bei königlichen Höfen, die von Mitgliedern der königlichen Familie in Besitz
gehalten waren, beginnend mit dem Bistum von Weißbrunn (Vez-
prem), das der Königin Gisela geschenkt wurde, bis hin zum Bistum
für Transsylvanien in Alba Julia (Gyulafehervar, Weißenburg). Erin-

nern wir dazu an die vom König gestifteten Klöster, an erster Stelle die
Benediktiner-Abtei Martinsberg (997), so verstärkt sich der Eindruck,
daß innerhalb weniger Jahrzehnte der Herrschaftsbereich des neuen
christlichen Königs der Ungarn kirchlich organisiert und damit die
königliche Verwaltungsstruktur des Landes von der Kirche gestützt
wurde. Nach dem Jahre 1000 waren die Ungarn befriedet und Europa
eingefügt.

Die Vorbildrolle Aachens für Stuhlweißenburg hatte die offenbar
beabsichtigte Folge gehabt, daß Stephan eine dem großen Karl vergleichbare Verehrung zuteil wurde. Wie bei dem böhmischen Wenzel
entstand nach dem Tode des Königs eine Legende, die vor und nach
seiner Heiligsprechung im Jahre 1083 in mehreren Fassungen aufge-
schrieben wurde. Der Thron, der Sarkophag und die im späteren Mittelalter zunehmend Bedeutung gewinnende Krone waren Symbole der
postumen Wertschätzung Stephans als Ahn der «heiligen Könige» Ungarns. Die «Stephanskrone», die in ihrer Gestalt nicht von Stephan
selbst stammt, sondern im 13. Jahrhundert aus einem Reif und einem
Bügel verschiedener Herkunft zusammengesetzt, zur Krone Stephans
erklärt worden ist, wurde zum Symbol des die einzelnen Herrscher
überdauernden, ungarischen Königtums überpersonaler Geltung. Für
die ungarische Nationalbewegung des 19. Jahrhunderts war Stephan
die Personifizierung des heiligen, nach Unabhängigkeit strebenden Va-
terlandes.

Die Germania Slavica

Bis zum 11. Jahrhundert hatte die westlich-römische Mission das neue
Europa zwischen den Herzogtümern der Bayern und der Sachsen, d. h.
der deutschen Reichskirche einerseits, der byzantinisch-russischen Kirche andererseits weitgehend durchmessen. Die Kirche vermittelte für
kleine, aber maßgebende Bildungs- und Führungsgruppen eine neue
Kultur christlich-antiker Tradition. Sie war überall dort gesichert, wo
großräumige weltliche Landesherrschaften ihr den erforderlichen
Schutz gewährten und umgekehrt durch den Klerus fürstliche Macht
in ihrer Entwicklung gefördert wurde: so im Fürstentum Kroatien und
im Königreich Ungarn, das auch Transsylvanien bis an die Karpaten zu
durchdringen begann, so in Böhmen und Mähren sowie in Polen mit
den Mittelpunkten Gnesen und Krakau. Unklarer waren dagegen die
Verhältnisse im Gebiet zwischen der Elbe-Saale-Linie und der Oder
geblieben, da es hier zu keiner übergreifenden Herrschaftskonzentration, weder von slavischer noch von deutscher Seite gekommen, seit
983 das Missionswerk zerstört und lange Zeit nicht wieder befriedi-

gend aufgerichtet worden war. Hier wurde die Christianisierung erst um die Mitte des 12. Jahrhunderts unter dem Schutz deutscher Landesherren – Adolf von Schauenburg (Holstein), Heinrich der Löwe, Albrecht der Bär aus dem Haus der Askanier – in Verbindung mit der nunmehr stark einsetzenden deutschen Siedlung mit dauerndem Erfolg wieder aufgenommen.

Der «Wendenkreuzzug», eine vom Papst gebilligte Sonderunternehmung im Zusammenhang des zweiten Kreuzzugs von 1147, die von den deutschen Fürsten des Nordostens, von Meißen bis Holstein, mit dänischer Unterstützung durchgeführt wurde, gab einen entscheidenden Anstoß. Er ist auch deswegen erwähnenswert, weil der Aufruf des großen Zisterzienserabtes Bernhard von Clairvaux zum Wendenkreuzzug ausdrücklich die gewaltsame Mission mit der Parole «Tod oder Bekehrung» gefordert hatte. Doch entsprach dies nicht der herrschenden theologischen Lehre: Der Feldzug wurde nach wenigen Monaten abgebrochen; die deutschen Fürsten hatten vornehmlich ihre eigenen Interessen verfolgt, offenbar kaum durchdrungen vom Auftrag eines «heiligen Krieges». Der Gedanke der Zwangsbekehrung war, wie nachgewiesen worden ist, nur deswegen proklamiert worden, weil es sich nach kirchlicher Rechtsauffassung nicht um eine erstmals angebotene Mission, sondern um die Rückführung der schuldhaft abgefallenen Slaven, vor allem der Lutizen, zum christlichen Glauben handelte.

Die Länder an der Ostseeküste
Die Ostseeküste und ihr Hinterland mit den Siedlungsgebieten der Pomoranen, Preußen, Kuren, Liven, Letten, Esten war bis dahin noch unberührt geblieben. Einzelne Missionsversuche, die ohne bewaffneten Schutz unternommen worden waren, scheiterten. Der Tscheche Adalbert, der oben erwähnte zweite Bischof von Prag und maßgebende Berater bei der Christianisierung Ungarns und Polens, ist als christlicher Glaubensbote im Jahre 997 von den heidnisch widerstrebenden Prußen erschlagen worden, und die von Polen ausgehende Eroberungsmission zu Beginn des 11. Jahrhunderts war Episode geblieben. Am längsten, bis zum Beginn des 13. Jahrhunderts, blieb also das Küstenland zwischen der Weichselmündung und dem Finnischen Meerbusen mit seinen in archaischer Verfassung lebenden Stämmen außerhalb des christlichen Europa.

Um 1200 begann aber auch hier die Mission im Zusammenhang mit dem Ostseehandel deutscher Kaufleute in Gotland, ausgehend vom Handels- und Missionsstützpunkt an der Dünamündung, wo im Jahre 1201 Riga als deutsche Bürger- und Bischofsstadt über See gegründet wurde. In zielbewußter Politik trieb Bischof Albert von Buxhöveden, der vom Bremer Erzbischof geweiht worden war und seit 1213 unmittelbar unter dem Papst stand, in den folgenden Jahrzehnten in wechselvollen Kämpfen mit den Fürsten von Polock und den Widerstand leistenden Stämmen die deutsche Herrschaft voran, im Wettstreit mit Dänemark, dessen König Waldemar II. im Jahre 1219 die Burg Reval gründete. Die Christianisierung, die damit einherging, unterschied sich von den bisherigen Vorbildern der kirchlichen Ausbreitung. Da eine großräumige Fürstenherrschaft über den Stämmen ebenso fehlte wie die Möglichkeit deutscher Markenbildung am Rande des Reiches, mußte Albert eine auf die Lage zugeschnittene Lösung für den Schutz des in einer widerstrebenden Umwelt gegründeten Bistums hinnehmen. Die Ausrüstung von Schiffszügen mit Kreuzfahrern zur Livlandfahrt, die der Papst in den Rang eines Kreuzzuges erhob, hatte nur für den Anfang genügt. Erst die Gründung eines geistlichen Ritterordens bot stetige Sicherheit. Im Jahre 1202 rief der Zisterzienser Theoderich den Orden der Ritterschaft Christi (Fratres militiae Christi) ins Leben, der wegen seines roten Schwerts auf weißem Mantel der Schwertbrüderorden genannt wurde. Er übernahm nicht nur den Schutz des Bischofssitzes, sondern leitete im Auf und Ab von Abwehr und Angriff die Eroberung des Landes nördlich und südlich der Düna ein. Damit entstand die Frage der Macht- und Rechtsabgrenzung. Albert versuchte, seine reichsfürstliche Stellung, die ihm von König Philipp 1207 und von König Heinrich 1225 übertragen worden war, gegen oder über die Rivalen um die Macht, den Schwertbrüderorden und alsbald auch die Stadt Riga, zu behaupten. Ein Modus vivendi wurde durch Eingreifen des Papstes, der mehrfach Legaten nach Riga schickte, gefunden, indem das Land zwischen dem Bischof, dem Orden und der Stadt gedrittelt und für die hinzukommenden Bistümer Ösel und Dorpat Sonderregelungen getroffen wurden. Erzbischof (seit 1255) und Orden unterstanden unmittelbar dem Papst. Die Bistümer Riga und Dorpat wurden Fürstentümer im Reichsverband.

Livland wurde also in einer ihm allein eigentümlichen Weise auf Grund von Eroberung, Unterwerfung und Aufrichtung deutscher Herrschaft über den in die Untertänigkeit absinkenden Stämmen der römisch-christlichen Kirche zugeführt. Die schwachen Anfänge russisch-orthodoxer Mission wurden überdeckt. Der kirchlich-politische Einfluß der warägisch-russischen Fürstentümer Polock und Pleskau (Pskov) wurde über die entstehende Ostgrenze des livländischen Ordens- und Bischofsgebiets zurückgedrängt. Damit bildete sich eine west-östliche Konfessionsgrenze, die bis zur Gegenwart erhalten blieb.

Sie war im Endergebnis die Grenze eines doppelten Verzichts: Polock, Pleskau und auch Novgorod gaben es auf, macht- und missionspolitisch in den römisch-deutschen Herrschaftsraum einzudringen, und die Kurie ließ von ihren missionarischen Hoffnungen auf nordrussische Gebiete ab. Letten und Esten aber waren endgültig der römischen Kirche und dem deutschen Reich eingefügt. Sie unterstanden als Bauern deutschen Herren und als Christen deutschen Klerikern. Die Weichen sind im 13. Jahrhundert gestellt worden: für eine Kirche (seit dem 16. Jahrhundert der Reformation) und einen Landesstaat von Deutschen oberhalb der nicht zu «Nationen» gewordenen beiden Bauernvölker.

Nachdem die Überseekolonie Livland in Besitz genommen worden war, blieben nur das Land der preußischen Stämme sowie Schamaiten und Litauen noch außerhalb der Christenheit. Um die Wende vom 12. zum 13. Jahrhundert hat aber auch dort, zunächst in Preußen, die Mission begonnen. Konkurrierend traten das 1186 gegründete Zisterzienserkloster Oliva, der Herzog von Pommerellen und der Bischof von Leslau (Włocławek) auf den Plan. Schließlich schien das durch deutsche Zisterzienser gegründete Kloster Lekno (bei Bromberg) unter seinem Abt Christian maßgebend zu werden. Papst Innozenz III. beauftragte ihn im Jahre 1210 mit der Mission. Christian wurde 1215 auf dem Laterankonzil vom Papst zum Bischof des Preußenlandes geweiht und beauftragt, die Mission zum Erfolg zu führen. Doch auch Christian scheiterte. Die Prußen leisteten Widerstand und beantworteten die Missionsversuche mit Kriegszügen nach Süden. In dieser Lage wandte sich schließlich der Fürst Konrad von Masowien an den deutschen Ritterorden, damit dieser ihm das Land offensiv sichern sollte. Als Ausgangsbasis sollte dem Orden das Kulmerland an der Weichsel überlassen werden. Wie in Livland sollten Eroberung und Unterwerfung die Voraussetzungen für die Christianisierung schaffen. Die militärische Kraft des Ritterordens sollte im Dienste des Piastenfürsten eingesetzt werden.

Der Orden ließ sich rufen, verband aber mit seinem Erscheinen an der Weichsel andere Absichten als Konrad. Der «Orden des Spitals Sankt Marien vom Deutschen Hause» war nach dem Vorbild der Templer und Johanniter 1198 in Palästina aus einer deutschen Hospitalbrüderschaft hervorgegangen. Als geistlicher Orden hatte er sich unter das Gebot der militia Christi gestellt, war der Kreuzzugsidee verpflichtet, aber nicht allein an den Einsatz im Heiligen Lande gebunden. Die Ordensritter sahen im ständigen Einvernehmen mit dem Papst die Aufgabe der Kreuzfahrt überall, wo es noch eine christliche Front ge-

gen das Heidentum gab. Damit bestand aber das Problem der Macht-
verteilung und Weisungsgebundenheit. Sahen wir schon beim livländischen Schwertbrüderorden, daß dieser sich dem Erzbischof von Riga
nicht einfach unterzuordnen gewillt war, sondern mindestens eine Art
Koexistenz in der Herrschaft anstrebte, so war das Selbständigkeits-
streben beim Deutschen Ritterorden noch stärker ausgeprägt. Der aus
dem thüringischen Dienstmannenstand stammende Hochmeister Hermann von Salza (1210–1239) vertrat diese Linie mit Entschiedenheit.
Aus dieser Haltung war früher schon ein Konflikt mit dem ungarischen
König Andreas II., dem Vater der Heiligen Elisabeth von Thüringen,
entsprungen. Andreas hatte den Orden im Burzenland, um Kronstadt,
zur Grenzsicherung gegen das Ende des 11. Jahrhunderts in die Ebenen
der Moldau und der Walachei eingebrochene Steppenvolk der Kumanen angesetzt, lehnte aber die vom Orden angestrebte, weiträumige
Territorialhoheit ab und vertrieb 1225, militärisch übermächtig, die
deutschen Ritter aus seinem Königreich. Hermann von Salza ging nunmehr, gewarnt durch diese Erfahrung, mit Vorsicht ans Werk. Er
wollte nicht Beauftragter des masowischen Herzogs sein, sondern unabhängig handeln und eine eigene Herrschaft aufrichten. Er sicherte
sich rechtlich ab, zunächst bei seinem kaiserlichen Freund Friedrich II.,
der in der «Goldenen Bulle» von Rimini 1226 das der Mission offen-
stehende Preußenland in die Monarchia Imperii einschloß und dem
Orden als Landesherrn das Missionsgebiet als Reichsterritorium zu-
wies, mit allen Rechten, die daran zu jener Zeit geknüpft waren. Im
Jahre 1230 mußte Konrad von Masowien dieser Regelung im wesentlichen zustimmen, also eigene Herrschaftswünsche zurückstellen.
Schließlich nahm im Jahre 1234 der Papst das preußische Missionsgebiet in das Eigentum des Heiligen Petrus, stellte also die unmittelbare
Beziehung des Ordens zum Heiligen Stuhl her und gab damit der
Landesherrschaft des Ordens in Preußen eine Rechtsgrundlage, die der
des Kaisers widersprach. Dabei verpflichtete er den Orden, künftige
Bistümer, ähnlich wie es in Livland geschehen war, angemessen durch
Landabtretung auszustatten. Dies geschah, indem die Diözesangebiete
der neuen preußischen Bistümer zu zwei Dritteln unter die Landesherrschaft des Ordens, zu einem Drittel der Bischöfe kamen. Doch wahrte
der Orden seinen Machtvorrang und schloß allein Verträge nach außen
für das ganze Preußenland ab. Die Bistümer erlangten also nicht wie
sonst im Reich die volle Landeshoheit.

So stand das Ordensland in seiner Geburtsstunde im Spannungsfeld
des kaiserlich-päpstlichen Konflikts, der für den Orden die günstige
Folge hatte, daß Masowien von vornherein ausgeschaltet wurde. Dies

wurde alsbald durch rasche militärische Erfolge der Ordensritter bekräftigt. Ein geistliches Fürstentum des Reiches mit unmittelbarer Beziehung zum Papst war ins Leben getreten. Die Verbindung mit Livland wurde hergestellt, nachdem der Schwertbrüderorden 1236 in der Schlacht bei Saule von den Litauern aufgerieben worden war. Seine Reste schlossen sich dem Deutschen Orden an, der damit das livländische Erbe antrat.

Litauen

Nach der Verbindung Preußens mit Livland und der Unterwerfung der christlich gewordenen Stämme zwischen Weichsel und Finnischem Meerbusen war die von Rom ausgehende Christianisierung des Nordostens mit Ausnahme Litauens abgeschlossen.

Die Christianisierung dieses letzten heidnischen Volks in Europa wurde daher seit der Mitte des 13. Jahrhunderts geschichtlich herausgefordert. Damals entstand eine großräumige litauische Fürstenherrschaft – ein Vorgang, der in allen vergleichbaren Fällen bisher die Taufe von Fürst und Adel nach sich gezogen hatte. Es entsprach also den Vorbildern der Germanen- und Slaven-Mission, daß der litauische Großfürst Mindowe im Jahre 1253 sich taufen ließ und im Einvernehmen mit dem livländischen Ordensmeister sowie durch unmittelbaren Eingriff von Papst Innozenz IV. zum «König» Litauens gekrönt und mit einem Bistum für Litauen ausgestattet wurde. In Wirklichkeit erwies es sich jedoch als undurchführbar, das noch ungefestigte Litauen auf solche glatte Weise in die abendländische Welt einzubeziehen. Schon Mindowe selbst hat unter dem Druck innerer und äußerer Konflikte zurückstecken müssen, und nach seiner Ermordung auf einem Kriegszug gegen das Fürstentum Brjansk wurde die lateinische Christianisierung vollends hinfällig. Wenn die Frage der Verkirchlichung Litauens gleichwohl auf der Tagesordnung blieb, so wurde das weniger vom Westen als von der Ostkirche her nahegelegt. Denn die Litauer hatten seit der ersten Hälfte des 13. Jahrhunderts durch Eroberungen und geschickte Heiratspolitik ihre Herrschaft zunehmend über die meisten Teilfürstentümer der zerfallenen Kiever Rus' ausgedehnt. Dadurch wurden sie von Osten her kulturell beeinflußt, und daraus folgte, daß nicht die Sprache der illiterat-heidnischen Herren, sondern die ostslavisch-ruthenische Sprache zur amtlichen Schriftsprache wurde. Es ist erstaunlich, daß in solcher Lage die litauische Fürstenfamilie über ein Jahrhundert der christlichen Taufe widerstand. Nur einzelne ihrer Angehörigen, besonders Fürstentöchter, die in ostslavische Fürstenhöfe einheirateten, sind ostkirchlich getauft worden.

Vieles mochte dafür sprechen, daß das litauische Großfürstentum zu einem ostkirchlich geprägten ruthenisch-litauischen Reich wurde, in dem es auch für die Fürstenfamilien auf die Dauer unmöglich sein mußte, sich von der kirchlichen Bindung fernzuhalten. Bezeichnend für das politische Gewicht der Kirche war es, daß der Großfürst Olgerd sich ernsthaft darum bemühte, für das Gebiet des Großfürstentums einen eigenen Metropolitensitz zu schaffen. Doch drang er damit nicht durch, und es wurde für die Folgezeit bestimmend, daß der Metropolit schon gegen Ende des 13. Jahrhunderts der Tatarengefahr wegen von Kiev nach Vladimir und von dort 1328 weiter nach Moskau ausgewichen war. Dort blieb er endgültig und bemühte sich mit Erfolg, das Zustandekommen des Metropolitensitzes für Litauen zu verhindern. Das geschah in einer Zeit, in der die Macht der Großfürsten von Moskau sich noch keineswegs mit derjenigen der Wilnaer Großfürsten messen konnte.

Litauen war also im 14. Jahrhundert tief nach Osteuropa hinein festgelegt. Trotzdem blieb es dem lateinischen Europa nahe, vor allem deswegen, weil die Kämpfe mit dem Deutschen Orden das ganze Jahrhundert hindurch entscheidungslos fortgesetzt wurden. Vom Orden aus gesehen hatten die Kriegszüge gegen die von Preußen durch eine große Wildnis getrennten heidnischen Litauer Kreuzzugscharakter. Zudem verfolgte der Orden das Ziel, das Land Schamaiten, durch das Preußen und Livland voneinander getrennt wurden, mindestens in seiner westlichen Hälfte als Landbrücke zu gewinnen.

Auch Polen rückte, durch Grenzkonflikte veranlaßt, verstärkt in das litauische Blickfeld. Da andererseits Litauen mit seinen östlichen Nachbarn dauernd in Feindberührung stand, lag es nahe, daß der alte Gedanke, Litauen in die römisch-christliche Mission einzubeziehen, nicht in Vergessenheit geriet. Die Großfürsten sahen sich jedenfalls fortdauernd im spannungsreichen Konflikt zwischen West und Ost.

Als sich diese Spannung in den 80er Jahren für den Großfürsten Jagiełło gefährlich erhöhte, da er gegen seinen Vetter Witold den Kampf um die Herrschaft in Litauen durchzustehen hatte und der Deutsche Orden den Streit der Vettern politisch ausnutzte, kam ihm der geschichtliche Zufall zu Hilfe. Jagiełło wurde von den maßgebenden (klein-)polnischen Adeligen die Heirat mit der polnischen Königin Jadwiga angeboten. Er ergriff die günstige Gelegenheit, ließ sich 1386 in Krakau vom Erzbischof von Gnesen mit seinen Verwandten und Gefolgsleuten taufen, mit Jadwiga trauen und zum König von Polen krönen. Im folgenden Jahr gründete er das Bistum Wilna. Die Mission von oben wurde gegen geringen Widerstand in Litauen durchgesetzt, und damit war ein für allemal entschieden, daß die großfürstliche, nun auch polnisch-königliche Familie mit dem außerhalb des ostkirchlichen Bereichs liegenden Litauen (im ethnischen Sinne) ein Teil Latein-Europas wurde, während der weite Raum der zu Litauen gehörenden ostslavischen Fürstentümer nach wie vor ostkirchlich gebunden blieb. Übrigens wurde auch Schamaiten, das sich bisher von Aukschtaiten, dem politischen Kerngebiet der litauischen Großfürsten relativ unabhängig zu halten verstanden hatte, zu Beginn des 15. Jahrhunderts römisch christianisiert; 1417 wurde ein Bistum in Medininkai mit einem wahrscheinlich deutsch-livländischen Bischof gegründet.

Die westliche Christianisierung Litauens hatte zur Folge, daß von nun an der politische Herrschaftsraum nicht mit dem kirchlichen zusammenfiel, daß also die kirchliche Hoheit des Patriarchen von Moskau (in der Nachfolge Konstantinopels und Kievs) und die des römischen Papstes sich mitten im Großfürstentum Litauen begegneten. 1386 sind also die Weichen für eine Entwicklung gestellt worden, in der eine breite Übergangszone zwischen europäischem Okzident und Orient sich ausbildete. Die Idee einer kirchlichen Union, die ohnehin nicht neu war, drängte von nun an mit innerer Notwendigkeit dazu, verwirklicht zu werden. Darüber wird weiter unten zu sprechen sein. Denn dieses Problem ist für die Geschichte Ostmitteleuropas von höchster Bedeutung gewesen. Es führt zurück zu unserer Anfangsfrage: die Abgrenzung zwischen der lateinischen und der griechisch-orthodoxen Kirche.

2. Herrschafts- und Nationsbildung
(9.–12. Jahrhundert)

Wir haben, um die mittelalterliche Grundlegung des ostmitteleuropäischen Raumes zu bestimmen, zunächst den Vorgang der Christianisierung betrachtet. Denn das nachantike Europa hat erst durch Geist und Form der christlichen Kirchen seine geschichtliche Gestalt gewonnen und ist durch deren Disziplin zu einem historisch geprägten Raum und zu einer universalgeschichtlich einzigartigen Potenz geworden. Kirchlich hat sich bis zum 11. Jahrhundert eine lateinisch-griechische Zweiteilung Europas herausgebildet. In der politisch-geographischen Sprache dieses Jahrhunderts trat dementsprechend das Wort «Europa», in dem das Erbe des ganzen Imperium Romanum enthalten gewesen und die Landmasse nördlich der mediterranen Welt bezeichnet worden war, zurück hinter die Dichotomie «Oriens-Occidens».

«Osteuropa», d. h. das balkanisch-russische Europa, hat sich infolge dieser Absonderung kulturell von Grund auf von dem römischen Europa abgehoben. Nach anfänglichen Überschneidungen und Abgrenzungskonflikten stand bis zum Hochmittelalter die Trennungslinie sowohl auf der Balkanhalbinsel wie in den ruthenischen Zwischenzonen zwischen Polen und den preußisch-baltischen Ländern einerseits, den russischen Fürstentümern andererseits, fest. Das «lateinische» Europa, der Okzident, reichte, als der Trennungsvorgang abgeschlossen war, von der Atlantikküste bis zu einer als Übergangszone zu sehenden Grenze, die durch Eckpfeiler wie Narva, Kronstadt, Spalato umrissen werden kann.

Schwieriger ist es, innerhalb des «lateinischen» Europa einen durch gemeinsame Kriterien bestimmbaren östlich-mitteleuropäischen Teil nach Westen hin abzugrenzen. Denn da gibt es keine kirchliche Scheide. Vielmehr wird durch die gemeinsame Zugehörigkeit zur allgemeinen christlichen Kirche römischer Observanz nur die Einheit oder die Zusammengehörigkeit *ganz* Europas westlich der byzantinisch-russischen Kultur hervorgehoben. Das historische Phänomen «Ostmitteleuropa» kann gegenüber dem geschichtlich ältesten Westeuropa und dem geschichtlich älteren (deutschen) Mitteleuropa also nur ethnisch und politisch unterschieden werden. Es ist danach zu fragen, ob eine ostmitteleuropäische Eigenart durch dieses Kriterium ausreichend begründet werden kann. Wir wenden uns daher im folgenden der Geschichte der Stämme und der Nationsbildungen vor und während der Christianisierungsepoche unseres Raumes zu.

a) Die Ostgrenze des ostfränkisch-deutschen Reiches als Westgrenze Ostmitteleuropas

Im 9. Jahrhundert tritt uns zum ersten Mal ein östlicher Raum des Okzidents entgegen. Er begann, von Westen her gesehen, an der Ostgrenze des fränkisch-deutschen Reichs und den dort gelegenen Provinzen der fränkisch-deutschen Reichskirche. Diese Grenzzone war noch jung. Sie lag am Rande der sächsischen und bayerischen Stammesgebiete und bedurfte der Sicherung, soweit nicht natürliche Barrieren wie die Waldgebirge zwischen Donau und oberer Saale Schutz boten.

Im Norden wurde gegen die Dänen Nordalbingien dem Reich eingefügt. Im übrigen bildeten die Elbe, die Saale und der Böhmerwald die Ausgangslinie, von der aus – seit Karls des Großen erstem Slavenzug im Jahre 780 – ein vorgeschobenes Sicherungsgebiet durch Unterwerfungen, Stützpunktbildungen, Tributabhängigkeiten geschaffen wurde. Es reichte im 9. Jahrhundert bis an die Oder und die Görlitzer Neiße heran, um dann südlich der Gebirgskette Böhmen und Mähren zu umschließen. Dieses große «Vorland» von der Ostsee bis zur Donau lag für die fränkisch-sächsische Macht relativ offen, da es dort keine organisierten «Nationen» gab, die ihrerseits hätten expansiv werden können. In der Sicht der slavischen Stämme dieses Raumes konnte also im Westen kein vergleichbares «Vorland» entstehen. Die militärisch-kulturellen Kraftlinien verliefen von Westen nach Osten. Südlich der Donau war die Abgrenzung der Herrschaft bereits eindeutiger. Durch die unmittelbare Einbeziehung Bayerns in das Frankenreich (788) und die Unterwerfung der Awaren durch Karl den Großen (791–803) waren klare Verhältnisse geschaffen worden. Das Herzogtum Karantanien war schon länger, spätestens 772 in eine engere Bindung zu Bayern getreten, so daß hier, wo sich bayerische und slavische Siedlungen in den Alpentälern und im Donaugebiet begegneten, bayerisch-deutsche Herrschaft über slavischen Stämmen aufgerichtet wurde. Östlich darüber hinaus wurde die awarische Mark zweigeteilt gebildet, wobei die Drau entsprechend der Abgrenzung der Erzbistümer Salzburg und Aquileja die Trennungslinie bildete. Das durch diese Marken gesicherte Reichsgebiet grenzte unmittelbar an das Herzogtum Kroatien, also an eine slavische Großstammesorganisation, die sich behaupten konnte und nur zeitweilig in ein Lehensverhältnis zum ostfränkisch-deutschen Reich trat. Mochten sich im Süden die politischen Abgrenzungen auch bereits klarer entwickelt haben als im Norden, so war doch auch im Süden ein fränkisch-slavischer Übergangsraum entstanden: z. T. Slaven unter fränkischer Herrschaft, z. T. slavische Eigenständigkeiten in lockerer politischer Abhängigkeit vom ostfränkischen Reich.

Überblicken wir die Lage, wie sie bis gegen Ende des 9. Jahrhunderts entstanden war, so ergibt sich, daß die Grenze zwischen deutscher (fränkischer, sächsischer, bayerischer) und slavischer (elbslavischer, böhmischer, südslavischer) Herrschaftszone flüssig war und der Trend zu einem Vorrücken deutsch-fränkischer Macht nach Osten sich ankündigte. Nirgends stand auf östlich-slavischer Seite eine dem fränkischen Großreich, auch nach seiner Teilung, vergleichbare Herrschaftsorganisation gegenüber. Doch vermochten sich die Slaven im allgemeinen auch in der folgenden Zeit zu behaupten, da das fränkisch-deutsche Machtübergewicht weder voll ausgespielt werden sollte noch angesichts der technischen Mittel der Zeit ausgespielt werden konnte.

In den nun folgenden Jahrhunderten des Hochmittelalters verschob sich der deutsch-slavische Grenzsaum erheblich nach Osten. Die

Kräfte der Siedlung, der Herrschaftsbildung und der kirchlichen Intensivierung standen dabei im Wirkungszusammenhang. Ehe wir diesen
großen Vorgang, der sich vom 10. bis zum 14. Jahrhundert hinzog, in
seinen Grundzügen betrachten, muß, um die notwendige Verstehens-
grundlage zu gewinnen, ein Blick auf die Tiefe der zugrundeliegenden
Strukturen der Bevölkerung in ihrem Verhältnis zur Wehr- und Agrarverfassung geworfen werden, wie sie sich bis zur «Völkerwanderung»
entwickelt hatten.

b) Die Völkerwanderungen. Kelten – Germanen – Slaven

«Völkerwanderung» ist seit dem Ende des 18. Jahrhunderts ein Begriff
der Geschichtsschreibung und alsbald auch ein blickverengender Epo-
chenbegriff im Geschichtsunterricht geworden. Die Blickverengung
war durchaus beabsichtigt und durch die Tradition nahegelegt, da nicht
die Wanderung der «Völker» als solche Gegenstand des Interesses war,
sondern deren geschichtliche Rolle, das römische Reich und damit die
Mittelmeerzivilisation zu zerstören. So sollte die «Völkerwanderung»
im Jahre 376 begonnen haben, als die von den Hunnen bedrängten
Goten ins oströmische Reich übertraten und zwei Jahre später den Kaiser Valens bei Adrianopel vernichtend schlugen, und sie konnte mit
dem Zug der, wiederum von einem Steppenreitervolk, den Awaren,
angestoßenen Langobarden nach Italien im Jahre 568 als abgeschlossen
erklärt werden. «Völkerwanderung» – das war die Epochenscheide
zwischen den von den Humanisten erfundenen Perioden des «Alter-
tums» und des mit dem Aufstieg des fränkischen Großreichs anheben-
den «Mittelalters».

Die «Völkerwanderung» war, wenn sie aus ihren eigenen Voraussetzungen und Wirkungszusammenhängen verstanden werden soll, in
Wirklichkeit nur das dramatische Auslaufen jahrtausendelanger Völkerwanderungen, genauer gesagt: fortgesetzter Bewegungen von Stämmen, die ohne Unterlaß Land gesucht, Land genommen und um Land
gekämpft hatten. Nur hatten sich diese Wanderungen und Kämpfe
«vorgeschichtlich» abgespielt, d. h. außerhalb oder am Rande der älteren Kulturen und Hochkulturen des Vorderen Orients und der Mittelmeerwelt, ohne daß die in Bewegung befindlichen, schriftlosen Men-
schengruppen Zeugnis ihrer Schicksale und Taten hätten geben können.
Durch die auf die Schlacht von Adrianopel folgenden Germanenzüge
auf dem Boden des verfallenden und in seiner westlichen Hälfte unterge-
henden römischen Reiches wurden «Wanderungen» von «Barbaren»
erst geschichtlich. Das prägte sich Zeitgenossen und Nachfahren ein.

Die Wanderungen waren zu Kriegszügen geworden. Goten, Vandalen, Langobarden hatten unter Katastrophen das Ende herbeigeführt. Das unterschied die «Völkerwanderung» von den schon lange vorher alarmierend gewesenen Berührungen mit den wandernd kriegerischen Kelten («Gallier») und Germanen (Kimbern und Teutonen). Auf die Einbrüche der Kelten, seit dem 4. Jahrhundert v. Chr., und der Germanen, seit dem ausgehenden 1. Jahrhundert v. Chr., folgten nach dem Ende Westroms die Slaven (seit dem 6. Jahrhundert n. Chr.). Diese drei großen Völkergruppen – Kelten, Germanen, Slaven –, die nie zu einheitlichen Reichsbildungen gekommen sind, aber deutlich erkennbare, für Wanderung und Kämpfe organisierte «Stämme» gebildet hatten, stehen, einander zeitlich folgend, über ein Jahrtausend lang gewissermaßen an der Wende der Zeit. Sie waren sprachlich, politisch, kulturell in sich verbundene Großgruppen, wie sie seit der Jungsteinzeit, also spätestens seit etwa 3000 v. Chr., sich zwischen Balkan, Ostsee und Atlantik nördlich der Mittelmeerwelt immer wieder ausgeformt hatten. Nun erst traten sie ins Licht der Hochkultur. Sie wurden mit Namen genannt, ihre Taten, ihre Verfassung und ihre Lebensweise wurden beobachtet und aufgezeichnet. Einige Jahrhunderte später treten sie uns auch, dank ihrer Christianisierung, durch Quellen ihrer eigenen Sprache wiederbelebt entgegen.

Es ist für unseren Gedankengang müßig, die Ergebnisse der urgeschichtlichen Forschung im einzelnen wiederzugeben. Aus ihren Befunden sollen statt dessen die folgenden, für uns wesentlichen Folgerungen gezogen werden.

Seit der frühen Jungsteinzeit, also noch vor dem 5. Jahrtausend v. Chr. begann die in Vorderasien entwickelte Bauernkultur über Anatolien nach Südosteuropa und im Lauf der folgenden Jahrtausende über ganz Europa sich auszubreiten. Pflanzen- und Tierzüchtung, Anbau von Getreide mit Hacke und Hakenpflug, Nutzung des gezähmten Rindes, des Schafs und der Ziege, Übergang zur relativ seßhaften Lebensweise, kurzum die Entstehung des im natürlichen Jahreszyklus die Nahrung reproduzierenden neuen Wirtschaftssystems des Pflugbauerntums ist mit gutem Grund als «Neolithische Revolution» bezeichnet worden. Sie hatte zur Folge, daß sich kleine, offene Siedlungsinseln in der Wildnis bildeten, durch Rodung und fortgesetzte Nutzung vergrößert wurden, die Tragfähigkeit des Bodens erheblich anstieg und die Bevölkerung bis an oder auch über die Grenzen ihres neugewonnenen Lebensraums wuchs.

Seßhaftigkeit bedeutete aber keineswegs nur Stabilität und überdauernde Siedlungskontinuität auf einmal gewonnenen und dann behaupteten Flächen. Die Ausgrabungsergebnisse vermitteln neben Kontinuität viel Wechsel und Bewegung, Entstehen und Vergehen von Siedlungen und Siedlungsgruppen, sowohl im kleinen Umkreis eines Dorfes wie im Zusammenhang größerer Stämme oder Kulturkreise, die durch die Überreste von Keramik, Gerät, Waffen, Häusern, menschlichen und tierischen Skeletten und Schädeln bestimmt werden können. Die Bauern dieser Frühzeit strebten zwar zur festen Seßhaftigkeit, die durch den Wechsel der Ackerflächen innerhalb des kulturfähigen Landes einer Siedlungseinheit nicht beeinträchtigt zu sein brauchte. Doch gab es darüber hinaus immer wieder den Zwang zur Wanderung ganzer Stämme oder von Teilgruppen, bewirkt durch Überbevölkerung und Landmangel, durch natürliche Widrigkeiten von Boden und Klima, durch Hoffnung auf günstigere Anbauflächen an anderer Stelle oder infolge Verdrängung durch feindliche Stämme.

Es ist anzunehmen, daß schon vor dem Auftreten der indogermanischen Kelten, Germanen und Slaven eine sprachliche Indogermanisierung der Bauernkulturen nördlich des Mittelmeers stattgefunden hat. Doch ist über diesen Vorgang, seine Datierung und das Ausmaß seines Durchdringens nichts Sicheres auszumachen. Mit Gewißheit kann aber gesagt werden, daß im 8./9. Jahrhundert n. Chr., als noch vor dem Einbruch der Madjaren in die Donauebene die Geschichte Ostmitteleuropas beginnt, dieser Raum, von finno-ugrischen Randgruppen im Nordosten abgesehen, sprachlich als indogermanisch zu bezeichnen ist.

Die Bauern Mittel- und Osteuropas sind, wie Ausgrabungen gezeigt haben und unsere Kenntnis der Kelten, Germanen und Slaven bestätigt, über die Sippen- und Dorfeinheit hinaus in Stämme mit zentralen Burgen und Burgherren verfaßt gewesen. Diese konnten in späterer Zeit zu Großstämmen vereinigt und unter Heerkönigen zusammengefaßt werden, wenn äußere Gefahren und vorgenommene Aufgaben dies herausforderten. Das war bei großen Wanderungen der Fall, die Führung und Organisation in hohem Maße voraussetzten.

Für solche organisierten, von Heerkönigen mit Gefolgschaften geführten Wanderungen, die uns von Kelten und, einige Jahrhunderte später, darum deutlicher, von Germanen überliefert sind, ist das Pferd als Zugkraft, als Streitwagenroß und als Reittier unerläßliche Voraussetzung gewesen. Große Stammeswanderungen der Jahrhunderte um die Zeitwende sind ohne bewaffnete Sicherung und Kriegsbereitschaft nicht durchführbar gewesen. Diese aber wurden durch das Pferd und die Reiterei ermöglicht. Sie war bei Kelten und Germanen entwickelt, bevor noch die Steppenreitervölker, zuerst die Hunnen, nach Europa vorstießen. Wanderungen hat es auch vorher gegeben. Sie können aber nicht nach dem Extremmodell der Wanderzüge der ostgermanischen Stämme vor und nach dem geschichtlichen Datum von 376 n. Chr. vorgestellt werden. Sicher aber ist, daß die ethnisch differenzierten und ethnisch konfligierenden Bauern Europas von früh an einen Bauernadel und damit herrschaftlich geordnete Wehr- und Sozialverfassungen aus sich herausgestellt haben. Alle Anzeichen sprechen dafür, daß die Anfänge einer Rang- und Herrschaftsordnung sich von innen heraus unter dem Primat der Sicherung nach außen und unter dem Konkurrenzdruck der durch Willen, Charisma, Besitz und Klientel Mächtigen herausgebildet haben. Die Überschichtungstheorie – Kriegernomaden über friedlichen Bauern – ist auf die frühen Herrschaftsbildungen in den Bauernkulturen Europas nicht anwendbar, wenn auch anzunehmen ist, daß im Laufe des fortschreitenden Landesausbaus, d. h. durch Ausdehnung relativ offener Kulturflächen Hirten-Weidewirtschaft sich neben dem Ackerbauerntum entwickelt hat und aus dieser Entzweiung Spannungen entstanden sind. Der Hunnensturm aber ist nicht eine Welle in einer Folge vorhergehender Wellen gewesen, sondern ein Novum, nachdem das Reiternomadentum – später als die altorientalischen Hochkulturen – im 1. Jahrtausend v. Chr. in Zentralasien entstanden war.

Die ostgermanischen Stämme haben in der ersten Jahrtausendhälfte den weiten Raum zwischen Ostsee, Schwarzem Meer und Adria mehr durchzogen als dauerhaft erfüllt. Doch muß daran erinnert werden, daß ihre Wanderungen Bauerntrecks gewesen sind, die auf Ansiedlung und Seßhaftigkeit abzielten. So sind sie immer wieder vorübergehend seßhaft geworden. D. h.: sie haben sich Dörfer und Anbauflächen, die von anderen Stämmen aufgegeben worden waren, angeeignet. Besonders im Karpaten- und Donauraum ist solches Nehmen und Lassen von Land im 5. Jahrhundert und in der ersten Hälfte des folgenden Jahrhunderts fast unablässig an der Tagesordnung gewesen. Die zahlreichen, meist germanischen Stämme haben sich in den kriegerischen Bewegungen dieser Zeit nicht durchweg konstant gehalten, sondern Teilgruppen von sich abgelöst und sich mit anderen Stämmen oder Teilgruppen verbunden. Daß ein Auszug aus einem vorher besiedelten Land, das aufgegeben werden sollte, immer vollständig erfolgt sei, kann kaum angenommen werden. Reste konnten zurückbleiben – so auch beim Abzug der Langobarden und der ihnen zugewandten Stämme nach Italien (endgültig 568), wodurch den andrängenden Sla-

ven Pannonien überlassen wurde. Als damit ganz Südosteuropa slavisch besiedelt wurde, sind also Restgruppen verschiedener Herkunft
von den Slaven angetroffen und eingeschmolzen worden. Auch die
Slaven waren ihrerseits eine Großgruppe, die den Zeitgenossen nur
durch die Sprache kenntlich gewesen ist, aber der Herkunft nach keineswegs als ethnisch einheitlich angenommen werden kann.

Im 5./6. Jahrhundert brachen slavisch sprechende Stämme aus ihren
bäuerlichen Sitzen im Raum zwischen oberer Weichsel und mittlerem
Dnjepr auf. Sie besetzten in großen Wanderungen oder gewannen
durch Assimilierung nach Osten die weite Waldzone Rußlands in nördlicher und nordöstlicher Richtung, im Westen die Ebene zwischen
Weichsel, Oder, Elbe und Saale, z. T. über die beiden Flüsse noch hinaus, und im Süden die Ostalpenränder, Istrien, Pannonien, Dakien und
Griechenland. Sie füllten damit das in der «Völkerwanderung» entstandene Raum- und Machtvakuum zwischen Ostsee und Mittelmeer aus,
waren östlich der Weichsel allerdings von der Ostsee durch baltische
Stämme abgetrennt. In der zweiten Hälfte des 6. Jahrhunderts wurde
ihre Bewegung durch das aus den asiatischen Steppen hereinbrechende
Reiternomadenvolk der Awaren beschleunigt und in Verwirrung gebracht. Besonders südlich und westlich der Karpaten wurden Slaven zu
Unterworfenen der Awaren, die als Nomaden sich der Erzeugnisse
und der Frauen der Ackerbauern bemächtigten. Durch diese erzwungene nomadisch-bäuerliche Symbiose ist die große slavische Wanderung aber nur zeit- und teilweise angestoßen worden. Sie war ohnedies
im Gange und führte schließlich zur endgültigen Landnahme in den
Formen zersplitterter Stammesorganisation mit Häuptlingen und deren Gefolgschaften auf holzgefertigten Burgen an der Spitze. Diese für
sie ähnlich wie für germanische und baltische Stämme bezeichnende
Stammesverfassung ohne großräumige Herrschaftskonzentration blieb
offenbar auch dann und dort erhalten, wo slavische Stämme in awarischer oder später in bayerischer oder sächsischer («deutscher») Abhängigkeit lebten.

Es wurde bereits darauf hingewiesen, daß die slavischen Stämme seit
der Zeit Karls des Großen um 800 sich der Großmacht des fränkischen,
später deutschen Reichs gegenübersahen, daß also zu jener Zeit, als sich
deutsche und slavische Siedlung in dem oben bezeichneten Grenzsaum
zwischen Holstein und Kärnten begegneten, ein deutlicher Vorsprung
politisch-militärischer Durchdringung des Landes auf deutscher Seite
bestand. Er beruhte auf dem Faktum der zeitlich voraufgegangenen
Großreichbildung im Regnum und Imperium, dessen Träger nach
Osten hin die Bayern und Sachsen waren, die im ostfränkischen Groß

reich verbunden waren, das vom 11. Jahrhundert an als das Reich der Deutschen (regnum Teutonicorum) bezeichnet wurde. Jenseits ihrer Ostgrenze zeigte die Sammelbenennung «Slaven» oder «Wenden» dagegen nur eine sprachliche, nicht jedoch politische Verbindung an. Zwei sprachlich getrennte Welten standen sich, politisch ungleich, gegenüber. In der fremden Sprache wurde der Fremde im Gegensatz zur Gemeinsamkeit des Eigenen erlebt. Der «Deutsche» wurde in den slavischen Sprachen als «nemec», der «Stumme», unverständlich Sprechende, bezeichnet. «Ostmitteleuropa» war also nicht nur im Osten durch die Kirchentrennung, sondern auch im Westen durch die Scheide sowohl der Sprachen als auch der politischen Verfassungen begrenzt.

Der solcherart seit dem 9. Jahrhundert nach Westen und Osten deutlich abgehobene geschichtliche Raum war damals, vom abgelegenen Nordosten abgesehen, von Slaven besiedelt. Erst der Einfall der Ungarn Ende des 9. Jahrhunderts hat diese Einheitlichkeit zerstört. In der Mitte des Raums, im fruchtbaren, von altersher begehrten Pannonien, wo sich Völker und Stämme fortgesetzt bekämpft und abgelöst hatten, entstand eine nichtslavische Nation, deren Königreich alsbald zu den bedeutendsten in Ostmitteleuropa zählen sollte. Die nur sprachlich als Einheit zu sehende Welt der Slaven wurde auch durch diese ungarische Herausforderung an politischer Einigung gehindert, wenn auch, wenigstens von außen gesehen, von «slavischer» Gemeinsamkeit die Rede sein konnte. Ihre Sprache wurde, seit Slaven von schriftkundigen Beobachtern im Süden und Westen wahrgenommen wurden, als solche bezeichnet, und der Name «Slave» wurde auf die Menschen angewendet, die sich dieser Sprache bedienten. Ihre sprachliche Zusammengehörigkeit wurde sogar als Stammes- oder Abstammungsgemeinschaft verstanden, so daß der Begriff «gens Slavorum» geprägt worden ist. Schließlich wurde, ohne klare Grenzangabe, der Slavenname auch räumlich verstanden. Bezeichnungen wie Slavinia, Sclavonia oder Sclavia sind durch die Quellen jener Zeit überliefert. Im Evangeliar Ottos III. erscheinen vier huldigende Frauengestalten neben dem thronenden Kaiser; sie personifizieren Roma, Gallia, Germania und Sclavinia.

Das neue Slavenland war also in den Kreis der traditionellen Raumbezeichnungen Europas einbezogen und im Zusammenhang der «Erneuerung» (renovatio) des Reichs Karls des Großen durch Otto III. christlich europäisiert worden. Es sei übrigens dahingestellt, ob, wie es als wahrscheinlich angenommen wird, in der genannten Darstellung «Sclavinia» auf das polnische Reich Bolesław Chrobrys eingeschränkt zu verstehen ist oder ob das Gebiet der Slaven allgemein bezeichnet werden sollte.

Gegen Ende des 1. Jahrtausends gab es also unter den von außen auf
diese fast unbekannte Welt blickenden Klerikern lateinischer oder
griechischer Sprache die Vorstellung einer großen slavischen Stam-
mes- und Raumgemeinsamkeit. Ähnlich hatte einst Tacitus die Au-
ßenwelt der «Germania» gesehen. «Slavinia» lag gewissermaßen vor
den Toren der antiken, durch das Frankenreich bisher nur nach
Nordwesten ausgedehnten Zivilisation. Das «Slavische» wurde von
außen her sprachlich erfahren, und diese Erfahrung wurde auf das
«Volk» und «Land» projiziert, obgleich beides in der Wirklichkeit
nicht vorhanden war, da eine slavische Reichsbildung fehlte. Anders
im Westen: der traditionelle Raumbegriff «Germania» konnte seit der
karolingischen Reichsteilung auf das östliche, das «deutsche» Reich
übertragen werden. So kam es dann, daß «Germania» überlebte,
während «Sclavonia», ohne realen Bezug, schon im Mittelalter
sprachlich verschwand. Der Name der «Slaven» behielt seine Bedeutung allerdings dadurch, daß er zur Benennung einzelner Stämme,
Völker oder Länder diente, wie zum Beispiel bei den Slovenen,
Slovaken oder dem Land Slavonien zwischen Drau und Save. Die
Erfahrung der Sprachverwandtschaft aber begründete das Fortleben
des Slaven-Namens bis hin zur modernen slavischen Philologie. Erst
später, gipfelnd im Panslavismus des 19. Jahrhunderts, wurden aus
der Sprachgemeinschaft politische Schlüsse gezogen und Leitbilder
aufgestellt.

Fehlte der «Sclavonia» im 9. und 10. Jahrhundert also die politische
Einheit oder auch nur Vereinheitlichungstendenz, so sind in ihrem
Raum doch überall ähnliche Typen politisch-sozialer Grundstrukturen
verbreitet gewesen. Der Burgbezirk ist überall die unterste über Sippe
und Dorf hinausgehende politische Organisationsform gewesen. In ihr
wurden die Grundbedürfnisse der Existenz gesichert, Schutz und
Herrschaft durch Häuptlinge mit Gefolgschaft, Versorgung durch Arbeit der Bauern, individuell und dorfgemeinschaftlich geordnet.

c) Die mittelalterlichen Nationen Ostmitteleuropas

Doch war die Herrschafts- und Wehrorganisation beim Nebeneinander
dieser Burgbezirke nicht stehengeblieben. Im Gegen- und Zusammenspiel führender Geschlechter größerer Räume entstanden vielmehr darüber hinaus «Völker» (gentes, nationes), die ein Gemeinschaftsbewußtsein entwickelten, einen gemeinsamen Namen führten und schließlich
auch einem der ihren mitsamt seinem Geschlecht die Führung zuer-
kannten oder zuerkennen mußten.

Solche Volksbildungen waren bis zum 9./10. Jahrhundert unterschiedlich weit fortgeschritten. Wir können den Entwicklungsstand
dieser Zeit mit annähernder Sicherheit beschreiben, können aber nicht
die Gründe angeben, warum es im einzelnen zu Herrschaftszusammen-
schlüssen in der Größenordnung des sächsischen und des bayerischen
Volkes gekommen und warum dieser erste Schritt zur «Nation» an-
dernorts nicht erreicht worden ist. Die Slaven waren, ethnogenetisch
gesehen, jedenfalls stark untereinander verschieden. Die Tendenz einer
Verfestigung des erreichten Standes ist für das 10. Jahrhundert erwiesen. Für die innere Struktur des historischen Raums «Ostmitteleuropa»
wurden in dieser Zeit die Weichen für Jahrhunderte gestellt.

Solche fortdauernde Wirkung war allerdings der ersten Fürstenherrschaft auf slavischem Boden, dem großmährischen Reich des 9. Jahrhunderts, noch versagt geblieben. So bedeutend die militärisch-politi-
sche Leistung der vom Marchtal weit ausgreifenden slavischen Herrscher auch gewesen war, so nichtig ist ihr Fortwirken gewesen. Ihr
Reich überstand den Ungarneinbruch nicht. Die Kontinuität brach ab;
es führt kein Weg von den Mährern des 9. zu den Böhmen des 10.
Jahrhunderts. Das spätere Land Mähren, das seit dem 10. Jahrhundert
mit Böhmen politisch verbunden und doch bis 1918 als Landeseinheit
sein Sonderbewußtsein bewahrt hat, geht nicht auf das großmährische
Reich zurück. Die Mährer erscheinen vielmehr als Beispiel einer schon
in ihren Anfängen an der Vollendung verhinderten Nation. Auch später haben sie ihren Sonderweg, eingefügt in die Krone Böhmen, nicht
zu Ende gehen können, auch wenn sie in ihrem Land einen eigenen
Bischof und eigene Teilfürsten, zunächst aus dem böhmischen Přemys-
liden-Geschlecht, gehabt haben.

Die Tschechen

Böhmen kann dagegen als das früheste Beispiel einer slavischen Nationsbildung im mittelalterlichen Sinne angesehen werden. Der mehrere Stämme umfassende Großraum war naturbedingt vorgeprägt.
Nicht nur durch Böhmerwald, Erzgebirge und Sudeten, sondern auch
durch das böhmisch-mährische Hügelland war Böhmen nach allen Seiten mit ausgedehnten Waldwildnissen, die nur wenige sperrbare Über-
gänge zuließen, geschützt. Die herrschaftliche Zusammenfassung dieses Raumes ist also geopolitisch fast zwingend gewesen. Noch für das 9.
Jahrhundert sind in Böhmen eigenständige, miteinander im Wettstreit
liegende Herren (duces) sowie mehr als zehn Stammesnamen überliefert. Erst gegen Ende des Jahrhunderts setzten sich mehrere aufeinan-
derfolgende Fürsten einer Linie durch, die ihr Geschlecht auf Přemysl

zurückführten. Nach der von Cosmas zwei Jahrhunderte später aufge-
zeichneten Spätform der Nationslegende war dieser bäuerliche Urvater
von der Richterin Libussa dem Volk als ihr Herrscher und Dynastieg-
ründer auf magische Weise zugewiesen worden. Jedenfalls hat ein Her-
rengeschlecht seit dem Ende des 9. Jahrhunderts seine Herrschaft über
ganz Böhmen gegen widerstreitende Geschlechter, schließlich bis zur
blutigen Ausrottung auch der lange noch mächtigen Slavnikiden im
Jahre 995, aufgerichtet und einen Mythos um sein Geschlecht entstehen
lassen. Die Přemysliden errangen, auch wenn Wenzel I. (921–929 oder
935) nicht den Königstitel erhielt, eine königsähnliche Stellung, später –
endgültig anerkannt seit 1212 – auch nominell die Krone. Der Thron auf
der Burg von Prag, das nach Unterbrechungen zum ständigen Herrschersitz wurde, ist schon vorher zum geheiligten Herrschersymbol geworden. Die Ursprungslegende der Dynastie und die sakrale Erhöhung
des Herzogsgeschlechts in der Nachfolge Wenzels prägten das Bewußtsein der an das Herrscherhaus gebundenen Großen der gens bohemica.
Die Böhmen oder, nach ihrer Selbstbezeichnung die Tschechen, wurden
zur «natio», d. h. zum politischen Bund der an den Herzog gebundenen
Burgherren mit ihren Gefolgschafts- und Dienstleuten unter dem geheiligten Geschlecht der Přemysliden.

Die böhmischen Herzöge standen von Anfang an im Behauptungs-
kampf gegen die sprachverwandten, aber stets feindlichen Polen im
Osten sowie gegen die Bayern und damit gegen die Könige und Kaiser
des deutschen Regnum und Römischen Imperium im Westen. Das
Herzogtum und spätere Königtum der Přemysliden wahrte seine
Autonomie nach außen und seine Geschlossenheit nach innen, obgleich
Heinrich I. es 929 in Tributabhängigkeit zwang und die böhmischen
Fürsten von 950 an immer wieder dem deutschen König den Lehnseid
ablegten. Die im 12. Jahrhundert auftretende Vorstellung, daß der
Böhme nur dem römischen Kaiser, nicht aber dem deutschen König
zur Lehnstreue verpflichtet sein sollte, hat sich nicht durchgesetzt. Das
eigenständige Böhmen wurde zu einem der mächtigsten Fürstentümer
des Reichs, bis Ottokar II. Přemysl nach der deutschen Königskrone
griff, aber in der Schlacht bei Dürnkrut auf dem Marchfeld 1278 Rudolf von Habsburg unterlag.

So wuchs Böhmen, eng verbunden mit Mähren, vom 10. bis zum
13. Jahrhundert durch das Lehensband an das Deutsche Reich heran
und blieb doch ein selbständiges Herrschaftsgebilde und eine eigene
Landesnation. Das tschechisch-böhmische Nationsbewußtsein war im
erstarkenden Adel wirksam entwickelt. Das wirkte der Möglichkeit
einer Germanisierung von oben entgegen, die das Přemyslidenge-

schlecht selbst weitgehend erfaßt hat, da vom 11. bis 13. Jahrhundert
Heiraten mit deutschen Fürstentöchtern, z. B. der Babenberger, Wettiner, Hohenstaufen, an der Tagesordnung waren.

Die Polen

Ein halbes Jahrhundert nach der Entscheidung in Böhmen unter Wenzel I. folgte «Polen» dem böhmischen Vorbild nach. Der Bezug zum
böhmischen Vorgang wird dadurch sinnfällig, daß der polnische Herzog Misaka (Mieszko) im Jahre 965 die böhmische Herzogstochter
Dubrava heiratete, um sich kurz darauf taufen zu lassen. Mieszko
herrschte vom Zentrum Gnesen am Goplosee aus über Gebiete an Warthe und Weichsel, d. h. über die Landschaften Großpolen und Kujawien. Im Unterschied zu Böhmen gab es hier keine natürlich sperrenden Grenzen. Schon Mieszko und mehr noch sein Sohn Bolesław
Chrobry, der «Tapfere», haben daher weiträumige Eroberungszüge
zwischen Oder und Dnjepr, zwischen der Ostsee und Mähren unternommen. Auf Dauer wichtig war dabei vor allem die Einbeziehung
Krakaus, des Mittelpunkts der Wislanen («Kleinpolen»), das allerdings
auch nach der Verbindung mit Großpolen auf seine Eigenständigkeit
pochte, nachdem es vorher zeitweise ein eigenes Herrschaftsgebiet gewesen war, vorübergehend gar unter der Oberherrschaft zuerst des
großmährischen Reichs, später der Böhmen gestanden hatte. Mieszko
und seine Nachfolger, die seit Bolesław Chrobry den Königstitel trugen, standen zum Deutschen Reich in wechselnden Abhängigkeitsverhältnissen, wurden aber nicht wie die Böhmen zu dauerhaften Lehnsträgern des Kaisers, mit dem sie nach dem Tod Ottos III. immer wieder im Streit lagen.

Bolesław Chrobry hat den ihm folgenden Piasten-Herrschern ein
gefährliches Erbe überspannter Großraumwünsche hinterlassen, das
sie nicht zu halten oder gar auszubauen vermochten. Bolesławs maßlose, die Kraft der Polen übersteigende Eroberungspolitik ist in der
Erinnerung hochgepriesen worden und hat offenbar dazu beigetragen,
daß sich unter der polnischen Führungsschicht, dem entstehenden,
noch nicht rechtlich abgeschlossenen Adel, ein starkes Gemeinschaftsbewußtsein – «natione Polonus» – entwickelte. In der um 1113 geschriebenen Chronik des wahrscheinlich aus Lüttich nach Polen gekommenen sog. Gallus Anonymus heißt es, daß Bolesław Chrobry
durch seine Leistung «ganz Polen mit goldenem Glanz» überzogen
hätte. «Wer vermöchte seine Heldentaten und Kämpfe gegen die Völker überall ringsum in gebührender Weise zu erzählen, geschweige
denn, sie der Erinnerung sogar in Schriften anzuvertrauen? Hat er nicht

Mähren und Böhmen unterjocht und in Prag den Herzogsstuhl eingenommen und ihn seinen Suffraganen überlassen? Hat er nicht die Ungarn öfter im Kampf besiegt und ihr Land bis zur Donau ganz seinem Machtbereich dienstbar gemacht? Die unbezwungenen Sachsen aber hat er mit solcher Tapferkeit gezähmt, daß im Flusse Saale mitten in ihrem Lande eine eiserne Grenzsäule das Gebiet Polens begrenzte.» Der Chronist fährt in dieser Weise fort und weist auf Schlesien, Pommern und Preußen sowie auf die Preußenmission des Hl. Adalbert hin, um seine Erzählung im Besuch Ottos III. in Gnesen (1000) gipfeln zu lassen. Seine Angaben sind zwar, besonders im Falle Böhmens, nicht korrekt, wohl aber geben sie den Stolz über Errungenes und den Anspruch auf die Beherrschung der Nachbarn aller Himmelsrichtungen wieder. Das polnische Königreich erscheint hier als die führende Großmacht im weiten Raum östlich des deutschen Königreichs. Auch Kiev ist von Bolesław, mit Hilfe deutscher und ungarischer Truppen, im Jahre 1018 erobert, allerdings bald wieder aufgegeben worden. Kiev ist wie Böhmen oder Pommern ein Beispiel dafür, daß Bolesław seine weitgespannten Pläne nicht oder nur jeweils zeitweise hat verwirklichen können, so vortrefflich auch die gepanzerten Reiter und das schildbewehrte Fußvolk der großpolnisch-kujawischen Kernlandschaften gekämpft haben. Wenn wir die Berichte der deutschen und polnischen Chronisten richtig verstehen, so fühlte Bolesław seinen Machttrieb gestützt und bestätigt durch sein Sendungsbewußtsein im Dienste Christi, der Kirche und der Mission. Die Preußen-Mission Adalberts von Prag ist von Gnesen ausgegangen, und Bolesław hat die Gebeine des zum polnischen Nationalheiligen erhöhten Märtyrers Adalbert den Preußen abgekauft, um sie im Gnesener Dom beizusetzen. Adam von Bremen hat Bolesław den rex christianissimus genannt. Offensichtlich entsprach diese Bezeichnung dem Selbstbewußtsein des königlichen Polenherzogs, der vermutlich für sein Leben geprägt worden ist durch die Nähe zu Otto III. und seiner römischen Universalreichsidee. In der Chronik des Gallus wird berichtet: bei seinem Besuch in Gnesen, am Sitz des neuen Erzbistums und der Grabstätte des Hl. Adalbert, hat der Kaiser den Polen «als Bruder und Mithelfer im Reich» eingesetzt (fratrem et cooperatorem Imperii), Bolesław aber verband seinen Anspruch auf ein polnisches Großreich, das mit der Sclavinia gleichgesetzt wurde, mit dem christlich-imperialen Konzept Ottos III. D.h. er sah sein regnum, anders als der Přemyslidenherzog es für Böhmen tat, gleichrangig mit dem Königreich der Ottonen, aber unter dem Imperator im Rahmen des Römischen Reiches. Diese Selbsteinordnung hat Bolesław offenbar auch nach dem

Tode Ottos III. nicht aufgegeben, obgleich er, ausgelöst durch den Konflikt um Böhmen, das er zwar in Besitz, nicht aber als Lehen nehmen wollte, sich in einen jahrelangen Kampf mit Heinrich II., dem Nachfolger Ottos III., verwickelte.

In den Friedensschlüssen von Merseburg (1013) und Bautzen (1018) wurde das alte, vasallische Verhältnis Bolesławs zum Kaiser – ungeachtet der Tatsache, daß Heinrich damals noch nicht zum Kaiser gekrönt worden war – wiederhergestellt. Das Band zwischen dem ottonischen und dem piastischen Königreich – der Teutonica/Germania und der Polonia/Sclavinia – sollte fest geknüpft bleiben. Es wurde dadurch bekräftigt, daß Bolesław im Jahre 1018 in vierter Ehe Oda, die Tochter Ekkehards, des mächtigen Markgrafen von Meißen, heiratete. Mehrere Ehen zwischen sächsischen und polnischen Geschlechtern waren vorhergegangen. Polen brauchte die Aussöhnung mit den Deutschen, die Anlehnung an die materiellen und ideellen Kräfte des Reiches und der römischen Kirche, wenn es – freilich vergeblich – über die orthodoxen Herrscher der Kiever Rus' obsiegen wollte.

Im Jahrhundert nach Bolesławs Tod (1025) ist keines der von ihm eroberten Gebiete außerhalb der polnischen Kernlandschaften behauptet worden. Gewinne und Verluste wechselten ab. Nach allen Seiten wurde immer wieder verlustreich gekämpft. Trotz innerer Wirren blieb aber entschieden, daß Großpolen mit Posen/Gnesen und Kleinpolen mit Krakau vereinigt blieben. Der Wettstreit zwischen beiden Zentren ist, was den ständigen Herrschersitz anbetrifft, durch das Testament Bolesławs III. (1102–1138) für Krakau entschieden worden. Die Kontinuität des polnischen Königreichs blieb erhalten. Vor allem aber ist die Entscheidung des Jahres 1000, durch die das selbständige Erzbistum unmittelbar unter Rom geschaffen worden war, gegen den Widerstand des Erzbischofs von Magdeburg, als stärkste Klammer polnischer Einheit auch in Zeiten innerer und äußerer Gefährdung bestehen geblieben.

Durch das bereits erwähnte Testament Bolesławs III. wurde die Erbfolge nach dem Versorgungsprinzip der Gleichrangigkeit männlicher Erben neu geregelt. Für die somit entstehenden Teilfürstentümer wurde zwar der Grundsatz des Seniorats betont; doch tatsächlich zerfiel Polen von da an in drei, wiederum in Nebenlinien zersplitterte Hauptlinien: die schlesische, die großpolnische und die kleinpolnisch-masowische, die alsbald ihrerseits in drei Zweige auseinanderging: den kleinpolnischen, den masowischen und den kujawischen. Trotz dieser Aufspaltung erhielt sich der Einheitsgedanke; im 14. Jahrhundert wurde Polen unter den Königen Władysław I. und Kasimir dem Gro-

ßen (1320, 1333–1370) (ohne Schlesien) wiedervereinigt und sogar, für
die Zukunft beständig bleibend, nach Südosten über die polnische
Volks- und die katholischen Konfessionsgrenzen weit hinaus vergrößert. Die Piastenzeit kam an ihr Ende, nicht nur deswegen, weil Kasimir der Große ohne männliche Erben starb, sondern vor allem deswegen, weil Polen im 14. Jahrhundert in seiner inneren Struktur und äußeren Ausdehnung eine neue, vom Ausgang des 10. und 11. Jahrhunderts stark unterschiedene Gestalt angenommen hatte. Darauf wird im
Zusammenhang der Betrachtung des hochmittelalterlichen Landesausbaus zurückzukommen sein.

Das Mißlingen der Nationsbildung bei den Elb-, Ostsee- und Alpenslaven

War den Böhmen und den Polen in glücklichen Konstellationen der
Schritt zur Nation durch Fürstenherrschaft und -mission gelungen, so
war dies den slavischen Stämmen westlich Polens und nördlich Böhmens versagt. Allerdings hatten sich auch bei ihnen nach ihrer Landnahme im 6. und 7. Jahrhundert großräumigere Zusammenschlüsse
von Kleinstämmen mit herausragenden fürstlichen Geschlechtern auf
Großburgen, wie z. B. Brandenburg, gebildet. Ungeachtet aller Veränderungen, denen solche Bünde ständig unterworfen gewesen sind,
mögen folgende Angaben, die auf den Mitteilungen des «Bayerischen
Geographen» (Mitte des 9. Jahrhunderts) beruhen, eine Vorstellung
von der Größenordnung geben, mit der es Karl der Große und seine
Nachfolger zu tun hatten, als sie versuchten, sich die slavischen
Stämme bis zur Oder tributpflichtig zu machen. Drei große Verbände
werden genannt: Die Wilzen (später auch Lutizen genannt, im östlichen
Mecklenburg, in Vorpommern, in der Prignitz) mit vier Stammesbe-
zirken (regiones) und 95 Burgbezirken (civitates); die zeitweise bereits
großfürstlich zusammengefaßten Abodriten (Ostholstein, West-Meck-
lenburg), für die vier Kernstämme mit 53 Burgbezirken überliefert
sind; der Verband der Sorben (östlich der Saale), für den eine große,
nicht bestimmte Zahl von Stämmen angegeben wird, mit 50 Burgbezirken. Diese drei großen, keineswegs beständigen und nicht, wie die
Böhmen und die Polen, zu «Nationen» aufsteigenden Bünde haben nie
alle Stämme des Raumes umfaßt. Zu nennen sind u. a. die Wolliner, die
Ukrer, die Ranen, die Heveller, Lusizer, Daleminzier sowie östlich der
Oder (Ostpommern) die Stämme, die seit 1046 mit dem Gesamtnamen
«Pomoranen» überliefert sind.

Vom ausgehenden 8. bis zur Mitte des 12. Jahrhunderts standen die
Franken, sodann die Deutschen mit der Absicht, ihre Herrschaft über

das Gebiet jenseits der Elbe zu erzwingen und zu festigen, den slavischen Stämmen mit ihrem starken Widerstandswillen gegenüber. Im Süden allerdings, d. h. in den sorbischen Landschaften östlich der Saale, war den Deutschen schon vom frühen 10. Jahrhundert an ein dauerhafter Erfolg beschieden. Zeichen dessen war die Gründung der Burg Meißen als Ergebnis des siegreichen Feldzuges Heinrichs I. 929 und die später nach dieser Burg genannte Mark. Ebenso wie die Mark Meißen blieb auch die nördlich von ihr errichtete Mark Lausitz im deutschen Herrschaftsbereich, als im Jahre 983 das übrige Slavenland zwischen Elbe und Oder durch den großen Aufstand des Lutizen-Bundes und weiterer ihm angeschlossener Stämme für das Reich ebenso wie für die christliche Kirche verlorenging. Damit war eine Lage entstanden, die im großen und ganzen bis gegen Mitte des 12. Jahrhunderts erhalten blieb, obwohl die Abodriten im 11. Jahrhundert, dynastisch vereint, zeitweise der Christianisierung zuneigten, d. h. von ihren Fürsten, freilich vergeblich, missioniert werden sollten.

Erst unter Kaiser Lothar III. von Supplinburg, der schon als Sachsenherzog mit den Slaven gekämpft hatte, wurde das alte Programm Ottos I. im Nordosten erfolgreich wiederbelebt und auf neue Weise verwirklicht. Lothar griff selbst ein, so in Pommern, wo er die Mission des Bischofs Otto von Bamberg unterstützte, so in Wagrien (Ostholstein), wo er dem Missionar Vicelin seinen unmittelbaren Schutz gab, vor allem aber durch die Belehnung des Askaniers Albrechts des Bären mit der Nordmark (Altmark) im Jahre 1134, von der aus die askanische Herrschaft alsbald nach Brandenburg ausgedehnt wurde, das von dem bereits christlichen Fürsten Pribislav an Albrecht vererbt wurde.

Zur gleichen Zeit (1147) wurde der «Wendenkreuzzug» gegen die Abodriten geführt. Zwar scheiterte er; doch wurden durch ihn trotzdem erste Erfolge der nun immer stärker und wirksamer betriebenen Mission erreicht. Wenig später unterwarf (1160) der Sachsenherzog Heinrich der Löwe das Land der Abodriten, das er schließlich aber nur unter seine mittelbare Herrschaft nahm, da er es 1167 dem Abodritenfürsten Pribislav zu Lehen gab. Damit begann die Territorialgeschichte Mecklenburgs, das seinen Namen von der alten Stammburg der abodritischen Fürsten erhielt und bis 1918 von der seit dem 12. Jahrhundert eingedeutschten Abodriten-Dynastie regiert worden ist. Auch in Pommern wurden die eingesessenen Herzöge zu Lehensfürsten, damals zunächst Heinrichs des Löwen, später Brandenburgs und seit 1521 unmittelbar des Kaisers. Das war slavische Kontinuität in fürstlichen Häusern, allerdings nur genealogisch gesehen; denn anders als in Böhmen und in Polen bewahrten die Fürstengeschlechter von Mecklenburg und Pommern ihre Stellung nur dadurch, daß sie zu Deutschen wurden. Dies war um so unausweichlicher, als gegen die Mitte des 12. Jahrhunderts die deutsche Siedlung und die regional verschieden schnell vor sich gehende Germanisierung der Slaven begannen.

Überblicken wir noch einmal den Vorgang im ganzen. Die Stämme waren trotz erfolgreicher, stammesübergreifender Anstrengungen, die – außer bei den Abodriten – mehr bündnisch als dynastisch-zentralisierend gerichtet waren, nicht zur Nation oder zu Nationen nach böhmischem oder polnischem Vorbild entwickelt worden. Das war in hohem Maße darin begründet, daß sie ihre Stammesreligionen und Kultformen gegen den «deutschen Gott» selbstbewußt behaupteten, das Christentum nicht zu ihrer eigenen Sache machen wollten und daher nicht von eigenen Stammesgenossen, sondern von Fremden, den Deutschen, missioniert worden sind. Das geschah zum Schluß freilich, bei Abodriten, Hevellern und Pomoranen, mit Hilfe einheimischer Fürsten; doch anstoßgebend war nicht deren Initiative, sondern der deutsche Druck. Deutsche waren also Träger der Christianisierung, und wenn diese erfolgreich sein sollte, mußte sie von deutschen Fürsten und Herren geschützt oder erkämpft werden. So sind im Elbe-Oder-Gebiet die einheimischen Eliten überschichtet, ersetzt und assimiliert worden. Der Raum ist von oben her deutsch geworden – durch politische und kirchliche Herrschaftsbildung, im Süden seit dem 10., im Norden seit dem 12. Jahrhundert. Bis zum Ende des Mittelalters ist dieser deutsch beherrschte Raum auch zum deutschen Sprach- und Volksgebiet geworden.

Im äußersten Süden des deutschen Grenzraums sind die Alpenslaven, die heutigen Slovenen, den Elbslaven vergleichbar, da auch sie die politische Eigenständigkeit einer mittelalterlichen Nation nicht erreicht haben. Sie waren im 6. und 7. Jahrhundert in den Flußgebieten der Mur, der Drau, Save und Kulpa sowie des Isonzo in die Ostalpen vorgedrungen, begegneten etwa von 740 an den von Westen kommenden bayerischen Siedlern und haben sich, auch wenn ihre Siedlungsspitzen aufgegeben oder bayerisch eingeschmolzen wurden, bis heute erhalten.

Ihr Schicksal ist durch ihre Zwischenlage bestimmt und für ein Jahrtausend festgelegt worden. Ihre Stämme und Talgemeinden, die im 7./8. Jahrhundert offenbar im Großraum der «Karantanen» vereint wurden, entzogen sich um die Mitte des 8. Jahrhunderts der Awarenherrschaft, indem sie durch ihren Herzog (dux) Borut bei den Bayern Hilfe suchten. Das hieß zunächst nur, daß sie mit diesen ein Schutz- und Bündnisverhältnis eingingen und sich der Mission öffneten, ohne daß sie die Selbstbestimmung unter ihrer Herzogsgewalt hatten aufge-

ben müssen. Doch als sie 770 einen Aufstand unternahmen, ließen die
Bayern ihre Oberhoheit stärker spüren, indem sie in Karantanien Herzöge – mit teils germanischen, teils slavischen Namen – einsetzten.
Und als die karantanischen Stämme sich nach dem Ende des Awaren-
reiches und der Bildung der Ostmark durch Karl den Großen im
Bunde mit pannonischen Slaven von der fränkisch-bayerischen Oberherrschaft zu befreien suchten, wurden sie geschlagen und spätestens
828 fest in das Markengebiet und die Grafschaftsverfassung des ostfränkischen Reiches nördlich und südlich der Drau eingefügt.

Doch festigte sich die ostfränkisch-bayerische Südostgrenze endgültig erst, als die Bedrohung durch die Ungarn nach 955 aufgehört hatte.
Sie wurde hinter einer nun im großen und ganzen dauerhaften Linie
durch die Ostmark nördlich und das von Bayern 976/1002 getrennte
Herzogtum Kärnten südlich gesichert. Damit begann die Territorialisierung des deutschen Südostens. Das Herzogtum Kärnten verlor im
11. Jahrhundert seine allzu weit gespannte Ausdehnung dadurch, daß
Marken verselbständigt wurden: Friaul, Istrien, die «Windische Mark»
an der Sann und die Mark Krain mit Krainburg als Mittelpunkt. 1122
wurde auch die Steiermark abgetrennt, zunächst noch als Lehen von
Bayern.

Schon im 9. Jahrhundert war also die Zeit zu Ende gegangen, in der
die karantanischen Slaven noch eine eigene, unabhängige Oberschicht
besessen haben konnten. Alle weltliche Herrschaft und der Aufbau der
Kirche wurden von nun an bayerisch bestimmt. Die deutsche Ostgrenze gegen Ungarn und Kroatien war ein für allemal festgelegt worden. Doch entsprach sie zwischen der Mur und Istrien nicht einer
deutsch-madjarischen oder deutsch-kroatischen Volks- oder Sprachgrenze, weil dazwischen die Siedlungsgebiete der bäuerlichen Slovenen
(«Winden», «Windische») lagen.

Die Kroaten

Die Frühgeschichte der Kroaten stand von vornherein unter ganz anderen Bedingungen als die der Slovenen. Bis zum Ungarneinfall lagen
die Kroaten in Reichweite der Bayern und des ostfränkischen Reiches
einerseits, des byzantinischen Kaiserreichs andererseits, nicht aber in
deren unmittelbar drückender Nachbarschaft, so daß sie, begünstigt
durch die Verkehrsfeindlichkeit der illyrischen Gebirge, sich relativ
selbständig erhalten und zur «Nation» werden konnten. Doch waren
die naturräumlichen Voraussetzungen dem inneren Zusammenhalt des
kroatischen Fürstentums nicht günstig, weil abgesehen von der Sied-
lungszersplitterung im Gebirge drei natürliche Einheiten voneinander

geschieden waren: die Ebene Slavoniens zwischen Drau und Save, die
Berge Illyrisch-Kroatiens und die vom Festland schwer zugänglichen
römischen Städte an der Adriaküste.

Im 7. Jahrhundert waren die Kroaten, gemeinsam und doch poli-
tisch-gentil getrennt, mit den Serben aus dem Karpatenraum in die
Donauebene und von da über Drau und Save gegen die Adria vorge-
stoßen – die Kroaten in südwestlicher, die Serben in südlicher Richtung. Die Landnahme geschah offenbar, wenn wir dem Bericht des
Kaisers Konstantin Porphyrogennetos aus dem 10. Jahrhundert folgen,
nicht nur im Einvernehmen mit dem oströmischen Kaiser, sondern
unter Anerkennung seiner Oberhoheit und mit der Verpflichtung zur
Waffenhilfe gegen die Awaren.

Die Serben hatten aufgrund ihrer räumlichen Lage die Hoheit des
byzantinischen Kaisers und damit den kirchlichen und kulturellen Einfluß von Byzanz sehr viel unmittelbarer zu spüren als die westlich
abseits siedelnden Kroaten. So wurden die Serben gegen Ende des 9.
Jahrhunderts byzantinisch-griechisch christianisiert und blieben endgültig außerhalb des lateinisch-mitteleuropäischen Zusammenhangs.
Den Kroaten gegenüber vermochte Byzanz dagegen, seine Suprematie
auf die Dauer weder politisch noch kirchlich durchzusetzen. Nach dem
Awarensieg Karls des Großen entwickelten die Kroaten in Pannonien
und südlich der Drau eigene Fürstentümer, z. T. in lockerer Abhängigkeit vom ostfränkischen Reich. Nach dem Ungarneinfall wurden sie
aus Pannonien vertrieben, so daß sich ihr politisches Schwergewicht in
das Gebirge und an die dalmatinische Küste verlagerte. Deren Handelsstädte, mit romanisch sprechender Bürgerschaft, gerieten zwar unter
den Druck der kroatischen Fürsten, zu denen sie mehr und mehr gute
Beziehungen, auch durch Geschlechter-Heiraten, aufnahmen; sie hielten sich aber mit dem Blick zum Meer als Stadtrepubliken relativ unabhängig, meist unter konkurrierenden Oberherrschaften – des byzantinischen Reiches, der kroatischen, später ungarischen Könige und
schließlich vom 11. Jahrhundert an zunehmend Venedigs, das sich vom
Beginn des 15. Jahrhunderts an endgültig, außer gegenüber der Stadt-
republik Ragusa (Dubrovnik), durchsetzte. Diese dalmatinischen See-
städte bildeten auf Grund der römischen Tradition und ihrer seestrate-
gischen Lage eine kulturelle Sonderart aus, durch welche die kroatisch-
serbische und römisch-griechische Trennung überbrückt wurde. Die
kulturellen Verbindungen zu Italien blieben lebhaft, so in Kunst und
Literatur, so auch in der politischen Verfassung, besonders als im 13.
Jahrhundert der kommunale Verfassungstypus der italienischen Städte,
zuerst in Spalato (Split), übernommen wurde. Trotz dieser italieni-

schen, seit dem Spätmittelalter besonders venezianischen Einflüsse sind die dalmatinischen Städte, bis in ihre Oberschichten hinein, schon im Mittelalter slavisiert worden. Ihre maritime Lebensart ist oft als «slavisch-lateinische Kultursymbiose» bezeichnet worden. Die Verschmelzung ist jedoch nie konfliktfrei gewesen. Der westliche Teil Dalmatiens ist, wie schon erwähnt, vom Festland her seit dem 7. und verstärkt seit dem 10. Jahrhundert kroatischer Herrschaft ausgesetzt gewesen. Das kroatische Herzogtum – Tomislav I. hat offenbar im Jahre 925 sogar den Königstitel angenommen – stand infolge seiner Zwischenlage in ständigem Behauptungskampf nach außen. War es bis um die Jahrtausendwende für Kroatien darauf angekommen, von der Spannung zwischen dem westlichen und dem östlichen Kaiserreich Nutzen zu ziehen und durch eine gut gehandhabte Wehrverfassung die Selbständigkeit in wechselnden Konstellationen zu behaupten, traten nun, z. T. sogar im Zusammenspiel, die Seemacht Venedig und das Königreich Ungarn von Norden her auf den Plan. Aus dieser neuen Gefahrenlage folgte schließlich das Ende der kroatischen Unabhängigkeit, nie jedoch der eigenständigen kroatischen Adelsgesellschaft.

In den Jahren 1091 und 1097 führten die ungarischen Könige Ladislaus I. und Koloman erfolgreiche Feldzüge in Kroatien. Koloman war entschlossen, ganz Kroatien zu erobern. Trotz seines Sieges im Jahre 1097 mußte er jedoch einsehen, daß die Widerstandskraft des kroatischen Adels in der Unwegsamkeit des Gebirges nicht zu brechen war, und er sah sich zum Verhandeln gezwungen. Er erreichte eine Übereinkunft mit den Führern der Kroaten, die sog. «Pacta conventa» (1102). Ob der Text, der über jene «Pacta» berichtet, eine spätere Fälschung ist oder als echt gelten kann, ist für unseren Zusammenhang unerheblich. Wie es sich damit auch verhalten haben mag, sicher ist, daß der ungarische König Kroatien nicht einfach unterwerfen konnte, vielmehr auf die Autonomiewünsche der kroatischen Führungsschicht eingehen mußte. Kroatien wurde nicht angeschlossen, sondern «inkorporiert». Der ungarische König nahm hinfort den Titel «Rex Hungariae, Croatiae et Dalmatiae» an. Damit war ein Rechtsanspruch gestellt, der der Wirklichkeit allerdings nicht entsprach, da die dalmatinische Küste faktisch zu Venedig, rechtlich aber noch immer zu Byzanz gehörte.

Kroatien ist, so läßt sich zusammenfassen, durch die drei hervorgehobenen Grundentscheidungen seiner mittelalterlichen Geschichte bestimmt worden: 1. die Behauptung seiner Autonomie und seines Selbstbewußtseins als Landesnation, 2. seine Zugehörigkeit zur römisch-katholischen Kirche, 3. seine enge Bindung an das Königreich Ungarn.

Die Ungarn

Im Jahre 894, als der Raum östlich des fränkisch-deutschen und nördlich des byzantinischen Reichs slavisch besiedelt war, sich politisch zu
formen und an einigen Stellen, besonders in Pannonien und Mähren,
zu christianisieren begann, wurde dieser Europäisierungsvorgang von
außen unterbrochen, gestört und verändert. Wieder brach ein Volk aus
dem Schwarzmeersteppenraum ein, das von den erschreckten Beobachtern der lateinischen und griechischen Kulturwelt als «hunnisch»
oder «türkisch» bezeichnet wurde.

So ähnlich das Erscheinungsbild des furchterregenden Reitervolks
auch für die Betroffenen gewesen ist, so können die Ungarn doch nicht
mit den Hunnen oder den Awaren gleichgesetzt werden. Diese hatten
als reine Nomadenvölker weite Räume ihrer Herrschaft unterworfen,
ohne sich auf Dauer behaupten zu können. Sie haben keine bleibenden
Spuren hinterlassen, wenn wir davon absehen, daß sie bei ihren Unterworfenen zahlreiche Nachkommen hinterlassen haben, ohne daß dies
freilich im Bewußtsein der nachfolgenden Generationen haften blieb.

Die Ungarn dagegen richteten sich, nachdem sie den größten Teil
Pannoniens und Transdanubiens durch siegreiche Schlachten gesichert
hatten, auf Dauer in ihren neuen Wohnsitzen ein und organisierten sich
höchst wirksam seit 904 unter Arpad und der ihm folgenden Dynastie
der Arpaden. Unter ihrer Führung wurde der Siedlungsraum gesichert
und in eine herrschaftliche Ordnung gebracht. Dies geschah seit dem
ausgehenden 10. Jahrhundert im Zeichen der Mission und der römisch-
christlichen Kultur. Dieser Prozeß erfüllte das 10. und 11. Jahrhundert.
Er ist das Ergebnis günstiger Konstellationen und Anpassungen gewesen. Grundlegend aber war die Tatsache, daß die Ungarn längst vor
ihrer Einwanderung zu einem in sich geschichteten Volk geworden
waren, dessen arbeitende Masse Halbnomaden waren, also Viehhaltung von beweglichen Zelten aus mit Getreideanbau in der Nähe relativ ständiger Häuser verbanden. Diese Hirten-Bauern wurden beherrscht von einer Kriegerschicht von Geschlechtern mit Reiter-Krie-
ger-Gefolgschaften. Deren Zahl ist beträchtlich gewesen. Einer arabi-
schen Angabe zufolge führte um 870 der Fürst der Ungarn 20 000
Reiter ins Feld. Ähnlich wie bei dem polnischen Heer Bolesławs
Chrobry scheint das Verhältnis von Reitern und Fußkriegern etwa 1:4
betragen zu haben, sofern es sich nicht bei weiträumigen Beutezügen
um reine Reiterheere gehandelt hat.

Zur Gründungszeit des ungarischen Fürstentums in der Donau-
Theiß-Ebene war das sprachlich vereinte, in seiner volklichen Abkunft
aber (sozial) zweigeteilte und mit Fremd- oder Hilfsvölkern durch-

setzte ungarische Volk wie schon zur Zeit seiner Untertänigkeit im
Chazaren-Reich an die Symbiose nomadischer Herrengeschlechter mit
den ihnen dienstbaren Halbnomaden gewöhnt. Die lange Unterordnung unter die Chazaren und die Befreiung von deren Herrschaft
hatten die Ungarn mit den ihnen in der Südwanderung vorhergegan-
genen Turko-Bulgaren gemein. Beide Stammesverbände, die Bulgaren
gegen Ende des 7. Jahrhunderts auf dem Balkan, die Ungarn im 9.
Jahrhundert zunächst in der Ukraine, dann endgültig in Pannonien,
kamen dadurch in enge Verbindung mit slavischen Stammesgruppen.
Das Ergebnis dessen war bei den Bulgaren ihre Slavisierung, bei den
Ungarn, nach ihrem Hauptstamm auch Magyaren genannt, die Ab-
drängung der Slaven in Randzonen der Waldgebiete oder deren Einschmelzung in die ungarische Volks- und Sprachgemeinschaft. Es ist
geschätzt worden, daß nach der Landnahme rd. 400 000 Ungarn etwa
200 000 Slaven gegenübergestanden haben. Mit deren Assimilation
war die komplizierte, durch Sprachwissenschaft und Archäologie nur
annähernd aufgeklärte Ethnogenese der ihrer Abstammung nach alles
andere als «reinen» Ungarn beendet. Doch auch die Geschichte des
Volkes *nach* seiner Landnahme und ständiger Herrschaftsbildung ist
eine Geschichte fremder Einschüsse einerseits, fortgesetzer Magyari-
sierung andererseits gewesen.

Ungarische Landnahme – das hieß Landverteilung an vorgegebene
Herrengeschlechter von (angeblich acht) Stämmen. Die Herrenschicht
erkämpfte mit ihren Kriegern das neue Land und begab sich auf weitreichende Kriegszüge im Dienste der ungarischen Politik, die meist
reiche Beute einbrachten, während die Hirten-Bauern, großenteils Slaven, «zuhaus» für einen gesicherten Lebensunterhalt im Winter sorg-
ten. Ganz Mitteleuropa, Italien, das Westfrankenreich und die Balkan-
länder hatten unter den immer wiederkehrenden ungarischen Kriegszügen zu leiden, in denen die taktisch überlegenen Reiterheere Beute
machten, Frauen und Kinder für den Sklavenhandel raubten und mit
Erfolg Tribute forderten, durch die der Friede zeitweise erkauft wurde.
Diese Kriegszüge des ungarischen Reiterheeres wurden planmäßig und
höchst diszipliniert geführt. Sie dienten einer bewußten Behauptungs-
und Ausdehnungspolitik, durch die sich die Ungarn in die Bündnisse
des damaligen Europa wendig und erfolgreich einschalteten. Durch
den Sieg Ottos I. auf dem Lechfeld (955) und durch die offensive Behauptung der Donaulinie durch die Byzantiner (970) waren die Ungarn
schließlich genötigt, sich in ihre neue europäische Umwelt einzupas-
sen. Das geschah im Zusammenhang mit der endgültigen Durchsetzung der Arpaden im Innern, sowie durch Aufnahme von Beziehun-

gen, besonders durch Heiraten mit den westlichen, aber auch byzantinischen Nachbarn, schließlich durch die endgültige Entscheidung für
den Westen mit der Annahme des römischen Christentums.

Alles dies wurde von Geza (970–997) in die Wege geleitet. Durch ihn
wurde die Herrschaft für die Nachkommen Arpads († 907) gewaltsam
errungen und auch für das noch außerhalb der Arpadengewalt stehende
Transsylvanien durch Heirat beansprucht. Die drei Töchter Gezas hei-
rateten: den Dogen von Venedig, den Polenherzog Bolesław Chrobry
und den Sohn des bulgarischen Zaren. Gezas Sohn Vaik mit dem Tauf-
namen Stephan aber vermählte sich, wie oben erwähnt, mit Gisela aus
bayerischem Herzoghaus. Die Arpaden hatten sich also in die «Familie
der Könige» hineingeheiratet.

Im Inneren des jungen Königreichs wurden die Kirchenorganisation, von der die Rede war, und die Grafschaftsverfassung eingeführt.
Die Grafen (slav. Župan, ung. ispan, lat. comes) der aus alten Burgbezirken hervorgegangenen «Comitate» waren Beauftragte und örtliche Stellvertreter des Königs, dessen starke Machtstellung durch unga-
risch-heidnische Tradition und neue christliche Legitimation gestützt
wurde. Der König war der erste Grundbesitzer des Landes, nach ihm
die Kirche und die von ihm mit Land begabten großen Herren, die dem
König kriegsdienstpflichtig waren.

Das von Geza und Stephan geschaffene Königreich hatte Bestand,
obgleich es nach dem Tode Stephans (1038) jahrzehntelang in fortgesetzte innere und äußere Kämpfe, vor allem gegen das Deutsche Reich,
das zeitweise seine Landeshoheit gegenüber Ungarn durchsetzte, verstrickt wurde. Die dynastischen Machtkämpfe waren unvermeidlich,
weil es bei der Erbfolge weder das Erstgeburtsrecht noch das Seniorat
bei Teilungen gab. Die Kämpfe um den Thron verquickten sich mit
dem Eingreifen auswärtiger Mächte sowie mit antifeudalen und anti-
christlichen Volksaufständen. Als die einheitliche Königsgewalt unter
dem später heiliggesprochenen Ladislaus und seinem Nachfolger Koloman (1077–1095–1116) wiederhergestellt wurde, zeigte sich, daß der
Kaufpreis eine erhebliche Schrumpfung des königlichen und eine entsprechende Verstärkung adligen Grundbesitzes gewesen war. So wurden die Grundlagen für den Adelsstaat Ungarn schon im 11. Jahrhundert gelegt.

Doch ist das ungarische Königtum deswegen nicht daran gehindert
worden, sich erobernd auszudehnen. Siebenbürgen wurde bis an die
Karpaten erfaßt, Kroatien wurde, wie oben berichtet, gewonnen, und
die Expansion gegenüber den Fürstentümern Halicz-Wolhynien
wurde, freilich erfolglos, eingeleitet.

Ein planmäßig entwickeltes Grenzsicherungssystem – Grenzbefestigungen mit Wehrdörfern hinter ausgedehnten Grenzwaldwildnissen –
bewährte sich höchst wirksam, bis es 1241 gegen die einfallenden Tataren versagte. Hierbei setzten die Magyaren Hilfsvölker meist türkischer Herkunft ein, die z. B. schon vor der Landnahme in den ungarischen Militär- und Wirtschaftsverband eingefügt gewesen waren, so
besonders die Kavaren, die Petschenegen und die Szekler, die sich als
einzige, wenn wir von den erst im 13. Jahrhundert einwandernden Kumanen absehen, über diese Zeit hinaus als Grenzwächter-«Nation» im
östlichen Siebenbürgen am Karpatenrand gehalten haben. Sie stellten
um die Mitte des 13. Jahrhunderts etwa 4 000 Reiter. Sie besaßen eine
privilegierte Stellung unmittelbar unter dem König.

So war Ungarn bis zum 12. Jahrhundert wohl christlich-europäisch
eingefügt, aber nicht beruhigt worden. Die autochthone Bevölkerung
hat es bitter erfahren müssen, daß die Eroberer aus dem Osten harte
und angreifende Herren waren, die ihre Herrschaft im Innern festhielten und nach außen ausbreiteten. Neben den Polen wurden die Ungarn
zur zweiten Nation Ostmitteleuropas im vollen Sinne dieses mittelalterlich geprägten Begriffs. Über die polnisch-ungarische Parallelität
wird später gesprochen werden.

So ist Latein-Europa, abgesehen vom preußisch-baltischen Nordosten, bis zum 12./13. Jahrhundert, im Zusammenhang mit der christlichen Mission, weit nach Osten ausgreifend, in fürstlich-adeligen
«Nationen» konstituiert worden. Die Ostgrenze der bayerischen «Nation» im Regnum war dauerhaft festgelegt, die der Sachsen und Thüringer durch Marken und Fürstenherrschaften des deutschen Königreichs erheblich nach Osten vorgeschoben worden – ein Vorgang, der
um 1200 noch längst nicht abgeschlossen war, sich vielmehr in Schlesien und Preußen fortsetzte. Diesem deutschen, seit der Mitte des 12.
Jahrhunderts durch Siedlung verstärkten Vordringen wirkte entgegen,
daß im 10. Jahrhundert vier große «Nationen» durch Christianisierung
und fürstliche Herrschaftsbildung entstanden waren: die polnische und
die ungarische stark eigenmächtig, die böhmische in Anlehnung an das
deutsche, die kroatische inkorporiert in das ungarische Königreich.

Diese Reichs- und Nationsbildungen blieben trotz aller Erschütterungen und Herrschaftswandlungen bis zum Ende des 18. Jahrhunderts
grundlegend für die Ordnung Ostmitteleuropas.

Von der Vollendung der politischen Gestaltung Latein-Europas im
Nordosten ist bereits oben (I. 1) die Rede gewesen. Denn die Ordensländer Preußen und Livland sind unmittelbar aus der Mission unter
päpstlicher Oberhoheit entstanden, und die eigentümliche litauische

Großreichsbildung wurde deswegen gleichfalls oben (I, 1) behandelt, weil sie in den Zusammenhang der west-östlichen Kirchenabgrenzung gestellt wurde. Auf sie wird weiter unten ausführlicher eingegangen werden.

Es sei aber hervorgehoben, daß Mission und Herrschaftsbildung in den baltischen Ländern nicht in ein Vakuum vor-geschichtlichen Stammeslebens hineinstießen, sondern ein Spannungsfeld vorfanden, in dem drei Potenzen von außen einwirkten:

1) die russischen Fürstentümer von Pleskau und Polock (mit Unterfürstenherrschaften an der Düna), 2) die Seemacht des dänischen Königtums und 3) die kriegerisch starken Litauer, die teils selbständig, teils im Bunde mit den ostslavischen Fürstentümern operierten.

3. Raumordnung durch Landesausbau.
Bäuerliche Siedlung und Stadtgründung
(12.–14. Jahrhundert)

a) Die vorkoloniale Kulturlandschaft

Im 9. und 10. Jahrhundert hatte, wie gezeigt wurde, im Zusammenhang von kirchlicher Mission und fürstlich-adeliger Herrschaftsbildung die Geschichte Ostmitteleuropas begonnen. Der große, bis dahin abseits gelegene Raum war latein-europäisch geöffnet worden und wurde nun bis zum 14. Jahrhundert den älteren Kulturlandschaften West- und Mitteleuropas strukturell angeglichen.

Die Besiedlung, die Landeskultur und die Gesellschaftsverfassung hatten gegen Ende des 1. Jahrtausends n. Chr. einen Entwicklungsstand erreicht, unter dessen Bedingungen es möglich geworden war, größere politische Völkergruppen («nationes») relativ weiträumig zusammenzufassen. Die neu sich bildenden Führungskräfte der Kirche und der Fürstentümer bedienten sich des spürbar zunehmenden Bevölkerungsdrucks und der damit zusammenhängenden Wirtschaftsbedürfnisse, indem sie in wachsender Bewußtheit die Infrastruktur ihrer Länder intensivierten. Bildlich gesprochen handelte es sich bei dieser Entwicklungsphase um einen Stufengang von einer mittleren Ebene pflugbäuerlicher Kultur zu einer höheren Stufe entfalteter Agrarverfassung mit planmäßig angelegten Dörfern und Städten neuer Art. Die jüngste Region Latein-Europas wurde in eine Sozialstruktur überführt, deren Grundzüge im romanisch-germanischen Frankenreich schon seit der Jahrtausendmitte entwickelt und deren Rechts- und

Wirtschaftsformen in den folgenden Jahrhunderten, von Westen nach Osten fortschreitend, wirkungsvoll verbessert worden waren. Ostmitteleuropa wurde im 12. Jahrhundert von dieser Siedlungs- und Kulturbewegung erfaßt. Schon im 14. Jahrhundert führte sie zu einer damals nicht mehr überbietbaren Raumgestaltung, die in ihrem Ausmaß und in ihren Proportionen bis in das 18. Jahrhundert hinein erhalten blieb.

Wir blicken heute auf eine mehr als hundertjährige Forschungsgeschichte zum mittelalterlichen Landesausbau zurück. Sie war erfüllt von vielen hitzigen Kontroversen, die national-ideologisch verursacht gewesen sind. Besonders um Begriff und Inhalt der «deutschen Ostkolonisation» ist, vornehmlich zwischen Deutschen und Polen, unablässig gestritten worden. Das wirkt bis heute im Bewußtsein der betroffenen Völker, wenn auch deutlich abnehmend, nach. Doch kann festgestellt werden, daß sich die Historiker aller Seiten nach den Erfahrungen der europäischen Katastrophe unseres Jahrhunderts meist von alten Befangenheiten gelöst und in ihren Forschungen einander angenähert haben. Dies ist im übrigen dadurch erleichtert worden, daß die historische Forschung, z. T. durch Verfeinerung und Ausweitung fächerübergreifender Methoden, große Fortschritte erzielt hat. Zwar sind gerade dieser Fortschritte wegen die Forschungslücken stark ins Bewußtsein getreten. Doch kann es aufgrund der vorliegenden Erkenntnisse wohl verantwortet werden, die Triebkräfte, Grundlinien und Erscheinungsformen des großen Vorgangs zusammengefaßt in unserer Fragestellung aufzunehmen.

Wir gewinnen den Zugang durch einen Blick auf Landschaft und Siedlung Mitteleuropas an der Schwelle zum großen Landesausbau gegen Ende des 1. Jahrtausends. Die Landschaft dieser Zeit war gekennzeichnet durch inselhafte Siedlungen inmitten ausgedehnter, besonders im Bergland oder in Urstromtälern unwegsamer Waldflächen, die menschliche Siedlung ausschlossen. Die Siedlungsinseln oder Siedlungskammern lagen auf Böden, die dem Landbau und der Viehzucht mit den damaligen technischen Mitteln – Spaten, Hacke, Egge, hölzerner Haken oder «Rührpflug», mit dem der Boden nur durchgerührt wurde – zugänglich waren. Leichte, sandig-lehmige Böden, besonders der fruchtbare Löß, auch ärmere Sandflächen boten sich dazu an. Sie waren von Natur siedlungsfreundlich und sind im Laufe der Zeit, beginnend schon im Neolithikum, durch primitive Rodung, d. h. durch Abhacken von Bäumen, deren Stubben nicht entfernt wurden, zu Akkerland für Getreide gemacht und in Brand- und Feldgraswirtschaft genutzt worden. Siedlung, Ackerbau und Viehhaltung waren ergiebig im Nebeneinander von kleinen, blockförmigen Feldern und Lichten, meist Eichen- oder Eichenmisch-, auch Kiefernwäldern, die dem Vieh, besonders dem Schwein, als Weide dienten und auch sonst vielfältig genutzt wurden, so zur Holzgewinnung und zur Bienenzucht.

Auf Karten, welche die Altlandschaft wiedergeben, ist gezeigt worden, daß überall dort, wo die Bodenbedingungen günstig gewesen sind, über die kleinräumigen Wohngebiete hinaus große zusammenhängende Siedlungsräume entstanden waren, deren größte sich etwa vom heutigen Dresden bis nach Gotha und Mühlhausen sowie in nördlicher Richtung in die Magdeburger Börde und in das nördliche Harzvorland erstreckten. Eine Vielzahl größerer, besiedelter Kulturräume war z. B. über die Stammesgebiete der Abodriten, Wilzen und Pomoranen in Mecklenburg und Pommern verstreut. Deutlich treten großräumige Siedlungsgebiete auch zwischen Brüx, Prag, Kolin sowie in Mähren nördlich der Donau um Wien bis in die Gegend von Olmütz hervor. Sowohl das großmährische Reich wie das tschechische Herrschaftsgebiet der Přemysliden lassen sich also kartographisch abheben von den sie umgebenden riesigen Waldgebieten. Hervorhebenswert sind auch die relativ großflächigen Siedlungslandschaften um Breslau, um Posen und Gnesen sowie in Kleinpolen (Krakau) beiderseits der oberen Weichsel. Die Siedlungskarte verdeutlicht also die, wenn auch durch Wege und Wildnispässe überwindbare Abgeschlossenheit der drei Hauptländer des von Großpolen ausgegangenen frühen Piastenreichs, denen gegenüber Masowien noch überwiegend siedlungsfeindlich erscheint. Mehrfach ist in der Literatur versucht worden, die Siedlungsdichte jener Zeit zu schätzen. Die Angaben bewegen sich um die Größenordnung von 2–3 Menschen auf den Quadratkilometer. Doch ist das ein unechter Durchschnitt. In der Wirklichkeit standen die überwiegenden Wald- und Niederungsgebiete menschenleer den inselhaft in sie eingelagerten Kulturräumen gegenüber. Diese wiesen je nach den gegebenen Naturbedingungen größere Bevölkerungsdichten, bis zu 10 Menschen auf den Quadratkilometer, auf. Die Siedlungsstruktur ist im allgemeinen nicht durch größere Dörfer, sondern durch Weiler, d. h. kleine Einzelhofgruppen, bestimmt gewesen.

Hundert, vielfach sogar mehr als tausend Menschen mit Sicherheits-, Produktions-, Versorgungs-, Fernhandelsfunktionen, bildeten eine erste Stufe der Heraushebung nichtagrarischer Bevölkerung, die von Abgaben bäuerlicher Produktionsüberschüsse und auch von Beute – dies nicht allein in Seestädten – lebte. Neben diese nichtbäuerlichen Gruppen von Kriegern, gewerblich spezialisierten Handwerkern, z. B. Töpfern, Schmieden, Webern, traten zu Beginn der Mission die Prie-

ster der christlichen Kirchen, die in oder bei den Burgen angelegt wurden und damit den Beginn für Schriftkultur, Schule, Bildung und
Kunst setzten.

Die seit Jahrzehnten lebhafte und erfolgreiche archäologische For-
schung hat nicht nur kleinere Burgwälle, sondern auch «Grody», d. h.
Siedlungsagglomerationen um zentrale Burgen und (seit der Mission)
Kirchen in großer Fülle zutage gefördert. Dabei ist häufig die Konti-
nuität der Siedlung hinter das 9. Jahrhundert zurückverfolgt worden.
Das ist einleuchtend, da nach der Landnahme der Slaven seit dem 6.
Jahrhundert nicht nur die bäuerliche Siedlung folgte, sondern auch das
Sicherungssystem der Burgen und der Burgbezirke lebensnotwendig
gewesen ist. Zwischen der Landnahme und dem Beginn der «Ge-
schichte» mit Kirche und «Nation» haben wir uns nicht nur eine fortgesetzte Ausweitung bäuerlicher Kulturlandschaft, sondern auch die
Vermehrung und Vergrößerung der Burgen bis hin zu ausgedehnteren
militärisch-gewerblichen Hauptorten vorzustellen.

Solche sind schon für das Großmährische Reich in beträchtlicher
Größe und Differenzierung nachgewiesen worden. In Nitra (Neutra)
z. B. befanden sich im 9. Jahrhundert nicht nur eine Hauptburg mit
dazugehörigem Suburbium, sondern auf der gegenüberliegenden Seite
des Flusses, der solcherart die Mitte der Großsiedlung bildete, weitere
Wallanlagen, so besonders der Martinsberg mit einer Vorburg, durch
die eine steingepflasterte Straße mit anliegenden Hütten verlief, die in
Gassen gegliedert waren. In dieser Siedlung ließ sich die Trennung von
bäuerlicher und gewerblicher Bevölkerung nachweisen sowie die Spezialisierung von Handwerkern, so von Schmieden und Schlossern, auf
der Grundlage von Eisenverhüttung, von Glasbläsern, Knochen- und
Steinarbeitern, an anderer Stelle auch relativ zahlreichen Töpfern, die
offensichtlich nicht nur für den Eigenbedarf, sondern auch für die weitere Umgebung und den Fernhandel produziert haben. Die Bedeutung
der Agglomeration Nitra wurde durch Kirchenbauten und die Errichtung eines Bistums im 9. Jahrhundert verstärkt. Auch der Fernhandel
fehlte nicht in dieser bedeutenden Militär- und Gewerbeballung, die als
frühes Beispiel der allgemein typischen Frühform städtischer Lebensweise im östlichen Mitteleuropa angesehen werden kann. Dieser Typus
des mehrfunktionalen zentralen Orts ist in der Kiever Rus' als «gorod»
ebenso verbreitet gewesen wie in den befestigten Häfen der pommerschen Ostseeküste oder den «Burgstädten» der Přemysliden und Piasten.

b) Landesausbau: Bevölkerung, Siedlung und Agrartechnik

Das hier für viele andere vorgestellte Beispiel der Burgstadt Nitra bezeichnet die Stufe der Raumgestaltung, die um die Jahrtausendwende in Ostmitteleuropa erreicht worden ist. Stellen wir diesen Stand der Infrastruktur in einen europäischen Vergleichszusammenhang, so liegt die Rückständigkeit der eben erst in oder vor der Missionierung stehenden Fürstentümer auf der Hand. Ebenso deutlich ist aber auch die Dynamik einer Entwicklung zu erkennen, in der die Fürsten, der Adel, die Kleriker und Mönche sich einem wachsenden Bevölkerungsdruck ausgesetzt sahen oder, anders gewertet, die Gunst eines leicht erreichbaren Arbeitsangebots zu nutzen lernten. Nachdem weite Gebiete Ostmitteleuropas durch Kirchenorganisation und herrschaftliche Nationsbildung von oben in Form gebracht worden waren, war der geschichtliche Moment gekommen, in dem geistliche und fürstliche Eliten ihren Entwicklungswillen durch Nutzung des sich anbietenden Arbeitskräfteüberschusses verwirklichen konnten. Doch konnte dies nicht mehr in der Weise geschehen, in der bislang die Siedlung ausgeweitet worden war. Die Modelle für die Hebung der Landeskultur waren im Westen entwickelt. Es kam darauf an, sie zu übertragen, technische Neuerungen, rationelle Organisationsgrundsätze und entsprechend entwickelte Rechtsformen zu übernehmen. Das geschichtliche Gesetz, wonach eine Spannung zwischen kultureller Überlegenheit und Rückständigkeit die Tendenz hat, durch Kulturübertragung bzw. Rezeption aufgehoben zu werden, wirkte sich zwingend für Ostmitteleuropa aus. Die Alternative drängte sich auf: Entweder den fortgeschritteneren westlichen Nachbarn unterworfen zu werden oder sich selbst mit Hilfe der Innovation, die fränkisch-deutsch vermittelt wurde, so zu stärken, daß die Eigenständigkeit bewahrt und entwickelt werden konnte. Beide Möglichkeiten sind, z. T. auch mit Zwischenlösungen, im Mittelalter verwirklicht worden.

Wenn wir versuchen, die wichtigsten Faktoren zusammenzustellen, durch welche in nur 1 bis 2 Jahrhunderten die Tragfähigkeit des Landes vervielfacht worden ist, so muß vorbeugend betont werden, daß nur von einem idealtypisch gesehenen Wirkungszusammenhang die Rede sein kann. In der geschichtlichen Wirklichkeit kamen nicht überall und nicht gleichzeitig alle Faktoren zusammen. Altes blieb lange neben dem Neuen bestehen, und die örtlichen oder regionalen Voraussetzungen für Reformen sind verschieden günstig gewesen. Auch erlauben die Quellen und der Forschungsstand nicht eine auf gleichmäßig sicheren Erkenntnissen aufbauende, eindeutige Gesamtaussage, etwa durch

das Legen von Querschnitten zwischen 1150 und 1350 für den Gesamtraum.
Aber die typische Häufigkeit der Faktoren ist genügend belegt,
so daß die Trends und die Größenordnung des Wachstums im ganzen
festgestellt und nicht bezweifelt werden können.

Verständlicherweise ist das kolonisatorische Werk der deutschen
Bauern im Hochmittelalter, seit es im 19. Jahrhundert durch die historische
Forschung entdeckt und ins Bewußtsein gehoben worden ist,
bewundert und als große oder gar «größte» Leistung des deutschen
Volkes, dessen nationales Einheitsbewußtsein von der Gegenwart ins
Mittelalter übertragen wurde, gepriesen worden. Die Leistungsbilanz
der deutschen Ostsiedlung ist bis heute hoch einzuschätzen und kann in
ihrem großen Ergebnis nicht bestritten werden, auch wenn die nationale
Wertung sich verändert hat.

Die Frage liegt nahe und ist jüngst auch gestellt und wenigstens
annäherungsweise beantwortet worden, wer denn die in der Überlieferung
fast immer namenlosen Siedler und vor allem, wie stark sie an
Zahl gewesen sind. Um diese Frage beantworten zu können, hat Walter
Kuhn die allgemeingeschichtliche Erfahrung, daß Gruppen von
Neusiedlern sich in den Freiräumen ihrer neuen Heimat außerordentlich
stark zu vermehren pflegten, Einzelberechnungen von Bauernstellen
und Bevölkerung in bestimmten Landschaften des deutschen
Ostens heuristisch zugrundegelegt. Er hat dabei berücksichtigt, daß im
12. Jahrhundert in erster Linie die der Sprachgrenze unmittelbar vorgelagerten
Gebiete, etwa bis zur Linie Schwerin, Spandau, Dresden relativ
dicht deutsch besiedelt worden sind, während die weiter nach Osten
gelegenen Länder noch zurückstanden. In diesem frühen Kerngebiet
deutscher Nordostsiedlung hat Kuhn aufgrund weit fortgeschrittener
Einzelforschungen die Zahl der damals neu entstandenen deutschen
Bauernstellen berechnet auf:

    6200 in Nordalbingien (Ostholstein)
    6100 in der Altmark
    7200 im rechtselbischen Brandenburg
   19200 vom Fläming bis Meißen
  12300 im Erzgebirgsvorland.

Diese insgesamt 51000 Höfe setzt er bei vorsichtiger Annahme von
vier Personen je Stelle rd. 200000 deutschen Menschen gleich, die im
12. Jahrhundert die Ostsiedlung «ins Rollen brachten». Das waren bei
einer geschätzten Gesamtbevölkerungsziffer der Deutschen jener Zeit
von 10 bis 12 Millionen Menschen nur 2 % im jährlichen Durchschnitt.
Mag auch die – sorgfältige – Rechnung Kuhns manchem zu gewagt
erscheinen, so kann doch an der Größenordnung kein Zweifel beste-

hen. Die Zahl paßt sowohl zu den ähnlich «geringen» Ziffern der deutschen Auswanderung im 18. Jahrhundert (nicht aber des 19. Jahrhunderts!) als auch zu unserer oben ausgesprochenen Vermutung, daß die
deutsche Ostsiedlung des Mittelalters nicht als Folge starken Bevölkerungsdrucks und des entsprechenden Ausdehnungsdranges, sondern
als Antwort auf den Sog anzusehen ist, den unbebautes Land und günstige Ansiedlungsbedingungen ausübten.

Im 13. Jahrhundert mag diesen gut 50 000 Siedlerfamilien eine ähnlich große Zahl aus dem deutschen Altsiedelland, vorwiegend seiner
östlichen Gebiete, gefolgt sein. Doch der Hauptfaktor des immer weiter nach Osten fortlaufenden Siedlerstroms war der Abfluß aus den
jeweils nahegelegenen Neusiedlungsgebieten. Die einmal in Bewegung gebrachte Kolonisation speiste sich gewissermaßen immer wieder aus sich selbst.

Die technischen Neuerungen, die für die Kolonisation und für die
Produktivitätssteigerung der Landwirtschaft sowie für den Städtebau
grundlegend waren, sind vielfältig gewesen. An erster Stelle wird in
der Regel der Wendepflug genannt, der durch deutsche Siedler eingeführt und übermittelt wurde. Er ersetzte den daneben noch jahrhun-
dertlang im Gebrauch bleibenden Haken- oder Rührpflug. Der neue
Pflug mit Streichbrett, Radvorgestell und senkrecht gestelltem «Vor-
schneider» oder «Sech» griff tief in die Erde ein und wendete sie ge-
krümelt. Schwere Böden, die bisher nicht hatten bearbeitet werden
können, wurden nun kultiviert. Die Arbeitsleistung wurde erheblich
erhöht, nicht nur wegen der technischen Vorteile des Geräts, sondern
auch durch die aufkommende, das Rind allerdings nicht überall erset-
zende Verwendung des Pferdes, das mit Hilfe des neuartigen Geschirrs
mit den Schultern ziehen und solcherart als Zugtier lohnend verwendet
werden konnte. Auf Grund der erhöhten Pflüge- und Zugleistung
konnten langgestreckte Felder angelegt werden. Stubbenrodung
wurde unumgänglich, der Bodenertrag wurde erheblich gesteigert.
Der neue Pflug wurde in Urkunden des 13. Jahrhunderts so z. B. in
Verträgen des Deutschen Ordens (1230) mit Bischof Christian über das
Kulmer Land als «Deutscher Pflug» (aratrum theutonicale) im Unterschied zum aratrum slavicum oder polonicale bezeichnet, als Abgaben-
einheit verwendet und in seiner Leistung dem «slavischen Pflug» über-
geordnet: Von jedem deutschen Pflug sollten hier jährlich ein Scheffel
Weizen und ein Scheffel Roggen, von jedem slavischen Pflug nur ein
Scheffel Weizen geliefert werden. Auch sonst wurde, soweit Angaben
überliefert sind, das Leistungsverhältnis von «deutschem» und «slavischem» Pflug gewöhnlich wie 2:1 wiedergegeben. Das hätte bei gleich-

bleibender Ackerfläche also eine Verdoppelung der Produktion ausgemacht. Doch da mit der Einführung des verbesserten Pflugs ein starker Landesausbau und eine durchgreifende Rationalisierung der Flurverfassung verbunden gewesen sind, ging die Wirkung des neuen Geräts weit über eine Verdoppelung des Ertrags hinaus.

Die Leistungssteigerung und -beschleunigung durch den Pflug und das mit Hufeisen beschlagene Zugpferd, das auch für Wagentransporte benutzt wurde, sind von zahlreichen weiteren technischen Neuerungen begleitet gewesen. Diese seien hier nur genannt, nicht aber im einzelnen beschrieben. Wind- und Wasserkraft wurden mit Hilfe von Rädern auf einfache Maschinen übertragen und vielfältig genutzt. Dabei war nicht entscheidend, ob und wieweit es sich dabei jeweils um neue Erfindungen handelte, sondern vielmehr, daß Wind- und Wassermühlen sich erst seit dem 12. Jahrhundert in größerer Zahl verbreiteten. Sie wurden wichtig für das Mahlen von Getreide, für Sägewerke, für Eisenhämmer, Schmelzhütten, Walkereien. Beim Einsatz dieser energieübertragenden Maschinen wurde überall erreicht, daß wachsende Mengen, z. B. von Getreide, in verkürzter Zeit qualitativ befriedigend verarbeitet werden konnten. Die Steigerung der Schmiedetechniken führte zu verbesserten und verbilligten Geräten: Rodehacke, Axt, Sichel, die z. T. schon durch die Sense ersetzt wurde. Schneller verbreitete sich offenbar der hölzerne Dreschflegel, der keiner Metallverarbeitung bedurfte. Auch die Textilherstellung nahm am großen technischen Sprung des 12./13. Jahrhunderts durch die Einführung des Trittwebstuhls und des Handspinnrads teil. Alle diese und andere Neuerungen führten zu einem immer enger ineinandergreifenden Wirkungszusammenhang der aufeinander bezogenen Techniken und damit zu einem wachsenden Gewerbe- und Handelsnetz sowohl weitreichender als auch kleinräumiger Märkte im Zusammenwirken von Städten, kleinen Marktorten und Dörfern, die über die Stufe des unmittelbaren agrarischen Verbrauchs hinausweisen und mit Hilfe aufkommender Geldwirtschaft auf der Grundlage von Münzprägungen in ländlich-städtisch arbeitsgeteilte Wirtschaftskreise hineingeführt wurden.

Der große Landesausbau des 12. bis 14. Jahrhunderts ist also nicht allein agrarisch zu verstehen, sondern er erfaßte zugleich Handel und Gewerbe, Bergbau- und Seeverkehr der neu gegründeten, den Typus der «Burgstadt» übersteigenden Städte. Die Einheit von ländlicher und städtischer Entwicklung tritt uns nicht nur im Wirtschaftsaustausch entgegen, sondern zeigt sich dem Betrachter zugleich in den Formen und Proportionen der neu angelegten Siedlungen. «Landesplanung» und «Raumordnung» wurden bewußt angestrebt und verwirklicht.

Den einheimischen und von außen kommenden Siedlerströmen wurden durch den Willen von Fürsten und Grundherren sowie durch die von ihnen beauftragten, unternehmerischen Vermittler, den «Lokatoren», ihre Plätze angewiesen. Die Grundrisse der Dörfer und Städte sind Ausdruck der dynamischen Rationalität einer bewußt herbeigeführten, keineswegs nur «gewachsenen» Entwicklung, in der technische Innovationen und wirtschaftliches Wachstum herrschaftlich herbeigeführt, gelenkt und ausgenutzt wurden. All dies geschah nach Normen und Regeln, die zusammenfassend mit dem Namen des «Deutschen Rechts» (jus teutonicum) bezeichnet und begriffen wurden. In diesem Namen drückte sich sowohl das Faktum der Rechtsübertragung von außen als auch deren Bejahung, Anerkennung und Aneignung durch die entwicklungswilligen Fürsten- und Grundherrschaften der ostmitteleuropäischen Nationen aus.

Betrachten wir zunächst die ländliche Siedlung, ohne dabei aus dem Blick zu verlieren, daß diese im engen politischen und wirtschaftlichen Zusammenhang mit den Stadtgründungen der Zeit zu sehen ist. Zunächst sei nochmals betont, daß der ostmitteleuropäische Landesausbau des Hochmittelalters allgemein europäisch seit langem vorbereitet und auch durch gleichzeitige Siedlungsbewegungen im Westen Europas begleitet gewesen ist. Die deutsche Ostkolonisation kann also nicht isoliert betrachtet werden. Sie ist zudem nur in eingeschränktem Sinne als eine «deutsche» zu bezeichnen, da sie reichspolitisch weder geplant noch gelenkt worden ist und überall dort, wo sie von deutschen Lehensfürsten des Königs oder Kaisers, wie von den Markgrafen von Meißen, den Askaniern oder von Heinrich dem Löwen, in die Wege geleitet oder gefördert worden ist, nicht im «deutschen» Namen, sondern aus landesfürstlichen Antrieben durchgeführt worden ist. Sehen wir von diesen deutschen Fürsten und Dynastien sowie vom deutschen Ritterorden ab, so hat es sich darüber hinaus überall direkt oder indirekt um slavische und ungarische Fürsten gehandelt, denen daran gelegen war, deutsche Siedler in ihren Ländern anzusetzen. Selbstverständlich wird der vornehmlich deutsche Charakter der Siedlung im Osten durch solche Feststellungen nicht in Frage gestellt. Denn es waren deutsche Bauern aus allen Ländern des Reichs, denen auch die nicht deutschsprechenden Wallonen sowie zahlreiche Flamen oder Holländer hinzuzuzählen sind, die vom Sammelbegriff der «Deutschen» damals teils ausdrücklich, besonders in Ungarn als «latini» abgehoben, teils terminologisch-rechtlich nicht besonders unterschieden worden sind. Entscheidend für die Sonderstellung der fremden Siedler im Bewußtsein der slavischen Umwelt war aber weniger die Sache ihrer Nationalität oder Sprache, so stark diese auch empfunden und ausgedrückt worden ist, als vielmehr ihre herausgehobene Rechtsstellung. Um diese zu kennzeichnen, wurde in den Urkunden, durch welche die Rechtsgrundlage der Ansiedlungen festgestellt wurde, der Sammelbegriff «jus teutonicum» verwendet. «Deutsch» ist also eine hervorhebende Fremdbezeichnung gewesen, durch welche ausgedrückt wurde, daß die Rechts- und Wirtschaftsformen der neuartigen Siedlung von den Siedlern des westlich benachbarten Deutschen Reiches herrührten und ihnen ausdrücklich als Privilegien und durch Rechtsschutz zugesichert wurden.

Doch der Landesausbau des Hochmittelalters wäre falsch beschrieben, wenn wir die Betrachtung dieses Vorgangs auf die Siedlung deutscher Bauern in eigenen Dörfern mit erhöhter landwirtschaftlicher Leistung und privilegierter Rechtsstellung beschränken wollten. Früh schon nahmen auch nichtdeutsche Bauern an der Siedlung teil, nicht nur, indem sie bestimmte Geräte oder Produktionsweisen übernahmen, sondern besonders dadurch, daß auch sie von fürstlichen, geistlichen und adeligen Grundherren in Dörfern des neuen Typus ausdrücklich nach «deutschem Recht» angesetzt wurden. Die Bezeichnung «jus teutonicum» löste sich mehr und mehr von ihrer ursprünglichen deutschen Trägerschaft und kann daher, wenn sie regelmäßig in den Quellen der Zeit erscheint, nicht als Indiz für deutsche Volkszugehörigkeit jeweils genannter Bauerndörfer verwendet werden. Die Deutschen sind nicht allein Landwirte in eigener Sache gewesen, sondern auch «Entwicklungshelfer». Die «deutsche» Agrarverfassung wurde weit über die deutschen Siedlungsgebiete hinaus übernommen und als solche bezeichnet. Je weiter die Zeit fortschritt, um so schwächer wurde bei der in Polen und in Rotreußen fortschreitenden Neugestaltung der ländlichen Ordnung nach deutschem Recht der Anteil deutscher Siedler, obwohl die deutsche Zuwanderung bis zur Mitte des 14. Jahrhunderts nicht nachließ.

Nach diesen notwendigen Vorklärungen zur Geschichte des Begriffs «jus teutonicum» soll die Eigenart der ländlichen Siedlungsbewegung, ausgehend von ihren Ursprungsbedingungen, genauer betrachtet werden.

c) Ländliche Siedlung zu deutschem Recht

Es ist bezeichnend, daß der Begriff «jus teutonicum» im deutschen Altsiedelgebiet nicht verwendet wurde, weil es eines solchen abhebenden Terminus nicht bedurfte. Es wäre allerdings nicht zutreffend zu meinen, daß der Typus des deutschrechtlichen Dorfes, wie er bei der Neubesiedlung im Osten, am reinsten wohl in Schlesien, entwickelt worden ist, im altbesiedelten Gebiet Deutschlands und Frankreichs bis zum 12. Jahrhundert gleichmäßig vorgeherrscht habe. Die bäuerliche Rechtsstellung ist dort keineswegs einheitlich gewesen. Bäuerliche Hörigkeit mit Belastungen durch Frondienste stand neben persönlicher Freiheit im Erbzinsverhältnis des Bauern zum Grundherrn, einer zwar angestrebten, aber durchaus nicht allgemein erreichten Rechtsposition. Auch die gesicherte Bemessung von Abgaben und Diensten und ihr Bezug auf das Feldmaß der Hufe hatte sich nicht überall durchgesetzt. Aufschlußreich ist auch ein Blick auf die Verbreitung der Dorfformen: die regelmäßigen Dorfgrundrisse des Neusiedellandes seit dem 12. Jahrhundert waren im Altsiedelgebiet kaum zu finden. Weiler und Haufendörfer verschiedener Größen wogen vor. Daneben gab es größere Landschaften im Nordwesten und in den Alpen, die durch die Einzelhofsiedlung charakterisiert waren. Als junge Dorfformen des 12. und 13. Jahrhunderts traten nur in einigen Mittelgebirgen an der Weser, in Hessen und im Odenwald Waldhufendörfer hinzu, an den Küsten der Nordsee außerdem das seit dem 11. Jahrhundert verbreitete Marschhufendorf. Mit dem deutschrechtlichen Dorf ist im 12./13. Jahrhundert also nicht ein für Altdeutschland allgemein gültiger Siedlungstypus nach Osten übertragen worden, wohl aber sind neue Modelle fortschrittlicher Agrarverfassung und Agrartechnik angewendet und zunehmend zu einem rational zusammenhängenden Ganzen entwickelt worden. Merkmale dessen waren die Vermessung und Zuteilung nach dem Flächenmaß der Hufe, persönliche Freiheit der Bauern im Erbzinsverhältnis und planmäßig angelegte Straßen-, Anger- oder Waldhufendörfer. Sehen wir von diesen auch in der Feldflur geometrisch konstruierten Gestaltungen ab, die im Altsiedelland, abgesehen vom Waldhufendorf, nicht entstanden waren, so stand doch seit dem 11./12. Jahrhundert im altbesiedelten Gebiet die Zinshufenverfassung mit Drei-Felder-Wirtschaft als Modell für die Siedlung im Osten zur Verfügung. Sowohl in Frankreich wie in Deutschland strebten viele Bauern danach, ihre Lage durch den Übergang in dieses Rechtsverhältnis zu verbessern. Ließ sich dies im altbesiedelten Gebiet nicht befriedigend verwirklichen, so bot sich der Weg zur freieren Existenz in den weiträumigen Landschaften im Osten an, wo die Ansiedlung zu einem besseren Recht in Aussicht stand. Die deutsche Bauernsiedlung im Osten ist also nicht nur eine Fortsetzung des seit langem im Gange befindlichen, vielfach an seine Grenzen stoßenden, überschießenden Landesausbaus gewesen, sondern wahrscheinlich mehr noch das Ergebnis sozialer Sogwirkung. Die Aussicht auf Lageverbesserung lockte bäuerliche Siedlungsgruppen zur angebotenen Landnahme im Osten.

Die große deutsche Siedlungsbewegung begann in der ersten Hälfte des 12. Jahrhunderts, steigerte sich bis zum Ende des Jahrhunderts und erreichte, immer weiter nach Osten ausgreifend, im 13. und frühen 14. Jahrhundert ihre größte Dichte und Ausdehnung. Nur im bayerischen Südosten, in den Ostalpentälern, im Burgenland und an der Donau schloß sie an eine im Gange befindliche ältere Kolonisation an. Nördlich der Donau aber bis hin zur Ostsee konnte, außer in den Diözesen Naumburg, Merseburg und Meißen, nicht mehr an die «abgebrochene» ottonische Marken- und Kirchenpolitik angeknüpft werden.

Um das Typische der Siedlung in ihrer frühen Phase zu veranschaulichen, seien zwei Beispiele wiedergegeben. Zunächst ein Bericht aus den Pegauer Annalen des Jahres 1104 (deutsch übersetzt), in dem Dorfgründungen, eine Klosterstiftung und die Bildung der Pfarrorganisation im Herrschaftsgebiet Wiprechts von Groitzsch zwischen Mulde und Pleiße beschrieben werden:

«Im Jahre des Herrn 1104 ließ Herr Wiprecht ein Brachland in der Merseburger Diözese urbar machen. Er wandte sich nach Franken, wo seine Mutter, Frau Sigena in Lengefeld vermählt war und ließ von dort viele Ansiedler kommen. Er befahl, daß sie den Wald von Grund auf roden und dann diesen Gau bestellen und nach Erbrecht besitzen sollten... Nach der Gründung zahlreicher Dörfer zwischen den Flüssen Mulde und Wiera war Herrn Wiprecht sein so verdienstlicher Plan nicht leidgeworden. Er hatte vielmehr den Wunsch, seine unermüdliche Arbeit durch ein frommes Werk zu krönen. Er gründete daher in dem vorgenannten Rodeland im Dorfe Lausick ein Kloster, das für mindestens sechs Mönche ausreichen sollte. Er ordnete an, daß das Kloster Pfarrei für alle umliegenden Orte sein und dem Kloster Pegau unterstellt sein sollte.» Hierfür sei dann die Erlaubnis des Bischofs Alwuin und des Merseburger Domkapitels eingeholt worden.

Das zweite Beispiel bezeugt die Gründung des Dorfes Kühren bei Grimma im Jahre 1154:

«Gerung, von Gottes Gnaden Bischof der Heiligen Meißner Kirche,»... stellt urkundlich fest, «daß ich zum dauernden Gedenken an mich tüchtige Männer aus Flandern an einem unbestellten und fast menschenleeren Platz angesiedelt und ihnen wie ihrer ganzen Nachkommenschaft dieses Dorf, das Kühren heißt, mit folgenden Rechten zu festem, ewigen und erblichen Besitz übergeben habe. Ich habe nämlich diesen Flamen ... dieses mit 18 Hufen, mit allen Nutzungen, die

jetzt schon vorhanden sind oder später entstehen können, mit bestellten und unbestellten Feldern, Fluren und Wäldern, Weiden und Wiesen,
Gewässern und Mühlen, Jagd und Fischerei übergeben. Von diesen
Hufen habe ich eine mit dem ganzen Zehnten von ihr der Kirche eingeräumt, zwei weitere habe ich ihrem Vorsteher, den sie Schulze (scultetus) nennen, jedoch ohne den Zehnten, überlassen. Die übrigen 15
Hufen entrichten jährlich 30 Schilling und für die Gerechtsame, die Zip
(= ein Getreidezins) genannt wird, 30 Heller. Von allen ihren Erzeugnissen, außer von Bienen und vom Flachs, geben diese vorgenannten
Männer den Zehnten. Dreimal im Jahr stellen sie für den Vogt den
Unterhalt an den Gerichtstagen, die er bei ihnen und mit ihnen mit
geringem Gefolge halten wird. Zwei Drittel von den Abgaben, die
beim Vogtgericht oder dem Schulzengericht anfallen, stehen dem Bischof zu, ein Drittel dem Schulzen. Vom Zoll sind sie in unserem
Gebiet befreit, außer vom Marktzoll, wenn sie Handel treiben. Brot,
Bier und Fleisch steht ihnen zu, untereinander zu verkaufen, doch sollen sie in ihrem Dorf keinen öffentlichen Markt abhalten. Im übrigen
befreien wir sie von jeder Besteuerung durch den Bischof, den Vogt,
den Verwalter oder andere Leute. Und daß dies ihnen gesetzte Recht
nicht zufällig später verletzt werde, verhindern wir durch unseren
Bann, und wir bekräftigen dies vor herbeigerufenen Zeugen mit unserem Siegel.»

Die beiden überlieferten Texte, die hier nicht um weitere vermehrt
werden können, zeigen grundlegende Merkmale der Ostsiedlung an,
die so oder ähnlich im 12. bis 14. Jahrhundert immer wiederkehren.
Stets handelt es sich um Siedlung, die von Herren – Landesfürsten,
kirchlichen oder weltlichen Grundherren –, die ihre Einkünfte und
damit ihre Macht steigern wollen, in die Wege geleitet worden sind.
Den Siedlern, die im ersten unserer Beispiele, wie es sonst selten bezeugt wird, als angeworben gekennzeichnet werden, wurden günstige
Bedingungen angeboten und urkundlich zugesichert: Geldzins, Abgaben und der kirchliche Zehnt wurden normiert und auf das Flächenmaß der Hufe bezogen. Zwischen dem Grundherrn und den Bauern
wurde als Zwischeninstanz der Schulze eingeschoben, der mit herausgehobenem Landbesitz ausgestattet werden und einen festgesetzten
Anteil der bäuerlichen Zinsleistungen erhalten sollte. Ihm stand das
Niedergericht unterhalb der durch einen Vogt ausgeübten grundherrlichen Gerichtsbarkeit zu. Der Schulze sollte erblich und damit nicht
von den Bauern, über deren Gemeindeverfassung in den beiden Texten
nichts gesagt wird, abhängig sein. Auch über die bäuerliche Wirtschaftsweise ist in den wiedergegebenen Beispielen nichts mitgeteilt.

Doch kann schon für die Zeit der frühen Siedlung, deutlicher noch für
das 13. Jahrhundert allgemein gesagt werden, daß die Dörfer auf der
Grundlage des Hufenmaßes vermessen und ihre Fluren in Gewanne
mit Langstreifen, entsprechend der Zahl der Bauernstellen, als Grundlage für die Drei-Felder-Wirtschaft – Wintersaat, Sommersaat, Brache
im Wechsel – eingestellt worden sind.

Im Laufe der Zeit im Fortschreiten der deutschen Siedlung, sei es
durch weiteren Rodungsausbau im Umkreis der bereits angelegten
Dörfer, sei es im weiträumigen Ausgreifen nach Osten, nahm die Siedlung einen immer vollkommeneren Planungscharakter an. Diese Entwicklung erreichte ihre Gipfel in den Fürstentümern der schlesischen
Piasten, die sich von Polen lösten und im 14. Jahrhundert in den Le-
henszusammenhang mit Böhmen eintraten, sowie im Ordensland
Preußen. Die Dörfer wurden ebenso wie die Landausstattungen der
Bauern größer. Die weit verbreitete, also durchaus nicht nur an fland-
rische Siedlungen allein gebundene, 16,8 ha große flämische Hufe war
das vorwiegende Flächenmaß, auf das die bäuerlichen Abgaben bezogen wurden, war aber meist nicht mehr einer bäuerlichen Stelle gleich-
zusetzen. Denn Zwei-, zuweilen auch Drei-Hufenstellen wurden weithin zur Regel. Eine Dorfgröße von 60 bis 100 Hufen, d. h. 30 bis 50
Kolonisten, wurde typisch. Damit weiteten sich die geordneten Feld-
fluren erheblich gegenüber dem bisherigen Zustand aus. Entscheidend
war es, daß die Ausdehnung des Kulturlandes mit Intensivierung von
Ackerbau und Viehzucht verbunden gewesen ist, die nicht allein durch
die Düngung in Wechselwirkung standen und in ihrer Produktivität
gesteigert wurden. Diesem kumulativen Effekt von Ausweitung und
Verdichtung entsprach es, daß im 13. Jahrhundert nicht mehr wie bei
Wiprecht von Groitzsch im Jahre 1104 *eine* Pfarrkirche mehrere Dörfer
zu versorgen hatte, sondern jedes Dorf des neuen Typus nun seine
eigene Kirche erhielt, die mit einer oder mit mehreren Kirchenhufen
ausgestattet wurde. Das kam einer erheblichen Verdichtung der Mission im Volk gleich. Die Kirche kam zum Bauern; die Voraussetzungen
für eine allmählich stärker werdende Durchdringung des täglichen Le-
bens mit christlicher Sitte waren damit gegeben. Landesausbau nach
deutschem Recht war auch Kulturausbau. Er begann schon im Dorf
und steigerte sich in der Stadt.

Drei Merkmale kennzeichnen in den meisten Landschaften den
überall, besonders aber in Schlesien und in Preußen, gewonnenen
Stand der Agrarverfassung im 13. Jahrhundert.

1. Der seit etwa 1220, zuerst offenbar in Schlesien, aufkommende
und rasch allgemein angenommene Begriff des jus teutonicum, der

nicht nur die Rechtsstellung, sondern auch die wirtschaftlichen Bedin-
gungen der Siedler umfaßte und die Existenzgrundlagen, die soziale
Ein- und Hochschätzung sowie die Leistungsfähigkeit des deutschen
Bauern auf Grund seines Sonderrechts, seiner Sozialverfassung und
Technik von den umwohnenden Menschen abhob. Deren altes Recht
wurde dem deutschen Recht, z. B. als jus polonicum, entgegengesetzt.
Doch nahm die Übernahme des deutschen Rechts durch nichtdeutsche
Bauern zu. Deren Dörfer wurden vielfach durch Umlegungen in die
deutschrechtliche Hufenverfassung überführt.

2. Die Stellung des «Lokators», d. h. eines Siedlungsunternehmers,
der, vom Grundherrn beauftragt, das Risiko der Anwerbung und
Dorfgründung trug, mit den Siedlern rechtsverbindliche Abmachun-
gen für ihre Pflichten und Rechte traf und in der Regel sein Eigenin-
teresse dadurch befriedigte, daß er mit mehreren Schulzenhufen versehen wurde und das auf Grund der ihm zustehenden Abgaben einträg-
liche Schulzenamt bekleidete. Der Unternehmer wurde also zum
Amtsträger, der in Preußen auch zum Waffendienst verpflichtet
wurde, der aber der primus inter pares in der sich festigenden Bauern-
gemeinde blieb und allgemein nicht in den Adelsstand aufstieg.

3. Die an den Rändern der waldreichen Mittelgebirge in Tälern von
Bächen oder kleinen Flüssen sich einfügende Waldhufensiedlung, in
der die Höfe beiderseits der Talsohle in langer Reihe so locker und
daher oft kilometerweit angelegt wurden, daß sie jeweils Ausgangspunkt ihrer in geschlossenen Einheiten an den Hängen bis zum Wald
aufsteigenden Felder, der Waldhufe, waren. Das war eine rationali-
sierte, dem Gelände ideal angepaßte Betriebsform, welche die Vorzüge
der Einzelhofwirtschaft mit der Einbettung in die Dorfgemeinschaft
verband. Oft wurden ganze Komplexe von Waldhufendörfern in *einem*
Planungsablauf angelegt. Das erforderte mehr noch als bei den großen
Anger- und Straßendörfern im Flach- oder Hügelland erhebliche
Kenntnisse und Fähigkeiten der Vermessung. In Schlesien ist eine Feld-
messer-Vorschrift aus dem 15. Jahrhundert erhalten. Sie bezieht sich auf
die Vermessungseinheit der «fränkischen» Hufe mit einer Fläche von
104 m mal 2330 m, also etwa 24 ha. Das dem entsprechende typische
Dorf beiderseits des Wasserlaufs war also etwa 5 km breit. Angesichts
solcher Leistungsanforderungen kann es nicht verwundern, daß z. B.
der Herzog von Oppeln in der zweiten Hälfte des 13. Jahrhunderts
einen leitenden Vermessungsbeamten an seinem Hof angestellt hat.

4. Der Planungszusammenhang von Dorf- und Stadtgründungen
wurde enger und bewußter.

d) Städtische Siedlung zu deutschem Recht

Damit wenden wir uns der Stadt im Zusammenhang der deutschen Ostkolonisation zu. Oben ist die Burgstadt des 8. bis 12. Jahrhunderts als mehrfunktionaler zentraler Ort beschrieben worden. Er ist überall in Ostmitteleuropa verbreitet gewesen. Seine Variationsbreite reichte von kleinen Burgen mit wenigen Dienstmannen und Handwerkern bis zu «Hauptstädten» fürstlicher Geschlechter. Seine Größe war von den Standortbedingungen der naturbedingten Straßen oder Sperrbefestigungen abhängig. Es wurde betont, daß die Kontinuität solcher stadtähnlicher Orte von den Archäologen soweit wie möglich zurückverfolgt zu werden pflegt, und es liegt nahe zu fragen, wie es sich denn mit der Siedlungskontinuität nach vorn in das hohe Mittelalter hinein verhalten hat. Seit langem besteht die Tendenz nichtdeutscher, besonders polnischer und tschechischer Historiker, eine «Evolutionstheorie» zu entwickeln, wonach die Stadt des 13. bis 14. Jahrhunderts mit ihren fraglos typisch neuen Zügen mehr oder weniger eindeutig an die Entwicklung der alten Stadt angeschlossen und ohnehin im Gange befindliche Trends nur beschleunigt, verstärkt und in ihrer Richtung bestätigt habe. Doch wird diese Auffassung nicht einheitlich und nicht gleichmäßig entschieden vertreten. Für uns genügt es festzustellen, daß der slavischen «Burgstadt» in weiter zurückliegenden Forschungen, besonders auf deutscher Seite, zu wenig Aufmerksamkeit und angemessene Bewertung geschenkt worden ist, und daß die Forschungen, vor allem der Archäologen, in den letzten Jahrzehnten die Kenntnis dieser stadtartigen Orte erheblich verstärkt hat. Doch läßt sich, auch wenn die slavische Eigenentwicklung *vor* der deutschen Ostsiedlung angemessen zur Kenntnis genommen wird, nicht leugnen, daß im 13. Jahrhundert mit den deutschen Siedlern und mit den «Lokationen» von deutschrechtlichen Städten ein neuer Typus städtischer Siedlung in das östliche Mitteleuropa eingeführt worden ist, der sich vom vorher ausgebildeten Typus grundlegend unterschieden hat. Zwar wurde in der Regel, soweit nicht – in Ausnahmefällen – Städte «aus wilder Wurzel» gegründet wurden, die deutsche oder deutschrechtliche Stadt an die ältere Burg- und Marktsiedlung angeschlossen oder auch aus Dörfern fortentwickelt. Doch gingen beide Stadttypen meist nicht ineinander über; ihre Einwohner wurden nicht miteinander gemischt; die neue Stadt entstand nicht durch Erweiterung der alten, sondern sie wurde *neben*, nicht aber *in* die vorhandene Siedlung gesetzt. Gewiß ergab sich eine an den Standort gebundene Siedlungskontinuität auf Grund der natürlichen Grundlagen gewissermaßen von selbst. Doch war sie

durch die rechtliche, soziale und topographische Sonderung beider
Teile gebrochen. Durch den Akt der geplanten und angeordneten Stiftung der neuen Stadt wurde eine Epoche in der Stadtgeschichte eingeleitet, deren Qualität nicht dadurch eingeschränkt werden kann, daß
nicht überall planmäßig, vielmehr unter Schwierigkeiten, Störungen
und Widerständen gebaut wurde, bis die Stadt ihre endgültige Gestalt,
oft viele Jahrzehnte nach dem Stiftungsakt, gewann.

Kontinuität hat es überall dort gegeben, wo vor und nach dem Mo-
dernisierungseinschnitt gleiche oder ähnliche Funktionen zu erfüllen
waren. Sie ergaben sich notwendigerweise aus der jeweiligen Zentrali-
tät des Ortes. Nach wie vor mußten gewährleistet sein: Schutz und
Sicherheit, Verwaltung und Herrschaft, Kirchenausbau und -dienst,
schließlich die wirtschaftlichen Tätigkeiten in Handwerk und Handel,
sowohl für den Bedarf des Ortes und des Umlandes als auch auf den
Märkten der Fernkaufleute.

Es ist bemerkenswert, daß alle diese Funktionen mit Notwendigkeit
fortgeführt werden mußten, daß sie aber, wie schon unter topographi-
schem Gesichtspunkt angedeutet wurde, eine neue Qualität annahmen.
Das war zunächst und vor allem darin begründet, daß es sich um «Stiftungen», d. h. um willentlich neu geschaffene Gebilde handelte, die
durchweg, wie die Dörfer, auf grundherrliche Entscheidungen zurückzuführen sind. Strukturgeschichtlich spielte es dabei keine Rolle, ob die
Stadtgründer deutscher oder nichtdeutscher Herkunft waren. Das Interesse war überall gleich; es ging ihnen um Gewinn- und Machtsteigerung, wie es für die ländliche Siedlung bereits hervorgehoben worden ist. Die Prinzipien der Raumerweiterung und Raumverdichtung zu
verbinden galt für die Stadtgründungen ebenso wie für die ländliche
Siedlung. Beide waren aufeinander bezogen. Die Weitmaschigkeit der
großen Städte wurde ausgeglichen durch ein relativ enges Netz kleiner
Städte und Märkte für die wachsende Landbevölkerung.

Fragen wir nach der Schutzfunktion, die von der Burg und ihren
Dienstmannen für das suburbium ausgeübt worden war, so fällt auf, daß
fast überall die alte Einheit des «grod» («Burgstadt») dadurch aufgelöst
wurde, daß die neue deutsche Stadt, wie schon bemerkt, von der Burg
abgesondert gebaut und meist für sich selbst ummauert wurde. Die alte
Burg und mehr noch die Burgsiedlung wurden vom Zentrum an die Peripherie gedrängt. Oft verlor unter besonderen Bedingungen die Burg
sogar ihre alte Funktion, wie z. B. in Breslau, wo der Herzog die Dom-
insel dem Bischof überließ, der dort peripher residierte, während die
deutsche Bürgerstadt, nach der Mitte des 13. Jahrhunderts kräftig aufle-
bend, auf der linken, südlichen Oderseite die alte «Burgstadt» gänzlich

ablöste. Stand die Stadt des neuen Typus auch unter dem Schutz ihres Stadtherrn, d. h. direkt oder indirekt des Landesfürsten, so gewann sie doch als Bürgergemeinde eine begrenzte Autonomie der Selbstverteidigung durch unmittelbare Verteidigungspflicht der Bürger.

Diesem Vorgang der Trennung von Burg und Stadt entsprach die semantische Scheidung, im Deutschen schon vor 1200, in den meisten westslavischen Sprachen seit dem 13. Jahrhundert. «Burg» – entsprechend «burgenses» = Bürger – umfaßte nicht mehr das Ganze, denn «stat» löste sich von «burg» ab, «město»/«miasto» von «grod». Die städtischen Neusiedler im Osten hießen urkundlich nicht mehr burgenses, sondern cives. Diese sprachliche Bedeutungsaufsplitterung bezeichnet trefflich den Trennungsvorgang: die alte Burgstadt wurde durch die deutschrechtliche Stadt überholt, zur Seite gedrängt, schließlich aufgegeben.

Rechtspolitisch-administrativ unterschieden sich die Bürger der neuen Städte grundlegend von den Einwohnern der vorgegebenen Stadtsiedlungen. Wie die Bauern der Dörfer zu deutschem Recht wurden sie von den Stadtherren anziehungskräftig privilegiert: als freie Leute wurden sie mit Hausstellen und Grundbesitz, erblich und veräußerbar, gegen einen festgesetzten Erbzins geräumig ausgestattet und sowohl als Einzelne wie als Gemeinde mit einem gesicherten, eigenen Rechtsstatus versehen. Dem Schulzen des Dorfes entsprach der Vogt oder der Richter der Stadt. Dies war ein Amt, das aus dem des Lokators, wo es ihn gab, hervorzugehen pflegte. Jedenfalls war die «locatio», d. h. der urkundlich beglaubigte Gründungsakt, der Beginn der Stadt nach deutschem Recht. Stärker und ausdrücklicher als bei den Dörfern wurde die Gerichtsbarkeit des bürgerlichen Vogts oder Richters gegenüber der Gerichtskompetenz des maßgebend bleibenden Stadtherrn ausgedehnt. Dem Vogt standen gewählte Schöffen zur Seite. Das war der Kern der sich allmählich ausbildenden Ratsverfassung mit der Konsequenz, daß «ratsfähige» Geschlechter entstanden, die sich gegen die minderberechtigten Bürger, deren Stütze in den Zünften lag, behaupten mußten. Damit sind Entwicklungen angedeutet, die mit dem Lokationsakt als solchem noch nicht ausdrücklich verbunden waren, die sich aber als spätere Folge der Stadtgründung mit privilegierter, autonomer Gemeinde ergaben.

Zusammengefaßt kann gesagt werden, daß durch das deutsche Stadtrecht, das auf bestimmte, Maßstäbe setzende und rechtauslegende «Oberhöfe» in Städten wie Lübeck, Magdeburg, Wien und ihre Tochterstädte im Osten, wie z. B. Kulm für das Ordensland, Neumarkt und Breslau für Schlesien, Krakau für Kleinpolen, bezogen wurde, der ost-

mitteleuropäische Raum in den Bereich der «okzidentalen Stadt» (Max
Weber) mit ihrer Rechtsautonomie und bürgerschaftlichen Selbstbestimmung überführt und damit verstärkt westlich europäisiert wurde,
nachdem die christliche Mission dazu den Anfang gesetzt hatte.
Auch die wirtschaftliche Funktion der Stadt stand in der Kontinuität
dessen, was sich als Bedürfnisbefriedigung sowohl der Burgstadt-Ein-
wohner wie z. T. auch der umwohnenden Bauern als notwendig herausgestellt hatte. Neuartig war aber die aus der Bevölkerungsverdich-
tung sich ergebende Steigerung des Volumens der gewerblichen Produktion und des Handels. Dies könnte zunächst nur als eine quantitativ
zu bewertende Fortsetzung des vorher schon im Gange befindlichen
Wirtschafts- und Bevölkerungswachstums angesehen werden. Doch
das reicht nicht aus, um die neue Stadtwirtschaft voll zu begreifen.
Dazu bedarf es vielmehr eines Blicks auf die mit dem Gründungsakt
zugesicherten Vorrechte der neuen Gewerbe- und Handelsbürger, die
unmittelbar auf deren monopolartige Stellung gegenüber allen Gewerbetreibenden und Händlern zielten, die nicht Deutsche waren oder
nicht mit deutschem Recht begabt wurden. Die in Altdeutschland seit
dem 11. Jahrhundert entwickelten Regeln der durch Privilegien gesicherten städtischen Monopolwirtschaft wurden durch die auswandern-
den Siedler auf die neuen Städte im Osten übertragen. Dazu gehörten
nicht nur das erst allmählich voll verwirklichte Zunftmonopol, sondern die vielfältigen Regelungen zur Konzentration aller Handelsvor-
teile in der Stadt zu Gunsten der Handel treibenden Stadtbürger.
All dies beruhte auf dem Marktrecht (jus fori), das den neuen Städten
verliehen und damit anderen Orten verweigert wurde. Der Gewinn aus
der Marktwirtschaft, die nun auch räumlich im neuen, schachbrettarti-
gen Stadtgrundriß mit quadratischen oder rechteckigen Häuserblöcken
als geräumiger «Markt» oder «Ring» hervorgehoben wurde – Marktge-
bühren, Einkünfte aus dem Stapelrecht, Vorteile aus dem Straßen-
zwang, der die Warenzufuhr in die Stadt sicherstellte –, beruhte auf lan-
desherrlich gewährten Privilegien. Durch «Freiheiten und Rechte» waren die deutschen Kaufleute ihrer Umwelt mit deutlich sichtbarem Vorrang gegenübergestellt. Durch ihre Handelsprivilegien waren sie wirtschaftlich gesichert, abgesehen von den Gefahren, die durch Kriegszüge, Plünderungen oder Epidemien heraufbeschworen wurden.
Unter dem Schutz dieser gesatzten Vorrechte konnten sich die genossenschaftlichen Institutionen der Bürger in Gilden und Zünften
ausbilden und feste Formen gewinnen. Soweit genossenschaftliche Zusammenschlüsse von Fernhändlern schon vor den deutschrechtlichen
Stadtgründungen bestanden hatten, wurden sie nun in die Stadt einbe-

zogen und an den städtischen Markt gebunden. Ihr Reichtum und ihre Welterfahrung befähigte sie dazu, den Rat der Stadt zu beherrschen und schließlich zum Patriziat zu werden.

Die Geschichte der deutschen Hanse gehört in diesen Zusammenhang. Sie ist aber insofern untypisch, als hier die Selbstorganisation der wandernden Fernkaufleute erst sehr spät der Rechtseinheit der Stadt unterworfen worden ist. «Hanse» heißt Genossenschaft, auch garantiertes Recht der Organisation und ihrer Mitglieder. Im Nord- und Ostseehandel blieb die Organisationsform wandernder Kaufmannsverbände mit ihren Handelsniederlassungen noch bestehen, als im 12. und 13. Jahrhundert die Städte des neuen Typs, zuerst Lübeck (1143, 1159), gegründet wurden. Die «Deutsche Hanse» bestand als Vereinigung deutscher Kaufleute mit ihrem Vorort Lübeck, unabhängig von der Frage, wo die Mitglieder des großen Kaufmannsverbandes jeweils ihren Hauptwohnsitz hatten. Doch allmählich gliederte sich auch der «ghemene kopman» oder «de kopman van der dudeschen hense», endgültig seit dem Beginn des 14. Jahrhunderts, in seine nun an den ersten Platz rückende Stadt ein. Die Hanse wurde aber erst spät zu einem wirklichen «Städtebund». Noch 1358 bezeichneten sich die ihr Selbstbewußtsein gegenüber der Hanse hervorkehrenden Städte nicht als «Hanse-Städte» sondern als «stede van der dudeschen hense». Doch selbst hier, wo eine große Kaufmannsorganisation den Raum von Flandern bis Bergen und bis nach Novgorod umspannte, setzte sich schließlich das Organisationsprinzip der privilegierten Einzelstadt gegenüber der überkommenen Fernhandelsgenossenschaft durch, wie dies sonst schon früher geschehen war, so z. B. in den großen Fernhandelsstädten der Straße von Leipzig über Görlitz, Breslau, Krakau und Lemberg bis nach Kiev oder nach der Zerstörung Kievs durch die Tataren im Jahre 1240, soweit nach Osten, wie es die politischen Machtverhältnisse zuließen, z. B. in die Handelsstädte der Genuesen auf der Krim.

Die für die deutschen Stadtgründungen des 12. bis 14. Jahrhunderts typische obrigkeitlich-genossenschaftlich geregelte Wirtschaftsverfassung ist in den deutschen Bergstädten der Markgrafschaft Meißen, Böhmens, Schlesiens, Polens und Ungarns besonders eindrucksvoll gestaltet gewesen. Da die Techniken zur Vertiefung und Entwässerung der Schachtanlagen sowie zur Verhüttung erheblich verbessert und eingeübt wurden, kamen der Abbau und die Verarbeitung von Gold, Silber, Kupfer, Zinn, Blei und Eisen überall dort in Aufschwung, wo natürliche Bodenschätze bekannt waren oder neu gefunden wurden. So ist die deutsche Ostsiedlung in erzbegünstigten Gebieten stets durch den Bergbau bestimmt gewesen. Auf der Grundlage des Bergregals der

Landesherren wurde das Bergrecht nach dem Prinzip der «Bergfrei-
heit» für die Gewerke der Bergleute entwickelt, unter dessen Schutz
bergmännisch gelernte Fachkräfte aus Deutschland, besonders aus der
Steiermark und Kärnten einerseits, dem Harz andererseits, von den
Landesherrschaften der genannten Territorien angesetzt wurden. Als
Beispiel sei Iglau in Mähren hervorgehoben, das auf Grund seines Silberbergbaus im 13. Jahrhundert zur großen Stadt anwuchs und dessen
Bergrecht nicht nur in Böhmen und Mähren, sondern bis nach Oberungarn (Schemnitz) und nach Meißen (Freiberg) übernommen wurde.
Sozial bot der Bergbau die Grundlage für eine ausgedehnte, differenzierte, spannungsreiche Schichtung vom großen Kaufmann bis zum
Lehnhäuser, der als Bergmann in der Genossenschaft des «Gewerkes»
arbeitete und von dort seinen Anteil an der Förderung erhielt. Im 14.
und 15. Jahrhundert erlebten die Bürger der Bergstädte sowie die Amt-
leute und Bergleute in den Gewerken ihre große Wirtschaftsblüte. Sie
wurde zur Grundlage des Wohlstands und der Macht der Landesherren, besonders der Markgrafen von Meißen und der Könige von Böhmen. Übrigens ist die oben betonte Zusammengehörigkeit und Wechselwirkung von städtischer und ländlicher deutscher Siedlung bei
vielen Bergstädten recht deutlich zu erkennen. Sie bedurften in besonders hohem Maße der Versorgung mit Nahrungsmitteln aus einem
produktionskräftigen bäuerlichen Umland. So setzten z. B. die
oberungarischen Bergstädte Kremnitz, Deutschproben, Schemnitz,
Neusohl und Königsberg planmäßig deutsche Dörfer in ihrem Umkreis an.

Das deutsche Recht für Dörfer, Städte und Bergbau ist in der Anfangszeit des großen Landesausbaus fast ausschließlich auf *deutsche* Bauern, Bürger und Bergleute bezogen worden. Diese waren die Träger der
durch das deutsche Recht formulierten und gesicherten neuen Wirt-
schafts- und Lebensweise. Doch alsbald traf die Gleichung nicht mehr
zu, daß nur Deutsche durch deutsches Recht privilegiert sein konnten.
Deutsches Recht war tausendfach objektiviert in Texten von Rechtsur-
kunden, in den geometrisch vermessenen Dorf- und Stadtformen sowie
im dazugehörigen Wirtschaftsstil. Es lag im Ermessen und zunehmend
im Interesse der Grundherren, vor allem der Landesherren, die Normen
und Inhalte deutschen Rechts nicht nur den privilegierten Fremden, die,
besonders in Ungarn, «Gäste» (hospites) genannt wurden, sondern, wie
schon oben betont, auch den Einheimischen zuzubilligen. Dies geschah
vom 13. Jahrhundert an in den folgenden drei Jahrhunderten zunehmend, mochte auch in der Spätzeit nicht immer ausdrücklich von «deutschem Recht» mehr die Rede gewesen sein.

In Ungarn war im 13. und 14. Jahrhundert eine große magyarische Siedlungswelle im Gange, an der Deutsche und «Latini» (Wallonen und Franzosen aus dem Reichsgebiet) anstoßend, aber nicht mehrheitlich beteiligt gewesen sind. Straßendörfer mit Hufenverfassung wurden in großer Zahl teils neu gegründet, teils umgelegt. Die erhebliche Produktionssteigerung führte dazu, daß sich im 14. und 15. Jahrhundert das Netz der Marktorte und kleinen Städte verdichtete. Damit kam der Angleichungsprozeß der Magyaren an die mitteleuropäische Siedlungs- und Wirtschaftsweise in der pannonischen Ebene um Donau und Theiß zu seinem Abschluß, während in den Randgebieten der Vorgebirgsräume slavische Siedlung sich behauptete, sich erweiterte und, wie wir sehen werden, neu entstand.

Ausgeprägt deutsch war die lange Kette von privilegierten Handels- und Bergstädten im inneren Karpatenbogen: von Tyrnau über Trentschin, Schemnitz, Altsohl, Kaschau, Bergsaß, Satmar, Neustadt, Desch über Klausenberg und Weißenburg oder über Bistritz, Mediasch nach Hermannstadt und Kronstadt. Nicht ganz so eindeutig galt das auch für die königlichen «Freistädte» Buda, Pest, Kaschau, Preßburg, Bartfeld, Eperjes, Ödenburg und das obengenannte Tyrnau, deren «Gäste» (hospites) z. T. auch Wallonen gewesen waren.

In Polen wurden die schlesischen Modelle ländlicher und städtischer Siedlung im 13. und 14. Jahrhundert übernommen. Deutsche Siedler kamen in großer Zahl zunächst nach Kleinpolen, wo, wie in Schlesien, Waldhufendörfer am Beskidenrand und deutsche Straßendörfer im weiten Vorland entstanden. Doch überwogen bald in den nach deutschem Recht an- oder umgelegten Dörfern polnische Siedler, während in den Städten Kleinpolens der deutsche Anteil im 13. Jahrhundert überwog. Den Gipfel erreichte die polnische Siedlung nach deutschem Recht – bei noch immer starker Beteiligung von Deutschen – im 14. Jahrhundert unter den Königen Władysław Ellenlang und Kasimir dem Großen (1315–1370), deren Interesse an der Erschließung und Entwicklung ihres Landes mehrfach in den Gründungsurkunden beim Namen genannt wurde, so etwa in der häufig vorkommenden Formel: «cupientes utilitates regni nostri peramplius ampliare de silvis, de quibus nobis nulla penitus utilitas proveniebat». Zur Regierungszeit Kasimirs (1333–1370) entstanden in Kleinpolen allein 63, davon 48 königliche deutsch-rechtliche, weitgehend auch noch deutsche oder teil-deutsche Städte. Nach der Unterwerfung der ukrainisch und damit griechisch-orthodox besiedelten Gebiete Rotreußens von 1340 an wurde auch dort sehr rasch und planmäßig Stadt- und Dorfsiedlung nach deutschem Recht vorangetrieben, sowohl von Deutschen wie von Polen, aber bald auch von einheimi-

schen Ruthenen (Ukrainern). So drang im 14. Jahrhundert zum ersten
Mal deutschrechtliche Kolonisation in Länder ein, die außerhalb des römisch missionierten Europa lagen.

Nachdem auch die nördlichen Gebiete Polens, Großpolen und Masowien, von deutschrechtlicher Siedlung, ohne Bindung an deutsche
«Gäste», erfaßt worden waren, griff die Entwicklung nach der Union
Polens mit Litauen auch dorthin über: zu Beginn des 15. Jahrhunderts
zuerst in die Grenzlandschaft Podlachien und Mitte des 16. Jahrhunderts in das Gesamtgebiet des Großfürstentums Litauen. Der König
und Großfürst Sigismund August setzte, maßgebend angestoßen
durch die Initiative seiner italienischen Gemahlin Bona Sforza, die Entwicklung in Gang. Im Jahre 1557 erließ er in Wilna, das schon 1387
Magdeburger Stadtrecht erhalten hatte, die «Ustava na voloki» (Hu-
fengesetz). Demgemäß wurden zunächst auf den umfangreichen groß-
fürstlichen Gütern, dann auch auf adligem und geistlichem Besitz in
weiter Ausdehnung Dörfer more geometrico auf der Grundlage des
einheitlichen Hufenmaßes in der Größe zwischen 21 und 23 ha vermessen und umgelegt. Die Rationalität der Hufendörfer des 13. und 14.
Jahrhunderts wurde hier noch einmal übertroffen. Der Idealtypus des
litauischen Hufendorfes sei hier, da es sich um die letzte Extremform
des ursprünglich deutschen, nunmehr polnisch vermittelten Kolonisa-
tionsdorfes gehandelt hat, zitierend wiedergegeben: «Die gesamte
Dorfflur bildet ein Rechteck, dessen vier Seiten unbekümmert um die
Hindernisse der natürlichen Landschaft schnurgerade durch das Land
geschnitten sind. Dieses Flurrechteck ist in drei Teile, die sog. Felder
geteilt, die jedes wiederum ein Rechteck bilden. Diese drei Felder liegen nebeneinander und sind genau gleich lang und breit. Jedes Feld ist
in soviel lange Feldstreifen geteilt, wie Hüfnerstellen im Dorf sind. So
entsteht eine lange Reihe parallel liegender schmaler Streifen, deren
Größe je ein Drittel Hufe beträgt. Jeder Bauer hat gleichmäßig in jedem Feld einen Streifen. Der Besitz ist also übersichtlich und regelmäßig auf drei Feldstücke verteilt. Im mittleren Felde liegt im rechten
Winkel zur Richtung der Streifen die breite Dorfstraße mit den Hof-
stellen... Es ist in der Regel ein einseitiges Reihendorf, das an einer
geradlinigen Dorfstraße liegt und fälschlich den Eindruck einer zweireihigen Anlage machen kann, weil die Scheunen getrennt von Wohn-
häusern und Ställen auf der anderen Seite der Straße liegen. Die Länge
dieses Reihendorfes entspricht genau der Breite des Mittelfeldes, geht
also quer durch dieses hindurch. Zu jeder Hofstelle gehört in gleicher
Breite unmittelbar anschließend ein Feldstreifen des Mittelfeldes, in
dem daher Hof und Feld wie im Waldhufendorf zusammenliegen.» Die

Länge der Feldstreifen war beträchtlich: in der Regel 2 bis 3 km. Es ist erstaunlich, daß diese genormte Flbeaufteilung, die einzuführen einen erheblichen Aufwand bedeutete, in weiten Teilen Litauens und Weißrutheniens verwirklicht wurde und das Landschaftsbild bis an die Gegenwart heran bestimmte.

Das Ergebnis der Agrarreform Sigismunds August entsprach den Erfolgen, die durch die Einführung der Hufenverfassung in anderen Ländern früher schon erreicht worden waren: Vermehrung der Bevölkerung, Verbesserung der Landwirtschaft, Erhöhung der Einkünfte. Die Bedeutung der rationalisierten Hufenverfassung in der polnisch beherrschten West-Ukraine seit dem 14. Jahrhundert sowie im Großfürstentum Litauen im 16. Jahrhundert ist für das Problem, wie Ostmitteleuropa als historischer Raum verstanden werden kann, sehr hoch einzuschätzen. Denn in beiden Regionen entstand eine breit nach Osten hinausgeschobene Grenzlinie der Agrarverfassungen: Hufenverfassung mit individuellem Bauerntum im Westen versus Mir-Verfassung mit bäuerlicher Solidarhaftung und periodischer Umverteilung des Landes in nicht verhuften Dörfern im russischen Osten. Stellen wir dazu in Rechnung, daß in den gleichen litauisch-weißruthenischen Räumen bis zum 15./16. Jahrhundert größere und sogar kleine Städte mit Magdeburger Recht begabt worden sind, so ist festzuhalten, daß der städtische und ländliche Ausbau nach ursprünglich deutschem Recht sich weit nach Osten über die Kulturgrenze zwischen römischem und griechischem Christentum hinaus vorschob. Dies sei als erster Hinweis darauf verstanden, daß die durch die Mission entstandene Trennungslinie zwischen dem Okzident und dem christlichen Orient geschichtlich nicht absolut gesetzt werden kann. Vielmehr entstand im Laufe der Jahrhunderte ein breiter Streifen des Übergangs oder der kulturellen Mischung zwischen West und Ost. Ostmitteleuropa konnte also immer weniger von Osteuropa durch eine feste Linie abgegrenzt werden. Die konfessionelle Trennung konnte zunehmend nicht das einzige Kriterium der Unterscheidung zwischen Mittel- und Osteuropa sein.

e) Wirkungen des Landesausbaus auf Ethnogenese und Nationsbildung

Abschließend soll versucht werden, die Ergebnisse des Landesausbaus, der Ostmitteleuropa vornehmlich von 1150 bis 1350 erfaßt und neugestaltet hat, im Hinblick auf seine geschichtlichen Folgen zusammenzufassen. Wir haben bereits betont, daß der große Vorgang im ganzen durch das komplementäre Begriffspaar «Verdichtung» und «Ausweitung» gekennzeichnet werden kann.

Verdichtung – das meint die Vervielfältigung der Tragfähigkeit vorge-
gebener Siedlungsräume mit politisch eingesetzten technischen und
organisatorischen Mitteln, mit der beabsichtigten Folge, daß sich der
Bodenertrag und damit die Einnahmen für Bauern und Grundherren
soweit wie möglich erhöhten und daß durch den steigenden Produkti-
onsüberschuß eine immer höhere Anzahl von Menschen nicht-landwirt-
schaftlicher Tätigkeit versorgt wurden, so daß eine städtische Bevölkerung bis zur Größenordnung von 10 bis 15 % der Gesamteinwohner-
schaft erreicht werden konnte. Das heißt: die Bevölkerung vervielfachte
sich in den Dörfern und Städten, die inmitten altbesiedelter Räume entstanden. Bevölkerungszunahme und Produktivitätssteigerung griffen
derart ineinander, daß der Bevölkerungsdruck nicht zur Übervölkerung
und Verarmung, sondern zur Wohlstandssteigerung führte.

Ausweitung – damit ist ausgedrückt, daß die Wirtschafts- und Be-
völkerungsverdichtung schon in den Siedlungskammern der älteren
Stufe des Landbaus mit der Anlage neuer Felder und Wohnstellen verbunden gewesen ist, daß aber darüber hinaus weit ausgedehnte Flächen
bisher unbebauten Landes durch Rodung neu gewonnen wurden.

Dadurch wurden die besiedelten Räume immer weiter ausgedehnt
und weite Gebiete bisheriger Wildnis landwirtschaftlich und gewerblich
erschlossen. Die neu gewonnenen Flächen wurden planmäßig so in Kultur genommen, daß die «moderne Verdichtungsstufe» von vornherein
erreicht werden konnte. Der Bevölkerungszuwachs folgte also sowohl
aus der Flächenausweitung wie aus der Wirtschaftsintensivierung.

Das Landschaftsbild veränderte sich sichtbar durch die Neuartigkeit
der rational gestalteten Dorf-, Stadt- und Flurformen sowie der Feldflur, die der neuen Pflugtechnik und der Dreifelderwirtschaft entsprach. Doch damit nicht genug: Die Landschaft bot sich den Menschen auch deswegen auf neue, bisher ungewohnte Weise dar, weil der
unwegsame Wald weit zurückgedrängt wurde, so daß schließlich aus
den Siedlungskammern oder -inseln mit den sie umgebenden sied-
lungsfeindlichen Wildnisgebieten große zusammenhängende Kulturlandschaften wurden, in denen das Faktum der Grenze nicht mehr
durch Urwald, sondern durch die unmittelbare Berührung mit Nachbarn erlebt wurde: Mit Nachbarn nicht nur des eigenen Volkes, sondern potentiell feindlicher, fremder Nationen oder Stämme. So rückten ethnische Gruppen aneinander, Nationen wurden landschaftlich
spürbarer als zuvor vereinigt, und in bisher trennenden Wildnisgebieten entstanden Grenzlinien, die schließlich vermessen und durch Verträge oder durch das oktroyierte Recht des Stärkeren festgelegt wurden. So konnten also erst nach dem Ende oder im Auslaufen des gro-

ßen Landesausbaus «Flächenstaaten» entstehen, sofern man bereit ist, die ständisch-personell verfaßten Herrschaftsgebiete des ausgehenden Mittelalters schon «Staaten» zu nennen.

Der hochmittelalterliche Landesausbau hat also erhebliche Folgen für die Vorgänge der Ethnogenese oder Nationsbildung in Ostmitteleuropa gehabt. Die ethnischen Gruppen verteilen und differenzierten sich im 14. Jahrhundert sehr anders, als sie es in der Ausgangslage um 1100 getan hatten. Ehe wir ihre Gewinne und Verluste im einzelnen betrachten, ist es allerdings erforderlich, die vage Bezeichnung «ethnische Gruppen» konkret zu veranschaulichen und zu definieren. Da es sich bei der Siedlung in Stadt und Land nicht um adlige oder geistliche Eliten, sondern um Volksmassen gehandelt hat, die in ihrer Mehrheit illiterat gewesen sind, ist es fragwürdig, schwierig und nur annäherungsweise möglich, sie auf Grund der verfügbaren Quellen – seien es Stiftungs-, Freiheits- oder Privilegierungsurkunden, Verträge, Gerichtsakten oder auch erzählende Quellen – im einzelnen «national» zu bestimmen und gegeneinander abzugrenzen. Doch ginge es nicht an, deswegen die Frage der Nationszugehörigkeit zu umgehen oder ein der Zeit angemessenes Nationsbewußtsein der mittelalterlichen Bauern und Bürger überhaupt zu leugnen. In den Quellen der Zeit werden Sprache und Volkstum häufig, ja regelmäßig ausdrücklich hervorgehoben. In den Quellen finden sich Kollektivbezeichnungen wie «Deutsche», «Slaven», «Polen», «Böhmen», auch Begriffe wie «deutsches» oder «polnisches» Recht oder die immer wieder hervorgehobene Identität von «Nation» und «Sprache» (natio vel lingua) des Deutschen, Polen usw. Zwar handelt es sich bei diesen Quellenbelegen nicht um Selbstaussagen der Betroffenen. Aber es gibt genug Anhaltspunkte dafür, daß die namentlich oder kollektiv bezeichneten Personen, Siedler, Dorfbewohner oder Stadtbürger sich national qualifiziert fühlen mußten, sowohl auf Grund der Sprachzugehörigkeit als auch auf Grund ihrer Rechtsstellung. Daß im übrigen ein auf Nation oder Sprache gegründetes Gruppenbewußtsein sozialpsychologisch bestärkt werden mußte, wenn die Erfahrung eigener und fremder Sonderart, z. B. durch eigene Über- oder Unterlegenheit im technischen Können, gemacht wurde, das bedarf ebensowenig weiterer Erörterung wie die Tatsache, daß Eigenstolz und Fremdenabwehr sich überall dort einstellen mußten, wo sich Sprach- oder Volksgruppen unmittelbar berührten oder durch (unerwünschte) Zuwanderung einer Gruppe in das Gebiet der anderen aufeinanderstießen.

Der Übergang von einem nur sprachlich bestimmbaren Gruppengefühl und einem wie stark auch immer ausgedrückten Volks- oder Nationsbewußtsein ist fließend gewesen und kann weit überwiegend nicht konkret bestimmt werden. Doch kann die Sprachenverteilung in Ostmitteleuropa als Ergebnis der Landesausbauepoche für die Zeit des ausgehenden Mittelalters mit annähernder Sicherheit, u. a. auch durch Rückschlüsse aus der folgenden Zeit des 16. bis 18. Jahrhunderts, festgestellt werden. Sehen wir also im einzelnen zu.

f) Deutsche Neustämme und deutsche Sprachgrenze

Wir überblicken zunächst die deutsche Land- und Stadtsiedlung. Sehen wir von der frühen bayerischen Ausdehnung ab, die vom 7. Jahrhundert an die Alpentäler, die Alpenränder und das Donautal bis über Wien hinaus erfaßt hatte, so beginnt der große Landesausbau auf der ganzen Linie von Kärnten bis nach Ostholstein erst im 11. Jahrhundert mit überall gleich starker Mächtigkeit. Das Ergebnis der Bewegung war im 14. Jahrhundert: eine erhebliche Ausweitung des geschlossenen deutschen Siedlungsraums und darüber hinaus weit ausgreifende Siedlungsspitzen, die nicht zu geschlossenem deutschen Volksboden zusammenwachsen konnten, weil der Siedlerstrom verebbte, nichtdeutsche Landschaften ringsum dicht besetzt waren und ihrerseits durch die Überführung in die erhöhte Landesausbaustufe gestärkt worden waren. So waren deutsche Siedlungsgebiete entstanden, in Ungarn, in Großpolen und in Rotreußen, die von vornherein so weit von den deutschen Stammländern entfernt waren, daß sie entweder zu beständigen Volksinseln wurden oder der Assimilierung an die umwohnenden Mehrheitsvölker verfielen.

Bis zur Mitte des 14. Jahrhunderts war also, aufs Ganze gesehen, der deutsche Volksboden weit nach Osten vorgeschoben worden. Lassen wir das Bild seiner geographischen Verbreitung ohne Kenntnis seiner geschichtlichen Voraussetzungen und seiner verwickelten Entstehung unmittelbar auf uns wirken, so erscheint es verworren und bizarr. Die neue deutsche Sprach- oder Volksgrenze zeigt einen verschlungenen Verlauf mit großen Vorsprüngen und Einbuchtungen und dazu ausgedehnte, kompakte Siedlungslandschaften, die mit dem geschlossenen deutschen Sprachraum nicht mehr unmittelbar zusammenhingen, so in Preußen und in Westmähren. Der Eindruck verworrener Beliebigkeit wird durch die weiträumige Streuung der zahlreichen Sprachinseln noch verstärkt. Doch läßt sich dieser spontane Eindruck auf Grund bloßen Augenscheins revidieren, wenn wir die Vielfalt der Siedlungsverläufe verstehen lernen und zur Kenntnis nehmen, was seit Kötzschkes und Eberts Buch von 1937 in mehreren zusammenfassenden Darstellungen – Aubin, Kuhn, Schlesinger und neuerdings Higounet – vorgelegt worden ist. Die deutsche Ostsiedlung des Hochmittelalters ist nie einheitlich geplant, gelenkt und durchgeführt worden. Direkt oder indirekt war sie stets bestimmt vom Willen und den Möglichkeiten deutscher und slavischer Landesfürsten sowie der ungarischen Könige. Von deren – oft konkurrierender – Siedlungspolitik hat es weitgehend abgehangen, wie und wohin die Siedlerströme geleitet wurden. Diese aber standen nie, im 14. Jahrhundert schon gar nicht mehr, ausreichend zur Verfügung, so daß der Landesausbau der neuen Wirtschaftsstufe nicht nur von Deutschen und im 14. Jahrhundert immer weniger von Deutschen durchgeführt worden ist. Das Bild der räumlichen Verteilung deutscher Siedlung spiegelt also nicht nur die jeweils günstigen oder widrigen Bedingungen für die landesfürstlichen Maßnahmen, sondern auch die Tatsache der nachlassenden Kraft deutscher Siedlung wider. Der Eindruck der verschlungenen Grenzlinie und der vor ihr liegenden Siedlungsstreuung gibt also gewissermaßen das Augenblicksbild einer Bewegung wieder, die mitten in ihrem noch nicht beendeten Lauf angehalten wurde.

Um 1350 hatte die deutsche Ostsiedlung ihren weitesten Umfang erreicht. Damit war die Bewegung aber nicht abgeschlossen, da die Fortschritte des Landesausbaus durch die nun folgende Entsiedlungsperiode und durch viele sprachlich-nationale Assimilierungsvorgänge zurückgeworfen und revidiert wurden. In den folgenden zwei Jahrhunderten ergaben sich für den deutschen Siedlungsraum große Verluste, aber auch bedeutende Gewinne. Erst danach, also vom 16. Jahrhundert an, läßt sich eine Grenze für den geschlossenen deutschen Volksboden und lassen sich Grenzen für die verbliebenen Sprachinseln festlegen. Erst zu dieser Zeit ist das Ergebnis der mittelalterlichen deutschen Ostsiedlung als dauerhaft zu sehen.

Die Verluste im ausgehenden Mittelalter sind erheblich gewesen. Sie beruhen in vielen Fällen darauf, daß vorgeschobene Minderheitssiedlungen und verstreute, kleine und durch ihren Rechtsstatus von der gleichfalls mit deutschem Recht begabten Umwelt nicht scharf genug abgehobene Sprachinseln entdeutscht wurden. Das betraf insonderheit die meisten deutschen oder teilweise deutsch gewesenen Städte in Böhmen, Polen und Ungarn. Der Hauptgrund für den Rückgang deutscher Bevölkerung in den neu gewonnenen Landschaften lag aber darin, daß zwischen der Mitte des 14. und dem Ende des 15. Jahrhunderts überall in Europa, landschaftlich verschieden stark, die Bevölkerung abnahm, Städte sich entvölkerten, durch Zuwanderung z. T. wie-

der besetzt wurden und viele Dörfer ganz oder teilweise, vorübergehend oder auf Dauer zu «Wüstungen» wurden. Die Anbauflächen ver-
ringerten sich; besonders in wenig rentablen Randlagen, in Gebirgen
und auf geringwertigen Böden wurden die Siedlungsspitzen der Aus-
bauperiode zurückgenommen. Hauptursache der Entsiedlung und
Entvölkerung waren die in großen Wellen seit 1347 immer von neuem
durch die Länder Europas ziehenden Pestepidemien. Natürlich wurden
nicht die deutschen Siedlungen vornehmlich betroffen, aber wenn wir
nach ihrem Geschick in der Krisenzeit nach dem großen Landesausbau
fragen, dann ist die Minderung deutschen Siedlungsbodens besonders
hervorzuheben, weil sie vielfach nicht durch deutsche Neusiedler ersetzt werden konnte.

Dem Verlust standen Gewinne deutschen Volksbodens überall dort
gegenüber, wo nichtdeutsche Menschen im Innern des neuen deutschen Sprachraums endgültig eingedeutscht wurden. Das galt für die
Elbslaven mit Ausnahme von Resten sorbischer Bevölkerung in der
Ober- und Niederlausitz, ebenso für Schlesien und für Preußen, wo
z. B. das prußisch besiedelte Samland erst im 16. Jahrhundert voll zur
deutschen Sprache überging.

Vereinfachend gesagt standen Verluste in den Außenlandschaften
Gewinnen im Innern gegenüber. Beide Vorgänge waren Umvolkungs-
oder Assimilationsprozesse. Die deutsche Sprachgrenze im Osten –
von Wehlau bis Villach – ist, wie andere Sprachgrenzen in Europa
auch, durch sprachlich-ethnischen Ausgleich zustande gekommen.

Im folgenden soll der Verlauf der deutschen Sprachgrenze, wie sie
sich an der Schwelle zur sog. Neuzeit darstellte, in knapper Zusammenfassung verfolgt werden.

Die deutsch-slovenische Sprachgrenze

Die deutsch-slovenische Sprachgrenze bildete sich im 15. Jahrhundert
aus. Sie verlief vom deutsch-italienisch-slovenischen Spracheneck bei
Pontafel über Hermagor, Villach, Moosburg, St. Johann am Brückl,
Lavamünd, St. Paul bis nach Radkersburg, um dann im großen und
ganzen einer Linie zu folgen, die der heutigen österreichisch-(steier-
märkisch)jugoslavischen Grenze entspricht. Eine beträchtliche Reihe
von Städten blieb jenseits der Sprachgrenze überwiegend deutsch, u. a.
Klagenfurt, Eisenkappel, Völkermarkt, Marburg, Pettau, Cilli sowie
in der Markgrafschaft Krain Laibach und Bischoflak. Beiderseits der
Sprachgrenze war um 1500 der Sprachausgleich noch nicht abgeschlossen; er setzte sich weiter fort. Als größere deutsche Außensiedlung
blieb die Sprachinsel Gottschee in Krain, die Mitte des 14. Jahrhunderts

von Kärntner Bauern angelegt worden war, wenn auch mit Einbußen, erhalten. In den habsburgischen Kronländern Kärnten, Steiermark und Krain hinterließ also der deutsche und der slovenische Landesausbau und der ihm folgende Sprachausgleich das latente, im 19. Jahrhundert aktualisierte Nationalitätenproblem der Slovenen («Windischen»), das durch die neue Grenze zwischen Österreich und Jugoslavien nach 1918 verschärft wurde.

Die deutsch-ungarische Sprachgrenze
Die deutsch-madjarische Sprachgrenze des Burgenlandes verlief zwischen St. Gotthard an der Raab über Gäns, Ödenburg, Wieselburg bis Preßburg an der Donau überall auf ungarischem Herrschaftsgebiet. Die deutschen Siedler waren im 12. und 13. Jahrhundert zwecks Sicherung und Nutzung des vorher nur durch Burgen und madjarische Grenzwächter verteidigten Grenzstreifens in einer Breite von 10 bis 50 Kilometer durch ungarische Könige und Herren seßhaft gemacht worden, dankten ihre Entstehung also ungarischer Gegensiedlung gegen den Landesausbau der österreichischen Herzöge in ihrem Grenzgebiet, das erst 1328 endgültig und dauerhaft seine vertraglich vereinbarte Grenze gegen das Königreich Ungarn erhielt. Weiter in Westungarn entstandene deutsche Siedlungen sind noch im Spätmittelalter madjarisiert worden. Aus der Inkongruenz von Staats- und Volksgrenze entstand im 19./20. Jahrhundert ein heftiger Nationalitätenkonflikt, der 1919 zur Teilung des Burgenlandes führte.

Die deutschen Sprachinseln in Ungarn, die das Mittelalter überdauert haben, verdankten ihre Entstehung der Grenzsicherungspolitik der ungarischen Könige im 12. und 13. Jahrhundert. Sie wurden im Norden und im Osten der Karpaten vor wichtigen Paßübergängen angelegt und mit weitgehenden Privilegien als Preis für ihre Aufgabe des Grenzschutzes und der Landerschließung ausgestattet. Ihre verhältnismäßig große Ausdehnung, vor allem aber ihre festgehaltene und im Laufe des 15./16. Jahrhunderts weiterentwickelte Rechtsautonomie sind die Ursache für das Bewahren ihrer deutschen Sprache und eines eigenen «Nations»-Bewußtseins gewesen. So erhielten sich der Bund der 24 königlichen Städte in der Zips am Fuß der Hohen Tatra und der «Königsboden» der Siebenbürger Sachsen im Nösner Land an der goldenen Bistritza, in der Hermannstädter Provinz, die dem Rote-Turm-Paß vorgelagert war, und im Burzenland vor dem Törzburger Paß mit Kronstadt am Abhang des Gebirges als Mittelpunkt.

Die bereits erwähnten nieder- und oberungarischen Bergstädte, die nach ihrer Verwüstung durch die Tataren im Jahre 1241 von Deutschen wieder- oder neuaufgebaut, mit deutschem Recht (Iglauer Bergrecht) begabt und mit deutschen Dörfern umgeben worden waren, gerieten infolge Erschöpfung der meisten Erzvorkommen im ausgehenden Mittelalter in Verfall und verloren nach und nach ihren deutschen Charakter inmitten ihrer madjarischen und mehr noch slovakischen Umwelt.

Auch die Bürger der übrigen z. T. deutschen, mit Freiheitsvorrechten ausgestatteten Städte des Königreichs sind madjarisiert worden, in den Türkenkriegen des 15. und 16. Jahrhunderts umgekommen oder nach Westen zurückgewandert. Albrecht Dürer entstammt einer solchen ungarländischen deutschen Familie.

Die deutsch-tschechische Sprachgrenze

Die im Spätmittelalter entstandene deutsch-tschechische Sprachgrenze ist in ihrer Eigenart und Wirkung nur aus tschechischer Sicht und im Hinblick der böhmisch-mährischen Landesstruktur einheitlich zu sehen. Aus der Perspektive der deutschen Siedlungsgeschichte erscheint die Sprachgrenze dagegen in mehrere, unterschiedliche Abschnitte gegliedert. Denn es sind nieder- und oberösterreichische, bayerische, egerländische, thüringisch-obersächsische und schlesische Kolonisten gewesen, die von allen Himmelsrichtungen quasi konzentrisch nach Böhmen und Mähren eingewandert sind. Süd- und mitteldeutsche Stämme fanden sich, von ihrer Seite aus ungeplant, in einen zusammenhängenden großen Prozeß eingebunden, der durch den Willen des böhmischen Herrscherhauses sowie weltlicher und geistlicher Grundherren ausgelöst wurde, die bisher fast unbesetzten Wildnis-Randgebiete Böhmens und Mährens durch Landesausbau mit Deutschen zu erschließen. Vielfach hat es sich dabei um konkurrierende, grenzsichernde Siedlung gegen die Böhmen umschließenden Fürstenherrschaften gehandelt. Alsbald sahen sich die Tschechen in ihrem Königreich von allen Seiten deutsch umgeben, und dieses neue deutsche Gewicht in ihrem Lande wurde noch erheblich verstärkt, als das staufisch gewesene Reichsland um Eger von Ottokar II. 1266 besetzt und endgültig 1322 durch kaiserliche Verpfändung an Böhmen fiel. So wurden die Struktur und die politischen Handlungsbedingungen für Böhmen und Mähren von Grund auf verändert. Die Gliederung «böhmisch» = «tschechisch» entsprach nicht mehr der Wirklichkeit. Die beiden zusammengehörigen Länder waren durch die herbeigerufenen deutschen Siedler in ihrer Landeskultur intensiviert und ausgedehnt, zugleich aber auch in Sprache und Volkstum zweigeteilt worden. Von den Folgen dieser Verwandlung wird weiter unten die Rede sein.

Durch den Landesausbau und die nachfolgenden Ausgleichsvorgänge, d. h. hier weit vorwiegend Verluste der Deutschen, ist der deutsche Volksboden von allen Seiten nach Böhmen und Mähren hinein erheblich vorgeschoben worden. Die Linie verlief etwa von Preßburg einschließlich eines erhalten gebliebenen Restes deutscher Dörfer nördlich der Stadt, links der Donau, das Marchtal aufwärts in Richtung Brünn, das als Sprachinsel abgesondert blieb, über die Gegend um Znaim, Neuhaus, Kablitz, Krumau (beide vor der Sprachgrenze liegend, weiter davor noch die Sprachinsel um Budweis), Bergreichenstein, die Senke von Taus, Tachau, Tepl, von dort nach Nordosten ins Gebiet von Kaaden, Komotau und Brüx, an Teplitz vorbei nach Aussig und Reichenberg. Diese eben von der Tauser Senke bis Reichenberg wiedergegebene Linie, die für die Zeit um 1500 nachweisbar ist, wurde im Laufe des 16. und 17. Jahrhunderts erheblich durch Neusiedlung und Verdeutschung nach Osten und Südosten vorgeschoben, so daß Leitmeritz, Saaz und Mies vom deutschen Volksboden umgeben wurden. Auch weiter östlich wurde die Trautenau und Glatz einschließende, bis Neu-Titschein und in die Gegend von Troppau führende Linie im 16./17. Jahrhundert durch umfangreiche Neusiedlung im Iser-, Riesen- und Adlergebirge deutsch vorgeschoben oder im Hinterland verstärkt. So wurden die starken Verluste deutscher Siedlung im 15. Jahrhundert in der folgenden Zeit durch deutsche Neugewinne bis zu einem Stande abgelöst, der etwa der Volksgrenze entsprach, wie sie bis 1945 bestanden hat.

Deutsche Sprachinseln blieben, wenn auch gegenüber der ursprünglichen Ausdehnung erheblich geschwächt, in Mähren, vor allem im böhmisch-mährischen Grenzgebiet erhalten: außer Brünn und Olmütz das Land um die bedeutende Handels- und Bergstadt Iglau, die trotz Schrumpfung des ländlichen Volksbodens ihren deutschen Charakter behauptete, sowie der umfangreiche, von Schlesien her besiedelte Schönhengstgau mit den Städten Mährisch-Trübau, Landskron und Zwittau.

Die deutsch-polnische Sprachgrenze
Auch die deutsch-polnische Sprachgrenze ist das Ergebnis weitreichender Kolonisation bis ins 14. und der Ausgleichsbewegungen im 15. und 16. Jahrhundert gewesen. Der sprachliche Ausgleich hat sich zu deutschen Gunsten ausgewirkt, wenn die deutsche Siedlung so stark gewesen war, daß sie auf polnisch-slavische Minderheiten eindeutschend gewirkt hat. Dagegen ist die weite deutsche Streusiedlung in Großpolen, Kleinpolen und Rotreußen, aber auch in den schlesischen, beson-

ders den oberschlesischen Fürstentümern, einschließlich Teschen, Auschwitz und Zator, der Polonisierung ausgesetzt worden. Als größte von einigen wenigen Ausnahmen ist die Sprachinsel um Bielitz im Vorland der Beskiden zu erwähnen. Die Stadt war um 1270 zu Löwenberger Recht, also im schlesischen Siedlungszusammenhang, gegründet worden. Sie hielt sich deutsch, da sie von deutschen Dörfern umgeben war und weil sie gegen Mitte des 16. Jahrhunderts die Reformation annahm und trotz gegenreformatorischen Drucks inmitten einer katholischen Umwelt bewahrte. Fast alle andern deutschen oder deutschrechtlichen Städte mit wechselnden größeren oder kleineren deutschen Minderheiten wurden dagegen polnisch assimiliert, auch die infolge anhaltender deutscher Zuwanderung länger widerstehenden großen Handelsstädte Posen, Krakau und Lemberg. Krakau war um 1400 noch zu 90%, im Jahre 1600 dagegen, als die deutsche Sprache in den Gerichtsverhandlungen des Schöffengerichts abgeschafft wurde, nur noch zu knapp 10% deutsch.

Die Sprachgrenze kann im 17. Jahrhundert, als die Entdeutschung auslief und Neusiedlungen begannen, folgendermaßen bezeichnet werden. Sie lief vom Gebirge westlich Troppau in nördlicher Richtung zur Oder oberhalb von Brieg, ließ also Neisse im deutschsprachigen, Oppeln im polnischsprachigen Gebiet, wandte sich dann in Richtung Rawitsch, Lissa, von dort allmählich in eine nördliche Richtung übergehend, in den Raum von Bomst und Meseritz, sodann an die Warthe bei Birnbaum. Dort hörte die durchlaufende Linie auf; sie wurde unterbrochen durch die siedlungsleeren Räume der Warthe und Netze-Niederung im Thorn-Eberswalder Urstromtal und der nördlich davon liegenden großen Sanderflächen mit zahlreichen Wüstungen. Darinnen oder an ihren Rändern im Westen und im Osten waren deutsche Siedlungsräume stehengeblieben, besonders um Deutsch-Krone und Tempelburg sowie weiter nordöstlich die aus der deutschen Ordenszeit stammenden Siedlungen um Schlochau und Konitz. Weiter nördlich erreichte die Sprachgrenze, nunmehr zwischen Deutschen und Kaschuben, indem sie Bütow und Stolp einschloß, die Ostsee. Sie blieb dort also hinter der politischen Ostgrenze Pommerns gegen das seit 1466 der polnischen Krone inkorporierte westliche Preußen zurück.

Dieses Land, das bis 1309 als östliches Pommern unter pommerellischen Fürsten gestanden hatte, wurde erst nach diesem Jahr, als es vom deutschen Ritterorden übernommen wurde, mit dem Namen «Preußen» belegt. In den eineinhalb Jahrhunderten seiner Herrschaft hat der deutsche Orden zahlreiche deutsche Dörfer angelegt. Diese gingen jedoch nach der Ordenszeit im Kaschubentum auf, während im Kulmerland östlich der Weichsel die in der Ordenszeit entstandenen Städte und Dörfer polonisiert wurden. Deutsch blieben dagegen die Dörfer der Danziger Niederung und der Danziger Höhe sowie das schon erwähnte Schlochau-Konitzer-Gebiet, vor allem aber die drei großen Städte, Danzig, Elbing und Thorn. Eine Siedlungslandbrücke zwischen dem geschlossenen deutschen Siedlungsgebiet in der Neumark und in Pommern einerseits, Preußen östlich der Weichsel andererseits ist im 14. Jahrhundert infolge der Siedlungtätigkeit des Ordens nicht vollständig erreicht, später aber illusorisch geworden. Der kaschubische Sprachraum ist statt dessen seit dem 15. Jahrhundert ausgedehnt worden. Dazu kam die Polonisierung vom Süden her.

Östlich der Weichsel, von Thorn bis Danzig, entstanden durch die Eroberung und Landerschließung des deutschen Ritterordens deutsche Siedlungen in Stadt und Land. Sie gingen, wie erwähnt, im Weichselbogen zwischen Thorn, Kulm und Graudenz im polnischen Volksboden auf, blieben aber weiter nördlich erhalten und wurden zur Ausgangsbasis der großen Plansiedlung des Ordens über eineinhalb Jahrhunderte lang. Zu Beginn des 15. Jahrhunderts hat die deutsche Siedlung, die in den Jahrzehnten zuvor schon im wesentlichen aus dem Lande selbst gespeist worden war, ihr Ende erreicht. Die nun entstandene Linie umfaßte ein Gebiet, in dem zahlreiche prußische Dörfer in den neugewonnenen deutschen Volksboden eingemischt waren. Sie sind in den beiden folgenden Jahrhunderten deutsch eingeschmolzen worden. Die deutschen Bauern und Bürger der neuerreichten Linie standen zu Beginn des 15. Jahrhunderts in südlicher und in östlicher Richtung noch kaum fremden Siedlern, sondern einer ausgedehnten Waldwildnis gegenüber. Die Linie zwischen bebautem Land und Wildnis ging von der Weichsel halbwegs zwischen Graudenz und Marienwerder zunächst, entsprechend der Südgrenze des Bistums Pomesanien in östlicher Richtung, dann nach Nordosten gewendet, an Deutsch-Eylau und Osterode vorbei, Allenstein außen lassend, im Süden des Bistums Ermland in die Richtung von Rössel und, das Ermland verlassend, nach Rastenburg, um sich dann nach Norden über Nordenburg und Gerdauen, über Wehlau nach Labiau zu wenden, wo das Kurische Haff erreicht wurde.

Als der Orden nach seiner Niederlage bei Tannenberg 1410 den Landesausbau in die Wildnis nach Süden hin fortsetzte, standen ihm kaum noch deutsche Siedler zur Verfügung. Um die Linie Nordenburg, Senfburg, Passenheim, Neidenburg, Soldau, zu erreichen, wurden Prußen, vorwiegend aber Polen oder Masowier in neuen Zinsdörfern angesetzt.

Da in dieser Zeit durch den Friedensvertrag am Melnosee zwischen dem Orden und dem König von Polen, zugleich Großfürsten von Litauen, im Jahre 1422 eine Grenzlinie festgelegt worden war, die das Ordensland mitten in der Wildnis von Polen und Litauen abhob, ergab sich als Aufgabe für die Zukunft, das Preußenland bis zu dieser neuen Territorialgrenze durch fortgesetzten Landesausbau gänzlich zu erschließen. Diese Aufgabe ist in der Tat im 15. und 16. Jahrhundert zuerst vom Orden, sodann von den preußischen Herzögen, schließlich im letzten Vollzug auch noch durch Friedrich Wilhelm, den «Großen Kurfürsten» von Brandenburg als Herzog von Preußen erfüllt worden. Bei dieser Aufsiedlung der ostpreußischen Grenzwildnis überschnitten sich also zwei, im Ursprung verschiedene Tendenzen, die beide aus den Erfahrungen und Gewohnheiten des hoch- und spätmittelalterlichen Landesausbaus herrührten. Die landesherrliche Regierung in Königsberg setzte innerhalb der festgelegten Grenzen ihres noch großenteils unerschlossenen Territoriums ihre Landesausbaupolitik fort, und sie bediente sich dabei eines fremden, von außen kommenden Siedlungsdrucks masowischer und litauischer Kolonisten.

g) Siedlungsbewegung und Landesausbau der nichtdeutschen Völker Ostmitteleuropas

Damit kehren wir unsere Betrachtung um, indem wir nicht mehr nach den durch Gewinne und Verluste zu Beginn der Neuzeit erreichten deutschen Sprachgrenzen, sondern nach Gewinn und Verlusten der nichtdeutschen Völker oder Sprachgruppen Ostmitteleuropas fragen. Analog zu den Deutschen hat es sich überall um Ausgleichsvorgänge gehandelt, die sich auf Grund des oben nachgewiesenen Gesetzes kombinierter Verdichtung und Ausweitung auf erhöhter Kulturstufe abgespielt haben. Abgesehen von den allmählich ganz oder vorwiegend deutsch assimilierten Prußen und Elbslaven haben alle sprachlich-ethnischen Völkerschaften, auch wenn sie wie die Slovenen und Slovaken nicht den Status einer politisch-begriffenen Nation erreicht hatten, Siedlungsverluste erlitten, weit mehr aber davon Nutzen gezogen, daß sie auf der Grundlage der modernen Agrartechnik und Agrarverfassung erhebliche Siedlungsgewinne erzielten, ihren Lebensraum nicht nur bewahrten, sondern erweiterten und ihre Bevölkerung trotz der Verluste im 15. Jahrhundert erhöhten.

Die Tschechen

In Böhmen und Mähren haben die Tschechen ihren Siedlungsboden behauptet, ausgebaut und an den Rändern des bis zum 14. Jahrhundert gewonnenen deutschen Volksbodens, besonders in Sprachinseln, auf Kosten der Deutschen ausgedehnt. Der Hauptgewinn ergab sich für die Tschechen in den Städten, zunächst durch die üblichen Assimilierungen, dann aber im 15. Jahrhundert sehr radikal durch gewaltsame Verdrängung in den Hussitenwirren. Später, im 16. und 17. Jahrhundert, war die deutsche Siedlung, in erster Linie Rodung in den Randgebirgen, wieder im Vordringen, und große Gebiete in einem breiten Streifen von Reichenberg bis Taus wurden eingedeutscht.

Die Ungarn

Die Madjaren sind durch die Landesausbauepoche und die anschließende Zeit des auch in Ungarn umfangreichen Siedlungsrückgangs erst im vollen Sinne zum Bauernvolk, unter Adelsherrschaft, im mitteleuropäischen Sinne geworden. Zur Zeit ihrer Landnahme in Pannonien hatten sie sich als Hirten-Bauern im Wechsel von allmählich festwerdenden Sommer- und Wintersitzen noch deutlich von den älteren slavischen Bauernkulturen Ostmitteleuropas unterschieden. Nun aber wurden sie im Zuge einer weitreichenden, im Westen Ungarns umfassender als im Osten durchgeführten Agrarreform mit den typischen Strukturmerkmalen des Straßen- oder Straßenangerdorfs, mit festen Bauernstellen («Sessionen»), Hufenverfassung und Zwei- oder Dreifelderwirtschaft in eine bäuerliche Ordnung hineingebracht, die sich in ihren Grundstrukturen nicht von der Landesausbaustufe in Böhmen oder in Polen unterschied, wenn wir absehen von den kleineren kumanisch-jazygischen Nomadenvölkern, die aber auch, mit Verspätung, genötigt waren, dem allgemeinen Trend zur bäuerlichen Lebensweise zu folgen. Es ist geschätzt worden, daß sich die Zahl der Bauernstellen des Königreichs Ungarn vom 11. bis zum 13. Jahrhundert auf 13 000–16 000 und die Einwohnerzahl auf 2 Millionen Menschen verdoppelt haben. Also auch hier galt die Regel, daß Ausweitung mit Verdichtung verbunden gewesen ist.

Soweit deutsche oder auch französisch-wallonische Bauern an der Neusiedlung im westlichen und mittleren Ungarn – von der Zips und Siebenbürgen abgesehen – beteiligt waren, sind diese Bauern alle ziemlich schnell madjarisiert worden. Dasselbe gilt für die Städte, auch die sog. königlichen Freistädte mit teilweise deutschen Einwanderern. Nur die drei größten und bedeutendsten, die infolge ihrer Handelslage immer von neuem durch deutsche Zuwanderer ergänzt wurden, Ofen,

Pest und Fünfkirchen (Pecs) blieben längere Zeit noch deutsch oder hielten einen immerhin beachtenswerten deutschen Anteil bis ins 16. Jahrhundert. So war der Assimilierungsgewinn der Madjaren erheblich. Das Königreich Ungarn wurde aber nicht zu einem sprachlich-national einheitlichen Gebilde. Außer den privilegierten «Nationen» der Zipser und der Siebenbürger Sachsen sowie den an den geschlossenen deutschen Volksboden anschließenden Deutschen des Burgenlandes sind die Slovaken und die Rumänen zu nennen. Beide nahmen am großen Landesausbau teil, erhielten sich ihre Sprache, blieben aber reine Bauernvölker ohne eigenen Adel und mit allenfalls schwachem stadtbürgerlichen Anteil.

Die Slovaken

Slovakische Bauern sind im 13. und 14. Jahrhundert, offenbar in Verbindung mit der deutschen Kolonisation in und um die Bergstädte, von der Ebene um Neutra die Flußtäler Waag, Neutra, Gran hinaufgezogen und haben damit, auch noch weiter nach Osten ausgreifend, den noch heute bestehenden slovakischen Volksboden im Raum der Westkarpaten geschaffen – entscheidende Voraussetzung für die slovakische Nationalbewegung im 19. und 20. Jahrhundert.

Die Kroaten

Kroatien ist vorwiegend in seinem nördlichen Teil, dem verkehrsgünstig gelegenen westlichen Slavonien zwischen Drau und Save, mit den handelsoffenen Städten Agram (Zagreb) und Varadzin, am mitteleuropäischen Landesausbau beteiligt gewesen. Der Anteil deutscher Siedler ist dabei gering gewesen. Die königlich-ungarische Freistadt Agram hatte im Hochmittelalter eine beträchtliche, dann anteilsmäßig gegenüber Madjaren und mehr noch gegenüber Kroaten zurückgehende, gewichtige deutsche Minderheit.

Die Rumänen (Walachen)

Auch die Rumänen im Karpatenbogen, in Siebenbürgen, verdankten ihre Entstehung als seßhaftes Volk dem großen Landesausbau des Hochmittelalters und in ihrem Falle auch des Spätmittelalters. In den Quellen erscheinen sie, mit dem Namen der «Walachen», erst seit dem beginnenden 13. Jahrhundert.

Ob sie vorher, im «dunklen Jahrtausend» der Überlieferung, kontinuierlich als «Dakoromanen» im Lande wohnhaft gewesen oder erst nach der in Siebenbürgen schwach gewesenen madjarischen Landnahme aus den Balkan-Gebirgen südlich der Donau eingewandert sind, wie die ungarischen Historiker gegen die rumänischen ins Feld führen, kann hier nicht entschieden werden. Beide Thesen müssen sich nicht ausschließen. Sowohl ein Verbleiben im Lande nördlich der Donau nach dem Abzug der Römer unter Kaiser Aurelian (274/75 n. Chr.) als auch größere Wanderungen von Hirten aus dem transdanubischen Balkan sind als wahrscheinlich anzusehen.

Ihre Kultur war hirtenbäuerlich, in erster Linie auf Schaf-, daneben auch auf Schweinezucht aufgebaut. Sie nahmen sich das ihnen verfügbare Land vom 13. bis zum 15. Jahrhundert in den hochgelegenen, siedlungsfreien, waldentblößten Almen der Karpaten und der siebenbürgischen Mittelgebirge, mit der Tendenz, die sich aus ihrer Wirtschaftsweise ergab, auch die Randlagen der Gebirge zu besetzen. Damit kamen sie an die Grenzen ihrer relativ frei gewesenen Bewegung, stießen mit den deutschen Bauern zusammen, gerieten mit ihnen in Konflikt, setzten sich aber mit Hilfe von örtlichen Vereinbarungen durch und wurden schließlich Nutznießer der Agrarkrise, die in Siebenbürgen zahlreiche Wüstungen verursachte. Besonders in den deutschen Dörfern, die unter ungarisch-adeliger Grundherrschaft standen, auf sog. Komitatsboden, breiteten sie sich aus, aber auch in den «Königsboden» der Siebenbürger Sachsen drangen sie vor und wurden vielfach zu Hörigen sächsischer Bauerngemeinden, die keinen Adel kannten. In ihrer Rechtsstellung waren die Walachen unprivilegiert. Durch ihre aus byzantinischer Mission entstandene griechisch-orthodoxe Konfession blieben sie außerdem kulturell abgesondert, so daß die Vermischung mit Deutschen, Ungarn oder Szeklern sich in geringen Grenzen hielt. Die Vitalität ihres Bevölkerungsdrucks war groß. Zu Beginn der Neuzeit war Transsylvanien weithin von Walachen besiedelt, die aber nicht in den Rang einer «Nation» aufstiegen. Sie waren toleriert, aber nicht geachtet. Sie stellten keinen Adel aus sich heraus. Stiegen ihre Dorfvorsteher mit den ursprünglich slavischen Namen «Knez» in den adeligen Lebenskreis auf, so hatte das Madjarisierung zur Folge. Das neue walachische Bauerntum und die walachische Unterschicht in den Städten wurde zum Problem für die Zukunft.

Südlich und östlich der Karpaten, also jenseits der Reichweite ungarischer Dauerherrschaft, entstanden im 14. Jahrhundert die unabhängigen rumänischen Fürstentümer Walachei und Moldau über rumänisch sprechende Hirten und Bauern, die in starkem Maße slavische Bauern in sich aufgenommen und sprachlich aufgesogen hatten. Die dem Nah- und Fernhandel dienenden Marktorte dieser Fürstentümer nahmen zwar in beträchtlicher Zahl deutsche Kaufleute aus den am Osthandel interessierten Städten Lemberg, Bistritz, Hermannstadt und Kronstadt auf. Doch kam es weder zu deutschen Stadtgründungen noch zur Stiftung von Städten nach deutschem Recht. Vielmehr blieb es beim Typus der osteuropäischen Stadt, die wirtschaftlich und rechtlich nicht vom Lande abgehoben war und daher auch nicht mitteleuropäische Stadtgrundrisse mit Stadtmauern übernahm. Da zudem die Konfession griechisch-orthodox und die Schriftsprache kirchenslavisch waren, blieben die Fürstentümer, auch schon vor ihrer Unterwerfung durch die Osmanen, außerhalb des ostmitteleuropäischen Kulturzusammenhangs.

Die Ruthenen (Ukrainer)

Die walachischen Gebirgswanderer drangen weit in die Waldkarpaten nach Westen vor, wurden aber immer mehr von ruthenischen (ukrainischen) Siedlern abgelöst, die ohne hirtenbäuerliche Erfahrung waren und daher in den rumänischen Walachen ihre Lehrmeister fanden, um dann ihren Landesausbau selbsttätig fortzusetzen, sowohl als Hirten im Gebirge wie auch als Bauern im Vorlande. Sie vermehrten sich rasch, teils durch Neusiedlung, teils durch Übernahme deutscher Dörfer, die verlassen waren oder der Ruthenisierung ausgesetzt waren. Die Form des ein- oder zweireihigen Waldhufendorfs wurde von ihnen übernommen, und sie wurden zu besonderem «walachischen Recht», das dem abkommenden «deutschen Recht» in seinen günstig garantierten Rechten nahekam, angesetzt. Im Zuge dieser ruthenischen Ausbreitung entstanden im Gebirge auf hirtenbäuerlicher Kulturgrundlage die sich ihrer Sonderart bewußten Stämme der Bojken und der Lemken, später, im 17. Jahrhundert, weiter östlich auch noch die Huzulen. Der Bevölkerungsdruck und damit die Siedlungskraft der Ruthenen sind vom 14. bis 16. Jahrhundert nicht weniger stark gewesen als die der Rumänen. Sie beschränkten sich nicht auf die Waldkarpaten und deren nördliches Vorland, sondern strömten alsbald auch über die Pässe und Kämme der Karpaten in die ungarischen Komitate Marmaros, Bereg, Ung, Zemplen, sogar darüber hinaus nach Westen bis zur Zips, wo sie freilich meist slovakiert wurden. Doch in den genannten Komitaten setzten sie sich durch, verdrängten oder assimilierten die dort schon siedelnden Rumänen und schufen damit ein geschlossenes ruthenisch-ukrainisches Volksgebiet in Nordostungarn: die später sogenannte Karpato-Ukraine.

Die Gebirgshirtenwanderung dehnte sich schließlich weit nach Westen in die Beskiden aus. Die «Walachen» wurden hier sprachlich zu Slovaken oder zu Polen. Der Stamm der Goralen bildete sich im 16. Jahrhundert und fügte sich dem Polentum ein.

Sprachgemeinsamkeiten – z. B. «koliba» (die Hirtenhütte) findet
sich nahezu identisch in allen Sprachen der walachischen Gebirgskul-
tur, vom Albanischen und Griechischen über das Rumänische, Ukrainische, Polnische und Slovakische – weisen auf die Tatsache eines von
Nordgriechenland bis zur Hohen Tatra reichenden Substrats von Ge-
birgs-Schafhirten hin, die bei gleicher oder ähnlicher Wirtschaft und
Kultur sich sprachlich jeweils ihrer Umwelt anschlossen und sich damit, trotz aller bewußt festgehaltenen Eigenart, den verschiedenen
Völkern, die durch Siedlung sich ausdehnten und miteinander in Berührung traten, assimilierten.

Die Polen
Die Polen hatten bis zum Ausgang des Mittelalters ihren Volksboden
vereinheitlichen und verdichten können, da die deutschen Siedlungen
bis zur Sprachgrenze polonisiert worden waren und die Zinshufen-
Agrarverfassung überwiegend mit ihren wirtschaftlich günstigen Folgen eingeführt worden war. Die Sprachgrenzen mit den Tschechen,
mit den Slovaken in den Beskiden und mit den Ruthenen oder
Ukrainern vom Eckpunkt Przemyśl nach Westen und nach Norden
verlaufend, waren durch Landesausbau und nachfolgenden Ausgleich
im großen und ganzen festgelegt worden. In Rotreußen war polnische,
großenteils kleinadelige Streusiedlung über Lemberg und Halicz hinaus entstanden. In Oberschlesien war nach dem Zusammenbruch der
hochmittelalterlich-deutschen Siedlung der polnische Gewinn besonders stark. Doch unterschied er sich von den eben genannten Vorgän-
gen dadurch, daß Schlesien insgesamt seit dem 14. Jahrhundert nicht
mehr dem polnischen Königreich angehörte und damit eine Entwicklung eingeleitet wurde, in der Sprachzugehörigkeit und politisches Bewußtsein, soweit es vor dem 19. Jahrhundert überhaupt Bedeutung
hatte, sich nicht deckten.
    Bedeutend und weitreichend ist die masowische Siedlung gewesen.
Sie ging im 14. Jahrhundert vom altmasowischen Gebiet um die
Hauptstadt Płock aus, als die masowischen Herzöge darangingen, ihr
noch weithin ungenutztes Land in seinen Grenzwildnissen durch Siedlung aufzuschließen und gleichzeitig militärisch zu sichern. Nach dem
Vorbild der in Preußen bewährten «kleinen Dienstgüter» wurden an
masowische Adelige Landgüter zu je zehn kulmischen Hufen mit der
Verpflichtung zum Heeresdienst ausgegeben, die in der Regel nicht an
Bauern weiterverliehen wurden, sondern im Besitz der Adelsfamilien
blieben und schnell durch ungehinderte Realteilung zu mittleren und
kleinen Stellen absanken, die einer Bauernwirtschaft entsprachen. Die

solcherart wirtschaftlich verarmten kleinen «Szlachcicen» bewahrten jedoch ihre Adelsbriefe und ihr Adelsbewußtsein als land- und reichstags-
befähigte Mitglieder der polnischen Adelsrepublik. Ihr Ausdehnungs-
drang ist heftig gewesen. Die masowische Kleinadelssiedlung breitete
sich zunächst nach Nordwesten aus und griff dabei im Raum Soldau-
Neidenburg schon im 14. Jahrhundert z. T. auf Ordensgebiete über.
Noch weiträumiger war die Ausdehnung nach Südosten, wo in Verbindung mit Gebietsverleihungen an masowische Fürsten durch den polnischen König weite Landschaften am oberen Bug kolonisiert wurden.
Nach der Union mit Litauen (1385) wurde schließlich auch der Weg über
die Grenze in das Großfürstentum frei. Die große Grenzwildnis Podla-
chiens wurde bis zum 16. Jahrhundert gänzlich erschlossen und damit zu
einem polnisch-kleinadelig besetzten Gebiet, das 1569, dieser Entwicklung folgend, der Krone Polen zugeschlagen worden ist.

Im Gegensatz dazu führte die masowische Siedlung über die Grenzen nach Preußen im 15./16. Jahrhundert, ähnlich wie in Oberschlesien, zwar zu einem bedeutenden masowisch-polnischen Siedlungszu-
wachs, nicht aber, wie in Podlachien, zu einem politischen Gewinn für
das Königreich. Das wurde auf masowischer Seite durchaus gesehen.
Als nach 1422 der Orden mit der Werbung für masowische Ansiedler
begann, versuchte der masowische Herzog, wenn auch vergeblich, das
«Entlaufen» über die Grenze mit Strafen zu belegen.

Die vom Ritterorden eingeleitete und von Herzog Albrecht nach
1525 fortgesetzte Ansiedlung ging nicht einheitlich vor sich. Im Städ-
tedreieck Johannisburg-Lyck-Lötzen wurde den Masowiern ihre gewohnte kleinadelige Freigutgründung zugestanden, so daß sich hier in
weilerartigen kleinen Dörfern ähnliche soziale Verhältnisse wie südlich
der Grenze einstellten. Weiter westlich, auch im südlichen Ermland,
fügten sich die Neusiedler dagegen in die bestehende Siedlungsstruktur
ein und besetzten die verfügbaren, leer gewordenen Dörfer aufs neue.
Anderswo, vor allem östlich der Linie Lyck-Lötzen wurden im 16.
Jahrhundert Zinsdörfer nach bewährtem Muster angelegt, und zwar
mit Siedlern, die bereits aus Preußen selbst kamen und das Festhalten
an sinnlos gewordenen kleinadeligen Gewohnheiten nicht mehr wichtig nahmen.

So war Preußen bis zu seiner 1422 festgelegten Landesgrenze um die
Mitte des 16. Jahrhunderts masowisch besiedelt, und damit begann die
Geschichte dieses «preußisch» werdenden Volksstammes, dessen An-
gehörige nach 1525 die Reformation annahmen und nach fortschreiten-
der Eingewöhnung in das Land, die spätere Provinz Preußen bzw.
Ostpreußen, im 19. Jahrhundert «Masuren» genannt wurden.

Die Litauer

Am spätesten, erst im 15. und 16. Jahrhundert, wurden die Litauer, nachdem sie mit Polen verbunden und christianisiert worden waren, von einer Siedlungswelle ergriffen, deren Vehemenz derjenigen der Rumänen, Ruthenen und Masowier nicht nachstand. Der Siedlungsraum der Litauer – Kleinadel und Bauern – umfaßte bis zum 14. Jahrhundert nur die verhältnismäßig engen Stammesgebiete von Schamaiten und Aukschtaiten um die Flußgebiete der Dubissa, Newiasza und der Willija. Während die Litauer von Aukschtaiten aus ihre Siedlung nach Süden und Osten ausdehnten, sich mit den Weißruthenen berührten und um die Mitte des 16. Jahrhunderts in den Landesausbau der Hufenordnung Sigismunds August eingingen, von dem oben die Rede gewesen ist, richtete sich die schamaitische Ausdehnung sowohl nach Norden, wo an der Grenze nach Kurland die Sprachtrennungslinie zu den Letten erreicht wurde, als auch nach Westen und Südwesten in die Grenzwildnis nach Preußen und im 16. Jahrhundert über die Landesgrenze hinaus in das Wildnisgebiet auf preußischer Seite.

Die Litauer aus Schamaiten rückten in schnellen Vorstößen vom Ende des 15. bis zur Mitte des 16. Jahrhunderts in Preußen ein, unter ihnen eine beträchtliche Minderheit von Kleinadeligen, die hier aber weniger maßgebend gewesen sind als die Szlachcicen in Masowien. Die litauische Aufsiedlung der großen Wildnis wurde nicht in gewohnte Rechts- und Wirtschaftsformen der bisherigen Ordenssiedlung gelenkt, sondern ging nach eigenen Gewohnheiten vor sich. Ausbau-Inseln wurden in den Wald geschlagen, Weiler entwickelten sich, der Wald wurde energisch zurückgedrängt. Diesem primitiven Vorgehen entsprach es, daß Stadt- und Kirchengründungen schwach blieben. So mußte «Preußisch-Litauen», wie das Gebiet später genannt wurde, weiterer Entwicklung harren. Wie in «Masuren» wurden die Eingewöhnung in das neue Land und der Abstand von der alten Heimat durch die Annahme der Reformation im 16. Jahrhundert verstärkt. Das Herzogtum Preußen war, ungeachtet noch bleibender Lücken, im 16. Jahrhundert von drei Sprach- oder Volksgruppen, den Deutschen, den Masowiern und den Litauern aufgesiedelt. Reste der Preußen waren dabei, im Deutschtum aufzugehen. Die im 16. Jahrhundert noch lebendige kleine Sprachgruppe der Kuren, Fischer und Bauern um Memel und am Ostrand des Kurischen Haffs, wurde im Maße, wie die Siedlung der Litauer vorrückte, von diesen eingeschmolzen.

Die Letten und Esten

Weiter nördlich sind Kuren und Liven (mit finno-ugrischer Sprache) allmählich im Lettentum aufgegangen, lebten aber – das weist auf ihre Stärke im Mittelalter hin – in den Ländernamen Liv- und Kurlandes fort. Die Grenzen des Ordenslandes wurden sprach- und siedlungsbestimmend gegenüber dem russischen oder weißruthenischen Siedlungsgebiet mit den Mittelpunkten Polock und Pleskau. Im Innern ist die im 13. Jahrhundert bereits bestehende Sprachgrenze zwischen Letten und Esten offenbar im großen und ganzen unverändert geblieben und durch Neusiedlung bestätigt worden. Das östliche Land «Lettgallen», das lettisch bewohnt, aber stark litauisch durchsetzt und vom Orden erst Anfang des 14. Jahrhunderts endgültig unterworfen worden ist, nahm vom Beginn der Ordenszeit an eine Sonderstellung ein, die sich später, als es Mitte des 16. Jahrhunderts Polen-Litauen angegliedert wurde, wie wir sehen werden, erheblich verstärkte.

Zusammenfassend kann festgestellt werden, daß in der Siedlungsgeschichte vom 13. bis zum 16. Jahrhundert, und darüber hinaus sich vollendend, zwischen der litauischen Nordgrenze und dem Finnischen Meerbusen sich zwei Sprach- und Siedlungsgebiete – Letten und Esten – durch Assimilierungen und Aussonderungen gebildet haben und daß dieser Vorgang *politisch* bedingt gewesen ist, da er sich *innerhalb* des deutschen Ordens- und Bistumslandes, abgeschirmt gegenüber den orthodoxen Ostslaven, abgespielt hat. Im Unterschied zur Mehrzahl der ostmitteleuropäischen Länder ist aber bei den Letten und Esten keine deutsche Bauernsiedlung in Gang gesetzt und sind keine Dörfer nach «deutschem Recht» gemäß der Hufenverfassung neu gestiftet oder umgelegt worden. Die vor allem im Bistumsgebiet belehnten deutschen Vasallen und Grundherren haben nicht in die bestehende Agrarverfassung eingegriffen, vielmehr durch den Übergang zur Gutsherrschaft und Gutswirtschaft dazu beigetragen, daß sich die bäuerliche Landwirtschaft ohne forcierte Reform intensivierte und Realteilung der Höfe vermieden wurde. Dagegen wurden, vorwiegend im bischöflichen Gebiet, Städte gegründet und mit deutschen Bürgern besiedelt. Insgesamt aber fehlte die methodische Planmäßigkeit der ländlich-städtisch verbundenen Landerschließung, durch die das Ordensland Preußen ausgezeichnet gewesen ist.

Die Juden

Mit den jüdischen Masseneinwanderungen im 13., 14. und 15. Jahrhundert wurde die Vielvölkerstruktur Ostmitteleuropas, genauer gesagt: *zunächst* vornehmlich Polens und Litauens, in einer Weise ergänzt oder verändert, die von allen anderen Siedlungsvorgängen und Ethnogenesen des Raums grundverschieden gewesen ist.

Zwar hat es auch in den Jahrhunderten vorher in ostmitteleuropäischen Marktorten oder Städten Juden, besonders als Fernhändler, gegeben. Aber in größeren Gruppen und als Gründer von Judengemeinden sind sie vor dem 13. Jahrhundert nicht in Erscheinung getreten. Dann aber kam es zur wirkungsvollen Verbindung von fürstlicher Entwicklungsinitiative und jüdischem Ansiedlungswillen. Aus beiderseitigem Interesse entstanden von der zweiten Hälfte des 13. Jahrhunderts bis in das 16. Jahrhundert hinein zahlreiche städtische Gemeinden. Für das Jahr 1578 ist auf Grund der Kopfsteuerlisten für Polen eine Zahl von 75 000, für Litauen von 25 000 Juden berechnet worden. Das ist eine große Zahl, wenn man in Rechnung stellt, daß es sich nur um Wohngebiete in Städten und Märkten gehandelt hat. Infolge starker Eigenvermehrung hat sich diese Zahl ohne Zuwanderung im Laufe des 17./18. Jahrhunderts erheblich erhöht. Doch beschränken wir uns an dieser Stelle auf die große Einwanderung im auslaufenden Mittelalter.

Die Juden-Privilegien – zuerst des Teilfürstentums Kalisch 1264 und König Kasimirs des Großen für ganz Polen 1334, sodann auch für Rotreußen 1367, für Litauen 1388/89 und schließlich, erweitert, für die polnisch-litauische Doppelmonarchie 1434 – erlauben uns ein Verständnis des Ereigniszusammenhangs. Die Privilegien, die in vorausgegangenen deutschen Rechtstexten ihr Vorbild hatten, gewährten den Juden günstige Existenzbedingungen. Sie genossen in ihren Gemeinden Selbstverwaltung und eigene Gerichtsbarkeit, unmittelbar unter dem König oder dem Großfürsten als oberstem Gerichtsherrn. Dieser schützte sie vor jeglichen Übergriffen, Vergehen oder Verbrechen, die von Christen gegen sie verübt werden konnten. Als Gegenleistung für diesen fürstlichen Judenschutz wurde ihnen die Judensteuer auferlegt. Handels- und Gewerbefreiheit wurde ihnen zugesichert, desgleichen weitgehende Freiheit für Geld- und Pfandleihe, für die eingehende und differenzierte Bestimmungen erlassen wurden. Die Juden sollten also an keine Stände oder Korporationen gebunden, sollten sicher vor Bedrückung oder Zumutungen des christlichen Klerus sein und wurden vom König willkommen geheißen, weil sie den Handelsverkehr und den Geldumlauf belebten, vor allem aber dem königlichen Finanzbedürfnis zu Hilfe kommen sollten.

So sollten sie eine bevorrechtigte und geschützte Rechts- und Wirtschaftsgemeinschaft sein, von deren Tätigkeit sich die Fürsten Nutzen versprachen. Diese weitgehende Judenprivilegierung erinnert an die

Sonderstellung, die den deutschen Kolonisten, besonders den städtischen Gründern, gewährt worden war. In vielen Städten, deren
Deutschtum schon im 14./15. Jahrhundert zurück- oder verlorenging,
traten die Juden das deutsche Erbe an und erfüllten wirtschaftliche
Funktionen, die von den Deutschen ausgeübt oder von ihnen erwartet
worden waren. Doch in den Texten der Privilegien sind nur die Normen für die jüdische Existenz in Polen und die an sie geknüpften Erwartungen ausgedrückt. In welchem Verhältnis, so muß gefragt werden, standen sie zur Lebenswirklichkeit?

Zunächst und vor allem ist daran zu erinnern, daß auch auf den
durch die Privilegien vor Verfolgung geschützten Juden ihre lange Geschichte in der Zerstreuung lastete. Sie waren ein nichtchristliches, in
ihrem und im Bewußtsein ihrer Umwelt sogar antichristliches Volk. In
den Augen der christlichen Kirche waren sie von ihrem Glaubensweg,
der ihnen durch die Propheten und Christus gewiesen worden war,
abgeirrt, verstockt zurückgeblieben und daher ein Ärgernis, das prinzipiell beseitigt werden mußte. Doch gestützt auf das 11. Kapitel des
Römerbriefes war ihnen ihre Bekehrung für die Endzeit vorbehalten,
so daß sie, wenn sie der Taufe weiterhin widerstanden, vorerst geduld-
det werden durften. Doch ist daraus in der Praxis der kirchlichen Äußerungen und des Nebeneinanders von Christen und Juden nie ein
innerweltlicher Grundwert der Toleranz geworden. Vielmehr haben
die Juden stets, ungeachtet aller Abwandlungen des jeweils konkreten
modus vivendi, in der Spannung zwischen Bedrohung und religiöser
Duldung gestanden, die durch Handels- und Kreditinteressen christlicher Partner gestützt wurde. Im Maße wie seit dem 11. Jahrhundert die
Geldwirtschaft sich in Europa verbreitete, wurden die Juden durch ihre
Spezialisierung auf das Leihgeschäft für Fürsten, geistliche und weltliche Herren, aber auch unterhalb dieser oberen Ebene unentbehrlich,
daher sowohl erwünscht wie, in Verbindung mit kirchlich gelehrter
Verachtung und Xenophobie, verhaßt. So ist das Verhalten der Obrigkeiten zu den Juden nie einheitlich gewesen. Auf Ausweisungen folgten häufig Aufforderungen zur Rückkehr in die alten Wohnsitze. Wenn
aber Volkszorn geschürt wurde, wie es seit den Volkspredigten zum
ersten Kreuzzug nach 1095 immer wieder geschah, dann kam es zu
Verfolgungen und zu Massakern, zu Flucht und Vertreibung. Im Auf
und Ab der Judenpolitik und der antijüdischen Ausschreitungen kam
es seit der Jahrtausendwende zu fortgesetzter jüdischer Mobilität, insgesamt zu stoßweisen und zersplitterten Wanderungen von Süd- und
Mittelfrankreich zu den rheinischen Städten zwischen Speyer und Xan-
ten, und von da aus weiter über ostdeutsche Städte und über Prag nach

Groß- und Kleinpolen, alsbald auch nach Rotreußen und Litauen. Dabei hat über die Wirkung von Abstoßung (im Westen) und Anziehung (durch die Privilegien) hinaus zweifellos mitgespielt, daß im 13. und 14. Jahrhundert wirtschaftliche Chancen lockten: einmal der kontinentale Fernhandel zwischen West- und Osteuropa, in den sich die Juden erfolgreich einschalteten, während die Seehandelswege im Norden von der Hanse, im Mittelmeer von den oberitalienischen Seestädten beherrscht waren, zum andern die Ausnutzung der Kreditbedürfnisse polnischer Könige und Grundherren im Zusammenhang mit dem großen Landesausbau, von dem oben die Rede gewesen ist.

Die Judenschutzgesetze des 14. Jahrhunderts entsprachen der wirtschaftlich-sozialen Lage Polens am Ende der großen Ausbau-Periode und sind nur von daher zu verstehen. Den Juden wurde so weit entgegengekommen, weil sie als geübte Praktiker und als Besitzer von beweglichem Kapital das den Christen verbotene Kreditgeschäft («Wucher») monopolartig übernehmen konnten. Im Maße wie sich die Zahl der Juden infolge verstärkter Zuwanderung im 15. Jahrhundert erhöhte und immer neue Judengemeinden, auch in kleineren Städten und weiter im Osten, gegründet wurden, weitete sich ihr Geldhandel auch unter Bürgern und Bauern aus und wurden sie zunehmend auch auf dem Land, meist im Dienst großer Gutsherrschaften, ansässig. Ihre große Zahl machte es zudem möglich, daß sie den Kleinhandel verschiedenster Sparten in die Hand nahmen und in großer Zahl auch im Gewerbe tätig wurden. Dabei wurden die Gerberei, Kürschnerei und Schneiderei besonders bevorzugt. Zwar nahmen mit der Zahl der Juden auch die üblichen Konflikte zu, die sich aus der kirchlichen Propaganda und den immer wiederkehrenden Anschuldigungen des Ritualmordes, der Hostienschändung und der Brunnenvergiftung ergaben. Die leicht entzündbare antijüdische Erregung stieg und fiel wellenartig und regional unterschiedlich. Im 15. Jahrhundert steigerte sich die Tendenz, die Juden ab- und auszusondern. So wurden sie z. B. 1495 aus der Krakauer Innenstadt vertrieben und dicht bei Krakau auf die Judenvorstadt Kazimierz konzentriert. Im 16. Jahrhundert verlangten über 20 Städte, darunter auch Warschau und Wilna, «Privilegia de non tolerandis Judaeis», also Ansiedlungsverbote für Juden. Doch wurden diese rigorosen Absperrungsmaßnahmen nicht überall eingehalten. Das mag ein Hinweis darauf sein, daß die wirtschaftlich-finanziellen Verklammerungen sich immer wieder als vorteilhaft für beide Seiten erwiesen. Trotz aller Einengungen und Bedrückungen kann verallgemeinernd gesagt werden, daß sich die Rechtsbestimmungen der königlichen Privilegien bewährt hatten und grundsätzlich ihre Gültigkeit bewahrten, auch wenn manche Juden durch Einfügung in Magnaten-Herrschaften dem unmittelbaren königlichen Schutz entzogen wurden. Über die Verschlechterung der Lage der Juden im 17. und 18. Jahrhundert wird weiter unten zu handeln sein. Die eingekapselten jüdischen Gemeinden traten mit ihrer Umwelt im allgemeinen nur geschäftlich in Beziehung. In allen anderen Lebensbereichen führten sie ihr eigenes Leben mit ausgebildeter, ihren Honoratioren überlassener Gemeindeverwaltung, mit der Synagoge als dem kultisch-politisch-kulturellen Mittelpunkt, mit Hilfe eines hochentwickelten Schulwesens und durch die Ausbildung einer eigenen Sprache, des Jiddischen, das auf deutscher Grundlage mit hebräischen und allmählich auch mit slavischen Wörtern vermischt worden war. Es wurde zur Umgangssprache der Juden, während Hebräisch die von den Rabbinern gepflegte Schriftsprache war. Für die Knaben bestand Schulpflicht. Schon in der Grundstufe lernten sie hebräisch schreiben und lesen sowie die Heilige Schrift so verstehen, daß sie ins Jiddische übertragen werden konnte. Für die Frauen wurden seit dem 16. Jahrhundert Bücher in jiddischer Sprache hergestellt, durch welche ihnen die Kenntnis der Bibel vermittelt wurde. So waren die Juden ein schriftkundiges Volk, wie sonst kein anderes Volk in Europa. Der strenge, durch fortgesetztes Auswendiglernen harte Schulunterricht, von dem in reicheren Häusern auch die Mädchen privat erfaßt waren, gründete das jüdische Selbstbewußtsein auf Bibel und Thora, stärkte damit die Einheit von Religion – Auserwähltheit und Zionsverheißung –, Sprache und Nation. Diese war lebendig und wurde erfahren im überörtlichen Verkehr mit den Juden anderer Gemeinden. Daß bei diesem festen Bindungsgeflecht so gut wie überhaupt nicht außerjüdisch geheiratet wurde, kann nicht wundernehmen. Der geistig-geistlichen Bildungsdisziplin entsprachen Endogamie, Weitergabe und Vermehrung der geschlossenen Erbsubstanz sowie ein streng geregeltes Familienleben. In der Welt allgemeiner standesrechtlicher Abschichtung waren die Juden der extremste Fall einer geschlossenen, religiös, sprachlich und national begründeten Rechtsgemeinschaft, die sich ihrer Funktion in der allgemeinen Wirtschafts- und Sozialordnung entsprechend nur im Commercium nach außen öffnete und sich dadurch ihre Existenzgrundlage erarbeitete.

II.

Gefährdung und Behauptung
(14.–17. Jahrhundert)

Um 1400 war der Aufbau der jüngsten, der östlichen Region Latein-Europas abgeschlossen. Die Mission von oben war beendet, Länder und Nationen waren geschichtlich bestätigt, Wirtschaft und Gesellschaft waren im Zuge des großen Landesausbaus den älteren west- und west-mitteleuropäischen Kulturräumen angeglichen worden. Wir sahen, daß dieser Vorgang sich z. T. noch im 15., ja bis ins 16. Jahrhundert hinein fortgesetzt hat. Doch war er an seine Grenzen gekommen, weil die erreichte Intensitäts- und Produktivitätsstufe mit den technischen Mitteln der Zeit nicht mehr wesentlich erhöht werden konnte. Der Anteil der Städte an der Einwohnerzahl im ganzen blieb allgemein bei rd. 10% stehen, abgesehen von entwickelten Gewerbelandschaften wie in Sachsen oder in Böhmen.

Diese endogen-strukturellen Wachstumshemmungen wurden in oft katastrophaler Weise durch immer von neuem auftretende Hunger-, Seuchen- und Kriegsverheerungen verstärkt. Von der großen Pest um 1348, auf die neue Epidemien folgten, und von den Wüstungskatastrophen ist oben die Rede gewesen. In vielen Gegenden sind die seit der Mitte des 14. Jahrhunderts eingetretenen Bevölkerungsverluste bis ins 17. Jahrhundert hinein nicht wieder voll ausgeglichen worden. Dazu trugen in weiten Landstrichen die Kriege mit ihren größer werdenden Reiter- und Fußvolkheeren erheblich bei. An erster Stelle ist hierbei an die Invasionen der Türken zu erinnern, die den ganzen Zeitraum vom 14. bis zum 17. Jahrhundert umfaßten.

1. Länder und Grenzen

Der große Landesausbau hatte bis zum 14. Jahrhundert dazu geführt, daß Sprach- und Volksräume sich verdichteten, sich ausweiteten und dadurch so aneinanderrückten, daß einigermaßen klar umgrenzte Sprach- und Volksgebiete entstanden. Sie sind, wie gezeigt wurde, das Ergebnis planmäßiger landesherrlicher Entwicklungspolitik gewesen. So hat ein Wirkungszusammenhang zwischen Siedlung und Territorialbildung bestanden. Die Menschen jener Zeit wußten wohl zu unterscheiden zwischen Siedlergruppen verschiedener Sprache und «Nation», wie es in den Quellen der Zeit immer wieder heißt. Dabei wechselten die Wertungen zwischen dem Eigenen und dem Fremden von Hochschätzung der «Gäste» (hospites) bis zum Mißtrauen oder gar Haß gegenüber den Eindringlingen anderer Art und anderer Sprache. Die Lebenspraxis hat jedoch *zwischen* diesen Extremen gelegen, wie die sehr schnell unvermeidlich werdenden Mischehen anzeigen, die zu vielfältigen Assimilationen führten.

Für die Landesherren sind zwar die Deutschen im 12. und 13. Jahrhundert als Kolonisatoren und Entwicklungshelfer willkommen und bevorzugt gewesen. Dabei spielte Nations- oder Sprachzugehörigkeit keine eigene Rolle. Es ging nicht um «National»-, sondern um «Entwicklungspolitik» für das jeweilige *Land*; und sollte eine Landesgrenze im Wettstreit mit einem benachbarten Territorium durch Konkurrenzsiedlung gewonnen werden, wurden Siedler herangezogen, wie sie sich eben gerade anboten. So siedelten Deutsche gegen Deutsche z. B. an der Grenze zwischen der Lausitz und Niederschlesien oder zwischen Niederösterreich und Südböhmen, während ihre Landesherren von verschiedener Nationalität waren: polnisch, deutsch, tschechisch, ungarisch.

Politische Landesgrenzen und Sprach- oder Volksgrenzen sind also nicht identisch gewesen. Die Sprachgrenzen entsprachen nicht den im Laufe des Spätmittelalters entstehenden oder durch Verträge ausgehandelten Landesgrenzen. Diese Inkongruenz ist zwar, wie wir sehen werden, nicht überall konflikt- und problemlos gewesen. Aber sie war doch ohne maßgebende Bedeutung, insofern als Grenzrevisionen nicht national- oder sprachpolitisch begründet wurden. Die Länder oder Territorien wurden, bei verschieden starker Mitbestimmung der Landstände, als fürstlicher Besitz angesehen. Sie konnten den Besitzer wechseln, d. h. einer anderen Dynastie oder «Krone» inkorporiert werden. Nicht «Volkstum» oder Sprache der den Boden bebauenden Untertanen, sondern das Landesbewußtsein des Adels und dynastische Behauptungs- oder Vergrößerungswünsche waren politisch entscheidend.

Vergleichen wir die politische Raumaufteilung des 10. Jahrhunderts, von dem wir ausgingen, mit der des beginnenden 15. Jahrhunderts, so wird deutlich, welche grundlegenden Veränderungen in jenem halben Jahrtausend vor sich gegangen sind. Der Raum Ostmitteleuropas war nun durchgehend territorialisiert, und er hatte sich nach Osten verschoben. Gehen wir, um dies konkret zu verstehen, von der Ostgrenze des ostfränkisch-deutschen Reichs im 9. und 10. Jahrhundert aus, so zeigt sich, daß im Nordosten, kaum dagegen im Südosten von einer West-Ost-Verschiebung gesprochen werden kann. Die Grenze oder besser der Markengürtel des Reichs hatte sich im Süden gegenüber Ungarn von der March-Leitha-Linie bis nach Istrien, von kleinen Verschiebungen abgesehen, im großen und ganzen erhalten und gefestigt. Aus den Marken waren Herzogtümer geworden, die seit dem Sieg Rudolfs von Habsburg über Přemysl Ottokar II. im Jahre 1278 unter dem Haus Habsburg zusammengefaßt worden waren. Die Grenze der habsburgischen Länder, zugleich die Reichsgrenze, folgte südlich der Donau im wesentlichen dem Alpenabfall gegenüber der pannonischen Tiefebene. Sie war nicht identisch mit der deutsch-ungarischen Sprachgrenze. Die Slovenen waren auf deutscher Seite, die Kroaten auf ungarischer Seite seßhaft.

Auch die vereinigten Länder Böhmen und Mähren waren in ihren Grenzen, ungeachtet ihrer inneren Wandlungen, im großen und ganzen unverändert geblieben. Die mährische Ostgrenze gegenüber dem Königreich Ungarn war zugleich die Grenze des deutschen Reiches.

War also bis dahin, von Fiume im Süden bis zum Oberlauf der Oder im Norden die territorial zwischen den Häusern Habsburg und Luxemburg geteilte Ostgrenze des Reichs fast gänzlich gleichgeblieben, so unterschied sich ihr nördlicher Abschnitt durch seine Ostverschiebung gründlich von dem Zustand des 10. Jahrhunderts. Gestützt auf die deutsche Ostsiedlung hatte sich im Raum zwischen der Elbe-Saale-Linie, der Ostseeküste von Wagrien bis Estland, der neumärkischen und schlesischen Grenze gegenüber Polen sowie der naturgegebenen Linie des Erzgebirges und der Sudeten eine Reihe von Territorialstaaten gebildet, die teils schon mitten im deutschen Sprach- und Reichsgebiet lagen, teils sprachlich uneinheitliche Grenzländer waren.

a) Die neuen Territorien in Ostdeutschland

Von allen Territorien rückten am deutlichsten die alten Markengebiete östlich der Saale (Ostmark und Mark Meißen), die seit dem Ende des 11. Jahrhunderts unter dem Haus der Wettiner in wechselvoller Territorialgeschichte vereinigt wurden, von der östlichen Peripherie in die Mitte des Reiches. Die Slaven waren hier gegen Ende des Mittelalters, mit Ausnahme von Relikten in der wettinisch werdenden Lausitz, eingedeutscht; die wettinische Landesherrschaft reichte über die Saale nach Thüringen hinüber, so daß die wettinischen Lande beiderseits der Saale Alt- und Neusiedelgebiet verklammerten; die sogenannte mitteldeutsche Agrarverfassung unterschied sich durch ihren bäuerlichen

Charakter von der Gutsherrschaft fast aller ostdeutschen bzw. ostmitteleuropäischen Länder. Der auf Bergbau und Fernhandel beruhende Reichtum Obersachsens sowie die Universitätengründung in Leipzig im Jahre 1409 brachten die schon im Hochmittelalter bedeutende Kulturlandschaft zu neuer Blüte. Die Reformation und die deutsche Schriftsprache nahmen von Sachsen, dessen wettinische Fürstenlinien seit dem 14. Jahrhundert die Kurwürde innehatten, ihren Ausgang. Es fällt schwer, dieses herausragende deutsche Territorium im 15. Jahrhundert als ostmitteleuropäisch zu bezeichnen.

Dasselbe gilt für die Grafschaft Holstein, die 1474 vergrößert zum reichsunmittelbaren Herzogtum erhoben wurde, nachdem sie kurz vorher in Personalunion mit dem Herzogtum Schleswig unter der dänischen Krone verbunden worden war. Der Blick war hier also nach Norden, nicht mehr nach Osten gerichtet. An den einstigen Slavenboden Ostholsteins erinnerte immerhin die vom übrigen Holstein und Schleswig unterschiedene Agrarverfassung der Gutsherrschaft, die der ländlichen Struktur des später so genannten Ostelbiens entsprach.

Lübeck wurde nach 1223 endgültig zur freien Reichsstadt. Da es zum Vorort der Hanse aufstieg und Oberhof für die Städte lübischen Rechts im Osten gewesen ist, wurde es zum Ausgangspunkt deutscher Durchdringung des Ostseeraums, besonders der Ostseestädte von Wismar bis Reval.

Auch Mecklenburg, das 1348 zur Reichsunmittelbarkeit aufstieg, war gegen Ende des Mittelalters eingedeutscht und als Herzogtum mit starken, landesbewußten adligen Landständen gefestigt. Es stand außerhalb spezifisch ostmitteleuropäischer Zusammenhänge.

Schließlich läßt sich auch Brandenburg dem Typus der ins Reich hineingewachsenen Länder einfügen. Der Eindeutschungsvorgang war im wesentlichen ebenso abgeschlossen wie die Vereinigung mehrerer Territorien in einer Markgrafschaft, deren Fürsten die Kurwürde errungen hatten.

Dieses Faktum ist für unseren Zusammenhang aufschlußreich. Wir waren dieser reichsrechtlichen Rangerhöhung schon im Falle Kursachsens begegnet. Nehmen wir dazu in den Blick, daß die Könige von Böhmen seit dem 13. Jahrhundert Kurfürsten des Reichs geworden waren und erinnern außerdem daran, daß die Reichskrone seit Rudolf von Habsburg (1273) weit vorwiegend zwischen den Häusern Habsburg und Luxemburg gewechselt hatte, ehe sie vom 15. Jahrhundert an endgültig bei den Habsburgern verblieb, so läßt sich aus diesen verfassungsgeschichtlichen Entscheidungen erkennen, daß sich das politische Schwergewicht des Reichs in seine großen Territorien im Osten ver-

schoben hatte und daß diese west-östliche Verlagerung mit der Ostverschiebung des historischen Raums «Ostmitteleuropa» in Verbindung
gestanden hat. Von einer eindeutigen Grenze zwischen einem westlichen und einem östlichen Mitteleuropa kann in der Zeit des ausgehenden Mittelalters sehr viel weniger gesprochen werden als für die Ursprungsepoche im 10. Jahrhundert. Ostmitteleuropa war vielmehr eine
gleitende Übergangszone, deren Länder im Westen eine rein deutsche
Prägung erhalten hatten, deren östlichste Landschaften aber auf ostslavisch-ostkirchlichen Grundlagen beruhten und deutsche Kultureinflüsse nur noch indirekt vermittelt erhielten.

Als Grenzland des Heiligen Römischen Reiches, das gegen Ende des
15. Jahrhunderts mit dem Attribut «deutscher Nation» versehen
wurde, stellte *Brandenburg* eine erste Übergangsstufe nach Osten dar,
da es in Angriff und Verteidigung, durch Vertrags- und Heiratsbeziehungen mit seinen nördlichen und östlichen Nachbarn eng verbunden
war. Das vom 12.–14. Jahrhundert regierende Haus der Askanier hatte
seine Ausdehnungswünsche wiederholt zur Ostseeküste, sogar bis
nach Danzig, sowie über die Oder nach Osten gerichtet. Das hatte die
Beziehungen zu den pommerschen Herzögen, zum Deutschen Orden
und zu den polnischen Piasten belastet. Hatten sich die weitgestreckten
Ziele im Norden auch nicht verwirklichen lassen, so wurden doch,
nach wiederholtem Wechsel von Gewinn und Einbuße, die Neumark,
das Land Lebus und kleine Teile der Niederlausitz zum dauernden Besitz. Infolgedessen entstand die Grenzlinie zwischen Brandenburg (zugleich dem Reich, das hier nicht mehr wie einst im Hochmittelalter
unmittelbar selbst eingriff) und Polen. Sie gestaltete sich dauerhaft,
nachdem der politische Verfall der Mark Brandenburg nach dem Aussterben der Askanier im Jahre 1320 unter der Herrschaft der Hohenzollern seit 1415 überwunden und die Landeseinheit nach innen und
außen wieder gefestigt worden war.

In *Pommern* vollzogen sich die verfassungsrechtliche Eingliederung
in das Reich, die Territorialisierung unter dem ursprünglich slavischen
Haus der «Greifen» sowie die Umgrenzung des Herzogtums nach Verlusten (Uckermark) und Gewinnen (zuletzt die Länder Schlawe und
Stolp sowie das Fürstentum Rügen) von 1181, als Herzog Bogislaw
sich und sein Land Kaiser Friedrich Barbarossa zu Lehen gab, bis zum
Ende des 15. Jahrhunderts. Trotz häufiger Teilungen wurde die Einheit
Pommerns doch immer wieder gewahrt. Ähnlich wie in Mecklenburg
vertraten die adeligen Stände den Einheitsgedanken. Die lange wäh-
rende Streitfrage der Lehenszugehörigkeit wurde endgültig 1521, gegen Brandenburg und zugunsten der Reichsunmittelbarkeit, gelöst.

Die Eindeutschung war wie in den vorhergenannten Territorien bis zum Ende des Mittelalters beendet – mit Ausnahme allerdings des äußersten Ostens, der Landschaft um Stolp und Leba, die von der deutschen Siedlung des Hochmittelalters nicht mehr erreicht worden war. Die pommersche und damit die Reichsostgrenze ging also über das deutsche Sprachgebiet hinaus und umfaßte pomoranisch-kaschubische Bevölkerung. Das weist auf den altslavischen Zusammenhang der pomoranischen Gebiete bis zur Weichsel hin. Er ist durch die Erwerbung Pommerellens durch den Deutschen Orden im Jahre 1309 verlorengegangen und wurde auch nach 1466 nicht wieder hergestellt. Denn der Name «Preußen» blieb auch in polnischer Zeit von 1466–1772 erhalten, und die Ostgrenze des Herzogtums Pommern, später der preußischen Provinz Pommern, blieb unverändert.

Anders als in Brandenburg und Pommern ist es in *Schlesien* bis zum Ausgang des Mittelalters nicht zur politischen Einheit, wohl aber zu einem schlesischen Gemeinbewußtsein und zu gemeinsamen Institutionen wie zeitweise zu schlesischen Fürstentagen und zu einem ganz Schlesien repräsentierenden «Oberhauptmann», in der Regel dem Breslauer Bischof, sowie 1498 sogar zu einem obersten Gericht gekommen. Doch blieb all das gewissermaßen im Vorraum eines fürstlichen Gesamtterritoriums. Maßgebend blieb vielmehr die wechselnde Vielzahl piastischer Fürstentümer, des Bistumslandes um Neiße und einiger großer Standesherrschaften. Ein gesamtschlesisches Herzogtum hat nie entstehen können, und die schlesischen Einzelfürstentümer haben nie die Standschaft im deutschen Reichstag erreicht. Vielmehr hatten die meisten dieser Fürstentümer im 14. Jahrhundert sich selbst, um der neu erstarkenden polnischen Königsmacht zu entgehen, dem böhmischen König zu Lehen gegeben, nachdem Kasimir von Beuthen ihnen schon 1289 darin vorausgegangen war. Im 14. Jahrhundert wurde die Anlehnung Schlesiens an Böhmen und damit die Einfügung in das römisch-deutsche Reich abgeschlossen. Die Wirren des 15. Jahrhunderts, besonders die Eroberung Schlesiens durch den Ungarnkönig Matthias Corvinus, änderten letztlich nichts an der Verbindung mit Böhmen, die durch den Sieg der Habsburger in der Schlacht bei Mohacs (1526) und deren Herrschaft in Böhmen, somit auch über Schlesien, befestigt und dem Wiener Absolutismus unterworfen wurde.

Die alte, schon im 12. Jahrhundert brüchig gewordene Verbindung mit Polen war längst verlorengegangen. Schlesien war auch kulturell in den böhmischen und damit auch den gesamtdeutschen Zusammenhang eingetreten. Nur östliche Randgebiete wie die Fürstentümer Auschwitz und Zator gingen in polnischen Besitz über.

Daß im größten Teil Oberschlesiens sich die polnische Sprache erhielt und sogar deutsche Siedlungen aus der Landesausbauzeit polonisiert wurden, ist zu jener Zeit und weit darüber hinaus bis in das 19. Jahrhundert hinein ohne politische Bedeutung gewesen. Weit stärker als in Ostpommern war die Sprachgrenze hinter der politischen Ostgrenze zurückgeblieben. Da es aber in Oberschlesien keinen national-polnischen Adel gab, sind auch die oberschlesischen Bauern, Häusler, Gärtner und Gewerbebürger nicht im politischen Sinne polnisch affiziert worden. Der Gedanke, ein schlummerndes «Volkstum» zu wekken, konnte erst im 19. Jahrhundert entstehen. Bis dahin sind die Schlesier deutscher, polnischer und tschechischer Sprache in allen ihren Schichten von Polen und der polnischen Nation abgesondert geblieben.

b) Böhmen

Zu den Ländern des Reiches gehörte auch das Königreich *Böhmen* mit der Markgrafschaft Mähren, so daß die mährische Grenze gegen Ungarn zugleich die Reichsgrenze gewesen ist. Im Unterschied zu allen bisher besprochenen Territorien ist das Königreich Böhmen in seinen Grenzen seit dem 10. Jahrhundert fast unverändert geblieben. Seine räumliche Konstanz ist einmalig gewesen. Die faktische Zugehörigkeit der Reichsstadt Eger zur böhmischen Krone steht hierzu nicht im Widerspruch. Die Stadt war von Ludwig dem Bayern an Johann von Böhmen verpfändet worden und blieb von 1322 an ein nie eingelöster böhmischer Pfandbesitz, hat also staatsrechtlich nie zu Böhmen gehört. Wird die Kontinuität der Grenzen hervorgehoben, so muß allerdings deren Qualitätswandel vom Grenzsaum zur Grenzlinie als Folge des großen Landesausbaus beachtet werden.

Ein qualitativer Wandel hat auch gerade darin bestanden, daß die Stellung Böhmens im und gegenüber dem römisch-deutschen Reich von der Grundentscheidung Wenzels I. bis zum Spätmittelalter und darüber hinaus gleichgeblieben ist. Das heißt: bei aller Eigenständigkeit Böhmens und bei allem nationalen Selbstbewußtsein von König und Ständen ist das Lehensband zum deutschen König und Kaiser nie gelöst worden, ist die Bindung des böhmischen Herzogs, später des Königs an den deutschen Herrscher im allgemeinen eng gewesen, wurde das gemeinsame politische Interesse beiderseits bejaht und wuchs Böhmen, wie die Kurwürde anzeigt, immer stärker in das Reich hinein. Dabei stiegen die böhmische Macht und die nach außen selbständige landesherrliche Stellung. In der Sizilischen Goldbulle verlieh

Kaiser Friedrich II. im Jahre 1212 dieser verfassungsrechtlichen Selbstherrlichkeit des böhmischen Königs eine reichsrechtliche Garantie: so
u. a. die Bestätigung der erblichen Königswürde, das spezifisch böhmische Recht der fürstlichen Investitur gegenüber den Bischöfen von
Prag und Olmütz sowie Einschränkungen der Hoftags- und der Rom-
fahrtspflicht. Es war bezeichnend, daß damit der böhmische König ein
Sonderprivileg erhielt, während den übrigen weltlichen Reichsfürsten
erst im Jahre 1231 im sog. Statutum in favorem principum ihre landesherrlichen Privilegien reichsrechtlich zugesichert wurden. Der König
von Böhmen nahm also eine Sonderstellung unter den Landesherren
des Reiches ein. Er stieg im 13. Jahrhundert zum mächtigsten Fürsten
des Reiches auf.

Deswegen ist aber Böhmen noch stärker als schon zuvor in dieser
Zeit auch im (ostmittel-)europäischen Zusammenhang zu sehen – als
eine *europäische* Macht von erheblicher Stärke und mit intensiven Beziehungen im System der Fürstenstaaten von Frankreich und Italien bis
nach Litauen und Ungarn. Mehr als andere größere Territorien des
Reiches wuchs es aus der Rolle eines bloßen Reichsfürstentums in die
europäische Weite hinaus. Das über Europa gespannte Netz der fürstlichen Heiratsbeziehungen macht dies deutlich. Zur Veranschaulichung
seien die Eheschließungen der böhmischen Könige von 1192–1437 mitgeteilt:

Přemysl Ottokar I. (1192–1230)	1. Adele von Meißen 2. Konstanze von Ungarn
Wenzel I. (1230–1253)	Kunigunde von Hohenstaufen
Přemysl Ottokar II. (1248/53–1278)	1. Margarete von Babenberg 2. Kunigunde von Černigov-Halič
Wenzel II. (1283–1305)	1. Guta von Habsburg, Tochter Rudolfs von Habsburg 2. Elisabeth von Polen-Kalisch
Wenzel III. (1305–1306)	Viola von Teschen
Rudolf von Habsburg (1306–1307)	Elisabeth von Polen-Kalisch (2. Ehe)
Heinrich von Kärnten (1307–1310)	Anna, Tochter Wenzels II.
Johann von Luxemburg (1310–1346)	Elisabeth, Tochter Wenzels II.

Karl I. (IV.) (1346–1378)	1. Blanche von Valois
	2. Anna von der Pfalz (Wittelsbach)
	3. Anna von Schweidnitz
	4. Elisabeth von Pommern
Wenzel IV. (I.) (1378–1419)	1. Johanna von Bayern
	2. Sophia von Bayern
Sigismund (1420/1436–37)	1. Maria von Ungarn
	2. Barbara von Cilli

Ein Blick auf diese Liste, deren Namen durch Nebenlinien und durch Stammbäume vervollständigt werden könnten, läßt erkennen, daß vom Mittelpunkt Prag aus das östliche Mitteleuropa durch fürstliche Verbindungen vollständig gedeckt wurde, und läßt vermuten, daß eine ins einzelne gehende Darstellung dieses Heiratsnetzes ein guter Zugang zum Verstehen der böhmischen Geschichte in der Mitte Ostmitteleuropas sein würde. Die Heiraten mit deutschen Fürstenhäusern waren einerseits durch die reichspolitischen Ambitionen der Přemysliden, Habsburger und Luxemburger, mehr aber durch territorialpolitische Ziele großer Hausmachtbildung bestimmt. Das ist z. B. in der Eheschließung Přemysl Ottokars II. mit Margarete von Babenberg, der Schwester des letzten Babenberger Herzogs von Österreich sichtbar. Denn Ottokar II. suchte sich des babenbergischen Erbes zu bemächtigen und ist in der Erwerbung österreichisch-alpenländischer Territorien erfolgreich gewesen, bis er 1278 Rudolf von Habsburg in der Schlacht von Dürnkrut erlag und die Länderbeute an Habsburg ging. Besonders eindrucksvoll sind unter diesem Gesichtspunkt auch Karls I. (IV.) Ehen, die mit Ausnahme seiner ersten Verbindung mit der französischen Blanche, die er als unmündiger Knabe eingehen mußte, alle der Großmachtpolitik des Kaisers und Königs gedient haben: Der (begrenzten) Aussöhnung mit den Wittelsbachern, der Vollendung des Erwerbs Schlesiens durch die Inkorporation der fürstlichen Herrschaft Schweidnitz-Jauer unter die böhmische Krone und schließlich der Ostseepolitik Karls IV. Nicht minder bedeutend waren die familienpolitischen Bemühungen, die Polen und Ungarn betrafen. Sie standen wiederholt unter den Ausdehnungswünschen der böhmischen Könige, sei es im Zusammenhang mit Erbansprüchen auf Teile Polens, sei es mit dem Blick auf die ungarische Krone nach dem Aussterben der Arpaden (1308). Diese auf dynastische Machtausdehnung gerichtete Heiratspolitik stand unter dem Gesetz strenger Endogamie unter landesfürstlichen Häusern mit der Folge, daß alle diese deutschen, böhmischen, polnischen und ungarischen Familien vielfältig verwandt gewesen sind. Wenn auch west- und osteuropäische Häuser nicht außerhalb des Blickfeldes standen, so ist doch der Heiratskreis, innerhalb dessen die Eheverbindungen abgesprochen wurden, fast rein auf Ostmitteleuropa bezogen gewesen. Auch die Luxemburger, deren Hausmacht ursprünglich im Westen lag, verlegten das Schwergewicht ihrer Territorialpolitik auf das böhmische Umfeld, also nach Osten.

Die dynastisch bestimmte Großmachtpolitik der letzten Přemysliden und der Luxemburger konnte sich allerdings nur bedingt auf den Reichtum des Landes stützen, der im 13. und frühen 14. Jahrhundert durch die zahlreichen Gründungen privilegierter, meist unter unmittelbarer Stadtherrschaft des Königs stehender Städte mit überwiegend deutscher Bürgerschaft sowie durch den großen Aufschwung des Silberbergbaus aufgeblüht war. Die begünstigten und ertragreichen Städte, besonders die Bergstädte, erwiesen sich nur zeitweise als politische Stützen für den König. In den böhmischen Landtagen gewannen sie nur eine untergeordnete Stellung. Hier herrschte der Adel, maßgeblich der hohe Adel. Dieser legte nicht nur ein ausgeprägtes Landesbewußtsein mit starken Vorbehalten gegenüber landesherrlicher Gewalt und dynastischer Politik an den Tag, sondern entwickelte auch gegenüber dem neuen deutsch-bürgerlichen Element ein betont tschechisches Nationalbewußtsein. So trieb Böhmen spätestens nach dem Tode Přemysl Ottokars II. weniger einem ständestaatlichen Dualismus zwischen Landesfürsten und Landständen zu als vielmehr einem Pluralismus von rivalisierenden Kräften: König, Hochadel, Ritter, Bürger, schließlich auch die Geistlichkeit und die Klöster. Dadurch wurde die dynastische «Außenpolitik» gehemmt, und die verfassungsrechtlich nicht klar festgelegten ständischen Gruppen wirkten sich immer dann desintegrierend aus, wenn ein starker Herrscher abtrat, so nach dem Tode Přemysl Ottokars II. und Karls I. (IV.). Johann von Luxemburg, der 1311 als Gemahl der Přemyslidin Elisabeth vom Mainzer Erzbischof gekrönt worden war und die Akklamation des böhmischen Hochadels gefunden hatte, geriet trotz dieser günstigen Voraussetzungen alsbald in die innerböhmischen Spannungen, derer er auch mit Hilfe (argwöhnisch angesehener) deutscher Ratgeber und Waffen nicht gewachsen war. Er mußte der Hochadelspartei entgegenkommen und trennte sich von seiner Gemahlin, die im Bund mit Kräften des kleinen Adels, der Städte und der Klöster vergeblich eine stark monarchische Stellung in der Tradition der letzten Přemyslidenherrscher zu retten suchte. Karl I. (IV.) hat danach durch Beharrlichkeit und kluge Ausgleichspolitik die Königsstellung in Böhmen befestigt. Doch ist auch er nicht zu einer auf Dauer stabilisierten Landesverfassung vorgedrungen; und unter seinem Nachfolger Wenzel ist die halberreichte landespolitisch-monarchische Integration Böhmens verlorengegangen, noch ehe das Land von den Hussiten-Wirren erfaßt wurde. Böhmen befand sich zu Beginn des 15. Jahrhunderts in einem Zustand der Labilität. Weder ein wirksamer monarchischer Zentralismus noch ein verfassungspolitisch funktionierender Ständestaat waren erreicht worden, obgleich zwei in Europa hoch herausragende Herrschergestalten, Ottokar II. und Karl I. (als Kaiser: Karl IV.) Träger der Krone gewesen waren. Die auf Deutschland und Ostmitteleuropa gerichtete dynastische Politik hatte mit der Landespolitik nicht in Einklang gebracht werden können. Das große Wirtschaftspotential des Landes war im Widerstreit der Gruppeninteressen politisch nicht wirkungsvoll einsetzbar gewesen.

Dieser um 1400 erreichte Zustand des Königreichs und der Markgrafschaft Mähren ist danach zweimal einem Umbruch ausgesetzt gewesen: zuerst um die Mitte des 15. Jahrhunderts infolge der hussitischen Unruhen, sodann nach dem Sieg Habsburgs über die böhmischen Stände im Jahre 1620. Darauf wird weiter unten eingegangen werden.

c) Das Preußenland

Auch Preußen, das Land des Deutschen Ordens, war wie die andern Länder des deutschen Ostens um 1400 territorialisiert, allerdings auf eine eigentümliche Weise, unterschieden von den Fürstentümern der Zeit. Einerseits kam der «Ordensstaat» einer «modernen» Zentralverwaltung schon in hohem Maße nahe, da er im überwiegenden Teil des Landes, der nicht unter der Herrschaft von Bischöfen oder Domkapiteln stand, die unmittelbare Landesherrschaft ausübte und dieses direkte Hoheitsgebiet in Verwaltungsbezirke eingeteilt hatte, die je einem «Komtur» unterstanden. Sie glichen nicht den auch in anderen Territorien der Zeit schon entstehenden Amtsbezirken, da die Einheit des Amtes, der Komturei, nicht durch andere Grund- und Gerichtsherrschaften durchlöchert war. Zudem stammten die Komture nicht aus eingesessenem Adel, sondern waren Ordensritter. Diese aber waren landfremd, hatten kein Grundeigentum und waren dem Zölibat unterworfene Ordensgeistliche, die genealogisch-landschaftlich nicht verquickt waren. Sie gehörten zur Gemeinschaft der Ordensritter, die der strengen, erst allmählich in der Spätzeit des Ordensstaates lax behandelten Ordensregel verpflichtet waren und als Gleiche unter Gleichen in der Hierarchie der Ämter aufsteigen konnten. Diese Landesherren-Ritterschaft unter der Leitung des gewählten und absetzbaren Hochmeisters war also mit dem Lande nicht verwachsen und geriet unter dem Druck der spätmittelalterlichen Agrarkrise im 15. Jahrhundert zunehmend in wirtschaftliche Interessenkonflikte, z. B. beim Streit um das Getreidehandelsmonopol, mit den adeligen Dienstgutsherren und den Stadtbürgern, besonders der wirtschaftsstarken Hansestädte des westlichen Preußen, Danzig, Elbing und Thorn. Die adeligen und bürgerlichen Stände fanden sich zusammen, bildeten Landtage und schlossen schließlich im Jahre 1440 ein Bündnis, das gegen die Landesherren gerichtet war. So geriet das Land, nachdem die deutsche Siedlung, wie oben gezeigt wurde, an ihr Ende gekommen und auch Preußen von der verbreiteten Bevölkerungs- und Agrarkrise seit dem ausgehenden 14. Jahrhundert ergriffen worden war, in einen innenpolitisch labilen Zustand. Dabei war es zu eben dieser Zeit zunehmend Druck von außen ausgesetzt. Die Bedrohung kam von Polen. Durch zwei Ereignisse wurde die Feindschaft des Königs von Polen ausgelöst: 1. die Erwerbung Pommerellens durch den Deutschen Orden im Jahre 1308 und 2. die römische Christianisierung Litauens im Zusammenhang mit der polnisch-litauischen Union seit 1385. Beide Ereignisse sind hier wegen ihrer weitreichenden Folgen für das polnisch-preußische Verhältnis und die Geschichte Preußens hervorzuheben.

Im Jahre 1308 überspielte der Deutsche Orden die Rivalität Brandenburgs und Polens um Pommerellen, dessen Herzogsdynastie ausgestorben war, durch raschen militärischen Zugriff. Das Ordensheer eroberte und zerstörte Danzig, vernichtete die Widerstand leistenden pommerellischen Adeligen und nahm das Herzogtum in Besitz. Brandenburgs Zustimmung wurde mit Geld erkauft. Polen aber weigerte sich, die durch Gewalt erzwungene Ausdehnung des Ordensgebiets anzuerkennen und hielt an seinen Ansprüchen fest, die sich auf die vorübergehende polnische Herrschaft über Pommerellen in der ersten Hälfte des 12. Jahrhunderts bezogen. Schwerer wog auf die Dauer die grundsätzliche Anfechtung der Okkupation: der Orden hatte seinen päpstlichen Auftrag verletzt, durch den nur der Kampf gegen die Heiden, nicht aber Territorialpolitik und Machtausdehnung gerechtfertigt war. Um diese Frage, die an die Existenz des Ordensstaates überhaupt rührte, ist über ein Jahrhundert lang immer wieder zwischen der polnischen Krone und dem Deutschen Orden prozessiert worden. Nicht nur der Papst, sondern 1415 auch das Konstanzer Konzil sind dazu angerufen worden. Der Orden hatte in dieser Grundfrage eine schwache Stellung und vermochte sich nicht theoretisch, sondern nur durch die normative Kraft der gegebenen Machtverhältnisse zu erhalten.

Die Legitimation des Ordensstaates wurde vollends untergraben, als mit der Christianisierung Litauens, die vom Papst anerkannt und durch die Gründung des dem Erzbistum Gnesen unterstellten Bistums Wilna 1387 bekräftigt wurde, die Feldzüge des Ordens nach Litauen, die durch das 14. Jahrhundert hindurch geltungs- und abenteuerlustige Söhne des europäischen Adels angezogen hatten, ihre Begründung verloren. Prinzipiell hätte mit der Erfüllung seines Auftrages der Deutsche Orden Preußen aufgeben und eine neue Aufgabe suchen müssen. Doch so grundsätzlich wagte damals niemand zu entscheiden. Die Ordensritter blieben Landesherren in ihrem seiner Aufgabe entledigten geistlichen Territorium und mußten seit dem Beginn des 15. Jahrhunderts einen Dauerkonflikt mit Polen-Litauen hinnehmen.

In einer großen Schlacht, die von den Deutschen nach dem Dorf Tannenberg, von den Polen nach dem Dorf Grünfelde (polonisiert Grunwald) benannt wird, erlagen die Ordensritter unter sehr hohen Verlusten 1410 dem überlegenen polnisch-litauischen Heer. Doch konnte der Sieg nicht bis zur Vernichtung fortgesetzt werden, da die Marienburg, seit 1309 Hochmeistersitz, der lang andauernden Belagerung standhielt. Das Ende des Ordensstaates war jedoch ein halbes Jahrhundert später, 1454, unausweichlich geworden, als der «Preußische Bund» der Städte und des Landadels dem Orden den Gehorsam aufkündigte und sich dem König von Polen unterstellte. Ein Schiedsspruch des römisch-deutschen Kaisers, der den Aufstand der preußischen Stände für rechtswidrig erklärte, blieb ohne Wirkung. In einem 13jährigen Söldnerkrieg wurde das Land verwüstet und der Orden schließlich besiegt.

Im zweiten Thorner Frieden von 1466 mußte der Orden nicht nur das 1309 eroberte Pommerellen mit Danzig abtreten, sondern darüber hinaus auch große, von Anbeginn besessene Gebiete mit Elbing, Marienburg und dem Kulmer Land sowie das Bistum Ermland.

Zwar hat der Papst als Haupt des geistlichen Ordensstaates dem Friedensvertrag von 1466 seine Zustimmung verweigert. Aber das änderte nichts daran, daß die Bestimmungen durchgesetzt wurden. Die Folge war, daß von nun an Preußen zweigeteilt in abgestufter Abhängigkeit von der polnischen Krone stand. Der größere westliche Teil – das alte Pommerellen und die eben bezeichneten Landschaften östlich der Weichsel – wurde als «Preußen königlichen Anteils» dem König von Polen unterstellt, nicht aber der polnischen Adelsrepublik (Rzecz-

pospolita Polska) inkorporiert. Damit war dem Lande seine volle
Autonomie, mit deutscher Amtssprache, zugesichert. Dieser Zustand
blieb de jure bestehen, wurde aber de facto infolge Ämterbesetzungen
(Starosteien) mit Polen, durch Angleichung und damit Selbstpolonisie-
rung des Adels sowie polnische Zuwanderung allmählich brüchig, bis
unter Protest der betroffenen, teils deutsch-, teils polnischsprachigen
(polonisierten) Stände des westlichen Preußen in der Union von Lublin
1569 die Eigenständigkeit zugunsten der einheitlichen Adelsrepublik
Polen und Litauen beseitigt wurde. Nun erst wurden die autonome
Landesregierung und die autonomen Landstände aufgelöst, der allgemein polnischen Verfassung angeglichen und eingefügt. Es war aber
bezeichnend, daß die drei großen deutschen Städte Danzig, Elbing und
Thorn ihr Recht nicht wahrnahmen, in der Landbotenstube des ge-
samtpolnischen Reichstags (Sejm) vertreten zu sein. Das im Orden
verbliebene östliche Preußen mit Königsberg als bedeutender Handels-
stadt wurde zwar nicht der polnischen Krone inkorporiert, mußte sich
aber unter die Oberhoheit des polnischen Königs stellen.

Der seines Sinnes beraubte, in seiner Territorialmacht geschrumpfte,
wirtschaftlich geschwächte Ordensstaat kam an sein rettendes Ende,
als der Hochmeister Albrecht von Hohenzollern im Jahre 1525 mit
Hilfe Luthers und der kirchlichen Reformation das Ordens-Preußen in
ein erbliches, weltliches Herzogtum umwandelte und den Ausgleich
mit Polen dadurch fand, daß er in Krakau dem König von Polen den
Lehenseid schwor. Die Abhängigkeit vom Papst war damit gelöst, die
Zugehörigkeit zum Reich konnte nicht mehr bestätigt werden. Herzog
Albrecht hat von seiner Position aus die Reichsstandschaft nicht erlangen können. Sein Herzogtum blieb, als polnisches Lehen, außerhalb
des Reichsverbandes. Diese Trennung ist damals nicht ohne öffentliche
Klagen hingenommen worden.

Zwei Linien des Hauses Hohenzollern regierten fortan in Brandenburg und in Preußen. Daraus wurden damals keine weiterreichenden
Pläne abgeleitet. Aber eine erste Voraussetzung für den späteren Verlauf der brandenburgisch-preußischen Geschichte ist 1525 geschaffen
worden.

Verfassung und politische Kultur des neuen Herzogtums Preußen
wurden durch die Reformation so grundlegend geprägt, daß sie in
deren Zusammenhang weiter unten vorgestellt werden sollen.

d) Livland

Livland ist mit Preußen vom 13. bis zum 16. Jahrhundert verbunden und doch von diesem in seiner Landesentwicklung unterschieden gewesen. Zwar gebot der in Preußen residierende Hochmeister über beide Ordensgebiete: Preußen und Livland. Doch sollte und konnte aus beiden Teilen nie ein einheitliches Territorium werden. Livland ging sowohl innen- und verfassungspolitisch als auch in seinen äußeren Verhältnissen seinen eigenen Weg, und dieser war keineswegs immer durch eine Interessengemeinschaft, sondern oft durch erhebliche Gegensätze zum Ordensland Preußen bestimmt.

Wohl stand, ähnlich wie in Preußen, der größte Teil des Landes unter der unmittelbaren Landeshoheit des Ordens, der durch den in Livland gewählten, durch den Hochmeister bestätigten Deutschmeister repräsentiert war, aber der Erzbischof von Riga sowie die Bischöfe von Dorpat und Ösel-Wieck besaßen als Landesherren die Reichsunmittelbarkeit und waren daher dem Deutschmeister neben-, nicht aber untergeordnet wie die Bischöfe in Preußen und der Bischof von Kurland, der erst 1520 zum selbständigen Fürsten des römisch-deutschen Reichs wurde.

So war Livland kein einheitliches, sondern ein politisch zersplittertes Land. Daß es nicht vollends zum Neben- und Gegeneinander mehrerer reichsunmittelbarer Landesherrschaften kam, sondern ein Gesamtlandesbewußtsein von wechselnder Stärke vorhanden gewesen ist, war darin begründet, daß sowohl der livländische Ordensmeister als auch der Erzbischof von Riga die Gesamtherrschaft beanspruchten. Daraus folgte ein unablässiger Konfliktzustand, mit Prozessen vor dem Papst, mit diplomatischen Mitteln und mit Waffengewalt.

Dazu kam, wie in Preußen, die Spannung zwischen den landfremden, meist westfälischen Ritterbrüdern, deren Zahl bis zur Höchstgrenze von 500 schwankte, und den eingesessenen Ständen. Früher und kräftiger als in Preußen hatte sich schon seit dem 13. Jahrhundert ein Vasallenstand gebildet, der es schrittweise erreichte, daß sein Lehen auch über Frauen- und weitere Verwandtschaftslinien erblich wurde. Die Vasallen wurden zu Grundherren, welche die Gerichtshoheit über ihre Bauern errangen und schließlich dazu übergingen, ihre Eigenwirtschaft und damit die Last der bäuerlichen Untertänigkeit zu vergrößern. Diese Entwicklung zur eigentumsgesicherten Grund- und Gutsherrschaft war vom Norden, den estnisch besiedelten Landschaften Harrien und Wierland am Finnischen Meerbusen ausgegangen, die bis zur Mitte des 14. Jahrhunderts unter der Hoheit des Königs von Dänemark gestanden und von diesem ihre Machtstellung ertrotzt hatten. Sie waren die Vorreiter einer Entwicklung, die verschieden schnell, am schwächsten im Gebiet der unmittelbaren Ordensherrschaft voranging, aber im 16. Jahrhundert ganz Livland erfaßte. Die adeligen Grund- und Gutsherren schlossen sich auf Landtagen zu Ritterschaften zusammen und erlangten so, regional unterschiedlich, eine über Preußen erheblich hinausgehende Macht politischer Mitbestimmung.

Auch die Städte, an ihrer Spitze Riga, Dorpat und Reval, nutzten ihre starke Wirtschaftsstellung politisch aus. Das beruhte auf ihrer Mittelstellung zwischen Ostsee und Rußland im Zusammenhang des Handels der deutschen Hanse. Riga, Dorpat und Reval unterhielten Handelskontore in Polock, Pleskau und Novgorod, teils selbständig, teils im Verbund mit der Hanse. Sie besaßen einen hohen Grad von Selbstregierung in ihren oligarchischen Ratsverfassungen, entwickelten ein bedeutendes genossenschaftliches Leben in ihren Gilden und Zünften und schlossen sich zu Städtetagen zusammen.

Die starke, vom Orden kaum angetastete Stellung des Landadels und der Städte ist offenbar der Grund dafür gewesen, daß es in Livland nicht zu einem ständischen Bündnis gegen die Landesherrschaft des Ordens gekommen ist. Im Maße wie im 15./16. Jahrhundert die Bedrohung von außen zunahm, wurden die Sonderinteressen der Stände und des Ordens immer wieder zusammengebunden, allerdings infolge des Verfalls der Militärverfassung auf die Dauer nicht mit bleibendem Erfolg.

Der Druck von außen steigerte sich seit dem ausgehenden 15. Jahrhundert in gefährlicher Weise. Die alten, von Dänemark, weniger von Schweden, vor allem aber von Litauen gekommenen Stoßrichtungen traten nun zurück hinter der neuen, von Osten her wirkenden Kraft des Großfürstentums Moskau. Pleskau wurde 1460, Novgorod 1478 dessen Herrschaft eingefügt; 1492 bauten die Russen gegenüber der Ordensburg Narva die starke und weiträumige Festung Ivangorod, 1494 schlossen sie das Kontor der Hanse in Novgorod. Der Moskauer Großfürst Ivan III. bereitete sich darauf vor, Livland zu erobern. Doch wurde er 1502 überraschend von dem an Zahl weit überlegenen Ordensheer unter Führung des Ordensmeisters Wolter von Plettenberg entscheidend geschlagen. Ein halbes Jahrhundert war noch einmal gewonnen. Doch die russische Bedrohung blieb bestehen. Trotzdem kam es nicht zur Festigung der moralischen und militärischen Widerstandskraft in Livland. Vielmehr wurde die Ordensherrschaft unterhöhlt, da die kirchliche Reformation in den 20er Jahren zunächst die Städte und dann auch die Ritterschaften ergriff, ohne daß die Konsequenz einer Säkularisation nach preußischem Muster gezogen worden wäre.

1558 brachen die Russen mit starken Kräften in Livland ein. Ihr vollständiger Sieg schien sicher zu sein. Doch wurden sie um die Früchte des Erfolges gebracht, da nun sowohl Schweden als auch Polen intervenierten und die russische Okkupation verhindert wurde. 1561 unterwarfen sich die Ritterschaft von Harrien und Wierland mit der Stadt Reval dem schwedischen, der größere Teil Livlands dem polnischen König. Der Kaiser des römisch-deutschen Reichs war machtlos und trotz reger diplomatischer Bemühung unfähig, wirksam zu handeln. Die Treue zur «Deutschen Nacion» wurde vielfach beschworen, das Elend des politischen Untergangs im baltischen Ordensland als Strafe Gottes publizistisch beklagt.

Damit entstand die Frage an die Zukunft, ob und wie rechtlich gesichert das Land – einheitlich oder in Teilen – erhalten bleiben konnte, ob deutsche Ritterschaften und Bürger als politische Stände und «undeutsche» (estnische und lettische) Bauern als Untertanen in gewohnter Weise, fremden Kronen inkorporiert, weiter existieren konnten.

e) Polen-Litauen

Polen-Litauen und Ungarn, mit denen wir unsere Übersicht über die Länder des östlichen Mitteleuropa abschließen, haben außerhalb der Hoheit des deutschen Königreichs oder des römisch-deutschen Imperiums gelegen. Im 10. Jahrhundert als politische Nationen entstanden, haben sie zwar im Zuge ihrer Europäisierung und ihres Landesausbaus viele Deutsche aufgenommen und westeuropäisch-deutsche Strukturen übernommen, aber sie haben sich dabei als politisch unabhängige Nationen erhalten und von der Einschmelzung vieler westlicher, meist deutscher Einwanderer ihren Nutzen gezogen. Sie haben bemerkenswert ähnliche Grundzüge ihrer politisch-sozialen Verfassung entwickelt und wurden im Spätmittelalter zu immer extremer ausgebildeten Adelsnationen. Dies geschah nicht ohne Zusammenhang mit den Ereignissen ihrer hohen Politik im 14. Jahrhundert, als nach dem Aussterben ihrer alten Stammesdynastien, der Arpaden und der Piasten, die Thronbesetzungen der beiden Monarchien politischen Vorrang gewannen, wobei mehrfach durch Heiratsverbindungen und Erbverträge Personalunionen geplant und auch erreicht worden sind. Doch führte dies nicht zu dauerhaften Verbindungen der beiden Königreiche. Zwar ist es bemerkenswert, daß überhaupt solche Versuche gemacht wurden, wie es den Vorstellungen und Ansprüchen der großen europäischen Fürstenhäuser, hier der Anjous, der Jagiellonen und der Habsburger, entsprach. Und das fürstliche Heiratsnetz des 14. und 15.

Jahrhunderts weist eindrucksvoll, von oben her, auf die politisch-kulturelle Verflechtung der Länder und Nationen Ostmitteleuropas hin. Das Großfürstentum Litauen stand dabei auf der Grenzscheide. So stark die freilich zunächst lockere und zeitweise sogar unterbrochene Union mit der polnischen Krone auch Litauen in diese westlich-lateinische Verflechtung einbezog, so bezeichnend waren auf der anderen Seite dessen Heiratsverbindungen nach Osten. Großfürst Alexander von Litauen heiratete 1495 Elena, die Tochter des Moskauer Großfürsten Ivan III., ohne daß ihn dies allerdings vor der moskowitischen Expansion nach Westen bewahrt hätte.

Insgesamt haben die verschiedenen Unionsversuche Ungarns mit Polen und auch Böhmen solange nichts entscheidend bewirkt, bis durch das Vordringen der osmanischen Türken und den Machtaufstieg des Hauses Habsburg in der ersten Hälfte des 16. Jahrhunderts eine neue Lage herbeigeführt wurde.

Während der fürstliche Wettbewerb auf höchster Ebene durchgefochten wurde, entwickelten sich die Ungarn und die Polen zu Adelsnationen von bemerkenswert ähnlicher Struktur, mit einer außerordentlich hohen Zahl armer Kleinadeliger, deren Anteil an der Bevölkerung im ganzen gegen Ende des Mittelalters in Ungarn etwa 5 % betrug, während er in Polen sogar noch darüber hinausging. Der Adel, nicht aber die adelsabhängigen Fürsten, wurde vom 14. bis zum 17. Jahrhundert der eigentliche Gewinner des politischen Spiels. Damit verlief die Verfassungsgeschichte der beiden großen Nationen Ostmitteleuropas umgekehrt proportional zur überwiegenden Entwicklung im übrigen Europa, wo in derselben Zeit der moderne Fürstenstaat dem Ziel des Absolutismus zusteuerte. Wir betrachten unter dem Gesichtspunkt dieses Wirkungszusammenhangs von fürstlicher Politik und landesnationaler Entwicklung zunächst die Vorgänge in Polen.

Im Jahre 1320 waren die lange Zeit des Zerfalls *Polens* in Teilfürstentümer und das Intermezzo des Griffs der böhmischen Přemysliden nach der polnischen Krone beendet. Władysław Łokietek wurde in Krakau vom Erzbischof zum König gekrönt. Klein- und Großpolen, Kujawien und kleinere Fürstentümer wurden unter seiner Herrschaft wieder vereinigt. Die ohnehin seit langem eigenmächtigen piastischen Fürstentümer Schlesiens versagten sich aber dieser Sammlung polnischer Länder und schlossen sich, wie oben gezeigt wurde, Böhmen an. Trotz dieses unabwendbaren Verlustes wurde der Raum des polnischen Königreichs im 14. und 15. Jahrhundert etwa verdoppelt. Im Norden wurden 1466 das westliche Preußen und das Ermland gewonnen, während das Herzogtum Masowien in mehreren Schüben bis 1529 eingefügt wurde. Diese Territorien waren großenteils schon Besitz oder Anspruch der Piasten des 10. Jahrhunderts gewesen, gingen aber mindestens im Ermland und in Preußen östlich der Weichsel darüber hinaus. Mit der deutschen Bürgerstadt Danzig war der Krone Polen einer der bedeutendsten Ostseehäfen – wichtig für die polnische Getreideausfuhr – zugefallen.

Der Adel entwickelte im vergrößerten und politisch zusammengefaßten Polen ein gesamtpolnisches Bewußtsein, das jedoch überall durch landschaftliche Sonderart, Eigeninteressen und, wie in Masowien und in Preußen, durch Sonderrechte eingeschränkt war. Selbst die uralten Kernlandschaften Großpolen und Kleinpolen wahrten ihr Eigenbewußtsein und ihre gegenseitige Rivalität. Es gab zwar im geeinten Polen, d. h. ausschließlich Masowiens, seit dem 14. Jahrhundert keine selbständigen Fürstentümer mehr, und es war schon gar nicht zur Bildung von Landesherrschaften wie im deutschen Reich gekommen, aber die politische Einheit des Königreichs schloß das Fortleben landschaftlicher Eigenart und die Selbstherrlichkeit adliger Geschlechterverbände nicht aus.

Schon ein Jahrhundert vor dem Gewinn des westlichen Preußen hatte die Ausdehnung des polnischen Königreichs nach Südosten in weite ostslavisch-orthodoxe Gebiete begonnen. Nach dem Aussterben der Fürsten von Halič-Vladimir erhob sich dort im Jahre 1340 die Erbfrage. Der erbenlose polnische König Kasimir wurde vom ungarischen König als dem für Polen vorgesehenen Erben in seinen Ansprüchen unterstützt, konnte sich aber nur etappenweise gegen den Widerstand des Tataren-Khans und des Großfürsten von Litauen durchsetzen. Mehrere Feldzüge und diplomatisches Geschick führten bis 1366 dazu, daß das Fürstentum mit den Städten Przemyśl, Halič und Lemberg gewonnen und drei Lehensfürstentümer (Chołm, Belz und Vladimir) unter litauischen Fürsten für den polnischen König gebildet wurden. Polen war damit über seine alten Herrschafts- und Siedlungsgebiete erheblich hinausgegangen. Der ostslavisch-ukrainische Adel und die orthodoxe Kirche der neuerworbenen Gebiete des sog. «Rotreußen» warfen neue Probleme auf, die alsbald durch die Union mit Litauen verstärkt wurden. Zum ersten Mal in der Geschichte Polens war polnische Königs- und Adelsherrschaft über ostslavischen Bauern errichtet worden. Die «Ruthenen» (Ukrainer) waren sprachlich und konfessionell Fremde.

Durch die Union mit Litauen verstärkte sich für die Polen das Gewicht nichtpolnischer, d. h. litauischer und ostslavisch-orthodoxer Adelsmacht im Kulturbereich der Ostkirche. Die Kulturgrenze gegenüber Osteuropa wurde flüssig. Kiev, Smolensk, Vitebsk, Polock traten in den Gesichtskreis der Polen und sollten unter die Herrschaft eines Großfürsten geraten, der römisch-christlich getauft und polnischer König war. Damit begann die Geschichte eines weiten ostslavisch-ostkirchlichen Kulturraumes, der von oben her, durch Adel und Kirche lateinisch-mitteleuropäisch überdeckt wurde. Die Tendenz, polnische Herrschaft und lateinische Kultur weit nach Osten auszudehnen, war damit eingeleitet. Doch waren solche Möglichkeiten im 14. und 15. Jahrhundert noch kaum zu verwirklichen. Denn die Union zwischen Polen und Litauen war fast zwei Jahrhunderte lang nur eine Personalunion. Die Eigenständigkeit der beiden Reiche wurde dadurch wenig berührt. Sie ist schon in den ersten Jahrzehnten infolge der Rivalität der Vettern Jagiełło und Witold, des tatsächlichen Herrschers über Litauen, fast fiktiv gewesen und konnte auch in der Folgezeit nicht ununterbrochen behauptet werden. Doch ist sie mehrfach ausdrücklich erneuert worden, bis hin zu den starken Absichtserklärungen der Union von 1501, daß beide Teile zu einer Nation in einem gemeinsamen Körper zusammenwachsen sollten (in unum et indivisum ac indifferens corpus, ut sit una gens, unus populus, una fraternitas et communia consilia). Zwar blieb die Wirklichkeit mindestens bis 1569, als in Lublin die Realunion zwischen beiden Monarchien beschlossen wurde, noch weit hinter solchen Kernsprüchen zurück. Aber die Körpermetapher war doch insofern nicht unbegründet, als schon 1413 in der Union von Horodło am Bug 47 litauische Adelsgeschlechter in Wappengemeinschaften polnischer Familienverbände aufgenommen, d. h. von diesen adoptiert worden waren. So war damals schon der erste Schritt zur Polonisierung des litauischen Adels getan, soweit er der römischen Kirche angehörte. Die Zusammengehörigkeit des litauisch-ruthenischen Adels im Großfürstentum wurde solcherart aufgespalten. Im Laufe der Zeit wurde aber auch über die Konfessionsgrenze hinaus für den Adel des Großfürstentums Litauen charakteristisch, daß das Vaterland Litauen mit der Zugehörigkeit zur natio polonica vereinbar war. Noch Adam Mickiewicz, der Künder des polnischen Messianismus, pries sein «Vaterland» Litauen (Litwo, ojczyzna moja).

Natio polonica – das war ausschließlich der Adel. Er war zahlreich und wuchs infolge von Realteilungen und Neusiedlungen der Kleinadeligen, trotz seiner Abschließung gegenüber dem Bürgertum und den Bauern. Die großen Magnaten besaßen zwar als Inhaber königlicher Ämter und ausgedehnter Grundherrschaften faktisch den entscheidenden politischen Einfluß, aber sie wurden nicht zu Landesherren wie im deutschen Reich und hoben sich rechtlich nicht von der

«Szlachta» («Geschlecht») allgemein ab. Diese hatte sich in der Zeit der
auseinanderfallenden Teilfürstentümer, bis zum Beginn des 14. Jahrhunderts, zur politisch-militärischen Führungsschicht entwickelt, in
großen, über die Blutsverwandtschaft hinausgehenden Wappengemeinschaften und auch in Klientel-Gruppen im Gefolge der Magnaten
organisiert, und sie hatte es erreicht, daß sie formal rechtlich dem faktisch führenden Hochadel gleichgestellt wurde. Da zudem in Polen
kein Lehenswesen ausgebildet worden war, stand der polnische König
der relativ geschlossenen Macht des sozial differenzierten, aber rechtlich einheitlichen Adels gegenüber. Je mehr er in dessen Abhängigkeit
geriet, um so stärker wußte dieser, immer von neuem seine wachsenden Privilegien von ihm zu erpressen.

Der wirksamste Hebel, den der Adel wiederholt ansetzte, um seine
Macht gegenüber dem König zu steigern, war die Erbfolgefrage. 1374
trat der polnische Adel geschlossen als «communitas nobilium» König
Ludwig aus dem Hause Anjou entgegen, unter dem Ungarn und Polen
von 1370 bis 1382 verbunden waren. Für die Nachfolge seiner Tochter
Jadwiga als Königin von Polen zahlte Ludwig damals im Privileg von
Kaschau einen hohen Preis: fast völlige Steuerfreiheit und die Allein-
berechtigung der jeweils landschaftlich eingesessenen Adeligen bei der
Vergabe von Ämtern. Doch war dies nur der Beginn einer Entwicklung, die dem Adel weitreichende wirtschaftliche und politische Vorrechte einräumte: so z. B. Zollfreiheit und abgabenfreie Schiffahrt auf
der Weichsel, die für die wachsende Roggen- und Weizenausfuhr über
Danzig nach den Niederlanden wichtig war, so schließlich die politische Machtzuweisung in der «nihil novi-Konstitution» von Radom des
Jahres 1505. «Nichts Neues» sollte mehr vom König ohne Zustimmung des polnischen Adelsparlaments beschlossen werden. Aus den
Adelsversammlungen einzelner Landschaften oder Länder entstand gegen Ende des 15. Jahrhunderts der gesamtpolnische Reichstag (Sejm).
Dieses «corpus regni» wurde im Laufe des 16. Jahrhunderts zum
zentralen und omnipotenten Verfassungsorgan. Es bestand aus der
Landbotenkammer, d. h. den Abgeordneten der Szlachta, die auf
regionalen Landtagen gewählt worden waren, und dem Senat, d. h.
der ersten Kammer des Reichstages, zugleich dem Rat des Königs,
der aus hohen Würdenträgern bestand, den Wojewoden der großen
Verwaltungsbezirke Polens sowie den Bischöfen der römisch-katholischen Kirche. Seit 1573, als nach dem Aussterben der Jagiellonen-
Dynastie die bisher geübte Einschränkung der Wahlfreiheit wegen der
Erblichkeit im Großfürstentum fortgefallen war, wurde der König als
dritter Stand, vergleichbar dem späteren englischen «king in parli-

ament» dem Sejm eingefügt und verlor damit seine übergeordnete
Stellung. Der Sejm bestand fortan aus den drei Ständen: dem ordo
equestris, dem ordo senatorius und dem ordo regius. Der Stand der
Stadtbürger besaß kein Stimmrecht und sank zu politischer Bedeu-
tungslosigkeit ab.

Kurz vor dem Tode Sigismunds II. August, des letzten Jagiellonen
(1572), ist auf dem Reichstag von Lublin 1569 die seit langem dringlich
gewesene Frage der polnisch-litauischen Union gelöst worden. Die
Personalunion wurde zur Realunion. Der allgemeine Sejm sollte künftig beide Reichsteile vertreten. Der gemeinsame König sollte vom Adel
beider «Völker», die zu einer «Nation» vereinigt werden sollten, gewählt und in Krakau gekrönt werden. Das räumlich gewaltige Doppelreich, dessen beide Teile innenpolitisch selbständig blieben, wurde
zur einheitlichen Wahlmonarchie auf adelsdemokratischer Grundlage.
Die polnische Verfassungsstruktur wurde also auf Litauen übertragen.
Das Gleichheitsprinzip und die Privilegien des polnischen Adels wirkten über Polen hinaus anziehend, besonders beim litauischen Kleinadel,
aber auch in Preußen und in Podolien. Die widerstrebenden großfürst-
lich-litauischen Räte hochadeliger Geschlechter sahen sich von allen
Seiten unter Druck gesetzt und mußten der unerwünschten Vereinigung oder gar, wie sie meinten, der Unterwerfung unter Polen zustimmen. Hauptgewinner der Lubliner Union sind die großen polnischen
Magnatengeschlechter gewesen. Denn da zugleich mit der Union vom
König, durchaus im Interesse des polnischen Adels, verfügt worden
war, daß die drei litauisch-großfürstlichen Wojewodschaften Podlachien, Wolhynien und Kiev an Polen abgetreten werden sollten, öffnete
sich mehr als bisher der Weg für die polnischen Magnaten, sich durch
ausgedehnten Erwerb großer Gutsherrschaften im Osten zu berei-
chern. Die der Krone Polen 1569 neu gewonnenen Ostgebiete und die
ruthenisch besiedelten Landschaften des Großherzogtums Litauen
wurden, herrschaftlich gesehen, zu polnischem Magnatenland mit Latifundien, die sich jeweils aus mehr als nur einem Gutshof mit vielen
Bauerndörfern zusammensetzten. Um die Mitte des 17. Jahrhunderts
gebot z. B. das Geschlecht der Koniecpolski in den Wojewodschaften
Kiev und Braclav über 100 000 «Seelen», und die polonisierten litauischen Radziwiłłs besaßen in weiter Streuung ein Gebiet in der Größe
eines mittleren deutschen Fürstentums. Ihre Machtstellung war so
groß, daß sie von Kaiser Karl V. 1547 in den Reichsfürstenstand erhoben wurden. Die Radziwiłłs sind nicht die einzigen gewesen, die auf
der Grundlage ausgedehnter Güter nicht nur durch höchste Würden
und Beamtenstellen in Polen und Litauen ausgezeichnet wurden, son-

dern regelrechte Fürstenhöfe unterhielten und europäische Bedeutung erlangten. Fehlte die Verkehrsgunst möglicher Wasserwege für die Verflößung des Getreides zur Ostsee, so wurde dieser Mangel durch Vermehrung und Erweiterung der Gutsbetriebe, z. T. auch, wie in Podolien, durch Viehzucht für den Export auf dem Landweg wie in Ungarn ausgeglichen. Begehrt waren wegen der Ausfuhrgewinne Güter im Einzugsbereich der Weichsel. Die Magnaten oder auch die größeren Szlachcicen konnten dann ihr Getreide direkt an Danziger Kaufleute veräußern, und diese verkauften es im Monopol an niederländische Händler weiter. Doch die ausgedehntesten Latifundien der Magnaten lagen im weiten Osten.

Stellen wir zu all dem in Rechnung, daß unter Sigismund II. August in den 50er und 60er Jahren in Polen und in Litauen der Grundsatz religiöser Toleranz sowohl im Hinblick auf die Lutheraner und Calvinisten als auch auf die Orthodoxen proklamiert und damit die adelige Gleichstellung über Konfessionsgrenzen hinaus begünstigt wurde, so wird verständlich, daß seit der Epoche von 1569/72 das ethnisch und konfessionell vielfältige Doppelreich durch die Klammer adeligen Nationalbewußtseins zusammengehalten wurde. Nun erst machte die Polonisierung des litauischen und des ruthenischen Adels die entscheidenden großen Fortschritte. Die polnische Adelsmacht und Adelskultur erfaßte den weiten Raum der vereinigten Adelsrepublik im Osten immer wirksamer von oben, sei es durch Gütererwerb und Zuwanderung polnischer Adelsgeschlechter aller Schichten, sei es durch allmähliche Polonisierung des eingesessenen Adels.

Das seit 1569 fest vereinigte polnisch-litauische Reich ist das weitaus größte politische Gemeinwesen Latein-Europas im 16. und 17. Jahrhundert gewesen, blieb aber in der gewerblich-kommerziellen Entfaltung seiner Agrargesellschaft, besonders in seinen östlichen Wojewodschaften, hinter den mittel- und westeuropäischen Fürstenstaaten zurück. Zu Beginn des 17. Jahrhunderts bewegte sich die Gesamteinwohnerzahl noch unter 10 Millionen, während die Bevölkerungsdichte, von Westen nach Osten abnehmend, im Durchschnitt nicht erheblich über 10 Menschen auf den km² hinausging. Die ländliche Betriebsweise wurde seit dem 15. Jahrhundert zunehmend durch Gutsherrschaft und -wirtschaft bestimmt. Die Rechtslage der Bauern war schlecht; ihre Fronarbeitsbelastung auf den adeligen Gütern stieg bis auf drei und mehr Tage wöchentlich. Die Wirtschaft der Städte stagnierte.

Das weiträumige Reich konnte unter den gegebenen wirtschaftlichen und technischen Bedingungen, die zu verbessern die Regierung keine Anstalten machte, seine Ressourcen nur schlecht entwickeln. So versagten die Polen in den Kriegen des 17. Jahrhunderts mit Schweden gegenüber diesem kleinen Königreich, dessen Einwohnerzahl nur ein Zehntel der polnisch-litauischen Adelsrepublik betrug, das aber durch einheitlichen politischen Willen und durch wirksame politisch-militärische Beteiligung von Adel, Bürgern und Bauern seine Kräfte höchst wirksam zusammenzufassen verstand. Obwohl die polnisch-litauische Verfassung vor und nach 1600 noch eine bemerkenswert starke Kohäsionskraft der Adelsnation besaß, verstärkten sich die anarchisch wirkenden Faktoren, besonders durch die Königswahlen, die nicht bei Lebenszeit des regierenden Herrschers stattfinden durften und meist durch die Rivalitäten der europäischen Mächte, besonders Habsburg und Bourbon, belastet waren. Das große Zeltlager bei Warschau, zu dem die wahlberechtigten, d. h. grundsätzlich alle Adeligen des Königreichs «viritim», also Mann für Mann persönlich zur Königswahl erscheinen durften, glich zuweilen einem chaotischen Kampffeld der widereinander streitenden Parteien.

Auf den Reichstagen, die mindestens zweijährig vom König einberufen werden mußten und auf denen die Szlachta, gewählt und abgeordnet von den Landtagen, nur in einer Stärke von 120 bis 150 Abgeordneten erschien, setzte sich der im 17. Jahrhundert ausdrücklich vorgeschriebene altständische Grundsatz «nemine contradicente», d. h. der Einstimmigkeit durch. Ein einziger Abgeordneter konnte jeden ihm beliebigen Beschluß verhindern und den Sejm zur Erfolglosigkeit, demnach zur Auflösung bringen. Der Abbruch von Reichstagen wurde seit der Mitte des 17. Jahrhunderts immer häufiger. Bis dahin war es trotz des Einstimmigkeitsprinzips in der Regel zu Kompromissen gekommen. Dieses Prinzip, das, ohne Erfolg, im Lande und von ausländischen Beobachtern als verhängnisvoll erkannt worden ist, wurde zum «liberum veto» («ich erlaube es nicht»). Es war ein Indiz für die im 17./18. Jahrhundert allgemein absinkende Funktionsfähigkeit der Adelsdemokratie, die dem «modernen Staat» keinen Raum gab. Der König hatte, zumal er die Würdenträger und Beamten des Reiches ernannte, eine geachtete Stellung, aber den Weg zum Fürstenstaat im Sinne des europäischen Absolutismus hat er nie beschreiten können. Die als «golden» gepriesene Adelsfreiheit in Polen und Litauen hat schließlich bewirkt, daß die in Europa seit dem 16. und 17. Jahrhundert aufkommende bürokratisch-militärische Intensivierung des Anstaltsstaates nicht stattfand. Die oft bewunderte Eigenart und Andersartigkeit der von allen europäischen Staaten der Zeit abweichenden Adelsdemokratie wurde zur Ursache für die im 18. Jahrhundert gefährlich werdende Rückständigkeit der Verfassung.

Der Kontrast zwischen der westlichen, hier der französischen Staats-
praxis zur Zeit Ludwigs XIV. und dem gleichzeitigen Treiben auf den
polnisch-litauischen Reichstagen in Warschau oder in Grodno (auf dem
Boden Litauens) faßte der französische Beobachter François Paul Dale-
rac unter dem Pseudonym Chevalier de Beaujeu, Hofmann bei König
Johann Sobieski, im Jahre 1698 in zwei Hauptschlüssen zusammen, die
von Westeuropa aus als absurd erschienen: «Der eine ist, daß die Republik keinerlei Geheimnis haben kann, weil alles öffentlich verhandelt
wird, wie bei den Dissertationen an der Universität, und die Ausländer
Zutritt zu dem Senat haben und sogar das, was gesagt wird, vor aller
Augen aufnotieren können. Der zweite ist, daß ein Reichstagsbeschluß
eine Art Mirakel ist, denn es bedarf nur eines Betrunkenen, eines Menschen, der durch eine daran interessierte Fürstin gewonnen wurde,
oder eines launenhaften Phantasten, um die Republik durch ein einzi-
ges Wort zugrundezurichten.»

Die kulturelle Ausstrahlung der polnischen Nation nach Osten ist
nur zu verstehen, wenn wir sie zur Kirchenfrage in Beziehung setzen.
Obgleich die orthodoxe Kirche seit der erwähnten Toleranzerklärung
der 6oer Jahre eine anerkannte Rechtsstellung bestätigt erhalten hatte,
blieb doch die Spannung zwischen der polnisch-lateinischen und der
ruthenisch-orthodoxen Kirche bestehen. So erreichten z. B. die orthodoxen Bischöfe nach der Union von Lublin nicht die politische Gleichstellung mit den katholischen Bischöfen im Senat der Adelsrepublik.
Durch die Vereinigung Polens und Litauens entstand ein Übergewicht
der römisch-katholischen, d. h. faktisch polnischen Kirche gegenüber
den Orthodoxen der Ostgebiete, deren kirchenpolitische Lage seit langem prekär war und nun stärker als zuvor nach einer Reform oder einer
neuen organisatorischen Lösung drängte.

Die ereignis- und konfliktreiche Geschichte der ostslavischen Orthodoxie nach der Erwerbung Rotreußens durch Polen und der Union
mit Litauen kann hier nicht erzählt werden. Vielmehr soll durch eine
zusammenfassende Analyse des Geflechts der konkurrierenden Potenzen und der kirchenpolitischen Verfassungsmodelle gezeigt werden,
welche Lösungsmöglichkeiten bestanden haben und erfolglos erprobt
worden sind und warum schließlich auch die vorwärtsweisende und
dauerhafte Kirchenunion von 1596 die kirchenpolitische Spannung nur
begrenzt aufgehoben hat.

Die Geschichte der Kirchenorganisation in Osteuropa ist durch die
Taufe des Warägerfürsten Vladimir in Kiev und die darauf folgende
byzantinische Christianisierung der Kiever «Rus'» eingeleitet worden.
Kiev wurde zum Sitz der ganz «Rußland» umfassenden Metropolie mit

Bindung an den Großfürsten, analog zum engen Verhältnis des Patriarchen zum Kaiser von Byzanz. Aus dieser für die östliche Kirche charakteristischen Anlehnung an die weltliche Gewalt folgte, daß nach dem Verfall der Kiever Rus' und der Entstehung einer Vielzahl unabhängiger ostslavischer Fürstentümer im 13. und 14. Jahrhundert die einfache, im Sinne von Byzanz liegende Konstruktion einer einzigen, umfassenden Kirchenprovinz nicht aufrechterhalten werden konnte. Das Modell der einheitlichen russischen Metropolie wurde in Frage gestellt durch konkurrierende Ansprüche neuer Metropolitansitze im Interesse neuer Fürsten- oder Großfürstentümer. Das waren in erster Linie, seit dem 14. Jahrhundert, die Fürstentümer von Halič-Wolhynien und das Großfürstentum Litauen. Auch und gerade nach ihrer Eingliederung oder Anlehnung an Polen seit 1355 und 1385 verstärkte sich ihr Verlangen nach kirchlicher Selbständigkeit. Für Halič bedeutete dies die Trennung von der Kiever Metropolie und die Bildung einer eigenen. In der Wirklichkeit mußten Versuche in dieser Richtung allerdings mehrfach aufgegeben werden, bis schließlich in Lemberg zwei Erzbistümer errichtet wurden: ein römisches und ein orthodoxes. Für das litauische Großfürstentum ergab sich dagegen die Alternative, den eigenen Metropoliten allein auf das Großfürstentum Litauen zu beschränken oder seine Hoheit über alle weiteren ostslavischen Fürstentümer auszudehnen. Von Litauen konnte also entweder ein kirchenpolitischer Separatismus oder eine umfassende Wiedervereinigung der ganzen ostslavischen Kirchenprovinz ausgehen. Der Titel für diese grenzüberschreitende Stellung lautete seit 1347 «Metropolit von Kiev und ganz Rußland». Dieser Titel drückte aber, mochte er von Litauen oder auch von Zentralrußland ausgehen, nicht mehr die Wirklichkeit aus, seit Kiev seine überragende Bedeutung verloren hatte. Nach der zweiten großen Zerstörung der Stadt durch die Tataren (1299) wich der Metropolit ohne Billigung des Patriarchen in Byzanz weit nach Norden, nach Perejaslavl, aus und damit, wie sich alsbald erwies, in den Machtbereich des Moskauer Fürstentums. Da dieses immer entschiedener die Führung in «Rußland» und über die Kirche beanspruchte, ergaben sich zwei weitere Modelle der Kichenorganisation: entweder forderte der Großfürst von Moskau für «seinen» Metropoliten «Kiev und ganz Rußland» und damit die Jurisdiktion auch in den Raum des Großfürstentums Litauen hinein, oder der Titel wurde verengt auf «Metropolit von Moskau». Diese Reduktion enthielt jedoch in Wirklichkeit einen umfassenden Anspruch neuer Art. Denn als dieser Titel (1461) zum ersten Mal verwendet wurde, war Moskau schon auf dem Wege, sich von Konstantinopel zu lösen und den Anspruch zu stellen, im Zusammenhang des

Ziels der «Sammlung der russischen Erde» die Führungsrolle über die orthodoxe Kirche in ganz Osteuropa, also auch im Großfürstentum Litauen, zu fordern. Ein Jahrhundert später, im Jahre 1589, wurde diese Entwicklung dadurch besiegelt, daß der Metropolit zum Patriarchen «von Moskau und der ganzen Rus'» erhoben wurde. So ist die Geschichte des Streits um die Kirchenherrschaft im europäischen Osten zwei Jahrhunderte lang abhängig variabel gewesen vom Machtkampf der beiden Großmächte Litauen und Moskau. Die von uns angeführten Lösungsmodelle sind jedoch noch nicht vollständig. Sie sind durch das Projekt der lateinisch-byzantinischen Kirchenunion zu ergänzen. Das nie vergessene Ziel der kirchlichen Wiedervereinigung lebte in den Konzilien des 15. Jahrhunderts wieder auf und sollte schließlich gegen Ende des 16. Jahrhunderts wenigstens für das Großfürstentum Litauen verwirklicht werden.

Auf dem Konzil von Florenz (1439) kam, da die Byzantiner angesichts der Türkengefahr anlehnungsbedürftig waren, die Kirchenunion dergestalt zustande, daß die gesamte orthodoxe Kirche des Ostens dem römischen Papst unterstellt werden, doch die Liturgie und die Kirchensprache des Ostens beibehalten werden sollten. Der Metropolit Isidor von «Kiev und ganz Rußland» unterschrieb in Florenz das Unionsdekret für seine ganz Osteuropa umfassende Metropolie, vermochte sich dann aber gegen die Widerstände in Moskau, z. T. auch in Litauen, nicht durchzusetzen. Im Jahre 1441 trat er in Moskau als päpstlicher Legat auf, ließ sich das lateinische Kreuz vorantragen, hielt Gottesdienst in «seiner» Kathedrale auf dem Kreml und wurde, als er dort das Unionsdekret verlesen wollte, auf Befehl des Moskauer Großfürsten verhaftet, gefangengesetzt, sodann aber an der Flucht nicht gehindert. Damit war klargestellt, daß die Union gescheitert war und fortan zwei Metropolien bestanden, angelehnt an die weltliche Herrschaft der beiden rivalisierenden Großfürsten in Wilna und in Moskau.

Die Union von Florenz war zwar faktisch verloren, wurde aber von Rom nicht grundsätzlich fallengelassen und blieb auch in Litauen unvergessen. So griff die Mehrheit der orthodoxen Bischöfe im Großfürstentum Litauen darauf zurück, als durch die Errichtung des Moskauer Patriarchats 1589 und seinen auf «ganz Rußland» abgestellten Anspruch eine bedrohliche Lage für sie eingetreten war. Bei den neuen Patriarchen tauchte zum ersten Mal die berühmte Formel eines Mönchs aus Pleskau vom Jahre 1500 auf, die für die Großfürsten Ivan III. und Ivan IV. noch nicht wirksam gewesen ist: Moskau, das «dritte Rom». Der Patriarch titulierte sich selbst als «Patriarch der Zarenstadt Moskau und der ganzen Rus', des Neuen Rom».

Trotz starker Widerstände in den eigenen Reihen und bei der an einigen Mittelpunkten wie Wilna und Lemberg lebhaften reformerischen Laienbewegung setzte sich der Unionsgedanke durch. Im Jahre 1595 reiste eine Delegation der Bischöfe nach Rom, wo Papst Clemens VIII. unter Rückgriff auf die Florentiner Union die orthodoxen Bischöfe des Großfürstentums Litauen – also nicht mehr mit dem Anspruch auf die «ganze Rus'» – unter Wahrung ihrer Gebräuche, auch der Priesterehe, der römischen Jurisdiktion unterstellte. Im Jahre darauf fand die Vereinigungssynode von Brest-Litovsk statt, auf der ausgerechnet der einflußreiche Jesuit Peter Skarga die Predigt über die «Einheit der Kirche» hielt. Das wirkte für viele aufreizend. Eine Gegensynode protestierte. Doch gelang diesmal der römische Zugriff: die orthodoxen Bischöfe fühlten sich gegenüber Moskauer Übergriffen abgeschirmt. Trotzdem gelang es ihnen nicht, geschlossen aufzutreten. Lemberg und Przemyśl schlossen sich aus, und der Vorwurf wurde lebendig erhalten, daß die Union den «Lateinern» zu einem bedenklichen Erfolg verholfen habe. Der Sonderweg der beiden galizischen Bistümer wurde nicht rückgängig gemacht. Das hatte, wie wir sehen werden, weitreichende politische Folgen in späterer Zeit.

Moskau hat den der Union anhaftenden «lateinischen» Makel immer wieder politisch ausgenutzt. Die Geschichte der Moskauer Interventionspolitik für die unterdrückten rechtgläubigen Brüder jenseits der Grenzen hatte bereits vor der Union begonnen und wurde zur Konstante russischer Einmischungspraxis für die folgenden Jahrhunderte, später auch im Blick auf den Balkan.

f) Ungarn

Ungarn hat nach dem Aussterben seiner Gründungsdynastie (1301/08) bis ins 16. Jahrhundert hinein mit Polen immer wieder mehr freundlich als feindlich in engen Beziehungen gestanden und ist in seiner Sozial- und Verfassungsentwicklung Polen sehr ähnlich gewesen. Doch sind, unterschiedlich zu Polen, der Bestand und der Zusammenhalt Ungarns wiederholt gefährlich bedroht gewesen, bis es 1541 für anderthalb Jahrhunderte in drei Teile zerfiel.

Das Todesjahr Andreas' III., des letzten Arpaden-Königs (1301), darf als Epoche der inneren Geschichte Ungarns nicht überschätzt werden. Denn schon im 13. Jahrhundert war die Königsmacht von der Eigenmächtigkeit der reichen Grundherren, der «Barone», überwuchert worden und war, da auch der zahlreiche, vorwiegend aus den königlichen Dienstmannen der frühen Zeit hervorgegangene, kleine

Adel in den Komitaten seine Ansprüche anmeldete, der Weg zur Adelsnation eingeschlagen worden. Diese Tendenz verstärkte sich unausweichlich, nachdem von 1301 an das Wahlrecht des Adels, zunächst
faktisch nur der Barone, den König in die Hand der freilich unter sich
selbst meist in Parteien zerfallenen Oligarchen gab.

Überblicken wir die Geschichte der ungarischen Könige von 1301
bis 1541, so ergibt sich der zwiespältige Eindruck einer fortgesetzt dem
Zerfall des Königreichs zutreibenden Adelsanarchie einerseits, einer
anerkannten Autorität und geheiligten Macht der «Krone», des Symbols der grundsätzlich unteilbaren Einheit des Reiches, andererseits.
Alle Thronwechsel zwischen 1301 und 1541 sind in Machtkämpfen
innerer und äußerer Gegenspieler, zuweilen durch lange Interregna
hindurch ausgefochten und dann doch immer wieder nicht nur durch
Machtübergewicht, sondern durch die Ausstrahlungskraft der einheitsstiftenden Krone auf die Adelsgeschlechter zustande gebracht
worden. Karl Robert von Anjou wurde, nachdem seine beiden Konkurrenten, der Přemyslide Wenzel und der Wittelsbacher Otto gescheitert waren, 1309 mit einer Ersatzkrone gekrönt, ruhte aber nicht, bis er
die gestohlene Stephanskrone in seine Hand gebracht hatte, um sich
danach am St. Stephanstag 1310 noch einmal in Stuhlweißenburg krönen zu lassen und damit seine bislang angefochtene Legitimität sicher
zu gewinnen. Die Magie der Krone, die den «heiligen König» vor
allem Volk und vor allen Machtträgern hervorgehoben hat, wurde ein
Jahrhundert später zu einer staatsrechtlichen Abstraktion stilisiert, indem die corona regis zur corona regni umgedeutet, regnum mit res
publica gleichgesetzt und damit die Krone als Symbol des Gemeinwesens vom landesbewußten Adel gegen einen König ausgespielt werden
konnte, der beschuldigt wurde, das zwischen ihm und dem Reichstag
vereinbarte Recht verletzt zu haben. Diesen für ganz Europa in jener
Zeit typischen Vorgang der Trennung von personaler Herrschaft und
Landesgemeinwohl können wir in Ungarn für das Jahr 1401 konkret
fassen. Der selbstherrliche König Sigismund von Luxemburg wurde,
noch ohne formale Absetzung, durch einen hochadeligen «Rat» von
Würdenträgern unter Führung des Erzbischofs ausgeschaltet, und dieser Rat regierte kraft Autorität der heiligen Krone (auctoritate sacre
corone). Das Siegel des regierenden Rats erhielt die Umschrift: Sigillum Sacre Corone Regni Hungarie. Diese eindrucksvolle Ineinssetzung
von Krone und ungarischer Nation darf allerdings nicht überpointiert
und dadurch mißdeutet werden. Die den Rat bildenden Magnaten hielten ihren Anspruch, die Krone zu repräsentieren, nicht durch und
kehrten zum gekrönten König zurück. Symbol des ungarischen Rei-

ches blieb eine Krone, die nur vom König getragen werden konnte. Die res publica war trotz aller spaltenden Parteikonflikte auf dem Wege, eine institutionell organisierte Adelsgemeinschaft zu werden, die aber nur mit königlicher Spitze denkbar war. So war die Krone Symbol des Ganzen, das aus dem Adel und dem König bestand, in dessen Person die ungarische Adelsnation verkörpert war, ungeachtet aller Schwankungen des königlichen Machtgewichts.

Unter den Königen Ungarns ragt Matthias Corvinus (1458–1490) heraus, weil er der einzige gewesen ist, der als Angehöriger der ungarischen Nation, also unterhalb der europäischen Fürstenfamilie, zum König gewählt worden ist. Dabei hat ein adelsnationales Selbstbewußtsein gegen die «fremden» Könige erheblich mitgespielt, obgleich auch in diesem Fall eine wirkliche Einheit der Adelsnation nicht durchzusetzen gewesen ist. Vielmehr erhoben die hochadeligen Gegner des 1458 unter dem Terror seiner «Partei» gewählten, aber nicht gekrönten jungen Königs ein Jahr darauf Kaiser Friedrich III. von Habsburg, der die Stephanskrone in seinen Besitz gebracht hatte, zum Gegenkönig. Erst 1464 konnte Matthias, nach Zugeständnissen an den Habsburger, in Stuhlweißenburg gekrönt werden.

Bemerkenswert ist seine Herkunft. Der Vater, Johann Hunyadi, stammte aus einem walachischen Adelsgeschlecht, das gegen Ende des 14. Jahrhunderts nach Siebenbürgen eingewandert war. Johann Hunyadi gewann durch virtus und fortuna Grundbesitz und ungarischen Adel, Reichtum, Hausmacht und Kleinadelsgefolgschaft. So wurde er zum mächtigsten Herrn Ungarns, schließlich zum Reichsverweser für einen noch unmündigen König, zum Feldherrn, der mit eigenen Truppen und geworbenen Söldnern, im Bunde mit den Fürsten der Moldau und der Walachei, auch Serbiens und Albaniens den Osmanen erfolgreich widerstand. Hatte solcherart schon der Vater eine königsähnliche Stellung erreicht und eine starke, vorwiegend klein- und mitteladelige Partei hinter sich gebracht, so war der Weg dafür geebnet, daß der Sohn Matthias von einem Teil der Magnaten und eben jenem starken Adelsanhang seines Vaters als König gegen den Widerstand einer magnatischen Gegenpartei gewählt wurde.

Bemerkenswert ist ferner, daß Matthias, der Sohn eines großen Emporkömmlings, zwar von Westen her durch die Ansprüche Habsburgs und vom Osten durch die Osmanen in einer dauernden Bedrohung gestanden hat. Er ist aber dieser schwierigen Lage Herr geworden, weil er beharrlich und rücksichtslos durch gezielte Ämterbesetzung, durch Modernisierung von Regierung und Beamten-Verwaltung, durch Steuererhöhung und Bildung eines stehenden Söldnerheeres die ungarische Monarchie im Innern so leistungsfähig gemacht hat, daß er sich militärisch-offensiv im Westen und, mehr defensiv, auch im Osten durchsetzen konnte. Dort zog er von der osmanischen Zurückhaltung lange Zeit Nutzen. Es kostete also nicht allzuviel, wenn Ungarn in der Kurie als «antemurale della cristianita» bezeichnet wurde.

Bemerkenswert ist schließlich, daß der schon in seiner Jugend humanistisch Gebildete italienische Gelehrte, Dichter, bildende Künstler und Musiker an seine Höfe nach Buda und nach Vysegrad gezogen hat, die platonische Philosophie nach dem Vorbild von Florenz durch seine Humanisten maßgeblich werden ließ, daß er eine bedeutende Bibliothek ansammelte und mit alldem die italienische Renaissance in Ungarn, auch in der Baukunst, mindestens in den höfischen Mittelpunkten, zur Wirkung gebracht hat.

Matthias Corvinus ist als der nationale, der ordnende, erfolgreich herrschende, als Feldherr bedeutende König und als gebildeter Mäzen für Kunst und Wissenschaft in das Geschichtsbild der Ungarn eingegangen. Literarische Zeugnisse lassen sich dafür vielfältig beibringen. Sichtbarster Ausdruck dessen ist sein wuchtiges Reiterdenkmal, das zur Jahrtausendfeier Ungarns 1897 in seiner Geburtsstadt Klausenburg errichtet worden ist. Im Jahre 1940 ist trotz oder gerade wegen der Kriegssituation der 500. Geburtstag des Königs viel gefeiert worden.

Die Institutionen der ungarischen Adelsmonarchie hatten sich im Laufe des 14. und 15. Jahrhunderts in auffallender Strukturähnlichkeit zu Polen herausgebildet. Neben dem traditionellen Rat der obersten Würdenträger, einschließlich des Wojewoden von Siebenbürgen und des Banus von Slavonien (Kroatien), gewann seit der ersten Hälfte des 15. Jahrhunderts der den Adel des ganzen Landes umfassende Reichstag maßgebenden Einfluß. Besonders zur Zeit des Interregnums von 1444 bis 1452 übte er zuerst durch die Wahl von sieben «Kapitänen» aus seinen Reihen, sodann durch die Wahl des Reichsverwesers Hunyadi den entscheidenden Einfluß auf die königslose Regierung aus. Der zahlreiche mittlere und kleine Adel errang durch Ämterbesetzungen in den Komitaten und durch das Recht der Präsenz auf den Reichstagen ein steigendes Gewicht gegenüber den Magnaten. Er konnte sich schließlich sogar der Rechtsgleichheit aller Adeligen erfreuen, die in der Gesetzeskodifikation des «Tripartitum» von 1514 festgelegt wurde. Doch blieb die Wirklichkeit hinter dem Prinzip zurück. Denn die Masse der Kleinadeligen suchte noch immer ihr Interesse in der Gefolgschaft großer Herren, als sog. «familiares», und konnte aus dem Rechtsgrundsatz der Gleichheit nicht soviel reale Machtsteigerung herausholen, wie das der Szlachta in Polen zur gleichen Zeit gelang.

Die ungarische Adelsmonarchie – corona, natio, res publica – ist eine dreigeteilte Einheit des Königs, der Magnaten und des Kleinadels gewesen. Diese herrschende, politisch allein bestimmende Minderheit inmitten und oberhalb der Einwohnerschaft des Königreichs ist einer noch weitergehenden Betrachtung wert: einmal im Innenverhältnis ihrer concordia discors, in ihrem Mit- und Gegeneinanderhandeln, ihrer Kohärenz und Gespaltenheit, ihrer begrenzten Fähigkeit, Macht und Bestand Ungarns zu behaupten; zum anderen in ihrem Verhältnis zum arbeitenden und wirtschaftenden Volk der Bürger und Bauern, dem tragenden Unterbau der Nation, der in den Blick zu nehmen ist, damit die Eigentümlichkeit der ungarländischen Gesellschaft begriffen werden kann, die im ausgehenden Mittelalter ihre bis an die Gegenwart heran fortwirkenden Strukturen gewonnen hat.

Beides zu erfassen – die dreigeteilte Einheit der Nation und das Verhältnis dieser Nation zur Masse des vielfältig gegliederten Volkes – ist gleichermaßen wichtig für die Erkenntnis dessen, was Ungarn und ungarische Geschichte vom 13. bis zum 19. Jahrhundert gewesen sind. Im 13. Jahrhundert, als zunächst der große Landesausbau die wirtschaftlichen Grundlagen des Landes veränderte, sodann der Einfall der Tataren das Land in einem Ausmaß verheerte, das nirgends sonst in Europa erreicht wurde, und schließlich, im 14./15. Jahrhundert fortgesetzt, die Wiederbesiedlung eine neue, besonders städtische Entwicklungsphase herbeiführte, kehrte sich, gemessen an der Frühzeit der Arpaden, die Herrschaftsstruktur des Königreichs endgültig um: der König verlor seine Übermacht, da er sich, z. T. schon vor dem 13. Jahrhundert, dazu genötigt sah, seine beherrschende Stellung als Landbesitzer und Herrscher zugunsten der großen Grundherren aufzugeben. Diese wurden immer mehr zu Eigentümern weiter Ländereien, die von Bauern bewirtschaftet wurden und hohe Feudalrenten abwarfen, die zunehmend mit Geld bezahlt wurden. Denn da es bis zum Ende des Mittelalters nur ausnahmsweise dazu kam, daß die ungarischen Magnaten Eigenwirtschaft betrieben, bestand nur ein geringer Bedarf an bäuerlicher Arbeitsfron. Die Wirtschaftsmacht und damit das politische Gewicht, das sich im Burgenbau und im Halten eigener Truppen ausdrückte, steigerte sich zwischen dem 13. und dem beginnenden 16. Jahrhundert immer mehr. Um 1380 besaß der König noch etwa 15 % der über 21 000 ungarischen Städte und Dörfer; gegen Mitte des 15. Jahrhunderts war dieser Anteil auf 5 % gesunken, während die 60 mächtigsten Adelsgeschlechter ihren Anteil in der gleichen Zeit von 20 auf 40 % erhöhten. Die gute Hälfte des übrigen Landes war in der Hand des Adels und der Kirche.

In solcher Lage versagte für den König das Mittel, die Geneigtheit der Barone durch Schenkungen oder, wie es üblicher wurde, durch Verpfändungen zu erhalten. Sowohl Sigismund (1387–1437) als auch Matthias Corvinus (1456–1490) haben sich mit Erfolg bemüht, der Übermacht der großen Geschlechter auf wirksamere Weise zu begegnen. Zunächst lag es für sie nahe, dem zahlreichen Adel unterhalb der Magnaten entgegenzukommen, seine Stellung auf den Reichstagen zu stärken und das Bündnis mit ihm zu suchen. Darüber hinaus haben die beiden Könige sich auch auf die Städte, an ihrer Spitze die alten königlichen Freistädte, zu stützen gesucht. Doch hat das keine entscheidende politische Wirkung getan. Die Städte wurden zwar in ihren Privilegien bestätigt, aber sie lebten damit auf einer gewissermaßen eingekapselten mittleren Ebene unterhalb der Adelsnation und blieben fast stets außerhalb der Landtage. Dabei waren die größeren Städte, abgesehen von den zahlreichen Kleinstädten und Marktflecken, keineswegs wirtschaftlich unbedeutend. Vielmehr erlebten sie im 14. und 15. Jahrhundert im allgemeinen einen bedeutenden Aufschwung, der auf dem Fernhandel, der Ausfuhr und der Einfuhr beruhte. Alles das war im 15. Jahrhundert noch vorwiegend in der Hand deutscher, zu maßgebenden Patriziern werdender Kaufleute, die durch kapitalkräftige, kreditgebende oberdeutsche Kaufleute, besonders Nürnbergs und Augsburgs, liquide ihre Gewinne steigerten und sich auch durch Zuwanderung aus Süddeutschland stärkten. Diese deutschen Bürger-Kaufleute waren allerdings einem wachsenden Druck madjarischer Patrizier-Konkurrenten ausgesetzt und verloren allmählich ihre Vorrangstellung. Ein signifikantes Datum hierzu ist das Jahr 1439 in Ofen, als die ungarischen Patrizier im Stadtregiment ihre Gleichstellung mit den Deutschen durchsetzten. Doch ob deutsch oder madjarisch: Die Wirtschaftskraft der Städte stand im Mißverhältnis zu ihrer politischen Abseitsstellung im Königreich der Adelsnation.

Entscheidend für den König wurden die damals in Europa, besonders in Frankreich und Italien, beginnenden Versuche, mit neuartigen Methoden der Finanz- und Personalpolitik einen fürstlichen «Staat» neben oder über hochadeliger Selbstherrlichkeit aufzubauen. Sigismund brachte dazu Erfahrungen aus Deutschland und Böhmen mit, während Matthias, naheliegend im Blick auf seinen höfischen Stil, schon von den Zeitgenossen und später von der ungarischen Geschichtsschreibung zum «Renaissance-Fürsten» erhöht wurde. Wie überall, so war es auch in Ungarn zur Festigung der königlichen Macht vordringlich geworden, die veraltete Heeresverfassung zu modernisieren und dafür Geld zu gewinnen. Die seit 1396, dem Jahr des großen

Sieges der Türken bei Nikopolis, stets akute Bedrohung durch die Osmanen forderte zwingend dazu heraus.

Das ungarische Heeresaufgebot, das aus adeligen Rittern und den Truppenkontingenten großer «Bannerherren», der Barone, bestand, war infolge der häufigen inneren Parteikämpfe und des Aufkommens eigenmächtiger Herrscher, die sich dem König entzogen, nicht sicher verfügbar, so daß Matthias mehr und mehr auf sie verzichtete. Defensiv wirksam waren dagegen immer noch die Truppen der wehrbäuerlichen Grenzwächter, an erster Stelle der Szekler, von denen weiter oben die Rede gewesen ist. Als Glacis sollten auch die vorgelagerten Fürstentümer wirken: Mutenien (Walachei), Serbien und Bosnien. Sie standen zeitweise unter ungarischer Oberhoheit, waren aber dem türkischen Zugriff allzunahe ausgesetzt, so daß sie keine befriedigende Sicherheit boten und im Laufe des 15. Jahrhunderts unter türkische Herrschaft gerieten. So war Ungarn der überlegenen Militärmacht des Sultans nicht gewachsen, wenn dieser sich zu größeren Angriffen entschloß. Matthias Corvinus war genötigt, Sondertruppen auch, ja zeitweise vornehmlich für seine Kriegszüge gegen Kaiser Friedrich III., also nach Westen hin, aufzustellen. Er finanzierte sie mit dem Ertrag der Grenzzölle, mit einer neuen Grundsteuer, durch die Aufhebung von Steuerprivilegien und wiederholte Sondersteuern. Diese mußten freilich auf dem Reichstag von denen bewilligt werden, die als Adelige von der Steuer befreit waren. Schließlich wurden 20 000 Reiter und 8 000 Fußsoldaten ständig finanziert. Der erfolgreiche Abwehrsieg von Belgrad (1460), die Einnahme Wiens (1485) im Kampf gegen Kaiser Friedrich III. und ein lang andauernder Waffenstillstand mit dem Sultan (1483) waren Ausdruck einer militärischen Festigung Ungarns, die freilich nach dem Tod des Königs Matthias nicht wirksam fortgesetzt wurde. Das Königreich hatte daher gewissermaßen nur noch Schonzeit, bis die Osmanen zum entscheidenden Schlag ausholten.

Die Finanzierung der Truppen war möglich, weil Ungarns Wirtschaftskraft im 15. Jahrhundert beträchtlich war. Die Edelmetallausfuhr nach Westen, der Weinexport nach Polen, die Herden Zehntausender von Ochsen, die nach Süddeutschland, ins Rheinland und nach Venedig getrieben wurden, sowie die von König Sigismund privilegierten Barchentgewerbe und -exporte mit dem Hauptort der deutschen Bürgerstadt Kaschau zeigen an, welchen Produkten Ungarn seinen relativ großen Wohlstand verdankte. Doch konnte, besonders nach 1490, von einer effizienten Ausnutzung des Wirtschaftspotentials für die königliche Macht und die Verteidigungsfähigkeit des Landes nicht die Rede sein. Ungarn ging desorganisiert der Katastrophe entgegen, die im Jahre 1526 in der Schlacht bei Mohacs eintrat.

Wenn die Katastrophe ein Jahrhundert lang aufgehalten worden war, so ist das zu einem guten Teil in der starken Widerstandskraft Siebenbürgens begründet gewesen. Die Geschichte dieses östlichen Grenzlandes Ungarns ist in erster Linie wehrpolitisch zu begreifen. Nicht nur die Szekler, denen die Aufgabe der Grenzsicherung ausdrücklich zugewiesen worden war, sondern auch die Siebenbürger Sachsen sind vom ungarischen König vom Anbeginn unter dem Gesichtspunkt der Landesverteidigung gesehen worden. Im großen Freibrief Andreas' II. vom Jahre 1224 kam die hohe Wertschätzung des ungarischen Königs für die wehrhafte Siedlungsgemeinschaft der deutschen «Gäste» zum Ausdruck. Dieses Privileg galt zwar zunächst nur für die Hermannstädter Provinz, wurde aber später auch auf die anderen deutschen Siedler ausgedehnt, soweit sie nicht in Komitaten unter adelig-ungarischer Grundherrschaft lebten und Opfer der Madjarisierung wurden. Allein schon die Existenz und der Lebenswille dieser auf Gemeinschaft (universitas) angewiesenen Deutschen war ein wirkungsvoller Beitrag zur Landessicherung, ganz abgesehen davon, daß die Sachsen dem König einen festgesetzten Heeresdienst zu leisten hatten. Wie hoch der Nutzen dieser deutschen Gemeinschaft von Dörfern und Städten, die sich aus Dörfern entwickelten, für den König gewesen ist, zeigte sich daran, daß die im Lande schnell verwurzelten «Gäste» auf Königsboden saßen, d. h. unmittelbar unter dem Monarchen standen. Sie waren unabhängig vom ungarischen Komitatsadel und auch vom siebenbürgischen Bischof, da eine exemte Propstei Hermannstadt geschaffen wurde, in der die Sachsen ihre Pfarrer selbst wählen und ihnen den Zehnten zahlen durften. Die Sachsen, soweit sie sich der Vorrechte des Freibriefs erfreuen durften, waren also nicht grundherrschaftlich abhängig, sondern konnten selbst Grundherrschaft ausüben.

So entwickelten sich in Siebenbürgen – nach dem Unterbruch des verheerenden Mongolensturms von 1240 – drei königsunmittelbare Stände oberhalb der Bauern und der dienenden Bevölkerung: der ungarische Adel in den Komitaten, die Szekler und die Sachsen. Seit dem Beginn des 15. Jahrhunderts wurden sie durch eine doppelte Gefahrenlage politisch zusammengezwungen. Bauernunruhen in den Komitaten gegen die ungarischen Grundherren und die Bedrohung durch die Angriffe der Osmanen gaben den Anstoß zum Bündnis der drei privilegierten Gruppen, die sich als «Nationen» bezeichneten, im Jahre 1437. Es wurde 1459 als «Gemeinschaft» (universitas, Universität) aller Adeligen, Szekler und Sachsen erneuert. In diesen «brüderlichen Einungen» wurde die gegenseitige Hilfsverpflichtung beschworen und den ungarischen Adeligen, auch den Szeklern zugesagt, daß sie in akuter Gefahr Schutz hinter den Mauern der sächsischen Städte und Dörfer suchen konnten. Wie wirkungsvoll dieser Schutz in der Tat gewesen ist, bewies die Stadt Hermannstadt, als sie 1438 als «Mauer und Schild der ganzen Christenheit» den türkischen Belagerern erfolgreich trotzte. Auf den Dörfern der Sachsen wurden in jener Zeit etwa 250 feste und geräumige Kirchenburgen verstärkt oder neu gebaut, in denen Unterkunft für zahlreiche Menschen, für Vieh, Futter und Nahrungsmittel zur Verfügung stand. Diese Kirchenburgen waren und blieben ein einzigartiges Zeichen für den genossenschaftlichen Verteidigungs- und Lebenswillen der sächsischen Bauern, Symbol auch des im 15. und 16. Jahrhundert immer wieder beschworenen Bildes der «Vormauer».

Im Maße wie, besonders nach dem Tode von Matthias Corvinus im Jahre 1490, die Macht des Königs in Siebenbürgen zurückging, da er sich der Wojewoden und der drei «Nationen» des Landes nicht sicher wußte, stieg die faktische Selbstbestimmung der politischen Kräfte des Landes. Die Sachsen hatten sich im Laufe des 15. Jahrhunderts immer fester zu einer autonomen Gebietskörperschaft organisiert, die sie als «Universitas Saxonum» bezeichneten – so zuerst 1484. Mochten die drei Nationen Siebenbürgens auch unter sich ständig in Konflikten liegen, so erwies sich doch die Bindekraft in der kritischen Lage um 1500 als so stark, daß im Jahre 1506 in Schäßburg ihr Schutz- und Trutzbündnis erneuert und eine von ihnen gemeinsam getragene, eigenständige Landesgerichtsbarkeit eingeführt wurde. Die auf den Landtagen versammelte «Universität» der drei Nationen hatte sich schon vor der Schlacht bei Mohacs so gestärkt, daß sie ein autonomes Land im Königreich Ungarn darstellte; diese faktische Selbstherrlichkeit konnte sich nach 1526 so steigern, daß es zur Bildung eines Landesfürstentums kommen konnte, wenn auch unter der Oberhoheit des osmanischen Sultans. Davon soll weiter unten die Rede sein.

Fassen wir den Überblick über die Länder Ostmitteleuropas im Übergang zur sog. Neuzeit zusammen. Durchweg ließ sich eine Entwicklung erkennen, die wir als Territorialisierung bezeichnet haben. Überall waren auf den mittelalterlichen Grundlagen der Kirchenorganisation, der Nationsbildung und des Landesausbaus «Länder» (terrae) entstanden, die strukturtypische Gemeinsamkeiten aufwiesen. Fürsten – in Preußen und Livland die Ritterorden – übten auf der Basis von Güterbesitz, Steuern und Heeresfolge mit Hilfe von Räten und Amtsträgern am Hof und im Lande die Landesherrschaft aus, waren aber in ihrer Machtvollkommenheit durch den Adel des Landes beschränkt.

Diese nach Wirtschaftskraft, Rechtsstellung und Ansehen abgestufte Führungsschicht, die das Land auf Landtagen repräsentierte und sich als das Land selbst verstand, erweiterte ihre Rechte und Freiheiten gegenüber dem Landesherrn und stand fortgesetzt im Kampf um die Macht im Lande, sowohl unter sich wie gegenüber dem Herrscher, der sich auf das Adelsaufgebot zum Schutz des Landes nach außen nicht mehr allein verlassen konnte und je nach Finanzkraft danach strebte, Söldner zu unterhalten. Neben dem Adel drängten auch die Geistlichkeit und die Stadtbürger danach, gleichfalls als Land- oder Reichsstände auf den Landtagen anerkannt zu werden. Doch blieb ihr politisches Gewicht im allgemeinen weit hinter dem des Adels zurück. Dieser stärkte seine Gewalt auch über die ihm zugehörigen Bauern, die in allen Ländern Ostmitteleuropas in steigendem Maße zu Abgaben und Diensten verpflichtet wurden. Dabei begann die bis zum 18. Jahrhundert voll entwickelte «Gutsherrschaft» mit Gutswirtschaft überall dort, wo sie sich als wirtschaftlich zweckmäßig erwies, von den adeligen Grundherren durchgesetzt zu werden. Das heißt: allmählich wurde es für die Länder Ostmitteleuropas, im Gegensatz zu Westeuropa, typisch, daß die Eigenwirtschaft auf dem Herrenland ausgedehnt und infolgedessen der Arbeitsdienst oder die Fron der Bauern auf den adeligen Gütern verstärkt wurde. Die Agrarverfassung Ostmitteleuropas wurde mehr und mehr überwiegend durch die Gutsherrschaft und Gutswirtschaft bestimmt.

Die fürstlich-adelig beherrschten und sozialständisch geordneten Länder waren zwar in sich geschlossene politische Personalverbände, aber nicht unabhängig oder «souverän», wie es seit dem 17. Jahrhundert hieß. Vielmehr waren sie eingefügt in große, überterritoriale Reiche, die keine Einheitsstaaten, sondern Länderverbindungen mit monarchischer Spitze waren – so das Heilige Römische Reich Deutscher Nation, so die Union der Krone Polen mit dem Großfürstentum Litauen und so auch das Königreich Ungarn. Alle oben beschriebenen Länder gehörten einem dieser drei Reiche an, deren hoher und niederer Adel sich jeweils als «Nation» deutscher, polnischer oder ungarischer Art verstand. Das waren also Nationen auf einer höheren Ebene. Doch der Begriff «Nation» stand ebenso den Ländern oder Territorien der darunterstehenden Ebene zur Verfügung. So besaßen etwa die Pommern, die Litauer oder die Siebenbürger die Institutionen und das Bewußtsein ihrer Landesnation und wurden zugleich der übergreifenden deutschen, polnischen oder ungarischen Reichsnation zugerechnet. Die deutsche Nation hob sich allerdings von der polnischen und ungarischen dadurch ab, daß diese beiden von ihrem Beginn im 10. Jahrhundert an als Landesnation verstanden wurden, während das Adjektiv «deutsch» nie einem Lande, sondern nur dem Reich (regnum oder imperium) zugeordnet wurde.

Sprachgrenzen – dies sei noch einmal betont – sind mit Landes- oder Reichsgrenzen nicht identisch gewesen. Und doch spielte die Sprache bei den Menschen der Länder und Reiche Ostmitteleuropas als Unterscheidungsmerkmal zwischen dem Eigenen und dem Fremden immer wieder eine bedeutende politische Rolle.

2. Bewegende Kräfte, Machtverschiebungen und Strukturwandlung

Unsere Übersicht hat gezeigt, daß die Länder und Reiche Ostmitteleuropas sich innerhalb ihrer festgelegten Grenzen wie in ihren inneren Ordnungen zu stabilisieren suchten. Ungeachtet fortgesetzter Konflikte der Fürstenhäuser und der in sich zerstrittenen Adelsnationen war die Tendenz zur Verfestigung der Grenzen und zur sozialen Beharrung in den ständischen Verfassungen mächtig und bis zu einem gewissen Grade erfolgreich. Auch literarisch – theologisch und juridisch – wurde die gottgewollte Dauerhaftigkeit der gegebenen Ordnung verkündet und gegen alle «gefährlichen» Bewegungen von außen und innen verteidigt. Tatsächlich aber lebten die Menschen aller Stände, einschließlich des «gemeinen Mannes», der Bauern und der Gewerbetreibenden, in der Spannung zwischen Bejahung und Anfechtung der gesetzten Ordnung, zwischen Beharrung und Veränderungswillen, wie es der Dynamik Latein-Europas entsprach. Wie schwach die innere und äußere Sicherheit der Länder und Reiche wirklich gewesen ist, zeigt die Geschichte der bewegenden Kräfte, die mehr und andersartiger waren als bloße Ereignisketten von Machtkämpfen und Zufälligkeiten in einer grundsätzlich beharrenden Lebensordnung. Europa, in vollem Maße auch Ostmitteleuropa, war von Statik und Beharrung weit entfernt.

a) Bedrohung von außen

Das Großfürstentum Moskau
Wir betrachten zunächst die Gefährdung der äußeren Sicherheit Ostmitteleuropas durch die Machtausdehnung Moskaus im Norden, der Osmanen im Süden. Die Bildung der Kiever Rus' hatte, wie wir sahen, bewirkt, daß eine verhältnismäßig klare Grenze zwischen den im Westen von Rom und den im Osten von Byzanz aus christianisierten

Herrschafts- und Kulturräumen entstand. Nachdem im 13. Jahrhundert die Rus' verfallen war, die Tataren in der Steppe, aber auch weit in die Waldzone vordringend, ihre Macht aufgerichtet hatten und, z. T. unter ihrer Tributhoheit, zahlreiche russische Fürstentümer entstanden waren, trat das russische, orthodoxe Osteuropa dem Westen nicht mehr als politisch-kulturelle Eigenmacht gegenüber. Es verlor oder vereinzelte sich in den Blicken der Latein-Europäer, denen der weitere Osten zur Expansion offenzustehen schien. Sowohl die Litauer als auch die Polen nutzten vom 13. bis zum 15. Jahrhundert die Lage zu ihren Gunsten aus. Ein weiter Raum ostslavischer Fürstentümer wurde, wie oben gezeigt wurde, gewonnen, so daß auf ostslavisch-orthodoxer Grundlage polnisch-litauische Herrschaft aufgerichtet werden konnte und sogar kirchlich, durch das freilich erst Ende des 16. Jahrhunderts unvollkommen erreichte Ziel der Kirchenunion, eine begrenzte Latinisierung von oben eintrat.

Doch waren dem polnisch-litauischen Vordringen im Osten Grenzen gesetzt. Die mittel- und nordrussischen Fürstentümer erhielten und festigten sich gegenüber der doppelten Gefahr, die von den Polen und Litauern einerseits, den Tataren andererseits ausging.

Die Situation änderte sich grundlegend, als in der zweiten Hälfte des 15. Jahrhunderts unter dem Großfürsten Ivan III. die «Sammlung der russischen Erde» durch Moskau bis an die Grenze des Großfürstentums Litauen vollendet wurde, indem sogar das Großfürstentum Tver und Groß-Novgorod ihre Unabhängigkeit verloren. Moskau stand nun unmittelbar an den Grenzen des polnisch-litauischen Reiches, und damit war die Frage neu gestellt, was künftig mit den ostslavischen – weißruthenischen und ukrainischen – Zwischengebieten geschehen sollte, die unter polnisch-litauischer Hoheit standen, aber insgeheim oder offen von Moskau als Teile der «russischen Erde» beansprucht wurden.

Seit Ivan III. bestand also eine dauerhafte Bedrohung der polnisch-litauischen und auch der baltischen Länder vom Osten her. Die Möglichkeit zeichnete sich seit etwa 1500 ab, daß der im Mittelalter erreichte Umfang latein-europäischer Gestaltung Einbußen erleiden konnte. Dieser für das 16. bis 18. Jahrhundert allgemein geltenden, wenn auch nicht durchweg wirklich verfolgten Tendenz stand aber ein anderer Trend gegenüber: die zunächst noch schwache, im 17. Jahrhundert aber sich kräftig steigernde Neigung oder Notwendigkeit einer «Verwestlichung» Rußlands. Damit zeichnete sich die geschichtliche *Möglichkeit* ab, daß die Grenze zwischen dem lateinischen und dem griechisch-russischen Europa weiterhin verwischt würde. Macht-

politisches Vordringen Moskaus nach Westen, kulturelles Einströmen
Latein-Europas nach Osten, d. h. also im Endergebnis die Beseitigung
der Kluft zwischen Mittel- und Osteuropa. Diese um 1500 zuerst auftretende Frage wurde von da an geschichtsmächtig. Wir werden ihr
weiterhin Aufmerksamkeit schenken.

Die durch ihre ausgedehnte Steppen- und Waldzone geprägte eurasische Landmasse hatte seit langem die Voraussetzungen für großräumige Machtbildungen zwischen Ostasien und Mitteleuropa geboten.
Europa hatte im 13. Jahrhundert im «Mongolensturm» und zuletzt
vom 14. bis 16. Jahrhundert durch die osmanischen Eroberungen auf
dem Balkan und in Ungarn unter dem Eindringen asiatischer Reiter-
völker zu leiden gehabt. Es ist weltgeschichtlich bemerkenswert, daß
das Großfürstentum Moskau, indem es seine Macht über einen wachsenden Länderkomplex in Osteuropa ausdehnte, den Kern des Großreichs schuf, das zum ersten Mal nicht auf nomadischer, sondern auf
pflug- und waldbäuerlicher Grundlage über Eurasien errichtet wurde.
Die Eroberung Sibiriens durch die Russen war ebenso eine mögliche
und dann auch realisierte Konsequenz der «Sammlung der russischen
Erde» wie die nach Europa hinführende Westexpansion. Nur öffneten
sich östlich des Ural nach relativ leichten Eroberungen seit der zweiten
Hälfte des 16. Jahrhunderts unermeßliche Räume für die nachfolgende
Aufschließung und Besiedlung, während im intensiver strukturierten,
kleinerräumigen Westen Möglichkeiten der Eroberung und Grenzver-
schiebung zunächst fast verschlossen waren. Doch wurden sie durch
geopolitische Anreize und politische Konstellationen hervorgelockt.
Sie wiesen in drei Richtungen: zum Steppengrenzland der Ukraine,
nach Weißruthenien und nach Livland.

Noch zur Regierungszeit Ivans III. war die Grenze Moskaus nach
Süden nicht über den rechten Nebenfluß der Wolga, die zur Verteidigung gut geeignete Oka, hinausgekommen. Die Steppe war also bei
weitem noch nicht erreicht. Erst in den letzten Jahren Ivans III. und
unter seinem Nachfolger Vasilij III. wurden nach erfolgreichen Kämpfen mit Litauen die Grenzen des Moskauer Großfürstentums nicht nur
nach Westen – Smolensk und Brjansk –, sondern auch südlich in die
Steppe rechts des Dnjepr weit vorgeschoben. Doch blieb Kiev bei Polen, und von einer konsequenten Stoßrichtung Moskaus nach Süden
konnte im 16. Jahrhundert noch nicht die Rede sein. Ihr Beginn kann
erst auf die Mitte des 17. Jahrhunderts datiert werden, wenn auch der
vorsichtige, gewagten Unternehmen abholde Zar Aleksej lange zö-
gerte, ehe er sich in den ukrainisch-polnischen Konflikt verstricken
ließ, um damit Moskau am unteren Dnjepr ins Spiel zu bringen.

Dort hatte sich im Niemandsland der großen Steppe, wo die polnische Herrschaft auslief und die Abgrenzung gegenüber den unter türkischer Oberhoheit stehenden Krimtataren unbestimmt war, eine Mi-
litärgenossenschaft ritterlicher Freibeuter («Kosaken») organisiert, die
sich aus Kleinadeligen, mehrheitlich aber aus ruthenischen Bauern zu-
sammensetzte, die der drückenden Gutsherrschaft polnischer Herren
entlaufen waren. Den Kern bildeten die Zaporoger Kosaken (za poro-
gami = hinter den Stromschnellen), ein Männerbund von Elitekrie-
gern, eine bewegliche Truppe für Verteidigung und weitreichende
Kriegs- und Beutezüge in die Moldau sowie in tatarische und polnische
Herrschaftsgebiete. Zwar wurde ein Teil der Kosaken vom polnischen
König «registriert» und als eine mehrere tausend Mann starke Truppe
in Dienst genommen. Aber dadurch wurde die Spannung zwischen
den Polen, d. h. magnatischen Gutsherren, jüdischen Gutsverwaltern,
Starosten und den «Ukrainern» (ukraina = Grenzland) nicht gelöst,
sondern im Gegenteil noch weiter verschärft. Der Fall des zum ukrainischen Nationalhelden gewordenen Hetmans (Hauptmanns) Bohdan
Chmel'nyćkyj ist symptomatisch gewesen. Der ruthenische Kleinadelige war selbst ein «Registerkosake» im polnischen Dienst gewesen,
dann aber, als ihm sein Landgut genommen und seine Familie mißhan-
delt worden war, zu den Zaporogern geflohen. Er wurde dort bald
führend, so daß er sich dazu berufen fühlte, 1648 als Hetman zum
allgemeinen Aufstand der ukrainischen Kosaken gegen Polen aufzuru-
fen und sich als «Hetman des Zaporoger Heeres und der ganzen Rus'»
(im Gebiet Polen-Litauens) zu bezeichnen. Der Aufstand war anfangs
«verheerend» erfolgreich und weitete sich zu einem polnisch-ukraini-
schen Krieg aus. Chmel'nyćkyj suchte nach Hilfe, zunächst beim Sultan in Konstantinopel. Doch konnte er sie auf die Dauer, wenn sie
wirklich von Nutzen sein sollte, kaum bei den Türken, wohl aber in
Moskau finden. Zar Aleksej verhielt sich lange abwartend, da er einen
Krieg mit Polen-Litauen scheute und Chmel'nyćkyjs zunehmende
Zwangslage ausnutzen wollte. Er ging erst gegen Ende des Jahres 1653
auf das Gesuch Chmel'nyćkyjs ein, der Zar möge als der «große Herrscher» den Hetman und das Zaporoger Heer «unter seine herrscherli-
che Hand nehmen», dabei den Kosaken ihre gewohnten «Freiheiten»
belassen und militärische Hilfe geben. Im Februar 1654 leisteten die
Kosakenführer in Perejaslav dem dorthin gekommenen Gesandten des
Zaren den Diensteid. Es gab für Chmel'nyćkyj keine andere Möglichkeit, als sich dem Zaren zu unterstellen und sogar hinzunehmen, daß
dieser nicht nur seine «hohe Hand» über den Hetman und sein Heer,
sondern auch über die dazugehörigen «Städte und Länder» legte. Boh-

dan Chmel'nyćkyj ging es darum, Schutz und Hilfe vom Zaren als dem
Oberherrn der «ganzen Rus'» zu erhalten, also ausdrücklich und endgültig dem bisherigen polnisch-litauischen König zugunsten des neuen
russisch-rechtgläubigen Großherrschers abzusagen. Die «Rechtgläu-
bigkeit» hatte in den Jahren von 1654 immer wieder eine bedeutende
Rolle gespielt; mehrfach hatten der Patriarch von Jerusalem, der öku-
menische Patriarch in Konstantinopel und schließlich auch Patriarch
Nikon in Moskau interveniert, um den Zaren zum Eingreifen gegen
Polen zu bewegen.

Die «ganze Rus'» wurde nun bezeichnenderweise einvernehmlich
sowohl vom Zaren wie von Chmel'nyćkyj in die politisch-geographischen Begriffe «große Rus'» und «kleine Rus'» geteilt. Beide Seiten
verwandten seit Beginn des Jahres 1654 den neuen Zarentitel «vseja
Velikija i Malye Rusii samoderzec» (Selbstherrscher der großen und der
kleinen Rus'). Der Hetman leistete den Eid und bestätigte die Unterstellung schon am 8. Januar 1654. Er fügte hinzu: «Wie der Adler sein
Nest bedeckt, so hat auch der Herrscher geruht, uns unter seiner zari-
schen Majestät hohe Obhut zu nehmen, denn Kiev und die ganze
kleine Rus' ist sein ewig Eigen.»

Doch hinter dem Schein des Einvernehmens zwischen beiden Seiten standen tiefgehende Auffassungs- und Zielgegensätze. In Perejaslav brach der Konflikt aus. Er konnte nur durch Nachgeben der
Kosaken überdeckt werden. Er betraf nicht die Vereinigung der
«kleinen Rus'», der «Ukraina», mit dem Moskauer Zarenreich, sondern die Eidesfrage. Die Zaporoger forderten die Gegenseitigkeit, wie
sie in Polen-Litauen und auch sonst in Europa üblich war. Der Zar
konnte sich dagegen nur zu einem Gnadenakt (žalovanie) herablassen.
Nicht durch den Eid *beider* Seiten, sondern durch Ersuchen («Stirn-
schlagen») einerseits, Gewähren andererseits durften das Dienstver-
hältnis begründet und die Freiheiten zugestanden werden. Vergeblich
suchten die Kosaken in Perejaslav ihre Rechtsauffassung durchzusetzen.

In diesem Gegensatz ist das ukrainische Problem, wie es sich seit
1654 dargestellt hat, grundlegend enthalten. Trotz der von Chmel'nyćkyj gesuchten und beschworenen Unterstellung verfolgte er Ziele
ukrainischer Selbstbestimmung, ja Selbständigkeit, die den «Vertrag»
von Perejaslav zum Ausgangspunkt politischen Wandels machen sollten. Chmel'nyćkyjs Hoffnung, Begründer einer erblichen Dynastie für
einen eigenständigen ukrainischen Kosakenstaat zwischen den großen
Mächten Polen, Moskau und den Osmanen mit den Krimtataren zu
werden, scheiterte jedoch alsbald nach seinem Tode (1657) innen- und

außenpolitisch, und die ukrainische Frage wurde nach dem Ende eines langen Krieges im später bestätigten Waffenstillstand von Andrussovo (1667) im Sinne Moskaus geregelt. Die Ukraine links des Dnjepr kam unter russische Herrschaft, dazu, formell vorläufig, tatsächlich aber auf Dauer auch Kiev mit einem russischen Brückenkopf rechts des Flusses. Das Gebiet der Zaporoger Kosaken blieb unter gemeinsamer Kontrolle Polens und Moskaus bestehen. Ein letzter Aufstand der Kosaken unter dem Hetman Mazepa ging in den Krieg Karls XII. von Schweden gegen Rußland über und endete in der Katastrophe der Schlacht von Poltava (1709), in der die Idee einer selbständigen Ukraine unter Kosakenherrschaft ihr blutiges Ende fand.

Seit den Erfolgen Ivans III. und Vasilijs III. gegenüber Litauen (1514) wurde der Moskauer Zar immer wieder auch auf seine westliche Front verwiesen. Dabei konnte im 16. und 17. Jahrhundert weniger daran gedacht werden, über Smolensk hinaus weiter nach Westen vorzudringen, als vielmehr das Erreichte zu erhalten. Nach den Moskauer «Wirren» und der Thronbesteigung Michail Romanovs (1613) ging Smolensk mit weitem Umland noch einmal für Moskau verloren (1618) und konnte erst im Waffenstillstand von Andrussovo (1667) gegenüber dem in seiner Macht absinkenden Polen-Litauen wiedergewonnen werden.

Wichtiger war, wegen des Handels über See nach Westeuropa, die Stoßrichtung Moskaus nach Livland. Dort hatte Moskau seit dem Ende des 15. und dem Beginn des 16. Jahrhunderts die unmittelbare Grenzberührung mit dem livländischen Ordensstaat erreicht. Seitdem gab es eine Kontinuität des Ziels: Gewinnung von Ostseehäfen, um den ungehinderten, weder von Handelsmonopolen der Hanse noch von der schwedischen Barriere abgeschnittenen Handelsweg nach Westen, besonders nach England und den Niederlanden, zu gewinnen. Denn der mühselige Umweg über das Eismeer, wo im Jahre 1584 Archangel'sk gegründet wurde, bot nur einen recht unzulänglichen Ersatz. Die Behinderung des russischen Außenhandels nach Westen war eine der schwerwiegenden Ursachen dafür, daß die des Seeverkehrs fast völlig entbehrende, verkehrswirtschaftlich benachteiligte russische Landmacht gegenüber dem westlichen und mittleren Europa nach wie vor nahezu abgeschlossen war.

Doch rückten das lateinische und das griechisch-russische Europa, die kleinräumig zersplitterte Staatenwelt des Westens und das weit ausgedehnte, unter Moskaus Führung zusammengefaßte Rußland langsam näher zusammen. Beide berührten und entdeckten sich gegenseitig. Sie begannen, die Vorteile enger werdender Berührung abzutasten.

Nicht nur Ostmitteleuropa, sondern auch die Länder Westeuropas strahlten nach Rußland aus.

Nach der «Sammlung der russischen Erde» war das Großfürstentum Moskau unmittelbar Nachbar und Gegner Polen-Litauens, Livlands und dadurch seit dem Beginn des 17. Jahrhunderts auch der Ostseemacht Schweden geworden. Die Folge war, daß Rußland damit mehr und mehr in das fortgesetzte Alliancen- und Balance-Spiel der Mächte Europas, vornehmlich Ostmitteleuropas, einbezogen wurde und infolgedessen wie diese seine Diplomatie auszubilden begann. Bei allem Wechsel der Bündniskonstellationen im einzelnen galt in der Regel, daß zunächst Polen-Litauen und im 17. Jahrhundert noch stärker Schweden Feinde auf lange Dauer waren. Dagegen war Moskau darauf bedacht, Konflikte mit der Hohen Pforte in Konstantinopel wegen der fast ständigen Frontstellung gegenüber seinen westlichen Nachbarn zu vermeiden. Das galt auch für den deutschen Kaiser in Wien, der seinerseits im Blick auf Polen und Ungarn geneigt war, freundliche Beziehungen zu Moskau zu unterhalten und gelegentlich als Friedensvermittler aufzutreten. Die Verbindung zwischen Wien und Moskau herzustellen, erwies sich allerdings als eine rechte Mühsal, nicht nur des beschwerlichen Weges wegen, sondern mehr noch wegen des prinzipiellen Mißtrauens und der Rangstreitigkeiten zwischen den beiden Monarchen. Das wird anschaulich in den Gesandtschaftsberichten Sigmund von Herbersteins (1557) und August von Meyerbergs (um 1675). Der Großfürst von Moskau hatte sich seit dem 15. Jahrhundert durch Titelerhöhungen selbst zum «Kaiser» aufgewertet. In den Augen des Zaren sollte dergestalt das zweifache west- und oströmische Kaisertum in Wien und Moskau fortgesetzt werden. Doch in Wien wurde diese Gleichstellung abgelehnt. Herberstein stellte fest, daß das Wort «Zar» lediglich einen König meinen könne, daß also die Übersetzung mit «Kaiser» zurückgewiesen werden müsse. Auch von Meyerberg, über 100 Jahre später, wurde die Absicht der Russen, beide Monarchen im Rang gleichzustellen, verworfen, wenn auch nach langem Hin und Her der Titel «majestas» für den Zaren zugestanden wurde.

In dem Maße wie Moskau durch Krieg und Diplomatie an den Westen heranrückte, mußten die Russen bestrebt sein, ihre Rückständigkeit zu überwinden und sich technologisch der europäischen Entwicklung anzugleichen, so besonders in der Waffentechnik, im Befestigungsbau, im Bergbau und in der Münzprägung. Handwerker und technische Spezialisten, darunter besonders Deutsche und Italiener, kamen ins Land und erfüllten unter oft schweren und unsicheren Bedingungen ihre Funktion als Entwicklungshelfer. Die «deutsche Vorstadt» in Moskau beherbergte Fachkräfte aus vielen europäischen Nationen. All dies sollte aber nicht «Verwestlichung» herbeiführen, sondern nur Hilfe für die Entwicklung des Eigenen bringen. Das galt auch für die Kunst. Ivan III. wünschte den Kreml in Moskau großartig auszubauen, wie es der gestiegenen Macht und dem Selbstgefühl des Herrschers entsprach. Nachdem russische Baumeister aus Pleskau an der Aufgabe gescheitert waren, die Maria Himmelfahrts-Kathedrale (Uspenskij sobor) in ansehnlicher Größe neu zu bauen, wurden Italiener angeworben. Aristoteles Fioravanti vollendete den Bau der Kathedrale in den Jahren 1475 bis 1479. Es ist bezeichnend, daß er seinen Plan, den Bau im italienischen Renaissancestil zu errichten, nicht durchsetzen konnte, weil der Metropolit sich dem verhaßten Geist der «Latinität» widersetzte und einen Bau im überlieferten byzantinischen Stil nach dem Vorbild der Kathedrale von Vladimir verlangte. Freilich blieben genug oberitalienische Stilelemente, so bei der Treppe und der Fassade, übrig; auch übertrug der von anderen italienischen Baumeistern geschaffene Profanbau des Palastes für Empfänge und Bankette, die Granovitaja Palata, eindeutig den Renaissancestil auf die Moskauer Burg. Doch insgesamt, in erster Linie beim Kirchenbau, wurde darüber gewacht, daß die geheiligte Form nicht verletzt und die Tradition gewahrt wurde – so auch noch im 17. Jahrhundert trotz des zu dieser Zeit aufkommenden russischen Barock, der anzeigte, daß die Abdichtung von Kunst und Kultur gegenüber dem «Westen» immer durchlässiger wurde.

Ungehemmter entwickelte sich im ganzen polnisch-litauisch überformten Raum Weißrutheniens und der Ukraine, in Verbindung mit der Kirchenunion, eine lateinisch-byzantinische Vermischung im Kirchenbau. Der Barock konnte dabei voll entfaltet werden. Trotz begrenzter Übernahme westlicher Kunstformen in Rußland blieb also die ins ostslavische Gebiet vorgerückte Kulturgrenze, soweit sie an Architektur und bildender Kunst meßbar ist, zwischen Ostmitteleuropa und Osteuropa erhalten.

Auch kirchlich-theologisch wurde Moskau im 17. Jahrhundert von der «westlichen» Kulturströmung, konkret der römisch-katholischen Erneuerung durch den Jesuitenorden, erfaßt. Bezeichnenderweise geschah dies jedoch kaum durch unmittelbare Berührung mit den «Lateinern», sondern durch die Vermittlung Kievs. Diese Stadt, die sich einer neuen Blüte erfreute, stand nicht nur politisch, sondern auch kirchlich im Kreuzungsfeld der konkurrierenden Mächte. Die Kirchenunion war hier nicht durchgedrungen, da besonders das maßgebende Höhlenkloster orthodox beharrte. Neben dem Metropoliten

stand ein schismatischer, d. h. orthodoxer Erzbischof, der dem Patriarchen von Konstantinopel unterstand, also sowohl Polen-Litauen wie
Moskau gegenüber eine Abseitsstellung einnahm. Doch hatte das Bekenntnis zur griechischen Orthodoxie durchaus nicht eine schroffe Abwehr der Latinität zur Folge. Kirchenpolitische Absonderung und
theologische Öffnung konnten koexistieren, diese als Ausdruck theo-
logisch-intellektueller Modernität anspruchsvoller Geister durch das
Medium der lateinischen Sprache.

Der bedeutendste Vertreter dieses römisch-europäischen Ausgrei-
fens nach dem orthodoxen Osten ist Peter Mohyla gewesen. Er
stammte aus moldauischem und ruthenischem Adel, war weitgereist
und hatte in Paris studiert, ehe er in den geistlichen Stand eintrat,
Archimandrit des Kiever Höhlenklosters und (1633) orthodoxer Metropolit von Kiev wurde. All dies wurde vom polnischen König gefördert, in einer Atmosphäre (vorübergehend) guten konfessionellen Einvernehmens, da die orthodoxen Schismatiker in Polen-Litauen 1632
offiziell rechtlich anerkannt worden waren. Mohyla gründete das Col-
legium Kijoviense als eine Schule für griechische und lateinische Studien, die später als «Akademie» bezeichnet, tatsächlich aber infolge der
Zurückstellung durch den polnischen König nur zu einer Art theologischer Vorschule wurde, die erst 1689 zu einer theologischen Fakultät
im vollen Sinne werden konnte. Trotz der dem ehrgeizigen Metropoliten auferlegten Beschränkung wurde seine Akademie alsbald zum
maßgebenden Zentrum «lateinischer» Ausbreitung in Rußland, bis hin
nach Moskau. Welche Möglichkeiten sich dort für die ukrainisch-ru-
thenische Vermittlung lateinischer Sprache und Wissenschaft boten,
zeigt das Beispiel des Akademie-Schülers Simeon von Polock, der,
nachdem er auf Jesuitenschulen Geist und Unterrichtsmethode dieses
Ordens in sich aufgenommen hatte, 1664 nach Moskau ging, wo er auf
Wunsch des Zaren eine Lateinschule gründete und zum Erzieher der
beiden Söhne des Herrschers wurde.

Das Verhältnis des Moskauer Reichs zum nähergerückten Europa
blieb jedoch zwiespältig. Die Europäisierung Rußlands war lockend,
drang gesellschaftlich von oben her ein und wurde doch offiziell nicht
angenommen. Das russisch-orthodoxe Selbstbewußtsein, die tiefver-
wurzelte Xenophobie und Abneigung gegen die «Lateiner» wirkten im
Sinne altbewährter Abschließung. Die Spannung zwischen europäischer Moderne und widerstehendem Altrussentum eröffnete jedoch
auf lange Sicht die Möglichkeit zum Ausgleich. Die Entscheidung zugunsten «Europas» schien zu Beginn des 18. Jahrhunderts unter Peter
dem Großen zu fallen.

Das Osmanische Reich

Der Bedrohung durch die Moskoviter im Nordosten haben die türkischen Eroberungen im Südosten Mitteleuropas entsprochen. Beide Bewegungen begannen, mit zeitlichem Vorsprung der türkischen Feldzüge, im 15. Jahrhundert und endeten um 1700, allerdings mit diametral entgegengesetzten Ergebnissen. Die Türken hofften im Jahre 1683, als sie Wien belagerten, noch einmal einen entscheidenden Sieg erringen zu können. Doch täuschte der äußere Schein ihrer Machtentfaltung über ihren inneren Niedergang hinweg. Sie wurden zum Rückzug gezwungen und in den folgenden Jahrzehnten von den siegreichen Habsburgern aus ganz Ungarn herausgedrängt. Ostmitteleuropa erreichte also im Südosten wieder seine im Mittelalter entstandenen Grenzen, wenn es auch nicht zur Wiederherstellung eines selbständigen Königreichs, sondern zur Einverleibung Ungarns in das österreichische Kaiserreich kam. Die Bedrohung des lateinisch-christlichen Europa durch den muslimischen Feind war ein für allemal an ihr Ende gekommen.

Anders im Nordosten! Dort neigte sich nach langen wechselvollen Kämpfen in der zweiten Hälfte des 17. Jahrhunderts das Machtübergewicht den Russen zu, und im Jahre 1710 wurden schließlich sogar Liv- und Estland von Peter dem Großen erobert. Doch wurde der Sieger, der in das mittlere Europa eingebrochen war, zunehmend westlich europäisiert, und es bahnte sich eine Entwicklung an, in der Rußland territorial nach Ostmitteleuropa hineinwuchs, dabei seine Abseitsstellung und Fremdheit gegenüber Europa verlor, in das europäische Staatensystem eintrat und in eine allgemeine europäische Kultur aufgenommen wurde. Die bisherige politische Grenze verschob sich also zugunsten Rußlands nach Westen, und die bisherige Kulturgrenze begann sich abzuschwächen.

So kündigte sich um 1700 das im 18. und 19. Jahrhundert stets aktuelle, doch nie gelöste Problem «Rußland und Europa» an, während gleichzeitig im Südosten Europas politisch und kulturell relativ klare Abgrenzungen zustande kamen. Europa und die «Christenheit» wurden von der Türkengefahr befreit. Da diese aber drei Jahrhunderte lang bestanden hatte und von den christlichen Europäern Mittel- und Südosteuropas leidvoll erlebt worden war, muß das weltgeschichtlich bedeutende Aufeinanderprallen der christlichen und der osmanisch-islamischen Welt mit in unseren Blick genommen werden.

Die in Europa meist «Türken» genannten Osmanen sind einer der turkmenischen Stämme gewesen, die durch den Mongolensturm im 13. Jahrhundert in Bewegung gebracht und gezwungen wurden, neue Siedlungs- und Weidegebiete in westlicher Richtung aufzusuchen. Sie gewannen ihr Kernland in Bithynien, dem äußersten Nordwesten Anatoliens. Sie zeichneten sich, spätestens seit der Fürstenherrschaft Osmans I. (1300-1324), durch militärische Kraft aus und drängten mit Ungestüm, wirkungsvoll organisiert und gelenkt, zu weit ausgreifenden Eroberungen. Dabei ist offenbar sogar der Gedanke an Weltherrschaft nach mongolischem Vorbild mit im Spiel gewesen.

Die Eroberungen konnten gelingen, weil der Wille zur Ausdehnung als Selbstzweck sich wirkungsvoller Methoden bediente, die den Osmanen allen Feinden gegenüber lange Zeit Überlegenheit verschafften und demgemäß ein starkes Überlegenheitsgefühl hervorriefen. Der Instinkt des Nomadenkriegertums blieb erhalten, auch als die nomadische sich mit der Lebensweise verband, wie sie den unterworfenen Bauern fremder Volks- und Glaubenszugehörigkeit eigen war. Je mehr das Reich wuchs, desto achtunggebietender bildete sich eine Militärmonarchie aus, deren Herrscher, der Sultan, nicht mehr primus inter pares war, sondern sich über Adel und Volk erhob, wobei das byzantinische Kaisertum und sein Hofzeremoniell vorbildhaft wirkten. Unterworfene Völker und Vasallenfürstentümer dienten der Festigung des Reiches. Denn sie trugen durch ihre Tribute oder Steuern nicht nur zur Finanzierung des Kriegszustandes bei, sondern fügten sich dem politischen System der Osmanenherrschaft dadurch ein, daß ihre Eliten sich z. T. assimilierten, zum Islam übergingen und in der Verwaltung oder im Militär in die Dienste des Sultans traten. Das Prinzip, sich fremder, besonders christlicher Substanz zu bedienen, um die Kraft der Militärmonarchie zu steigern, gipfelte in der rigorosen Zwangsmaßnahme der Aushebung von Knaben, die militärisch erzogen, kaserniert, islamisiert und diszipliniert wurden, um sodann in Ämtern und Diensten, vor allem aber in der Infanterie der Janitscharen-Elitetruppen verwendet zu werden. Bei all dem bewährte sich der Grundsatz aller vergleichbaren politischen Systeme – bis auf den heutigen Tag –, die einsetzbaren Menschen, besonders fremder Herkunft, durch Furcht und Schrecken gefügig zu machen, dann aber durch Interessenlockung mit dem Herrschaftssystem zu identifizieren.

Die Einrichtungen der osmanischen Verfassung in ihrer Struktur und in ihrer Entwicklung zu beschreiben, wäre reizvoll, muß aber im Zusammenhang unserer auf Ostmitteleuropa bezogenen Blickrichtung unterbleiben. Statt dessen seien einige Grundtatsachen hervorgehoben, die uns thematisch betreffen.

Noch stärker als in den Konflikten zwischen Moskovien und Latein-Europa wurde in der Berührung von türkischem Islam und christlichem Europa beiderseits das Gegensätzliche, Wesensfremde empfun-

den. In der Tat sind die Lebensprinzipien beider Kulturen und Macht-
gruppen kaum überbrückbar gewesen.

Europa war vielfältig aufgesplittert: durch die Trennung von weltlicher und geistlicher Macht, wie sie noch immer in den Spitzen von
Papst und Kaiser repräsentiert war; durch Glaubensspaltungen, wie sie
sich bereits vor der Reformation zeigten, so schon in der Sektenabspal-
tung der Bogumilen, denen sich die Osmanen in Bosnien gegenübersahen, ehe diese großenteils zum Islam übertraten; durch die Vielzahl
der europäischen Fürstentümer und Stadtrepubliken, die – trotz gele-
gentlicher Ansätze dazu – nicht zu einem großen europäischen Kreuzzug gegen die Türkengefahr zu vereinigen waren; schließlich durch die
Spannungen innerhalb der Fürstenherrschaften, die zur Schwächung
der Widerstandskraft nach außen führten, wie es oben an den Beispielen von Ungarn und Polen aufgewiesen wurde.

Wie anders erschien das Osmanische Reich als mächtige Einheit.
Alle eben genannten europäischen Spaltungen gab es dort nicht oder
sollte es nicht geben. Seit der Sultan im Jahre 1517 den Kalifen-Titel auf
sich hatte übertragen lassen, war in gesteigerter Weise nach außen
sichtbar gemacht worden, daß es im Islam allgemein und in dem zur
islamischen Führungsmacht aufgestiegenen Osmanenreich insbeson-
dere keine Trennung von «Kirche und Staat» im christlichen Sinne gab.
Mit Hilfe des leitenden Beamten und Heerführers, des Groß-Vezirs,
war zudem gewährleistet, daß auch die politische und militärische Führung nicht voneinander getrennt waren. Die zahlreichen Fürstentümer
aber, die unter der Gewalt des Sultans vereinigt waren, trugen prinzipiell, wenn auch nicht immer in der Wirklichkeit, zur Konsolidierung,
nicht jedoch zur Desintegration des Reiches bei.

Allerdings haben die Osmanen nicht vermocht, den Vorteil ihrer
zentral geführten Land- und Seemacht mit dem großen Potential und
der wirksamen Militärverfassung gegenüber Europa konsequent aus-
zuspielen. Obwohl türkische Fernziele weiter wiesen, sind die Osmanen doch endgültig nie über Ungarn hinausgekommen. Die beiden
Belagerungen von Wien, 1529 und 1683, versetzten zwar Europa und
besonders das römisch-deutsche Reich in Schrecken, schlugen aber
beide fehl und deuteten damit nur eine nie realisierte *Möglichkeit* der
Eroberung des Kerns von Mitteleuropa an. Seit der Festsetzung auf der
Halbinsel Gallipoli 1354 und der Schlacht auf dem Amselfeld gegen die
Serben 1389 begann eine dreihundertjährige Geschichte der Türken-
kriege in Südosteuropa, die nie zur Unterwerfung der europäischen
Christenheit führten und den Osmanen zwar ein weites Gebiet zwischen Schwarzem Meer und Adria, in das Ungarn nicht einmal voll-

ständig einbezogen werden konnte, aber nie das Übergewicht über das christliche Europa gebracht hat. Das war darin begründet, daß infolge der radikalen Ausbreitung des Reichs in nordöstliche, nördliche, östliche, südliche und südöstliche Richtungen zu Lande und zur See zunächst (vornehmlich gegen Venedig) die Kräfte an der Balkanfront meist nicht für großangelegte Operationen ausreichten, daß trotz aller Ausbeutung der Unterworfenen die Finanzmittel begrenzt waren und daß vor allem die innere Verfassung des Reiches zunehmend infolge fortgesetzter Machtkämpfe von Adelsgruppen und Hofparteien an die Grenzen ihrer Wirksamkeit stieß.

Von einer ununterbrochenen, folgerichtigen Eroberungspolitik der Osmanen kann angesichts dieser vielfältigen Behinderungen und Ablenkungen nicht die Rede sein. So wurde der an sich immerwährende Kriegszustand auf dem Balkan nur zeitweise akut, und immer dann, wenn die Verhältnisse im Reich es zuließen und wenn, wie es in der Chronik des Derwischs Ahmed-i-Asiki vom Ende des 15. Jahrhunderts stereotyp ausgedrückt wurde, den «Großherrn der Eifer für den Islam» erfaßte, wurden große Feldzüge unternommen. Bis um 1500 ist das Gebiet südlich der Donau und der Save unterworfen worden. Nur im Osten wurde die Donau bereits überschritten, als in den 80er Jahren die befestigten Häfen Kilia und Akkerman, d. h. die Mündungen der Donau und des Dnjestr in Besitz genommen wurden, während die Fürstentümer Moldau und Walachei schrittweise seit der Mitte des 15. Jahrhunderts zur Tributabhängigkeit gezwungen wurden.

Im Jahre 1453 war Konstantinopel nach kunstvoller Belagerung zu Wasser und zu Lande von den Truppen Mehmets II. Fatihs, des Eroberers, gestürmt worden. Die Hagia Sophia wurde zur Moschee des Islam; die neue Hauptstadt übertraf an Handelsreichtum und glanzvoller Kultur alsbald die kraftlos gewordene oströmische Kaiserstadt. Der Triumph des Halbmonds über das griechische Kreuz war von höchster Symbolkraft, um so mehr als die osmanische Herausforderung ohne Antwort des christlichen Europa blieb.

Nach schwerer innerer Krise des Reiches erfolgte wie nach langem Aufstau unter Selim I. (1512–1520) und seinem Nachfolger Süleyman I., dem «Prächtigen» (1520–1566), ein neuer großer Ausbruch aus der im 15. Jahrhundert gewonnenen Umgrenzung. Selim I. eroberte und unterwarf in wenigen Jahren Syrien, Palästina, Ägypten, Algier und ganz Arabien mit den heiligen Stätten von Mekka und Medina. So war für seinen Nachfolger eine starke Ausgangsstellung gegeben, um erneut in Europa vorzustoßen. 1521 wurde die beherrschende, den Vormarsch nach Ungarn freigebende Festung Belgrad genommen.

1526 vernichtete der Sultan das Heer der Ungarn bei Mohacs. Sie erlitten hohe Verluste; König Ludwig kam ums Leben. Das Königreich
ging seinem Ende entgegen.

Doch der Sieg führte nicht zur Einverleibung Ungarns in das Osmanische Reich, geschweige denn zu weiterreichenden Erfolgen des
Halbmonds. 1529 mußte die Belagerung Wiens abgebrochen werden,
und ein zweiter Versuch, Wien im Jahre 1532 zu überwältigen, scheiterte schon im Vorfeld, besonders infolge des erfolgreichen Abwehr-
siegs der Festungsstadt Güns im Burgenland. Die Willenskraft des Sultans und seine Ressourcen reichten nicht aus, ganz Ungarn in Besitz zu
nehmen und in eine für weitere Operationen wirksame Verwaltung zu
überführen, wohl aber zur Verwüstung weiter Teile des Landes, das
nur in einem westlichen Grenzstreifen und im Norden von Ferdinand
von Habsburg behauptet werden konnte. Als auch weitere Kämpfe
zwar zu einzelnen türkischen Schlachterfolgen, nicht aber zu einem
entscheidenden Sieg führten, kam es 1541, bestätigt 1547, zu einer
Teilung Ungarns, in der alle drei am Kampf beteiligten Potenzen,
Habsburg, die Osmanen und die adelig ungarischen Eigenkräfte, ihren
Anteil zugesichert erhielten.

Der ungarische Adel – Magnaten und Kleinadel – hatte sich nach
dem Tode König Ludwigs im zerfallenden Königreich gespalten. Die
«nationale Partei» wählte den ungarischen Magnaten, den Wojewoden
von Siebenbürgen, Johann Zapolya, zum König und konnte diese Wahl
sogar durch die Krönung mit der heiligen Krone in Stuhlweißenburg
legitimieren. Die andere Partei wählte Ferdinand von Habsburg in
Preßburg zum Gegenkönig. Zapolya vermochte sich zu behaupten,
zuerst mit Hilfe des Sultans, sodann durch Verständigung mit Ferdinand auf Grund des Status quo der Machtbereiche. Diese potentielle
Zweiteilung Ungarns wurde, wie bereits erwähnt, zur Dreiteilung, da
Süleyman sein Gewicht in die Waagschale legte. Jede der drei Teilungs-
mächte wurde im wesentlichen mit dem Gebiet abgefunden, das von
ihr bereits de facto besessen wurde: Habsburg erhielt einen Teil Kroa-
tiens, das westlichste und das nördliche Ungarn, d. h. die Karpaten und
das Karpatenvorland bis zum Übergang in die Ebene. In der Mitte, mit
dem Besitz der Hauptstadt verbunden, wurde die türkische Okkupation rechtlich anerkannt, und Siebenbürgen, wo Zapolya 1540 gestorben war, wurde ein selbständiges Fürstentum unter osmanischer Oberhoheit.

Die Dreiteilung blieb, von geringen Änderungen abgesehen, fast
eineinhalb Jahrhunderte in Geltung. Der Südosten Mitteleuropas hatte
seine Geschlossenheit verloren, war aber andererseits in die Lage ver-

setzt, sich zwischen Niederungarn und Kroatien unter habsburgischer Herrschaft zu festigen und im Osten bis zum Karpatenland, wenn auch unter islamischer Hoheit, sein Eigenleben in der gewohnten Verfassung fortzusetzen. Daß diese willkürliche, nur auf Grund der militärischen Augenblickslage festgeschriebene Lösung sehr lange fortbestehen konnte, war darin begründet, daß keine der beiden Seiten, Habsburg mit dem Heiligen Römischen Reich Deutscher Nation auf der einen Seite, die türkische Militärmonarchie auf der anderen Seite, fähig und willens war, den Zustand zu ändern. Es war eine nur halbwegs friedliche Koexistenz auf Zeit, freilich auf lange Zeit.

War also in Südosteuropa gegen Mitte des 16. Jahrhunderts eine dauerhafte, aber nicht auf Dauer angelegte Front zwischen der christlichen und der islamischen Vormacht entstanden, so setzte sich diese auch zur See im Mittelmeer fort. Die Osmanen errangen die Seeherrschaft im östlichen Mittelmeer gegenüber dem niedergehenden Venedig, gegenüber den Habsburgern, den Genuesen und dem Papst. Sie behaupteten diese Vormacht bis zu ihrer großen Niederlage in der Seeschlacht von Lepanto im Jahre 1572.

Hinter den Abgrenzungsfragen von Einfluß- oder Machtzonen stand eine tiefergehende Problematik als nur das Spiel von Gleich- oder Übergewicht zweier Großmachtpotentiale, die beide das Bekenntnis ihrer Religion auf ihre Fahnen geschrieben hatten. Wir haben sie bisher mit den Begriffen «Christenheit» und «Islam» gekennzeichnet. Es muß jedoch gefragt werden, ob diese Ineinssetzung von Macht und Glauben noch oder überhaupt vorwaltende Wirklichkeit gewesen ist.

Auf osmanischer Seite ist, wie betont wurde, der Antrieb zur gewaltsamen Expansion nicht der «Heilige Krieg» zur Ausbreitung der Lehre des Propheten gewesen. Doch sind die Großherrscher, ihre Beamten und Offiziere im Laufe der Zeit zunehmend islamisiert worden, so daß sie sich ihrer religiösen Legitimation über das bloße Erobern um des Eroberns willen hinaus bewußt wurden. Doch blieben sie stets weit davon entfernt, die unterworfenen Christen unbedingt und mit Gewalt zu missionieren, und so lag es auch immer im Bereich des Möglichen und war nicht prinzipiell ausgeschlossen, mit Andersgläubigen Bündnisse einzugehen, wenn es politisch und militärisch zweckmäßig erschien. Auf europäisch-christlicher Seite waren die Ideen des Kreuzzugs, der Heidenbekehrung und sogar der Ketzerausrottung, ungeachtet aller Kontroversen darum, päpstliche und kirchliche Praxis gewesen und sollten es auch im 16. Jahrhundert noch sein. Doch wurde oben schon darauf hingewiesen, daß ein allgemeiner christlich-europäischer Kreuzzug gegen die Türken nicht oder nur unvollkommen hat zustande

kommen können. Die Wirklichkeit war schon im 15. Jahrhundert weit
hinter der idealen Forderung zurückgeblieben. Die Vielfalt der Rivalitäten stand einer gemeinsamen Kraftanstrengung unter dem Zeichen des
Kreuzes entgegen. Im 16. Jahrhundert aber zerbrach die Einheit der
Christenheit und wurde das überwölbende Leitbild einer res publica
christiana durch die Interessenpolitik der modernen «Staaten» abgelöst.
Dem Geist des reinen Staatsdenkens, wie es in Italien entwickelt wurde
und in Machiavellis Schriften gipfelte, entsprach die praktische Politik
König Franz' I., des «allerchristlichsten» Königs von Frankreich, der
sich im Kampf gegen seinen Hauptfeind, Karl V., wiederholt der Hilfe
der Osmanen bediente und sich nicht scheute, just im historischen Moment, als Karl V. den Plan eines europäischen Kreuzzuges gegen die Türken verfolgte, ein Offensivbündnis mit Süleyman zu schließen und damit jegliche christliche Gemeinsamkeit abzutun. Die «Staatsraison»
wurde zur ausschließlichen Richtlinie der Politik. Für den französischen
König wurde der Machtkampf gegen Habsburg um die Hegemonie in
Europa zum obersten Ziel.

Der Kaiser und die Stände des römisch-deutschen Reichs mußten
sich, als die Türkengefahr in den 20er und 30er Jahren des 16. Jahrhunderts beängstigend anstieg, zusammenschließen, um ihre Grenzen zu
schützen. Dies geschah in der Tat, wenn auch unzulänglich und nur
zeitweise. Luther beschwor in diesen Jahren umsonst alle christlichen
Fürsten und Stände, ihre Kraft zum gemeinsamen Türkenkrieg, der für
ihn ein Glaubenskrieg sein sollte, oberhalb aller eigenen Konflikte einzusetzen. Seine Enttäuschung über das Versagen der Verantwortlichen
verblaßte jedoch gegenüber einer Überzeugung, daß die Untaten des
Türken – ebenso wie die des Papstes – Anzeichen der unmittelbar be-
vorstehenden Endzeit seien. Die Schrift werde sich, davon war er überzeugt, erfüllen. «Es muß brechen und ein Ende haben.»

So standen die türkischen Angriffe, die sie nutzende französische
Staatsräson, der vergebliche Appell an die gespaltene Christenheit und
die weit verbreitete, nicht nur von Luther verkündete Überzeugung
vom nahenden Gericht Gottes verworren nebeneinander. Das Leiden
der betroffenen Menschen, vornehmlich in Ungarn, war furchtbar.

«Der Türke», der eine «von zweyen grausamen Tyrannen, welche
sollen für dem ‹Jüngsten Tage› die Christenheit verwüsten und zerstören», verlor für Politiker, die ihn und seine Peinigungen lediglich als
Faktor in ihr politisches Kalkül einsetzten, seinen Schrecken. Es kam
nicht nur zur Koexistenz, sondern zur Einbeziehung des Osmanischen
Reiches in das europäische Staatensystem, das sich nach Osten in den
Machtbereich der «Ungläubigen» ausdehnte.

b) Geistige, soziale und religiöse Bewegungen

Kulturströmungen und Universitäten

«Humanismus», «Renaissance», «Reformation» sowie «Gegenreformation» oder «katholische Reform» sind die Leitbegriffe, mit denen die geistige Unruhe und Bewegungsvielfalt dreier Jahrhunderte bezeichnet zu werden pflegen. Es sind Epochenbezeichnungen der Geschichtswissenschaft des 19. Jahrhunderts, und doch sind sie alle so oder sinngemäß ähnlich schon zu ihrer Zeit verwendet worden. Sie sind in Frage gestellt, diskutiert und unterschiedlich bewertet worden. Sie sind aber alle in ihrem Grundverständnis (schon der Zeitgenossen) bestätigt und sollen also auch hier der Frage zugrunde gelegt werden, ob und wieweit Ostmitteleuropa von ihnen erfaßt worden ist. Die Antwort ist eindeutig: ganz Ostmitteleuropa ist voll in den Zusammenhang der allgemeinen Unruhe des europäischen Geistes jener Zeit, und keineswegs nur – wie im Zeitalter der Mission – rezipierend, einbezogen gewesen. Die Bewegung hat sogar, wie oben aufgewiesen wurde, über die Grenze der Latinität weiter nach Osten ausgestrahlt.

Wie für Europa im ganzen, so gilt auch für seine östlichen Kulturregionen, daß eine vornehmlich geistesgeschichtliche Betrachtungsweise für unser fragendes Interesse unzulänglich sein würde. Die oben genannten geistigen Strömungen sind vielmehr in ihrer ganzen sozialen Fülle sowie in ihrem politischen Wirkungszusammenhang zu begreifen. Dabei ist vor allem als epochentypisch hervorzuheben, daß die Trennung von Gelehrtenstand und illiteratem «Volk» zu relativieren ist. Denn es gab im Stadtbürgertum und im Adel weite Kreise, die in verschiedenen Stufen der Vollkommenheit Schulbildung genossen und damit eine zwischen Gelehrten und Volk stehende lese- und schreibekundige Bildungsmittelschicht darstellten. Dabei ist zu berücksichtigen, daß durch das Medium dieser Schicht, aber auch auf anderen, direkteren Wegen, wie z. B. durch unmittelbares Ansprechen des Volkes in kritischen, oft antiklerikalen Predigten, philosophisch-theologische Thesen und kirchenreformerische Positionen von «Humanisten» und Theologen die Öffentlichkeit erreichten und volkstümliches Nachdenken oder Aufbegehren in Gang setzten.

So sind durch popularisierende Vermittler Kontakte zwischen der Gelehrtenwelt und dem Volk, vornehmlich in den meist noch jungen Städten hergestellt worden. Diese Städte waren im großen Landesausbau entstanden, in den Pestepidemien des 14. Jahrhunderts weithin entvölkert, durch neue Zuzügler wieder aufgefüllt, wirtschaftlich-sozial und religiös beunruhigt worden.

Auf diese schon im 14. Jahrhundert beginnenden Kontakte soll unser Augenmerk besonders gerichtet werden. Denn sie lagen dem Hussitismus, der Reformation und der Gegenreformation zugrunde. Sie setzten also die Beteiligung zunächst vornehmlich bürgerlicher Schichten an öffentlichen Fragen und Entscheidungen in Gang, durch welche die genannten kirchenpolitischen Bewegungen überhaupt erst möglich geworden sind. Zwar spielten sich die geistigen Auseinandersetzungen in Philosophie und Theologie auf einer in sich und nach unten abgeschlossenen Ebene ab. Aber alle diese Bemühungen um neue Wege der Erkenntnis durch Zurückgehen auf die maßgebenden Texte hatten direkt oder indirekt praktisch-politische Folgen, da die Bildungsmittelschicht und sogar der illiterate «gemeine Mann» sich beteiligt fühlten. Es lag nahe, daß es vor allem Fragen der kirchlichen Praxis und kirchenreformatorische Ideen waren, durch welche die vielfältig bewegten Laien angestoßen wurden. Wir werden sehen, daß aus diesem sozialgeschichtlichen Grundsatz – der neuartigen Volksbeteiligung an den Streitfragen um die Kirchenreform – spezifisch ostmitteleuropäische Folgen eintraten, die auf die Nationalitätenprobleme des 19. Jahrhunderts vorausweisen.

Am frühesten und stärksten ist diese Verbindung von gelehrter und volkstümlicher Kritik an Gesellschaft und Kirche in *Böhmen* zustande gekommen. Zwei Gestalten ragen hier beispielhaft für andere schon um die Mitte des 14. Jahrhunderts hervor: ein Deutscher und ein Tscheche.

Konrad von Waldhausen, ein gelehrter Augustiner-Chorherr aus Oberösterreich, der in Italien studiert hatte, wurde 1350 durch einen Besuch in Rom, wie später der junge Luther, von der Entsittlichung und Geldgier der Geistlichkeit tief getroffen, wurde erst in Wien, dann, von Karl IV. selbst gerufen, in Prag zum Sittenprediger in deutscher und, für das Universitätspublikum, in lateinischer Sprache, worauf er von Prager Bettelmönchen wegen Häresie angeklagt wurde und einen (nicht zur Entscheidung gekommenen) Prozeß in Rom über sich ergehen lassen mußte.

Der andere, Milič von Kremsier, Domherr und Berater des Prager Erzbischofs Ernst von Pardubitz, der selbst frühhumanistisch und kirchenreformerisch durchdrungen war, wurde durch eine Predigt Waldhausens «erweckt», legte alle seine Ämter nieder und begann als unermüdlicher Sittenprediger ein Leben in christlicher Armut zu führen, gründete im Dirnenviertel von Prag eine Gemeinde bußwilliger Menschen im Geiste der Urkirche, das «Neue Jerusalem»; auch er endete verfolgt im Konflikt mit dem Papst.

Gewiß waren diese großen Rigoristen nicht typisch für die Alltäglichkeit einer weithin korrumpierten (Ordens-)Geistlichkeit, aber sie waren proto-typisch für ein verbreitetes Mißtrauen und eine kritische Einstellung von Gelehrten gegenüber dem Welt- und Ordensklerus, aus dem sie selbst meist herkamen. Sie fühlten sich getrieben, ihre kritischen Kontroversen nicht mehr nur lateinisch unter sich auszutragen, sondern in der Volkssprache das ungelehrte Volk anzusprechen. (So wurden kleine, aber wachsende und den Zeitgeist ausdrückende Gruppen von Problemen der Schriftauslegung und biblisch begründbarer, christlicher Lebensführung erfaßt.) Laienkritik wurde laut, und gelehrte Theologen gaben Hilfestellung. Eine demutsvolle, den Lokkungen der Welt entsagende Frömmigkeit, die devotio moderna, verbreitete sich, die an die devotio antiqua der Urchristen anknüpfen sollte. Sie ergriff Böhmen ähnlich wie die Niederlande. Von Gelehrten und Predigern wurden Fragen im Volk verbreitet wie etwa diese: darf ein in Todsünde gefallener Priester, der im Konkubinat lebt, predigen oder die Sakramente verwalten? Von da aus war es nur noch ein Schritt, um den Priesterbegriff zu spiritualisieren und damit Priester vom Amt ausgeschlossen, Laien aber, wenn sie christliche Frömmigkeit verwirklichten, eingelassen zu wünschen. Solche Gedanken stellten die Kleriker-Kirche, welche die Laien von der Mitverantwortung ausschloß, von Grund auf in Frage. Wir wissen nicht, wie stark solche Stimmen in der Lebenspraxis schon im 14. Jahrhundert gewirkt haben. Die Gewohnheit des Alltags stützte vermutlich all das, was üblich war, und so versagte die selbst in ihren Bettelorden verweltlichte Kirche gegenüber den harten Geboten des Neuen Testaments, auf das sich alle diejenigen bezogen, die sich abgestoßen fühlten, aufgestört waren, in Todesangst lebten, den Antichrist und damit das Weltende kommen sahen. Es ist kein Zweifel, daß solche Stimmungen weit verbreitet waren. Prag und Böhmen standen offensichtlich mit an der Spitze der Unruhe. Es war nicht zufällig, daß dort wenig später Jan Hus lehrte und daß sich nach seinem Märtyrertod die hussitische Bewegung ausbreitete.

Der Rückzug auf die Urkirche, die ecclesia primitiva, konnte Flucht vor der kirchlichen Verderbnis in die Innerlichkeit oder in die Mystik, aber andererseits auch Ansporn zum Protest und zur Aktion bedeuten. In jedem Falle war die Kirche, wie sie sich im schroffen Gegensatz zur «Imitatio Christi» darstellte, das große Ärgernis für wach beobachtende oder persönlich betroffene Zeitgenossen, besonders zur Zeit des großen Schismas (1378) und der Konzilien mit der Hoffnung auf Reform oder «Reformation» der Kirche im 15. Jahrhundert. Da solche Hoffnungen fortgesetzt fehlschlugen, boten sich immer von neuem

«evangelische» Forderungen auf der Grundlage eines spiritualisierten
Kirchenbegriffs an, oder aber, gegensätzlich dazu, stellte sich Entfremdung gegenüber der Kirche ein, sowohl als Anstalt wie als Institution
verordneten Glaubens. Entfremdung, nicht jedoch Abwendung von
der Kirche gab es naheliegenderweise, besonders in Kreisen der wissenschaftlichen Bewegung.

Die «Humanisten» übten in ihrem «studium humanitatis», dem die
drei «freien Künste» (artes liberales) der Grammatik, der Dialektik
und, an die erste Stelle rückend, der Rhetorik zugrunde lagen, Distanz
zur theologischen Dogmatik, sahen ihre Studien als Weg zur Weisheit
und damit zur Tugend an, wandten sich mehr und mehr der Lektüre
und der Textkritik antiker, lateinischer und griechischer Texte zu und
gelangten schließlich zum Selbstbewußtsein, eine «neue Zeit» durch
Rückgriff auf die Antike herbeizuführen und über diese gar noch hin-
auszustreben.

Humanisten wurden diejenigen genannt, die sich in Studien und Wer-
ken bewährt hatten, welche auf Belesenheit und Gelehrsamkeit in klas-
sisch-antiken Texten beruhten. Sie lebten meist nicht nur im Genuß
einsamer Kontemplation, sondern waren voller Ehrgeiz öffentlich tätig: als Ordensgeistliche, besonders Augustiner-Chorherren, mit Wirkung über ihre Orden hinaus, als Magister und Doktoren von Universitäten, als Mitglieder von Akademien, als Beamte in fürstlichen oder
städtischen Kanzleien, als Hofleute und fürstliche Räte, oft auf der
Wanderschaft, um sich anzubieten oder von Fürsten, Universitäten,
Städten umworben zu werden. So entwuchsen sie häufig der Bindung
an ihre Heimat und bewegten sich im weiten europäischen Netz geistiger und politischer Mittelpunkte. Sie standen als Artisten, Theologen, Juristen und Mediziner in vielseitigen «weltlichen» Tätigkeiten,
im Abstand, aber nicht in ablehnender Feindschaft zur Kirche. Es wäre
kaum zutreffend, sie «freischwebende Intelligenz» zu nennen, da ihre
Stellung und ihr Ansehen nicht nur auf unabhängiger wissenschaftlicher oder künstlerischer Leistung beruhten, sondern Anpassung und
taktisch bestimmte Vorsicht gegenüber ihren Herren erforderten. Sie
waren abhängig, da sie nach gesicherter Alimentation trachten mußten.

Die spezifisch okzidental-europäische Institution für die gelehrten
Studien, die *Universität* (Studium generale), erreichte die Länder Ostmitteleuropas erst in der zweiten Hälfte des 14. Jahrhunderts. Die
wichtigsten Gründungsdaten sind: Prag 1348, Krakau 1364, Wien
1365, Fünfkirchen 1367, Kulm 1386, Ofen 1389. Allerdings kamen die
drei letztgenannten nicht zu dauerhafter Entfaltung. Wollen wir den

mitteleuropäischen Zusammenhang im ganzen ins Auge fassen, so ist
diese Reihe der frühen Gründungen nach Westen, freilich erst von 1386
an, auszudehnen, durch Heidelberg, Köln, Erfurt, Würzburg. Mit
Leipzig (1409) und Rostock (1419) schloß diese erste Gründungswelle
von Universitäten nördlich der Alpen ab. Sie wurde später durch weitere Anstöße im Geiste des Humanismus, z. B. Tübingen, Frankfurt an
der Oder, Wittenberg; der Reformation, z. B. Marburg, Königsberg,
Jena; der Gegenreformation, besonders Wilna (1579) und Graz (1586),
fortgesetzt.

Diese in Prag beginnenden Gründungen sind für Ostmitteleuropa
von epochaler Bedeutung gewesen. Denn sie führten eine neue Stufe
der latein-europäischen Durchdringung des Raumes herbei. Die Bedeutung dieser neuen Stufe wird in ihrem vollen Gewicht wahrgenommen, wenn wir uns klarmachen, daß die «Generalstudien» der Genos-
senschaften (universitates) von Magistern und Scholaren, wie sie sich
seit dem 12. Jahrhundert zuerst in Italien und in Paris ausgebildet
hatten, spezifisch abendländisch gewesen sind. Im Unterschied zu den
Schulen höherer, d. h. schriftgelehrter Bildung in den Hochkulturen
der Erde, einschließlich der byzantinisch-russischen Welt, genossen
und erkämpften sie sich (trotz aller anerkannten Bindung an die Kirche) einen relativ unbeschränkten Raum geistiger Freiheit und unabhängiger Selbstverwaltung. Das «Studium» war eine europäische Le-
bensform sui generis, Ausdruck okzidentaler Unruhe, Rationalität und
Modernität, deren sich die frühen Humanisten durch die Identifizierung mit dem Begriff der «via moderna» bewußt gewesen sind. Die
philosophische Bewegung, die philologische Textkritik und die Erweiterung der Textgrundlagen auch in der Jurisprudenz und der Medizin –
all das war in den Universitäten institutionalisiert, und diese erwiesen
sich bis zu einem erlaubten oder begrenzt von ihnen usurpierten Grade
als geeignet für geistige Freiheit. Daß diese infolge starken, durch Reformation und Gegenreformation noch verstärkten Drucks von Kirche
und weltlicher Obrigkeit auf die in ihrer Subsistenz abhängigen Professoren nicht ausreichte, um die moderne Wissenschaft, besonders die
Naturwissenschaften (scientia) ledig aller Rücksichten auf ihren unabhängigen Weg zu bringen, das zeigt die Grenzen der Universitätsge-
lehrsamkeit an, mindert aber nicht die außerordentliche Bedeutung für
das theoretische Studium und die Praxis einer sich in einer ersten Stufe
verwissenschaftlichenden Welt.

Vom 12. bis zum 14. Jahrhundert wanderten die an Zahl zunehmenden Scholaren aus dem Norden und Osten Europas vornehmlich an die
oberitalienischen Universitäten, z. T. auch nach Paris, um sich dem

Studium zu widmen und womöglich einen Grad zu erwerben. Daß der nord- und ostalpine Raum Europas erst zwei Jahrhunderte nach dem Aufblühen der Studien in Italien seine ersten Universitäten erhielt, war eine Folge aus dem Entwicklungsgang der Geschichte Europas. «Roma» und «Gallia» waren nun einmal schon in der Antike und dann erneut im Frühmittelalter wirtschaftlich und kulturell ausgebaut worden. Die Dichte ihrer Städte und damit ihrer Bildungseinrichtungen hatte seit langem eine Höhe erreicht, die den jüngeren europäischen Ausbaugebieten weit vorausging. So besaßen sie mit erheblichem zeitlichem Vorsprung ein hohes Potential für das Studium und hatten auch – man denke an die italienischen Stadtrepubliken – einen relativ hohen Bedarf an Theologen, Juristen, Medizinern und Lehrern gelehrter Ausbildung. Solche Bedürfnisse stellten sich, nachdem der große Landesausbau mit der Stadtentwicklung an sein vorläufiges Ende gekommen war, auch im mittleren und östlichen Europa ein. Dieses Ende fiel genau zusammen mit dem Gründungsjahr der Universität Prag und zugleich mit der ersten großen Pestepidemie in Europa.

Der den Herausforderungen seiner Zeit kongeniale Karl IV. hat die Stunde der Universität ebenso erkannt wie nach ihm und seinem Beispiel folgend Kasimir der Große von Polen, Ludwig der Große von Ungarn und der Habsburger, Herzog Rudolf IV. von Österreich. Zugleich und im inneren Zusammenhang mit der großzügigen Stadterweiterung Prags durch die Anlage der Neustadt stand für Karl die Gründung seiner Universität, die von ihm böhmisch, deutsch-imperial und europäisch begriffen worden ist. Alle drei Aspekte wurden vom König selbst ausdrücklich ausgesprochen. Die Universität war, wie in der Gründungsurkunde gesagt wurde, eine hohe Schule des Königreichs Böhmen. Sie sollte den Landeskindern, aber auch Studenten und Magistern aus allen Ländern Europas zum Studium offenstehen. Der Papst gab die Erlaubnis, daß an allen vier Fakultäten gelehrt und akademische Grade erteilt werden durften. Der Landesherr, Karl IV., stiftete die Universität als Einrichtung seines Landes Böhmen. In seiner Eigenschaft als römischer König – noch war er nicht zum Kaiser gekrönt – bestätigte er im Jahre 1349 in Eisenach seine Stiftung und nahm sie in des Reiches Schutz, wie er dies auch für andere, neu gegründete Universitäten in Italien während seiner Regierungszeit getan hat.

Die europäische Einbettung der Stiftung ist nicht nur daran erkennbar, daß in der Gründungsurkunde Wendungen des Privilegs Kaiser Friedrichs II. für die Universität Neapel (1224) wörtlich übernommen, ohne daß sie als solche erwähnt wird, sondern auch darin, daß die Universitäten Bologna und Paris als Verfassungsvorbilder ausdrücklich

genannt worden sind. In der Tat sind die Grundstrukturen dieser beiden Universitäten auf Prag übertragen, wenn auch im einzelnen verändert worden. Dies folgte aus der Unterschiedlichkeit ihrer Entstehung. Während die beiden alten Universitäten sich als geschworene
Einungen aus sich heraus entwickelt hatten, wurde Prag durch einen
fürstlichen Willensakt «gegründet». Es wurde damit zum Modell aller
weiteren mitteleuropäischen Universitäten, die in ihrer Mehrzahl
fürstliche, zu einem kleinen Teil auch städtische Stiftungen gewesen
sind.

Die neue Universität, die nach Anfangsschwierigkeiten erst in den
60er Jahren voll entfaltet wurde, gewann schnell einen weiten Einzugsbereich für Studenten und Professoren. Das kam in der für die Selbstverwaltung konstitutiven Einrichtung der Studenten-«Nationen» zum
Ausdruck. Dieser schillernde Begriff drückte zwar nicht sprachliche
oder landsmannschaftliche Einheiten aus, war aber doch auch nicht frei
von ethnisch-nationaler Beimischung. Die Prager «Nationen» wurden
räumlich gegliedert. Ihre Bezeichnungen, denen Völkernamen zugrunde gelegt wurden, wiesen in die vier Himmelsrichtungen, so daß
jeweils ein Herkunftsraum gemeint war, der weiter reichte, als durch
die Namen der bayerischen, sächsischen, polnischen und böhmischen
Nation ausgedrückt war. Die böhmische Nation z. B. umfaßte Tschechen, böhmische und österreichische Deutsche und Ungarn madjarischer, deutscher und kroatischer Herkunft. Auf den ersten Blick
könnte es so scheinen, als ob durch diese Einteilung Sprach- oder
Volkskonflikte ausgeschlossen gewesen seien. Tatsächlich aber wurden
diese, besonders in der «böhmischen Nation», geradezu herausgefordert. Die Tschechen, die seit der deutschen Einwanderung nach Böhmen und Mähren ein empfindliches Nationalgefühl entwickelt hatten,
sahen sich gern als die erste und eigentliche Landesnation an, fühlten
aber diese Stellung bedroht durch das Übergewicht der Deutschen. Da
sie in den böhmisch-mährischen Städten, besonders in Prag und an der
Prager Universität, gegen Ende des 14. Jahrhunderts an Zahl wuchsen
und ihren Anteil verstärkten, beanspruchten sie ein zunehmendes Gewicht in der Universität. Das hieß: mehr Stellen für gesicherte Alimentation in den Wohngemeinschaften der «Kollegien». Im Jahre 1384 kam
es nach einem Auszug von Theologen der Universität nach Wien, wo
eine theologische Fakultät neu vom Papst genehmigt worden war, zu
heftigen Auseinandersetzungen, in deren Verlauf die Forderungen der
Tschechen weitgehend berücksichtigt wurden. Ein Auszug von 24
Graduierten an die just gegründete Heidelberger Universität war die
Folge.

Prag wurde seit den 6oer Jahren des 14. Jahrhunderts zur Pflanzstätte zahlreicher Baccalauren und Magister, die – sei es auf Grund von Berufungen, sei es infolge der nationalen Konflikte – von Prag an die weiteren, neu gegründeten Universitäten gingen. Heidelberg (1386), Wien (1365, 1384) und Krakau, das zwar schon 1364 gegründet wurde, dann aber verfiel und erst im Jahre 1400 als volle Universität aller Fakultäten neu und erfolgreich eröffnet wurde, standen dabei an erster Stelle. Köln (1388), Erfurt (1392) und vor allem Leipzig (1409), das seine Entstehung dem großen Exodus deutscher Professoren und Studenten aus Prag verdankte, traten hinzu. Fügen wir dem Bild die Beziehungen der ostmitteleuropäischen Universitäten zu Paris, besonders aber zu Padua und anderen italienischen Universitäten hinzu, so bietet sich uns ein lebhaft begangenes Verkehrsnetz der neuen nordalpinen Hochschulen dar, in dem Prag mit der hohen Zahl von etwa 2000 Studenten gegen Ende des 14. Jahrhunderts der Mittelpunkt war, wenn es auch infolge der nationalen Kämpfe und wenig später auch durch den Ausbruch der Hussitenkriege in seiner Stärke und Ausstrahlungskraft zurückfiel.

Schließlich ist hervorzuheben, daß die zunehmende Dichte der Universitäten Mitteleuropas, die sich im 15. Jahrhundert weiter fortsetzte, dazu beitrug, daß die Einzugsgebiete der Universitäten schrumpften und diese zunehmend, wenn auch nie ausschließlich, zu Ausbildungsstätten für Landeskinder der an Kirchen- und Staatsdienern interessierten Landesfürsten wurden.

Im übrigen war die Ausbreitung der Universitäten nach Osten begrenzt. Krakau blieb, besonders im Hinblick auf Litauen und die ruthenischen Randgebiete, aber auch auf Ungarn, die am weitesten nach Osten vorgeschobene Universität. Wien und Prag strahlten weit nach Südosten aus. Dagegen konnten Neugründungen wie Fünfkirchen (1367) durch Ludwig den Großen von Ungarn und Kulm im Ordensland Preußen (1386) nicht am Leben gehalten werden.

Die neuen Universitäten Mitteleuropas sind zwar alle von Landesherren oder städtischen Obrigkeiten gegründet und durch die Verbindung von «Studium» und «Amt» in deren Dienst gestellt worden. Aber sie waren alle mehr als nur Landesbildungsanstalten, denn sie konnten nur mit ausdrücklicher päpstlicher Genehmigung gestiftet werden und sollten damit noch Teil der ersten, bisher einzigen und allgemeinen Institution für die höhere Bildung, der Kirche, sein. Das galt auch dann, wenn sie, wie anfangs Wien und Krakau, bedingt durch das Mißtrauen der Kurie gegenüber schwer kontrollierbarer Diffusion der theologischen Lehre, ohne theologische Fakultäten gegründet wurden. Damit ist die Zwiespältigkeit der institutionalisierten Theologie angedeutet. Diese konnte vom Papst nur dann kirchenpolitisch als Gewinn angesehen werden, wenn die Lehre dem kurialen Zentralismus nutzbringend eingefügt werden konnte, nicht aber, wenn die Universitäten zu Diskussionsstätten bis hin zur Lehrfreiheit für «ketzerische» Anschauungen wurden. Die kritische Bewegung an der Universität Prag mußte als ein warnendes Beispiel angesehen werden. Daß «Studium» und «Sacerdotium» in ein Spannungsverhältnis gerieten, das konfliktgeladen war, ist unausweichlich gewesen. Damit war von Anfang an ein Problem gegeben, das auch für die weitere Zukunft nicht beseitigt werden konnte: eine verordnete Dogmatik, die kirchenrechtlich einklagbar war und in den Ketzerprozessen der Inquisition auch tatsächlich eingeklagt worden ist, einerseits, wissenschaftliche Interpretationsfreiheit ohne Rücksicht auf vereinheitlichende Direktiven andererseits.

Kam es aber zu Anklagen wegen «Häresie» oder «Ketzerei», dann konnte und sollte sich das nicht intern innerhalb der klerikalen Hierarchie und Theologie abspielen; vielmehr ging die Wirkung notwendigerweise in eine breite Öffentlichkeit hinein. Ketzerprozeß und Ketzerverfolgung berührten die Universitäten, betrafen aber die Öffentlichkeit im ganzen. Es war das Signum der Epoche, daß diese Öffentlichkeit nicht nur den Kaiser, die Fürsten und zugehörigen Führungsträger, sondern auch Adel, Bürger und Bauern, in letzter, christlich begründeter Konsequenz *alle* Menschen umfaßte. In der Sicht der Kurie und (überwiegend) der hohen Geistlichkeit war es gefährlich, daß der Funke von theologischen Lehrauseinandersetzungen in das öffentliche Leben übersprang, um so mehr, wenn die Menschen «draußen» bereits kirchenpolitisch empfindlich waren. Dann trafen theologische Libertät und Zorn des «Volkes», wieweit auch immer dies sozial begriffen werden mag, zusammen. Der verbindende Grundgedanke war, daß Christen die christliche Botschaft ernst nehmen sollten, daß die gegenwärtig sichtbare Kirche verderbt sei und daß die Lösung nur darin bestehen müsse, allein Christus als den maßgebenden Führer anzuerkennen, ihn im Glauben und in der Moral zum Vorbild zu nehmen und zu den Lebensregeln der Urkirche zurückzukehren.

Derartige Gedankengänge und Protesthaltungen waren im 14./15. Jahrhundert in Europa verbreitet. An zwei Stellen führten sie auf Grund jeweils besonderer Bedingungen zur offenen Äußerung, zu Protestwellen, Aufruhr und Machtkampf mit der gesatzten Kirche: in England und in Böhmen/Mähren.

In England wurden die auf Bibel, Urkirche und Augustinus bezo-

genen Grundgedanken christlicher Armut durch John Wyclif (etwa
1320–1384) in der Universität Oxford theologisch entwickelt, im
Pfarramt verkündet und durch Wanderprediger weit ins Volk getragen.
Wyclif wurde in London verurteilt und danach praktisch ausgeschaltet,
wenn auch nicht exkommuniziert oder gar getötet. Seine Lehren wurden durch den Bauernaufstand von 1381 diskreditiert und nach auf-
und niedergehender Erweckungswelle nicht angenommen. Beispielge-
bend war Wyclifs Bibelübersetzung in die englische Volkssprache.

Die hussitische Bewegung

Ähnlich und doch extremer, dauerhafter und gewaltsamer spielten sich
kurz darauf die Vorgänge in Böhmen und Mähren ab, eigenständig
entwickelt, aber durch Wyclifs Lehre, die durch Studenten zwischen
Prag und Oxford vermittelt wurde, beeinflußt. Daß es im Gegensatz
zu England in Böhmen und von Böhmen ausgehend zu lang andauernden Unruhen mit weiterreichenden Wirkungen kam, ist als Ergebnis
einer Kette von sich steigernden, erregenden Herausforderungen anzusehen, die allerdings nicht zufällig auftraten, sondern nur auf dem Boden einer vielfältig verursachten Krise in Böhmen und Mähren erwach-
sen konnten. Die allgemeine Wirtschaftsdepression der zweiten Hälfte
des 14. Jahrhunderts, von der oben die Rede gewesen ist, hatte Böhmen, besonders seine Städte, stark erfaßt; die nach dem Tode Karls IV.
wieder und verstärkt das Land belastende Krise der inneren Ordnung,
vornehmlich im Verhältnis von König und zweigeteiltem Adel; die
latente und oft genug offen hervorgetretene Spannung zwischen
Tschechen und Deutschen, deren städtische Mehrheiten nach und nach
an die Tschechen übergingen oder überzugehen drohten; die Beunru-
higung durch die noch ungewohnte und konfliktgeladene Universität
Prag und nicht zuletzt die antiklerikale Stimmung im Adel und im Volk
gegenüber der immer wieder aufreizenden Weltzugewandtheit der Kirche, die mindestens ein Drittel des böhmischen und mährischen Landes
als Grundherrin besaß – all das lag jener langen Reihe provozierender
Ereignisse zugrunde, die vor und nach 1400 nicht allein die 30 – 40 000
Einwohner der vier Prager Städte – Hradschin, Kleinseite, Altstadt,
Neustadt –, sondern auch die in relativ großer Dichte über das Land
verteilten Städte und sogar das Landvolk erregten. Es ist also ein sehr
mannigfaltiges Bündel von Faktoren zu berücksichtigen, wenn man
die Wirkung von Jan Hus und die später nach ihm genannte Bewegung
der «Hussiten» erklären will. Angesichts dieser Vielfalt muß davor
gewarnt werden, die böhmischen Unruhen, die neuerdings mehr und
mehr als «Revolution» bezeichnet werden, durch einseitige Kausali-

tätszuweisung begreifen zu wollen. Das Phänomen des «Hussitismus» «marxistisch» oder «bürgerlich» zu deuten, ist im Grunde eine nicht mehr tragfähige und damit überholte Alternative. Der Zwang zur quellenkritisch geschärften, wertfreien historischen Analyse hat sich immer stärker durchgesetzt, und diesem Trend fühlt sich auch unsere Einordnung des Hussiten-Problems verpflichtet.

Die Ereigniskette begann in der böhmischen Hauptstadt zu Beginn des 15. Jahrhunderts in einer Atmosphäre, die gemäßigt kirchenreformerischen Bestrebungen einen gewissen Spielraum ließ, sowohl bei König Wenzel, der im Jahre 1400 von den deutschen Kurfürsten als römischer König abgesetzt worden war und trotz seiner Unfähigkeit als national-böhmisches Symbol gegen seine Rivalen Ruprecht von der Pfalz und später seinen Bruder Sigismund Sympathien im Lande fand, als auch beim Erzbischof, bei Adeligen, die auf den Besitz von Kirchengut spekulierten, bei der Bürgerschaft und in der von den Lehren Wyclifs durchdrungenen Universität. Doch der Streit um die Anerkennung oder Verwerfung dieser Lehren spitzte sich zu und verband sich mit dem wachsenden Gegensatz zwischen den Deutschen – die überwiegend gegen – und den Tschechen, die stärker für Wyclif eingestellt waren. König Wenzel, dessen aktuell politisches Interesse gegen den Papst stand, wünschte die Universität für sich zu gewinnen und kam deswegen den tschechischen Magistern zu Hilfe. Im sog. Kuttenberger Dekret (1409) änderte er die Mehrheitsverhältnisse im Senat der Universität. Die böhmische Nation sollte hinkünftig drei Stimmen, die andern drei Nationen zusammen aber nur eine Stimme erhalten. Darauf verließen etwa 60 deutsche Magister mit rund 1000 Studenten Prag und wechselten vorwiegend zur neu gegründeten Universität Leipzig über. Das gab den Anhängern Wyclifs noch einmal Oberwasser. Kirchenreform und tschechische Nationalpolitik hatten sich deutlich verbunden. Im Kuttenberger Dekret und den ihm folgenden Streitschriften flossen der territorial bestimmte Nationsbegriff und ein sprachlichethnischer ineinander. Der böhmischen (tschechischen) natio wurde die natio teutonica gegenübergestellt. Die Gleichung von National- und Kirchenpolitik ging zwar in den folgenden Jahrzehnten des Kirchenkampfs nie völlig auf, blieb aber doch ständig wirksam. Das wurde gleich zu Beginn, im Jahre 1409 personifiziert sichtbar: Jan Hus, tschechischer Bauernsohn und Magister der Theologie, trat in der entscheidenden Stunde in den Vordergrund. Er wurde durch den verstärkten Druck von außen nach vorn gestoßen. Doch gleich zu Beginn des Kampfes erlitt er seine entscheidende Niederlage, als auf Weisung des Papstes die Schriften Wyclifs abgeliefert werden mußten und auf Befehl des Erzbischofs im Sommer 1410 verbrannt wurden. Hus widerstand öffentlich. Er wurde zum Führer und zur Symbolfigur. Sein Forum war nicht nur die Universität, sondern mehr noch, mit großer volkstümlicher Breitenwirkung, die Betlehemskapelle, in der er seit 1402 die Universitätspredigerstelle innehatte und in tschechischer Sprache predigte. Der Widerstand war von ihm jedoch nie offensiv, sondern defensiv im Sinne des Festhaltens an einer Position gemeint, die ihm sein Gewissen vorschrieb. Der Konflikt wurde schnell hochgetrieben. In Prag stieg die Erregung. Die Grundlagen wurden diskutiert – «römisch» gegen «evangelisch»; Predigten lösten Demonstrationen aus. Es gab Todesurteile; sie wurden vollstreckt. 1411/12 wurde Hus der Prozeß gemacht, er wurde gebannt und schließlich durch Interdikt am Predigen verhindert. Er mußte Prag verlassen und auf Adelsschlössern im Süden des Landes Schutz suchen. Er isolierte sich durch seine öffentliche Berufung auf Christus als den einzigen, der Repräsentation durch den Papst nicht bedürfenden Führer und verlor die meisten seiner bisherigen Helfer, die Fakultät, den König und manche alten Freunde, wußte sich aber nach wie vor der Zustimmung breiter Kreise in der Hauptstadt sicher. In seiner Zwangslage schlug er einen Weg ein, der ihm als letzte Rettung oder als große Hoffnung erscheinen mußte, den Appell an das in Konstanz zusammentretende Konzil. Ermutigt durch die Zusicherung freien Geleits durch den römischen König Sigismund reiste er zur Stadt an den Bodensee, wo er unter Bruch des Schutzversprechens eingekerkert wurde. Seine Hoffnung, sich auf dem Konzil gegen falsche Anschuldigungen zur Wehr setzen und eine Reform *innerhalb* der Kirche, wie er meinte, zum Wohl der Kirche verteidigen zu können, schwand dahin. Der Prozeß war entschieden, ehe er begonnen hatte. Es gab nur die Alternative: Widerruf alles dessen, was Hus wirklich oder angeblich gesagt und geschrieben hatte, oder das Todesurteil. Hus berief sich auf Christus und sein Gewissen; er blieb trotz aller Torturen, die ihm zugemutet wurden, standhaft und starb in den Flammen des Scheiterhaufens. Sein Freund Hieronymus von Prag erlitt ein Jahr später das gleiche Schicksal.

Hussens Tod forderte sofort den Protest des sich als Nation betroffen fühlenden und materiell interessierten Adels des Landes, fast einhellig, heraus. Auf einem rasch einberufenen Landtag kam in scharfer Form das gekränkte Bewußtsein der böhmischen Nation vorwiegend tschechischer Zunge zum Ausdruck. Es blieb aber nicht beim bloßen Protest. Die versammelte Mehrheit des Landesadels forderte vielmehr nichts anderes als eine von Rom unabhängige Landeskirche, die ihren Erzbischof und ihre Bischöfe nur dann anerkennen sollte, wenn auch diese dem «Gesetz Gottes», d. h. der Richtung einer reformierten Kirche Folge leisteten.

Tschechischer Landes- und Sprachnationalismus haben auch in allen Schichten des Volkes und ein wenig später im Heere der «Hussiten» immer wieder eine erhebliche Rolle gespielt, und die Deutschen des Landes haben darunter schwer zu leiden gehabt. Doch ist demgegenüber festzuhalten, daß auch die böhmisch-mährischen Deutschen sich in Reiz und Gegenreiz sprachnational hervortaten und daß die Deutung der Hussitenkämpfe als eines einseitig von tschechischer Seite hart geführten Volkskrieges nicht aufrechterhalten werden kann. Die «Massen» wurden mit Vorrang von religiösen, kirchenpolitischen und sozialen, erst in zweiter Linie zusätzlich von nationalen Beweggründen getrieben, und die Grundanliegen des sog. Hussitismus entsprachen, die Nationen gewissermaßen unterwandernd, einer verbreiteten Stimmung in Europa. Was sich in den ersten vier Jahren nach dem Tode von Hus in Böhmen und Mähren abspielte, kann also nicht einseitig spirituell-religiös, sozio-ökonomisch oder national gedeutet werden. Es erscheint vielmehr wie ein Syndrom, in dem diese Antriebe zusammenwirkten und wellenartig eine weitreichende Stimmung der Kritik und der Reformhoffnung im Gegensatz zur (kirchlichen) Obrigkeit hervorriefen. Diese Tendenz ist aber nicht einheitlich gewesen und entbehrte einer klaren Führung in programmatischer Hinsicht.

Eine Forderung stand aber von 1414 an plötzlich allgemein im Vordergrund, wirkte eingehend für alle disparaten Kräfte und wurde trotz aller vom Konzil ausgesprochenen und obrigkeitlich übernommenen Verbote schier hemmungslos verwirklicht: die Darreichung des Abendmahls «sub utraque specie», «unter beiderlei Gestalt». Die entgegen der urkirchlichen Praxis von der Papstkirche eingeführte Ausschließung der Laien vom Genuß des Kelches wurde verworfen. Nicht Hus, sondern der radikalere Reformer Jakobellus von Mies ist der Initiator dieses Utraquismus gewesen. Von 1415 bis 1417 ging eine Pfarrkirche nach der andern zuerst in Prag, dann in weiten, jedoch nicht allen Teilen des Landes, zur Kelchkommunion über. Der Kelch wurde zum Zeichen christlicher Brüderlichkeit im Gegensatz zum biblisch verwerflichen Gebrauch des Kelchs allein durch den geweihten Priester. Es ist erstaunlich, wie in wenigen Jahren gegen die machtlosen Autoritäten von Landesfürst und Erzbischof, eigenwillig und der Zustimmung gewiß, die bestehende Klerikerkirche, wie es schien, über den Haufen geworfen wurde und eine neue böhmische Landeskirche im Keim entstand, die auf die Prinzipien des Bibelwortes, der Laienbeteiligung und der Kelchkommunion aufgebaut war. Der Adel des

Landes machte sich, wie wir sahen, zum Sprecher dieser Tendenz in der Hoffnung, die Bewegung unter Kontrolle zu halten, und die Universität schloß sich nach anfänglichem Zögern 1417 an. Doch die Bewegung war nicht mehr von den Führungskräften – Adel, Universität, Prager Bürgertum – unter Kontrolle zu halten. Das gemeine Volk, städtischer Mittelstand und Bauern, bis hin zum «Mob», wenn es zu Unruhen kam, wurde erregt und ließ sich zu direkten Aktionen hinreißen, wenn es z. B. darum ging, die Pfarrer einer Kirche durch hussitische Priester zu ersetzen. Die aufkommende Bezeichnung «Hussiten» wurde dabei herabsetzend von außen, kaum als Selbstbenennung verwendet. So stark die volkstümliche Welle für die reformierte Kirche und ihr Symbol, den Kelch, auch gewesen ist, so hat sie doch nicht einheitlich das ganze Land erfaßt. Der Gegenschlag wurde alsbald geführt und tat seine Wirkung. 1417 schloß der Erzbischof solche Priester, die sich zu Wyclif und Hus bekannten, von der Ordination aus. Der Kampf um die Kanzeln steigerte sich mit Erfolgen und Mißerfolgen auf beiden Seiten. In den adeligen Grundherrschaften wurden vielfach Pfarrkirchen mit der Begründung hussitisch umgewandelt, daß der adelige Kirchenpatron zu solchem Eingriff berechtigt sei. Das ging mit Einziehung kirchlichen Grundbesitzes einher. Auf der andern Seite widerstand die Papstkirche der Hussitenwelle vielfach mit Erfolg. Wurden aber Kirchentüren für Ketzer geschlossen, so reizte das zum offenen Protest. Ausdruck dessen waren die Gottesdienste und demonstrativen Versammlungen «auf den Bergen». Dort wurde die Erregung auf die Spitze getrieben; alte Volkshäresien, wie sie z. B. von den Waldensern auch in Böhmen verbreitet worden waren, lebten wieder auf, bis hin zum fanatisierenden Chiliasmus. Die Erwartung unmittelbar bevorstehender Endzeit zum Tag des Zorns und des Gerichts, wurde durch die Situation um 1419/20 in ihrer extremen Version, der Vorstellung vom Anbruch des tausendjährigen Reiches, herausgefordert, besonders nachdem das für den 14. Februar 1420 vorausgesagte Weltende nicht eingetreten war. Im dritten und letzten Zeitalter der tausendjährigen Herrschaft des Geistes sollte es, wie Joachim von Fiore und seine Nachfolger verkündet hatten, nur noch gläubige freie Menschen in einer von Sünde und Unrecht befreiten Welt geben, die durch die (unsichtbare) Wiederkehr Christi eingeleitet würde.

Darauf durch einen sündenlosen Lebenswandel hinzuwirken und sich selbst als auserwählt zu betrachten, davon waren die chiliastisch Ergriffenen erfüllt. Sie waren bereit, ein weltabgewandtes Leben von Heiligen eigentumslos in brüderlicher Gemeinschaft als Nachfolger Christi unter dem Gesetz Gottes zu führen. Zum Ort der kurzlebigen

Verwirklichung dieses Ziels wurde die von gläubigen Brüdern und Schwestern aus wilder Wurzel gegründete, aufgebaute und befestigte Stadt, die den Namen des biblisch überlieferten Berges Tabor erhielt, auf dem der Überlieferung nach die Verklärung Christi stattgefunden haben sollte. Die Stadt wurde zum Sammlungs-, Zufluchts- und Führungsort der «Erweckten», die sich unter Wortführung hussitischer Theologen aus der bäuerlich-bürgerlichen Mittel- und Unterschicht zusammensetzten. Die Ausstrahlungskraft der heiligen, rasch mit starken Befestigungsmauern umgebenen Stadt war groß. Die «Taboriten» waren in ihren Glaubenslehren nach außen kompromißlos und fanatisch, politisch aber, wie es die Lage gebot, der adeligen, großbürgerlichen und gelehrten Oberschicht gegenüber bündnisbereit. Die Führungsrolle Prags ist ihnen klar gewesen.

Dort hatte sich im Sommer und Herbst 1419 die Lage gefährlich zugespitzt. Im Planungszusammenhang mit den Führern der radikalen Bewegung im Lande ließ der entlaufene Prämonstratensermönch Jan Želivsky, der in Prag zum volksreligiösen Demagogen geworden war, seine Predigt in der Kirche Maria im Schnee, von militanten Kraftsprüchen des Alten Testaments strotzend, zum Anlaß einer gewaltsamen Aktion werden. Sie sollte die Machteroberung Prags durch die radikalen Hussiten einleiten. Želivsky schritt dem großen Demonstrationszug mit der Monstranz in der Hand voran. Das Neustädter Rathaus wurde besetzt, und zehn der anwesenden Ratsherren und Bürger wurden aus dem Fenster zu Tode geworfen. Die Ratsherren wurden im hussitischen Sinne ausgewechselt, das königliche Militär zog sich kampflos zurück. Die übrigen Städte Prags waren gefährdet. König Wenzel wagte zunächst keine Kraftprobe. Er starb kurz darauf infolge eines apoplektischen Anfalls. Die Machtfrage in Prag verband sich nun mit dem Problem der Königsnachfolge, die von dem erbberechtigten Bruder Wenzels, Sigismund, beansprucht wurde. In Prag sah sich Želivsky nicht in der Lage, den Sieg im Neustädter Rathaus sogleich auszunutzen. Auf dem Hradschin standen die Truppen des Königs. Aber Želivsky war überzeugt davon, daß der große Erfolg kommen werde. Er predigte: «O utinam nunc tempore isto Praga civitas esset forma omnibus credentibus, non solum in Moravia sed in Ungaria, Polonia, Austria, ...» In solchen Worten kam das über Böhmen hinausweisende missionarische Bewußtsein zum Ausdruck, das potentiell hinter aller hussitischer Bewegung gestanden hat.

Aufgeschreckt durch den plebejischen Aufruhr in Stadt und Land schlossen die Prager Stände mit der katholisch-königlichen Partei einen Waffenstillstand. Beide Seiten waren daran interessiert, die Gefahr von unten einzudämmen. Dies Ziel war trotz der steigenden Kampfkraft der radikalen Hussiten von Tabor, Pilsen, Königgrätz und anderen festen Plätzen aus nicht ohne Erfolgsaussicht. Doch änderte sich die Lage im Frühjahr 1420 von Grund auf, als bekannt wurde, daß König Sigismund und der Papst einen «Kreuzzug» gegen das ketzerische Böhmen vorbereiteten. Diese Gefahr zwang die zerstrittenen Hussiten zusammen. Auf ihrer Landesversammlung in Prag im April 1420 schlossen sie ein Verteidigungsbündnis und verkündeten die vier Prager Artikel, die fortan als gemeinsame Grundlage des kirchenpolitischen Kampfes angesehen werden sollten. Sie enthielten die Forderung 1. des Abendmahls in beiderlei Gestalt, 2. der freien Predigt des Bibelworts, 3. der Abschaffung allen Pomps und Aufwands der Priester zugunsten eines einfachen, vorbildhaften Lebenswandels, 4. der Verhinderung der öffentlich üblichen Todsünden, auf daß ein allgemein einwandfreies Moralverhalten zum Wohle des Landes verbindlich würde. Die Formulierungen dieser Artikel ließen sich in recht verschiedenen Richtungen auslegen. Von einer wirklichen Einigung der patrizischen und der plebejischen Richtung des Hussitismus konnte keine Rede sein.

Immerhin hatte die Prager Vereinbarung der Hussiten aber bewirkt, daß das königliche Heer, das Prag einnehmen sollte, durch die Truppen der Hussiten, darunter bereits ein für die Schlacht entscheidendes taboritisches Kontingent unter Führung Zizkas, geschlagen wurde. Der Kreuzzug scheiterte vollständig. Nach dem Sieg wurde Prag durch die dort zunächst noch stehenbleibenden Truppen Zizkas terrorisiert. Es zeigt sich von neuem, daß in dem nun immer wieder ausbrechenden Krieg sich nicht zwei Gegner, die Truppen des Königs und die des Hussitismus, gegenüberstanden, sondern drei: das Volksheer der Taboriten, die Truppen des Königs und dazwischen die gefährdete und gequälte Hauptstadt.

In den folgenden Jahren wütete der Krieg, aus dem sich der Hochadel übrigens soweit wie möglich herauszuhalten suchte. Zwischen 1420 und 1431 erschienen fünfmal starke Kreuzzugsheere in Böhmen. Sie wurden alle durch die Hussiten geschlagen. Während der Chiliasmus und der moralische Rigorismus der Brüdergemeinden schnell dem Zwang der menschlichen Natur und der wirtschaftlichen Existenzerfordernisse erlagen, wurde das Volksheer der Taboriten hoch entwickelt und durch seine Schlagkraft zum entscheidenden Träger der Abwehr der von außen eingesetzten Heere.

Die Überlegenheit des Taboritenheeres beruhte zuerst und vor allem darauf, daß es kein Söldner-, sondern ein Glaubensheer von «Erweckten» gewesen ist, ferner darauf, daß es taktisch und technisch in stren-

ger Ausbildung zu starker Disziplin erzogen war, daß es zusammen-
blieb oder mindestens stets verfügbar war, daß es sich ungewohnter
Waffen bediente, geschickt gehandhabte Dreschflegel ebenso wie Feu-
erwaffen, bis hin zum kleinen Geschütz der «Haubitze». Dem Heer der
«Auserwählten» ging bald der Ruf voraus, unwiderstehlich zu sein.
Mit dem Choral «Wir, die wir Gottes Streiter sind», unter dem Banner
mit dem Bild des Kelches zogen die Bauernkrieger in den Kampf.
Nach dem Tode des erblindeten Zizka übernahm Prokop, ein ehema-
liger Priester, der mütterlicherseits aus einer Prager deutschen Patri-
zierfamilie stammte, den Oberbefehl. Er ging alsbald von der Defensive in Böhmen zur Offensive über und trug den Krieg aus dem Lande
heraus in die umliegenden Länder, z. T. sogar darüber hinaus bis ins
Ordensland Preußen. Doch weder vertrat das Heer Prokops das ganze
hussitische Böhmen, noch ließ es sich moralisch und ökonomisch unablässig auf seiner Höhe halten. Die hussitische Gegenpartei, die sich
vor allem auf das Bürgertum der schwer geschädigten Hauptstadt
stützte, gewann Sympathien im Lande, wo das Verlangen nach Frieden
zunahm. Es kam 1434 zur Schlacht bei Lipany, wo Prokop von einem
Heer der Prager Altstadt und des böhmischen Hochadels vernichtend
geschlagen wurde. Damit war die innerhussitische Machtfrage entschieden.

Schon vor Lipany war es zu Verhandlungen über die böhmische
Frage in Basel gekommen, wo ein neues Konzil tagte, das am Ausgleich ebenso interessiert war wie die gemäßigten, politisch maßgeblich gewordenen Hussiten. Es kam zum Kompromiß in den sog. «Baseler Kompaktaten» des Jahres 1436, in denen das Konzil bemerkenswert weit entgegenkam. Denn der Kelch für die Laien wurde zugestanden, und die Verluste an Kirchengut wurden ohne Forderungen nach
Wiedergutmachung hingenommen.

Doch kam dieses Abkommen zwischen den hussitischen Ständen
und dem Konzil nicht einer dauerhaften Legalisierung gleich, da es
vom Papst nicht anerkannt wurde. Nur de facto hatte sich eine böhmische Landeskirche gebildet. Es entsprach dem Selbstbewußtsein der
böhmischen Stände, daß sie auf einem Landtag einen eigenen Erzbischof wählten. Die Kurie konnte diesen Abfall von der allgemeinen
Kirche nicht hinnehmen. Rom hielt an seiner Verwaltung der Erzdi-
özese fest, auch wenn ein häretischer Erzbischof rechtswidrig in Prag
regierte.

Fast drei Jahrzehnte hatten die Wirren der sog. hussitischen Revolution gedauert. Sie waren nun zu Ende gegangen. Aber die Lage war
weder für die eine noch die andere Seite auf Dauer geklärt.

Es soll abschließend danach gefragt werden, was auf die vorläufigen Beschlüsse von 1436 folgte, und zwar 1. für das Land, seine Kirchenverhältnisse und seine Verfassung, und 2. für die mitteleuropäischen Länder, auf die der Hussitismus vielfältig, und nicht nur als Schock infolge der Kriegsverwüstungen, gewirkt hat. Zuletzt muß ein Wort zur geschichtlichen Bedeutung und europäischen Einordnung der böhmischen Erschütterungen gesagt werden. Das Land war der inneren Kämpfe müde. Sozialreligiös bedingte Unruhen oder gar Kriegszüge waren ausgelaufen. In Prag war der Volkstribun Želivsky schon 1421/22 gescheitert und hingerichtet worden. Den politischen Ständen in Stadt und Land war am endgültigen Ausgleich gelegen. Die wirtschaftliche Existenz im kleinen und im großen verlangte nach Ruhe und Ordnung. Prag war zudem bestrebt, seine alte Stellung im Handel wiederzugewinnen.

Die Baseler Kompaktate boten den Utraquisten sowohl die Möglichkeit, mit den Katholiken in friedlicher Koexistenz zu leben, als auch, sich und das Volk mit Stolz davon zu überzeugen, daß ihr Kampf siegreich gewesen war, nicht nur gegenüber Papst und König, sondern auch gegenüber den Deutschen, die ungeachtet zahlreicher deutscher Parteigänger der Kirchenreform, meist nach außen hin aufreizend gegen den Hussitismus Stellung bezogen hatten und dies mit starken Einbußen, durch Austreibung oder vorsorgliche Auswanderung aus den böhmischen Städten hatten bezahlen müssen. Sigismund, der 1435 sich endlich als König durchsetzte, sicherte den Bürgern der Prager Städte ausdrücklich zu, daß es keine Ratsherren geben durfte, die nicht tschechisch und utraquistisch waren, und daß den deutschen Emigranten in die Stadt zurückzukehren versagt sein sollte. Der Text der Baseler Kompaktaten wurde, lateinisch und tschechisch, an der Fronleichnamskapelle auf dem Viehmarkt, öffentlich sichtbar, angebracht. Wie stark die Stellung Prags nach dem Baseler Abkommen gewesen ist, wird u. a. darin deutlich, daß der tschechische Baron Georg von Podiebrad, nach langen Machtkämpfen und nach der Regierung eines minderjährigen Habsburgers, 1458 von den böhmischen Ständen im Altstädter Rathaus zu Prag zum König gewählt wurde. Prag hat allerdings diese Stellung, faktisch wie symbolisch, nicht halten können.

Georg von Podiebrad (1458–1471), genannt der «Hussitenkönig», der einzige König tschechischer Nationalität nach den Přemysliden, war nicht religiös, sondern rein politisch bestimmt. Mit Geschick stellte er sich den selbstgesetzten, aus der Lage folgenden Aufgaben: trotz seiner Herkunft unterhalb des Reichsfürstenstandes sich als König von Böhmen bei Kaiser und Reich durchzusetzen, weiter sich gegenüber dem Nebenbuhler Matthias Corvinus von Ungarn zu behaupten, der Opposition in den Nebenlanden, besonders in Schlesien, wo die deutsche Stadt Breslau ihren Widerstand gegen Georg nie aufgegeben hat, Herr zu werden, den Religionsfrieden im Lande zu wahren und schließlich die Nachfolgefrage zu regeln.

Eine eigene Dynastie zu begründen, lag außerhalb seiner Möglichkeiten. So bereitete er mit Erfolg die Wahl des Jagiellonen Władysław (Vladislav), dessen Mutter eine Habsburgerin gewesen ist, vor. Tatsächlich ist Böhmen mit Mähren von 1471 bis 1526 von den Jagiellonen Władysław II. und Ludwig II. regiert worden, allerdings kaum mit Tatkraft und meist vom Ausland aus, nachdem die Kronen Böhmens, Ungarns und Polens unter den Jagiellonen verbunden worden waren. An diese dynastische Entwicklung zu erinnern, ist wichtig, weil die unruhige böhmische Geschichte zwischen dem Tode Karls IV. (1378) und dem Tode Ludwigs II. in der Schlacht von Mohacs (1526) nicht verstanden werden kann, wenn wir uns nicht klarmachen, daß in diesen einundhalb Jahrhunderten mit Ausnahme der kurzen Regierungszeit Georgs von Podiebrad das Königtum als bestimmender oder auch nur als gewichtiger Machtfaktor ausgefallen ist. In den religiösen und kirchenpolitischen Entscheidungsfragen haben die böhmischen Könige seit Wenzel nie eine eigene Linie verfolgt, sondern je nach Situation nur reagiert. In diesem Zusammenhang ist die Haltung König Georgs bemerkenswert. Er repräsentierte die tschechisch-national-utraquistische Richtung und wurde deswegen zum König gewählt. Er war aber so stark von der künftig drohenden Übermacht der katholischen Kirche beeindruckt und politisch stark dadurch belastet, daß der gewählte Erzbischof Johann Rokycana außerhalb Böhmens nicht anerkannt war. Deshalb leistete er vor der Krönung einen geheimen Eid, in dem er dem Papst Treue und Ergebenheit schwor, mit dem Versprechen, das Volk in Böhmen zur Aufgabe aller Ketzerei zu bewegen und damit der allgemeinen Kirche wieder zuzuführen. Das selbst gewählte Doppelspiel hat Georg nicht durchhalten können. Er ist daran gescheitert.

Alle Rekatholisierungsbemühungen hatten keinen Erfolg. Als sie 1483 in Prag allzu offen hervortraten, kam es zu blutigen Unruhen. Ordensbrüder, die katholisch missioniert hatten, wurden aus der Stadt ausgewiesen. Es blieb dabei, daß Prag konfessionell gespalten war. Die Utraquisten hatten ihren kirchlichen Mittelpunkt in der Tejnkirche am Altstädter Ring, die Katholiken im Veitsdom auf dem Hradschin. Nach den Prager Unruhen kam es zur förmlichen, landesrechtlich abgesicherten Einigung der beiden Religionsparteien. Auf dem Kuttenberger Landtag von 1485 wurde der Religionsfriede mit Zusicherung

der beiderseitigen Rechte zwischen der römisch-katholischen und der
böhmisch-katholischen Kirche geschlossen. «Katholisch» waren sie
beide, denn die Utraquisten betrachteten sich als Glieder der allgemeinen Kirche, die sie in ihrem Sinne reformiert wissen wollten. Der
Religionsfriede wurde im Jahre 1512 als «ewiger Friede» bestätigt. Er
galt aber nur im Innern der böhmischen Länder. Die Kurie konnte
diesen Zustand nicht billigen. Der erzbischöfliche Stuhl in Prag blieb
ein Jahrhundert vakant. Es war das erste Mal, daß eine ketzerhafte
Abweichung vom katholischen Dogma und Ritus innerhalb eines Landes zum Rang einer Landeskirche gegen Rom erhoben und daß dies
auch gegen alle, letztlich kraftlosen Widerstände durchgesetzt worden
ist. Der von dieser offiziell gewordenen Abweichung unterschiedene
radikale Hussitismus war in seinen umfassenden Ansprüchen gescheitert. 1452 wurde Tabor von König Georg besetzt und seiner angemaß-
ten Eigenständigkeit beraubt. Der gewählte Bischof von Tabor starb
im Kerker. Doch lebten Reste der Erweckungsbewegung im Unter-
grund fort, und in den 50er Jahren, endgültig 1467, bildete sie die
Unität der böhmisch-mährischen Brüder als Sekte außerhalb der allgemeinen Kirche. Sie überstand die anfänglichen Verfolgungen und bildete als eine kleine, aber weit verbreitete Glaubensgemeinschaft von
Stillen im Lande eine Brücke zur Reformation.

Nicht nur kirchenpolitisch, sondern auch für die Landesverfassung
sind die hussitischen Wirren von erheblicher Bedeutung gewesen. Wir
haben oben die Entwicklung zur verfaßten Landesnation schon *vor* der
Hussitenzeit festgestellt. Nach den Erschütterungen des frühen 15.
Jahrhunderts setzte sie sich verstärkt fort, und zwar aus eigener Kraft
und in ständigen inneren Auseinandersetzungen in einer weithin kö-
nigslosen Zeit. Prag und die übrigen königlichen Städte behaupteten
zwar – unterschiedlich zu Polen und Ungarn – ihre Landstandschaft,
konnten aber auf die Dauer keine gleichberechtigte Stellung gegenüber
dem Hochadel, den «Herren», und dem Ritterstand (etwa 2000 kleinadeligen Familien) durchsetzen. Die entscheidende Macht lag zunehmend bei den Herren, d. h. bei den etwa 100 hochadeligen Geschlechtern, wie z. B. der Rosenberg, Kolovrat, der Sternberg, der Neuhaus
u. a. m., die sich durch die eigenmächtige, rechtswidrige, nicht bestrit-
tene oder rückgängig gemachte Aneignung von Kirchengut erheblich
bereichert hatten. Die Kirche schied politisch aus. Die Geistlichkeit
war auf den Landtagen nicht vertreten. Die Bischöfe fehlten im königlichen Rat. Der Ständestaat hatte beim Adel und überwiegend auch bei
den Städten einen betont tschechischen Charakter. Der adelige Landespatriotismus war tschechisch-national durchdrungen.

Zusammenfassend ist zu sagen, daß die Wirkung der hussitischen Bewegung in Böhmen und im meist ruhiger gewesenen Mähren sowohl kirchlich wie landespolitisch bedeutend und weitreichend gewesen ist. Für die umliegenden Länder Mitteleuropas läßt sich etwas Entsprechendes kaum feststellen. Prinzipiell war der Hussitismus in seinen radikalen und gemäßigten Ausprägungen, in seiner theologischen Literatur und in seinen volkstümlichen Manifesten und Predigten keineswegs nur auf das eigene Land beschränkt. Er war vielmehr auf die kirchliche Reform allgemein ausgerichtet. Und es muß noch einmal betont werden, daß die böhmischen Reformer nicht nur Tschechen, sondern z. T. auch Deutsche gewesen sind, die im Lande ansässig waren oder, wie z. B. Peter und Nikolaus von Dresden, von außen hereingekommen waren. Die Legende des einseitig tschechischen Hussitentums ist längst widerlegt, und in der Forschung ist revidierend viel nach «deutschen Hussiten» innerhalb und außerhalb Böhmens gefragt worden. Man hat deren viele gefunden. Trotzdem bleibt bestehen, daß der tschechische Charakter der hussitischen Unruhe schon in ihrer Zeit selbst vielfach zur Schau gestellt worden ist, daß in den entscheidenden Jahren zwischen 1415 und 1422 die Bewegung nur schwach über die Grenzen Böhmens ausgestrahlt, jedenfalls keine Konflikte verursacht hat, die auch nur entfernt den böhmischen Wirren nahegekommen wären, und daß die nach außen getragenen Hussitenkriege Furcht und Schrecken verbreitet haben und demgemäß später im 19. Jahrhundert von deutscher Seite als «Hussitensturm» gewertet worden sind. Dieses Schlagwort hat jahrzehntelang das allgemein deutsche Geschichtsbewußtsein geprägt. Die «deutschen Hussiten» haben also keine politische Kraft dargestellt, und beim Beginn von Luthers Widerstand gegen die Kirchenmißstände, beim Anschlag der 95 Thesen und ihren Folgen hat der Gedanke zunächst keine Rolle gespielt, daß es sich hier um eine Wiederaufnahme oder Fortsetzung der böhmischen Reformation vor 100 Jahren gehandelt hätte. Doch lebte die Erinnerung an Hus und den Kampf um den Kelch im Bewußtsein nicht nur der Theologen, und Luther hat sich, freilich nicht schon zu Anfang, ausdrücklich auf Hus bezogen.

Hus wurde zum Symbol des Protestes gegen die habsburgische Herrschaft nach 1620. Die tschechische Nationalbewegung des 19. Jahrhunderts bezog sich auf sein Erbe. Tomáš Masaryk, 1918 Staatspräsident der Tschechoslovakei, bekannte sich ausdrücklich zu Tabor als «unserem Programm». In das Wappen der neuen Republik wurde der hussitische Wahlspruch «Pravda vitezí – veritas vincit» aufgenommen, und seitdem ist diese geschichtliche Identifizierung lebendig geblieben.

Zuletzt fragen wir nach der Bedeutung der hussitischen Reformbewegung für die Geschichte Europas. Zwei Probleme haben hier seit langem im Vordergrund der Dauerdiskussion gestanden, in denen die alten Fragen immer von neuem aufgegriffen und je nach wechselnden Zeitbedingungen neu formuliert und beantwortet worden sind: 1. das Verhältnis zur Reformation des 16. Jahrhunderts, und 2. der Bezug zur europäischen Aufklärung und Revolution.

Wenn auch, wie eben betont wurde, Luthers Reformation bei ihrem Beginn nicht als Vollendung der böhmischen Kirchenreform bezeichnet worden ist, so sind doch, bewußt oder unbewußt, die urkirchlich-evangelischen Forderungen der böhmischen Reformer oder Rebellen durch Luther wieder aufgenommen worden. Weil die geistigen und sozialen Voraussetzungen prinzipiell um 1415 in Böhmen und um 1517 in Deutschland die gleichen gewesen sind, kam es beide Male zu den gleichen Grundforderungen, die auf der Überzeugung einer Kirche der Gläubigen mit dem Rückgriff auf die frühen christlichen Gemeinden und auf dem allein gültigen Fundament des Wortes der Heiligen Schrift beruhten; und dieses Wort wurde in der Volkssprache verkündet. Es ist gesagt worden, daß nach dem Tode von Jan Hus Luther, Heinrich VIII., Zwingli und Calvin «took half of Europe along the path that the Czechs had already travelled» (R. R. Betts); «the birth of Protestantism... occured in Bohemia a century before Luther» (F. G. Heymann). Dogmatisch ist darüber zu streiten, ob eine so weitgehende Behauptung aufrechterhalten werden kann, wenn das Schwergewicht des Vergleichs auf die Theologie Luthers gelegt wird. Doch die Verwandtschaft des Kirchenbegriffs mit dem Grundsatz des allgemeinen Priestertums und der kirchenpolitischen Konsequenzen ist so offensichtlich, daß die wyclifitisch-hussitische Lehre mit ihren praktischen Folgerungen sehr wohl als der Auftakt der Reformation oder als erster Teil der allgemeinen europäischen Reformation im 15./16. Jahrhundert angesehen werden kann. Es wird weiter unten danach zu fragen sein, was Luther und die Reformation unterschieden hat und warum ihre Reformation nicht durch Landesgrenzen isoliert wurde, sondern weit ausstrahlte, besonders auch nach Ostmitteleuropa.

Vorher soll aber nach dem inneren Zusammenhang des Hussitismus mit der europäischen Aufklärung und Revolution gefragt werden. Es ist eine bis heute nachwirkende Überzeugung der Liberalen und Demokraten des 19. Jahrhunderts gewesen, daß eine geschichtliche Linie der Emanzipation des menschlichen Geistes und der politisch-sozialen Verfassung von mittelalterlichen Freiheitsbewegungen, besonders der Hussiten, über Luther und die Reformation zur Aufklärung und zur

amerikanisch-französischen Revolution verlaufen und sich weiter fortzusetzen im Begriff sei. Diese Vorstellung hat sich in Böhmen mit dem
Gedanken einer besonderen tschechischen Mission, in Deutschland mit
der Überzeugung einer geschichtlichen Mission der Deutschen verbunden. In dieser Sicht erschien als der große Gegner der Freiheitsbe-
wegung vom 14.–19. Jahrhundert immer wieder die katholische Kirche. Sie hatte sich, so lautete die liberal-«modernistische» Kritik, stets
dem Fortschritt zur Freiheit widersetzt. Auch wenn wir dies allzu ver-
einfachende Werturteil so nicht übernehmen, bleibt doch ein grundle-
gendes Faktum bestehen: die Abspaltung der böhmischen Utraquisten-
kirche ist der erste Schritt eines von da an sich fortsetzenden Prozesses
weitergehender und sich differenzierender Glaubensspaltung in Europa
gewesen. Vom 15. bis zum 17. Jahrhundert trat die Vielfalt christlicher
Konfessionen an die Stelle der einen und allein herrschenden, allgemeinen Kirche, die keine Abweichungen zugelassen, diese vielmehr als
Ketzerbewegungen unterdrückt hatte.

Die Vielzahl der Konfessionen hat in Europa schwere Glaubens-
kämpfe verursacht, aber auch zur politischen Notwendigkeit rechtlich
vereinbarter Toleranz in sog. Religionsfrieden geführt, deren erster,
wie erwähnt, 1485 in Kuttenberg abgeschlossen worden ist. Vom «Religionsfrieden» zur prinzipiellen, philosophisch begründeten Toleranz
und damit zum Abbau von Überlegenheits- und Unduldsamkeitskom-
plexen war, wie es heute scheinen mag, nur noch ein kleiner Schritt. Er
wurde zögernd, aber zunehmend bewußt begangen und ging einher
mit dem Verblassen christlicher Glaubensüberzeugungen – in einer
Zeit, als die Bilder des Jüngsten Gerichts nicht, oder allenfalls noch in
unbedeutenden Relikten, gemalt wurden. «Aufklärung» überstrahlte
das christliche Dogma aller Konfessionen, und wenn «Aufklärung» in
der «Revolution» 1789/95 praktiziert wurde, dann kam es – wie vorher
schon so oft im Spätmittelalter – zu «Aufruhr» und «Rebellion», die in
ihrem Verlauf und im Verhalten der beteiligten Menschen mit den Vor-
gängen in Böhmen um 1420 verglichen werden können. Und doch war
die Französische Revolution, in der der moderne Revolutionsbegriff
erst klar entwickelt worden ist, grundlegend vom böhmischen Ereig-
niszusammenhang des 15. Jahrhunderts unterschieden. Ging es bei diesem noch um die moralische Besserung der Menschen auf Grund der
allein als gültig angesehenen biblischen Anweisung, so war Ende des
18. Jahrhunderts die «über aller Vernunft» stehende Autorität der Bibel
dahingeschwunden, und die autonome Vernunft des Menschen war an
ihre Stelle getreten. Der «göttliche Plan» war dem Plan einer Weltver-
änderung durch die Eigenmacht des Menschen gewichen.

So läßt sich also die geschichtliche Kontinuität von der böhmischen Bewegung des 15. Jahrhunderts bis zur Französischen Revolution mit ihrer Verbindung von Humanität, Nationalismus und Terrorismus durchaus nachzeichnen. Aber was sich um 1420 in Böhmen ereignete, ist durch eine tiefe Kluft von dem getrennt, was von 1789 an Frankreich und die moderne Welt erschüttert hat.

Man sollte also, wie es noch Masaryk getan hat, von der «böhmischen Reformation», nicht aber von einer «hussitischen Revolution» sprechen, auch nicht mit der Einschränkung, daß die Taboriten als die «Revolutionäre» den «konservativen» Utraquisten im Adel, im Prager Bürgertum und in der Universität gegenübergestellt werden. Denn die «Gottesstreiter» von Tabor waren zwar «Aufrührer», weil sie mit der Bibel in der Hand gegen kirchliche und weltliche Obrigkeiten auftraten, aber sie planten keine aus Vernunftrecht abgeleitete, menschlich gemachte, diesseitige Zukunft. Ihr tausendjähriges Reich führte über das Diesseits bisheriger Erfahrung auf eine überweltliche, höhere Ebene. Das war ein Traum von «Schwarmgeistern», wie Luther es später ausdrückte, und dieser Traum wies nicht in eine verbesserte Welt, sondern führte von der Welt überhaupt ab. Es war noch keine Utopie im neuzeitlichen Sinne.

Die Reformation

Nach dem Märtyrertod von Jan Hus war die europäische Kirchenreformation trotz weitreichender hussitischer Ausstrahlung im wesentlichen noch auf Böhmen beschränkt geblieben. Ein Jahrhundert später aber wirkten die 95 Thesen gegen den Ablaßmißbrauch, die Martin Luther am 31. Oktober 1517 an das Portal der Wittenberger Schloßkirche geheftet hatte, wie ein Fanal für alle deutschen Länder und weit über diese hinaus. Als eine Generation später Calvin auf seine eigene Weise das Europa der römischen Kirche erneut zur Reformation aufrief, wurde die Bewegung, die 1517 begonnen hatte, nun tatsächlich auf ganz Europa ausgeweitet. Ostmitteleuropa wurde zuerst durch Luther, von der Mitte des 16. Jahrhunderts an auch von Calvin ergriffen. Kleinere Glaubensgemeinschaften radikal-evangelischer Prägung kamen hinzu. Nach langem Aufstau der Kritik und des Protestes schien die Zeit reif zu sein für eine Erneuerung der Kirche im ganzen von Grund auf. Da aber die alte Kirche bei weitem nicht voll überwunden werden konnte, vielmehr widerstand und sich auf dem Konzil von Trient eigenständig reformierte und regenerierte, kam es schließlich zur europäischen Glaubensspaltung zwischen der erneuerten katholischen Kirche und dem Protestantismus, der in eine Vielzahl von Kon-

fessionen und Landeskirchen zerfiel. Die Einheit der Christenheit war
verloren. Die Europäer durchlitten erregende, mörderische Kriege, in
denen sich die Prinzipien der als wahr angenommenen Konfession und
des Interesses der zur «Souveränität» strebenden Fürstenstaaten ineinander
verschränkten. Diese modernen Staaten wollen «considerabel»
sein, «Sicherheit» gewinnen und sich auf Kosten ihrer Gegner ausdehnen.
Das Spannungsverhältnis zwischen «Staatsräson» und Konfessionalität
wurde zum Hauptproblem der Geschichte Europas. Die politische
Wirklichkeit bewegte sich zwischen den beiden Extremen: der
staatlich verordneten Einheit von Landesherrschaft und Glaubensgemeinschaft
– «cuius regio eius religio» – oder der Toleranz gegenüber
verschiedenen Konfessionen in *einem* Duldung verbürgenden Staat. Im
Wettstreit dieser Prinzipien waren echter Glaubenseifer und bloße interessengelenkte
Taktik meist schwer voneinander zu trennen. Sowohl
die Reformation als auch die katholische Reform und gewaltsame Gegenreformation
sind in diesen religions-politischen Wirkungszusammenhang
verstrickt gewesen.

Beide Bewegungen, die evangelische Offensive und die aus der Defensive
in die Offensive übergehende Katholisierung sind zeitlich nicht
streng voneinander zu trennen. Wenn nach der Mitte des 16. Jahrhunderts
die Gegenreformation begann, so hieß dies keineswegs, daß die
Ausbreitung des Protestantismus damals schon an ihr Ende gekommen
wäre. Das galt besonders für den Calvinismus.

Die Wittenberger Reformation hat sich in Ostmitteleuropa zwischen
1520 und 1560 außerordentlich rasch und weit ausgebreitet. So verschieden
die Vorgänge auch in den einzelnen Ländern und Stadtgemeinden
gewesen sind, so lassen sich doch überall gewisse Grundlinien
der Entwicklung erkennen.

Das Preußenland und Ostdeutschland   Beginnen wir beispielhaft mit
der Reformation in Königsberg und im Herzogtum Preußen, dem ersten
Fürstenstaat, in dem die evangelische Lehre angenommen worden
ist. Alle für die Reformation in Städten und Ländern typisch gewesenen
Vorgänge lassen sich hier zeitlich auf wenige Jahre zusammengerückt
beobachten. Eine kleine Zahl maßgeblich handelnder Führerpersönlichkeiten
überzeugte die bereits aufnahmebereite Bürgerschaft; soziale
Unruhen spielten sich ergebnislos am Rande ab; schwacher altkirchlicher
Widerstand brach schnell zusammen.

Gehandelt wurde in einer gespannten Situation, die auf Entscheidung
drängte, vom Hochmeister Albrecht von Hohenzollern im Zusammenwirken
mit Luther sowie, in deren Auftrag, von wenigen Pre-

digern, die 1523/24 von Wittenberg nach Königsberg geschickt wurden. Nachdem der erste, ein Volksprediger, weil er Bildersturm und Klosterzerstörung heraufbeschworen hatte, Königsberg hatte verlassen müssen, haben drei humanistisch gelehrte Theologen – der Franziskaner Johannes Brismann aus Cottbus, Johannes Poliander aus Franken, der vorher Leiter der Thomasschule in Leipzig gewesen war, und der an mehreren Orten wegen Ketzerei verfolgte und bestrafte Paul Speratus aus Württemberg – durch Vorlesungen und Predigten an der altstädtischen Kirche und im Dom die Stadt evangelisiert. So war Königsberg bereits der Reformation zugeführt, als Albrecht den Ordensmantel ablegte, auf Luthers Rat den Orden säkularisierte und das Land in ein weltliches Herzogtum verwandelte.

Zur gleichen Zeit fehlte auch hier, ähnlich wie im Bauernkrieg des deutschen Südwestens, der Volksaufruhr nicht. Bauern des Samlandes forderten, angereizt durch die Königsberger Ereignisse, die Abschaffung des Adels im Geiste evangelischer Gleichheit, ließen sich aber bald zur Ruhe bringen. Entscheidender als diese Begleitmusik war es, daß die Bischöfe des Samlands (Königsberg) und Pomesaniens (Marienwerder) sich zur Reformation bekannten und daß jener das gesamte Kirchengut seines Bistums dem neuen Fürstenstaat übertrug. Das war ein erster Akt freiwilliger Säkularisierung, die alsbald in allen lutherischen Territorien von den Landesherren verfügt wurde. Die Ordensritter, deren Zahl auf 56, über das ganze Land verteilt, geschrumpft war, paßten sich ebenfalls der neuen Lage an, da es für sie keine Alternative gab und sie mit Ämtern versorgt wurden. Auch das Königsberger Domkapitel nahm seine Auflösung hin. Der geistliche Stand löste sich auf. Ehen wurden geschlossen, allen voran vom Herzog selbst, der sich mit der Prinzessin Dorothea von Dänemark vermählte. Als Landesvater und Landesmutter in ehelicher Treue verbunden, nahmen sie an den neu gestellten Glaubensfragen starken Anteil und fühlten sich der Aufgabe verpflichtet, ihre Untertanen zu christlicher Lebensführung hin- und von verbreiteten «heidnischen» Gebräuchen abzuführen. Eine Landes- und Kirchenordnung wurde erlassen und mehrfach erneuert. So entstand, ohne große Vorbereitung, fast wie von selbst auf Grund der gegebenen Situation ein landesherrliches Kirchenregiment, wie es in den folgenden Jahrzehnten für die lutherischen Fürstenstaaten überall typisch wurde. Durch Kirchenvisitationen wurde die Kirchenzucht kontrolliert. Schon 1527 wurde von Speratus ein evangelisches Gesangbuch für Preußen herausgegeben. Herzog Albrecht verfaßte selbst Gebete und Kirchenlieder. Berühmt und bis heute noch gesungen wurde sein Choral: «Was mein Gott will, das gescheh allzeit...»

Als Krönung preußischen Reformationswerks ist die Gründung der Königsberger Universität im Jahre 1544 anzusehen. Herzog Albrecht setzte große Hoffnungen auf seine Hohe Schule, die für ihn nicht nur dem Lande, sondern der evangelischen Verkündigung im europäischen Nordosten dienen sollte und tatsächlich gedient hat. Das wurde besonders darin deutlich, daß Glaubensflüchtlinge aus Polen-Litauen als Lehrer in Königsberg aufgenommen wurden. Die Professorenstellen der ersten Zeit wurden meist mit Hilfe von Melanchthon und Luther besetzt. Die Zahl der Scholaren erreichte schnell die Zahl von mehr als 300, sank allerdings im Laufe der folgenden Jahrzehnte ab. Dieser Trend entsprach übrigens einem üblichen Verlaufstypus schon des 15. Jahrhunderts. Außer Königsbergern und Landeskindern wurden viele Ausländer angezogen, besonders aus dem königlichen Preußen, aus Pommern, Schlesien, Livland, Polen und Ungarn. Die Entwicklung der Universität bereitete Herzog Albrecht im Laufe der Zeit viel Enttäuschung, besonders wegen des von ihm beklagten «Professorengezänks», d. h. unfruchtbarer zeittypischer dogmatischer Streitigkeiten.

Die anderen zum Luthertum geführten Länder besaßen großenteils bereits ihre Universitäten. In den ostdeutschen Territorien lagen Rostock, Greifswald, Leipzig und Frankfurt an der Oder. Es war bezeichnend, daß von ihnen die Reformation nicht gefördert, sondern nur behindert wurde, bis sie durch landesherrliche Personalpolitik jeweils dem Luthertum zugeführt wurden. Allgemein standen die Universitäten nicht in der evangelischen Front. Um so eindrucksvoller ist die Führungsrolle der meist zur jungen Generation gehörenden Wittenberger Professoren gewesen. Diese Universität in der nur 2500 Einwohner zählenden Handwerker- und Ackerbürgerstadt wurde nicht nur für Königsberg, sondern für ganz Ostmitteleuropa zum Mittelpunkt reformatorischer Ausstrahlung.

Den evangelischen Glauben zu verbreiten, hieß, ihn in den Volkssprachen zu vermitteln. Das Medium der Verkündigung war nicht mehr allein, wie in der Hussitenzeit, die Predigt, sondern das gedruckte Wort. Luther war sich der Bedeutung der Buchdruckerkunst für seine Lehre wohl bewußt. Er nannte sie die beste und letzte Gabe Gottes an die Christen. Vor dem Weltende konnte und sollte durch sie die Kenntnis des Gotteswortes unter das Volk gebracht werden und den Menschen helfen in ihrer Angst vor dem Gericht. Für Herzog Albrecht galt es daher, die volkstümliche geistliche Literatur sobald wie möglich in deutscher Sprache zum Druck zu bringen. Doch fühlte er sich gleichzeitig seinen «undeutschen» Untertanen verpflichtet: den

Masowiern polnischer Sprache und den Litauern, die beide im Nordosten und im Südosten des Landes die große Grenzwildnis besiedelt hatten und noch weiter besiedelten. Sie lebten als Händler oder dienende Unterschicht auch in Königsberg als nichtbürgerliche Einwohner der Stadt. Aber auch den Prußen galt seine Sorge. Auch ihnen wurde der Katechismus in ihrer Sprache zugänglich gemacht. Ihre sprachliche Eindeutschung war damals noch nicht vollendet.

Für alle drei Sprachgruppen wurde geistliches Schrifttum verfaßt, übersetzt und gedruckt: in polnischer, litauischer und prußischer Sprache, wobei die beiden letztgenannten zum erstenmal überhaupt schriftsprachlich entwickelt wurden. Polnische und litauische Bücher wurden durch Glaubensflüchtlinge hergestellt. Herzog Albrecht nahm sie gern bei sich auf, da sie als Gelehrte und Schriftkundige zur sprachlichen Vermittlung geeignet waren. Den aus Litauen geflohenen Humanisten Abraham Calvensis und Stanislaus Rapagellan übertrug Albrecht sogar Professuren an seiner Universität. Von Martin Mosvid aus litauischem Adel, der 1546 an die Universität nach Königsberg kam, stammten die ersten Schriften in litauischer Sprache. Seine Übersetzung des kleinen Katechismus Luthers wurde 1547 in Königsberg gedruckt, das Gesangbuch 1560/70. (Das neue Testament und etwas später die ganze Bibel sind erst im frühen 18. Jahrhundert ins Litauische übersetzt worden.) Der in Polen verfolgte Johannes Seclutianus wurde 1544 polnischer Prediger in Königsberg; er bemühte sich um die Herausgabe polnischer Literatur, so um ein Gesangbuch und um die Übersetzung des Neuen Testaments.

Der Beweggrund für die Einführung geistlicher Literatur in den drei genannten Sprachen war allein evangelisch-kirchlich, d. h. das Bestreben des Herzogs, seinen Untertanen das Wort Gottes nahezubringen. Nationale Spannungen sind dabei nicht aufgetreten. Wesentlich war, daß die entstehende evangelische Landeskirche auch in der Zukunft zur Pflegerin und Erhalterin der nichtdeutschen Sprachen in Preußen geworden ist.

Wir haben das Beispiel Preußens und Königsbergs an den Beginn einer Betrachtung gestellt, in der nach Bedeutung, Eigenart und Wirkung der Reformation in Ostmitteleuropa gefragt werden soll. Da der Calvinismus erst nach der Mitte des 16. Jahrhunderts dorthin einzudringen begann, beschränken wir uns zunächst auf Luther, die Anhänger des sog. Augsburger Bekenntnisses (Confessio Augustana) von 1530 und die Ausstrahlung der Reformatoren Wittenbergs von 1520.

Überall, wo die evangelische Lehre aufkam, sind die Wittenberger Reformatoren Luther, Melanchthon und Bugenhagen, der sich als der große Organisator, Gründer und Verfasser evangelischer Kirchenordnungen bewährte, maßgeblich beteiligt gewesen. Sie wurden als Autoritäten anerkannt und daher immer wieder um Rat und Hilfe gebeten. Sie schickten unmittelbar «Sendschreiben» an neu entstehende Gemeinden, so z. B. Luther 1523 als Antwort auf einen Brief aus Riga: «Den auserwählten lieben Freunden Gottes, allen Christen zu Riga, Reval und Dorpat in Livland, meinen lieben Herren und Brüdern in Christo.»

Sie unterrichteten, examinierten und ordinierten junge Theologen, die aus den Ländern Mitteleuropas in Wittenberg, dem Mittelpunkt eines nach allen Himmelsrichtungen gespannten Netzes, als Jünger und Sendboten der evangelischen Lehre zusammenkamen.

So volkstümlich die reformatorische Bewegung auch gewesen ist, so ist sie doch überall von oben gelenkt und organisiert worden. Die Obrigkeiten haben allerdings die Reformation in ihren Ländern und Städten nur deswegen in Gang setzen können, weil das Volk aller Schichten drängte oder mindestens zur Annahme der neuen Lehre bereit war. Die zur «Konfession» und zur eigenständigen Kirche werdende evangelische Bewegung konnte nur dann fest und dauerhaft werden, wenn städtische Räte, adelige Grundherren oder fürstliche Landesherren sie förderten, schützten und in eine anerkannte Rechtsordnung brachten. Aufruhr und soziale Rebellion verbanden sich in den ersten Jahren der Reformation vielfach mit der evangelischen Botschaft. Doch kamen sie nirgends zum Erfolg. «Taboriten» und «Täufer» sind zwar nicht überall, aber doch häufig im Gefolge der Reformation aufgetreten. Sie wurden jedoch durchweg obrigkeitlich beruhigt oder unterdrückt.

Der früheste, spontane Widerhall auf die 95 Thesen Luthers von 1517 und seine frühen Schriften kam aus dem Bürgertum, vorwiegend deutscher Städte im ganzen Raum zwischen Rostock, Reval, Kronstadt, Laibach. Die Ausweitung auch auf nichtdeutsche Bürger hing von der Übersetzung evangelischer Literatur und der Vermittlung der Lehre Luthers durch nichtdeutsche oder volkssprachlich geübte Theologen ab. «Deutsch» und «undeutsch» sind allerdings häufig nicht rechtlich zu scheiden gewesen. Luther und Melanchthon waren ausschließlich auf religiös-kirchliche, nicht auf nationale Ziele gerichtet. Doch warf allein die Vielfalt der Sprachen, in denen die Verkündigung stattfand, nationale Probleme auf. Es konnte nicht ausbleiben, daß die lutherische Lehre von Angehörigen anderer Nationen, wie vor allem der Tschechen, Polen und Ungarn, als «deutsch» empfunden und bewertet wurde. Andererseits sind es nicht zuletzt deutsche Theologen gewesen, die sich um die Übersetzung und den Druck evangelischer Schriften in die nichtdeutschen Sprachen Ostmitteleuropas bemüht haben, d. h. nicht nur um die ohnehin entstehenden Schriftsprachen der alten politischen Nationen, sondern besonders um die Volkssprachen der Esten, Letten, Litauer, Prußen, Kaschuben, Slovaken, Slovenen, Walachen (Rumänen), die alle durch die Reformation den Beginn ihrer Schriftsprachlichkeit und damit ihrer noch kaum bewußten und ungeplanten nationalpolitischen Ethnogenese erlebten.

Daß überall in Ostmitteleuropa Schriftsprachen entweder erst entstanden oder, wie bei den Polen, kultiviert, d. h. grammatisch und orthographisch vereinheitlicht wurden, wäre nicht ohne den seit dem ausgehenden 15. Jahrhundert von Deutschland übernommenen Buchdruck möglich gewesen. Dabei sind die Buchdrucker und Unternehmer des Buchdrucks zunächst Deutsche gewesen, Einwanderer und Einheimische. Die Entstehung und Durchsetzung der durch die Reformation geförderten oder geschaffenen Schriftsprache ist als die kulturgeschichtlich größte Folge der geistig-technischen Kombination religiöser Emanzipation und technischer Neuerung anzusehen. Alte Nationen wie die polnische wurden durch die Vereinheitlichung von Schrift und Sprache über Adel und Klerus hinaus ausgedehnt. Sie begannen damit, gewissermaßen zu Großnationen aller Schichten zu werden, wobei die Einschmelzung deutscher Stadtbürger in ein national-sprachlich fundiertes Gemeinbewußtsein eine entscheidende Rolle spielte. Neue, kleine «Nationen» aber bildeten sich für eine noch fernliegende Zukunft.

Luther ist sich der Bedeutung der Buchdruckerkunst für die Ausbreitung der evangelischen Lehre wohl bewußt gewesen. Er deutete die neue Stufe technischer Wortverbreitung eschatologisch: alle Künste und Wissenschaften seien jetzt auf einem höchsten Gipfel angelangt: «Die Buchdruckerkunst ist die letzte und zugleich größte Gabe, denn durch sie sollte nach Gottes Willen dem ganzen Erdkreis die Sache der wahren Religion am Ende der Welt bekannt und in allen Sprachen verbreitet werden. Sie ist die letzte, unauslöschliche Flamme der Welt.»

Es sei nun versucht, einen Überblick über die Geschichte der Reformation in Ostmitteleuropa zu gewinnen: zeitlich, räumlich und verfassungstypologisch; d. h. es soll gefragt werden, durch welche Rechts- und Gesellschaftsordnung die Reformation jeweils gefördert, gefestigt oder umgekehrt behindert oder unterdrückt worden ist.

Am klarsten hat der Verfassungstypus des deutschen Fürstenstaates der evangelisch-lutherischen Kirche Schutz für ihre Entfaltung und

Sicherheit auf lange Dauer geboten: Der Landesherr setzte die Reformation in Gang, vereinheitlichte den Glauben seiner Untertanen alsbald nach dem Grundsatz des Augsburger Religionsfriedens von 1555
«cuius regio eius religio», machte sich im landesherrlichen Kirchenregiment zum obersten Bischof seiner Landeskirche, stellte sich als gläu-
biger christlicher Landesvater dar und säkularisierte zu seinen und des
Landes Gunsten das Kirchengut.

Auf Preußen (1525) folgten im Nordosten des Reiches, jeweils als
Abschluß einer seit den 20er Jahren im Gange befindlichen Entwicklung Pommern (1534), Brandenburg (1539), Mecklenburg (1549),
Kurland als Herzogtum nach Auflösung des livländischen Ordens-
staats (1561). Diese ostdeutschen Länder am Südufer der Ostsee waren
schon lange durch den Ostseehandel, sodann durch die Zugehörigkeit
ihrer Städte zur deutschen Hanse nach Norden gerichtet gewesen. Dieser geopolitische Zusammenhang wurde verstärkt, als auch die Königreiche Dänemark und Schweden mit Finnland zur Reformation übergingen und die Ostsee damit zu einem ausschließlich von lutherischen
Ländern umschlossenen Binnenmeer wurde. Das lutherische Schweden stieg zur Vormacht dieses Raumes auf und errang unter dem Vasa-
König Gustav Adolf im 17. Jahrhundert das Dominium maris bal-
tici.

Livland und Estland   Livland und Estland haben vor und nach 1561,
als sie unter die Hoheit des polnischen bzw. des schwedischen Königs
traten, eine Sonderstellung im lutherischen Ostseeraum eingenommen. Denn sie sind, wie oben gezeigt wurde, nicht fürstenstaatlich
verfaßt gewesen und erhielten ihre landständische Autonomie 1561
auch von den neuen fürstlichen Obrigkeiten weiterhin zugesichert.
Dazu gehörten auch die Garantie ihres Augsburger Bekenntnisses und
die Kirchenordnungen, die sich die Ritterschaften und die Städte unter
Führung Revals, Dorpats und Rigas mit Hilfe der Wittenberger Reformatoren schon in den 20er Jahren gegeben hatten.

Hier war also die Reformation von den adeligen und bürgerlichen
Landständen eingeführt worden, und diese hielten das Heft fest in der
Hand gegen alle Gefahren sozialen und geistlichen Abweichens von
ihrer politischen und von Luthers theologischer Autorität.

Zur gesatzten Ordnung des Landes und der Städte gehörte nun auch,
daß die Esten und Letten – in diese aufgehend auch die Reste der Liven
und Kuren – untertäniges Volk waren, Bauern und städtische Unter-
schichten, z. T. aber auch in bestimmten Zünften oder Gilden, so der
Bierträger und der Losträger, organisiert. Sie wurden von ihren deut-

schen Herren, den Ritterschaften und Städten, durch die gleichfalls deutschen Pastoren zur Reformation geführt und infolgedessen in ihrer Sprache auf neue Weise angesprochen. Gepredigt wurde zunehmend in den Volkssprachen, und diese wurden im Laufe des 16. und 17. Jahrhunderts zu Schriftsprachen geistlichen Inhalts. Ein lettisch geschriebenes Vaterunser ist schon aus den 20er Jahren des 16. Jahrhunderts erhalten. Der erste bedeutende Druck in lettischer Sprache war das dem Gottesdienst dienende Enchiridion von 1686/87. Auf estnisch erschien der in Lübeck gedruckte Katechismus 1554 in Dorpat. Im Laufe des 17. Jahrhunderts vermehrten sich die Drucke geistlicher Schriften beider Sprachen.

Das Evangelium, der Katechismus und das Kirchenlied kamen also für die Letten und Esten von oben, von den deutschen Herren. Mochte die soziale Kluft zwischen diesen und den lettischen oder estnischen Kirchgemeindegliedern auch noch so groß gewesen sein: Die Gemeinsamkeit des evangelischen Bekenntnisses war für die Zukunft geschaffen, sie blieb bestehen, wurde durch die Gegenreformation nicht angetastet und führte die in ihrer Masse noch illiteraten Bauernvölker allmählich zur primitiven Schulbildung und damit zur ersten Stufe ihres Kultur- und Volksbewußtseins.

Unser Überblick hat bisher gezeigt, daß alle nordostdeutschen Staaten und Länder, dazu ganz Skandinavien, lutherisch geworden waren und lutherisch geblieben sind. Das ganze übrige Ostmitteleuropa hat dazu in einem bemerkenswerten Gegensatz gestanden. Weder wurde dort die Reformation durch Fürsten für ihre Staaten eingeführt, noch kam es auf die Dauer zu geschlossenen großen Räumen evangelisch-lutherischen Bekenntnisses. Doch drang die von Wittenberg ausgehende Reformation schnell vor und verbreitete sich, meist dadurch, daß sie von adeligen oder bürgerlichen Ständen gegen den Landesherren oder mit seiner Duldung durchgesetzt wurde. Auf das schnelle Vordringen der Lehre Luthers folgten seit der Mitte des 16. Jahrhunderts erhebliche Rückschläge, die zuerst durch das Vordringen des Calvinismus, sodann durch die katholische Gegenreformation verursacht wurden.

Polen-Litauen   In Polen-Litauen läßt sich die Geschichte der Reformation nicht wie in den nordostdeutschen Territorien mehr oder weniger allein auf das Luthertum begrenzen. Auch kann nur sehr eingeschränkt von einer Zeitfolge – lutherischer Beginn, calvinistische Fortsetzung – die Rede sein. Denn unter der Regierung König Sigismunds I., d. h. bis 1547, wurden die in der Tendenz kräftigen reformatorisch-lutherischen Ansätze unterdrückt, so daß erst von da an, dank der toleranten Politik Sigismunds II. August, der Weg zum evangelischen Gottesdienst und zur Gemeindebildung freigegeben war. Zu dieser Zeit aber kam die Reformation nicht mehr allein aus Wittenberg. Vielmehr traten von 1547 ab zunächst die böhmischen Brüder als nicht-lutherische Gemeinschaft auf. Sie kamen als «Exulanten» in Flüchtlingstrecks aus ihrer von Habsburg beherrschten böhmischen Heimat nach Polen, zuerst vor allem nach Großpolen, wo sie von evangelisch gesinnten adeligen Grundherren aufgenommen und angesiedelt wurden. Etwas später wurden auch andere, an Zahl kleinere Brüdergemeinden (Antitrinitarier) gegründet. Vor allem aber wurde Wittenberg, wo Luther 1546 gestorben war, von Genf als dem neuen Ausstrahlungspunkt der Reformation unter Führung Calvins abgelöst. Dieser versuchte durch Briefe und durch Entsendung von Glaubensboten mit Leidenschaft und unablässigem Drängen ganz Polen-Litauen für seine Reformation, außerhalb derer es kein Heil geben sollte, zu gewinnen. Er richtete sich mehrfach an den König selbst; doch Sigismund II. August ließ sich nicht von seiner Grundlinie abbringen, trotz Duldung und Verständnis für die Protestanten aller Richtungen, im Bunde mit dem festbleibenden Klerus der alten Kirche treu zu bleiben.

So breiteten sich die beiden Haupt- und weitere Nebenrichtungen der evangelischen Bewegung in den 50er und 60er Jahren sehr kräftig in Polen und in Litauen aus – neben- und gegeneinander, im allgemeinen nicht nacheinander, wenn wir davon ausgehen, daß die Bahn zum Calvinismus von manchen Edelleuten über eine erste, vorübergehende lutherische Stufe eingeschlagen wurde.

Lassen wir häufige Ausnahmen beiseite, so läßt sich der Protestantismus in Polen in politisch-sozialer Hinsicht zweigeteilt sehen. Die größeren Städte, deren Bürgerschaft deutsch oder polonisiert deutscher Herkunft war, waren schon von den 20er Jahren an, ähnlich wie es für Königsberg und Riga gezeigt wurde, nach Wittenberg orientiert gewesen, konnten sich aber erst nach dem Regierungswechsel von 1547 auf der Grundlage des Augsburger Bekenntnisses mit Kirchenordnungen, Gemeindebildungen und Gründungen von Gymnasien evangelisch organisieren. Das galt für Posen, Krakau, auch Lemberg und Wilna, in erster Linie aber für die Städte des westlichen Preußen, das von Sigismund II. August ausdrücklich die gottesdienstliche Ordnungen mit dem Augsburger Glaubensbekenntnis zugestanden erhielt. Diese Städte – an der Spitze Danzig, Elbing, Thorn – erreichten dies nach langem Aufstau ihrer Wünsche und z. T. schweren Unruhen in der stürmischen Anfangszeit, die in Danzig 1526 durch König Sigis-

mund I. mit Waffengewalt persönlich unterdrückt worden waren.
Nicht nur die Städte des königlichen Preußen, sondern auch andere,
wie besonders Posen, nicht jedoch Wilna, hielten am Luthertum auch
über die Gegenreformation hinaus fest.

Der polnische und der sich polonisierende litauische Adel, Magnaten
und obere Szlachta, wendete sich in großer Zahl, z. T. veranlaßt durch
Konflikte mit dem Klerus, besonders wegen der in die Adelsinteressen
eingreifenden geistlichen Gerichtsbarkeit, dem Protestantismus zu,
wobei der Calvinismus überwog.

Zu dieser Zeit, also noch vor der Mitte der 60er Jahre, als die Gegenreformation einsetzte, ist der höhere Adel in seiner Mehrheit protestantisch gewesen. Magnaten wie der in Litauen führende Nikolaus
Radziwiłł führten auf ihren Latifundien bei ihren Bauern die neue Lehre
mit Predigtgottesdiensten ein. Die Reformation kam für das Bauernvolk von oben; ebenso auch kurz darauf wiederum die Gegenreformation.

Die Ausbreitung des Protestantismus läßt sich zu Beginn der 60er
Jahre folgendermaßen wiedergeben: calvinistischer Gottesdienst
wurde nachweisbar in 521 Orten gehalten, davon 80 in Großpolen, 250
in Kleinpolen, 191 in Litauen. Lutherischer Gottesdienst fand statt in
142, davon 110 deutsch bewohnten Orten, während die böhmischen
Brüder 60 Gemeinden in Großpolen aufgebaut hatten. Die Lutheraner
waren also vorwiegend im westlichen Preußen und in Großpolen, dort
auch die böhmischen Brüder, vorherrschend, während das Schwergewicht der Calvinisten beim kleinpolnischen, aber auch beim litauischen
Adel lag.

Vergebens bemühten sich calvinistische Magnaten wie der europä-
isch-humanistisch gebildete Jan Laski († 1560) um die Vereinigung der
protestantischen Konfessionen zu einer polnischen Nationalkirche. Da
es keine zielgerichtete politische Macht gab, die in dieser Richtung
hätte durchgreifen können oder auch nur wollen, blieb es bei der Auf-
splitterung der Protestanten, deren Zahl in den 60er Jahren ihren Gipfel
erreichte.

Maßgebend für die Begrenztheit des Erfolges der Protestanten in
Polen und Litauen war die Tatsache, daß das Königtum und der Klerus
an der alten Kirche festhielten. Sigismund II. August hatte gleichwohl
Verständnis für die evangelische Lehre. Schon seine Mutter, die Köni-
gin Bona Sforza, und mehr noch ihr Beichtvater, der franziskanische
Hofprediger, der in Genf zum Calvinismus bekehrt worden war,
hatten sich auf dem Wege über den italienischen Humanismus, der in
Krakau gepflegt wurde, dem Protestantismus genähert, und König

Sigismund II. August selbst war evangelisch-theologisch gebildet. Trotzdem lag eine Konversion, die für Polen im ganzen hätte maßgebend sein können, außerhalb der politischen Möglichkeiten. Zu einer Verbindung der evangelisch-calvinistischen Konfession mit adeligständischen Freiheitsforderungen ist es in Polen damals nicht gekommen. Derartiges lag außerhalb des allgemeinen Gesichtskreises, da die weitgehende Adelsfreiheit durchgesetzt worden war, der König keine politischen Angriffsflächen bot, also nicht zum Protest reizte, wie dies in Böhmen und in Frankreich der Fall gewesen ist.

Durch die Reformation wurde in Polen und Litauen ein Vorgang beschleunigt, der geistig durch die Humanisten, mit dem kulturellen Mittelpunkt Krakau, politisch durch Königtum und höheren Adel, technisch durch den Buchdruck in Gang gekommen war: die Vereinheitlichung der polnischen Schriftsprache und ihre Ausbreitung in Kanzleien und Landtagen, in der höfischen und (hoch)adeligen Gesellschaft sowie in den Städten. Das ging auf Kosten der anderen, vorher weithin vorherrschend gewesenen Schriftsprachen des Lateinischen, des Deutschen und des Ruthenischen. Zur Verbreitung der polnischen Schriftsprache trugen nicht nur das wachsende geistliche Schrifttum, sondern auch weltliches Theater und Dichtung im Geiste der europäischen Spätrenaissance bei.

Diese künstlerische und wissenschaftliche Kultur hat Polen im Laufe des 16. Jahrhunderts stark erfaßt. Die Architektur der Renaissance, von Italienern eingeführt und eigenständig weiterentwickelt, verdrängte den gotischen Stil – vor allem auf dem Wawel in Krakau, dann aber auch in Adelsschlössern und Rathäusern. Posen ist hierfür ein bedeutendes Beispiel gewesen. Die polnische Literatur des Jahrhunderts gipfelte in Jan Kochanowski, der, klassisch lateinisch gebildet, das Polnische auf die Höhe einer kultivierten Literatursprache brachte. Seine «Treny», Klagelieder um seine als Kind gestorbene Lieblingstochter Ursula, sind mit Recht Petrarcas Laura-Sonetten an die Seite gestellt worden. Für Kochanowski galt wie für den Juristen und Humanisten Andrzej Frycz-Modrzewski, der sich 1531 an der Universität Wittenberg als Andreas Peter Fritz eintrug und der durch sein sozialkritisch modernes Werk «De re publica emendanda» (1551) in ganz Europa bekannt wurde, daß er als humanistisch-europäisch und eben darum auch nationalpolnisch geprägter Geist der Kirche unabhängig gegenüberstand und protestantische Neigungen hatte, ohne sich entschieden antikatholisch zu verhalten. Durch Männer solcher Haltung und Neigung zum gebildeten Synkretismus ist die polnische Kultur in ihrer obersten Schicht im «Goldenen Zeitalter» geprägt worden.

Böhmen und Mähren   In Böhmen und Mähren gab es, wie oben gezeigt worden ist, bereits eine evangelische, utraquistisch genannte Landeskirche. Doch hatte sich die römisch-katholische Kirche im Lande, besonders unter den Deutschen, gehalten; die Utraquisten waren in eine Rom zugeneigte und eine radikale Richtung gespalten; die Brüderunität hatte sich als evangelische Konfession abgesondert. So waren die böhmisch-mährischen Länder weit davon entfernt, einheitlich und allgemein anerkannt von einer reformatorischen Kirche getragen zu werden. Aber die Länder waren doch weithin kirchlich reformiert, und in den Ständen des Adels und der Bürgerschaft waren die Utraquisten der theologisch-gottesdienstlich radikalen Richtung vorherrschend. Das war die – durchaus ungeklärte – Lage im Lande, als Luthers Reformationsruf Europa durchdrang und schnell auch Böhmen erreichte. Luther hatte seine Lehre nicht vom Hussitismus abgeleitet, wohl aber, seitdem er in der Disputation mit Eck in Leipzig 1519 sich zu Jan Hus bekannt hatte, zunehmend die Verwandtschaft beider Reformationen hervorgehoben.

Aus dieser in Europa einmaligen Lage, daß die neue Reformation mit der ein Jahrhundert älteren zusammentraf, ergab sich, daß es zwar – so in den deutschen Randgebieten des Landes, besonders früh und intensiv in der jungen Silberstadt Joachimsthal, aber auch in Iglau und anderen mährischen Städten – zu lutherischen Gemeindebildungen kam, daß aber die utraquistische Kirche nicht durch eine neue, lutherische ersetzt wurde und daß es bei den Tschechen im allgemeinen nicht zu einer weiteren (augsburgischen) Konfessionsbildung kam, wohl aber zu einer Belebung des Utraquismus durch Luther, zu gegenseitiger Befruchtung, sogar zu (erbetenen) Gutachten Luthers für die Prager Glaubensverwandten.

Die enge Verbindung mit lutherischen Lehren, zugleich aber die Eigenständigkeit gegenüber der Wittenberger Reformation kam in den sog. Lichtmeß-Artikeln zum Ausdruck, die auf einem Ständetag im Jahre 1524 beschlossen und als Konfessionsgrundlage maßgebend wurden. Diese Art der Entstehung einer theologischen Wegweisung war kennzeichnend für die Lage in Böhmen durch das ganze 16. Jahrhundert hindurch. Der vorwiegend utraquistische Protestantismus wurde politisch getragen und befördert durch die Mehrheit der Stände, nicht nur der Städte und der Ritter, sondern auch von einem Teil der Herren, und er war ein integrierender Bestandteil des Widerstandes gegen die katholische Landesherrschaft, von 1526 an gegen die Habsburger.

Von da ab ist der oft einem Stellungskrieg ähnliche Konflikt zwischen den habsburgischen Landesherren, die letztlich das Ziel der völligen Rekatholisierung verfolgten, und den vorwiegend utraquistischen Ständen, die ihre landständische Autonomie mit der Kirche des Evangeliums in Verbindung brachten, immer von neuem ausgetragen worden, ohne daß eine der beiden Seiten obsiegen konnte. Der theologisch-kirchenpolitische Versuch einer großenteils auf der Augsburgischen Konfession beruhenden Confessio Bohemica (1575), in der Utraquisten und Brüderunität unter dem Prinzip der Toleranz vereinigt sein sollten, ist an der Ablehnung Kaiser Rudolfs II., aber auch an eigener Uneinigkeit gescheitert. Die Spannung zwischen der katholisch-absolutistischen Königsherrschaft und den protestantischen, auf ihre Landesfreiheiten pochenden Stände schwächte sich nicht ab. Es war daher kein Zufall, daß von Böhmen aus 1618 der große Krieg begann, in dem sich die Forderungen nach Kirchenfreiheit und ständischer Libertät und der katholische Absolutismus Habsburgs ohne jede Bereitschaft zum Kompromiß gegenüberstanden. Davon soll weiter unten die Rede sein.

Der für Böhmen bezeichnende Zusammenklang von ständischen Freiheiten und evangelischer Freiheit im Kampf gegen katholische Fürstenmacht galt auch in andern, vor allem in allen habsburgisch beherrschten Ländern. Doch vereinfachte sich dort die Spannung im Vergleich zu Böhmen dadurch, daß es keine ältere, hussitische Reformation gegeben hatte und daß nationale, konfliktverschärfende Gegensätze nicht vorhanden waren. Deutsch waren der König und die Landstände.

Slovenien   Das galt auch für das Herzogtum Krain mit der Hauptstadt Laibach; denn die slovenisch sprechende Mehrheit der Bevölkerung – Bauern, städtische Unter- und z. T. auch schon Mittelschichten – besaß keine ständische Qualität. Sie lebte unterhalb politischer Eigenbestimmung und auch unterhalb schriftsprachlicher Kultur. Das Land Krain kann insofern mit Livland verglichen werden, als in beiden Fällen illiterate Bauernvölker einer deutschen, adeligen und bürgerlichen Herrenschicht untergeordnet waren. Ähnlich wie in Livland wurden die adeligen Stände und die deutschen Bürger von der Reformation ergriffen. Doch kam es nicht zu Lösungen, die den livländischen hätten vergleichbar sein können. Denn in den habsburgischen Alpen- und Voralpenländern, so auch in Krain, ist die evangelische Gemeinde- und Kirchenbildung stets gehemmt gewesen. Die alte Kirche behauptete sich und wurde immer energischer von der habsburgischen Landesherrschaft begünstigt, so daß schließlich im 17. Jahrhundert der Protestantismus zugrunde ging.

In der kurzen Zeit relativ großer Bewegungsfreiheit der Protestanten aber regte sich die evangelische Bewegung unter den Slovenen lebhafter und selbständiger, als dies bei Letten und Esten der Fall gewesen ist. Der führende Reformator im Lande, Primoz Trubar (Primus Truber; 1508–1586), ist Slovene gewesen, Sohn eines Müllers, der ihn zum Priesterberuf bestimmte.

Gewiß ist Trubar auf Lateinschulen in Fiume und in Wien sowie als Kammerdiener des Bischofs von Triest lateinisch gebildet und weltläufig erzogen, aber in seiner Gesinnung nicht deutsch oder italienisch assimiliert worden. Als Pfarrer in Tüffer und in Laibach, nach seiner Flucht wiederum als Pfarrer in Rothenburg ob der Tauber und in Kempten, nach seiner Rückkehr in die Heimat als Superintendent der geplanten slovenischen Landeskirche in Laibach sowie nach erneuter Flucht als Pfarrer in Lauffen am Neckar und in Derendingen bei Tübingen hat er stets an seinem Grundgedanken festgehalten, daß seinem geliebten, armen windischen Volk, das von der katholischen Kirche niedergedrückt werde, zu größerer Freiheit, die er im Evangelium fand, und zur Schulbildung in der Muttersprache verholfen werden müsse. Diese bewußte, ständige Hinwendung zur Sache seines Volkes, dessen Aufstieg er herbeiwünschte, ist bemerkenswert für eine Zeit, in der sozialer Aufstieg zugleich den Übergang in die Nationalität des höheren Sozialmilieus mit sich zu bringen pflegte. Wohl bei keinem anderen kleinen Volk Ostmitteleuropas ist der Beginn der geistig-politischen Emanzipation so deutlich personifiziert zu datieren wie bei den Slovenen. Gegen Ende des 19. Jahrhunderts und besonders 1908 anläßlich des 400. Geburtstages von Trubar haben diese sich auf ihn als Symbolfigur für ihren Aufstieg berufen.

Trubar hat mit Ausdauer und Eifer die biblische und katechetische Literatur übersetzt, Choräle auch selbst verfaßt. Er fand Gesinnungs- und Fachgenossen, mit denen er gemeinsam die Aufgabe löste, nicht nur die lateinische Sprache durch das Slovenische, seinen Heimatdialekt, wiederzugeben, sondern auch serbo-kroatische Übersetzungen in kyrillischer und glagolitischer Schrift herzustellen. Die technische Grundlage für die sehr umfassend angelegte Volksmission unter den Südslaven mit Hilfe von Druckschriften gewährte eine Druckerei in Urach, die von Hans von Ungnad, Freiherrn von Sonegg, mit Hilfe des Herzogs Christoph von Württemberg und einer Reihe von Geldgebern, unter ihnen auch Herzog Albrecht von Preußen, finanziert wurde. Ungnad hatte sein hohes königliches Amt – oberster Feldhauptmann der niederösterreichischen, windischen und kroatischen Grenzländer – aufgegeben, als er Protestant wurde und seine Heimat verlassen mußte.

Doch dies für kurze Zeit wahrhaft großartige Unternehmen, in dem der typische Wirkungszusammenhang von evangelischer Reformation, neu geschaffener Schriftsprachlichkeit und technischer Modernität durch massenhafte Verbreitung gedruckter Literatur besonders eindrucksvoll zur Wirkung kam, hat eigentlich nur symptomatische Bedeutung gehabt. Denn der Erfolg blieb angesichts der katholischen Gegenmaßnahmen aus, und das Unternehmen verfiel nach dem Tode Hans von Ungnads im Jahre 1564.

Ungarn   Als das ungarische Königreich durch die Niederlage von Mohacs und den Tod des Jagiellonenkönigs Ludwig 1526 zugrunde ging, hatte die Wittenberger Reformation gerade in Ungarn zu wirken begonnen. Doch ihre Ausbreitung begann erst unter den Bedingungen des von Kriegen heimgesuchten und seiner Dreiteilung entgegengehenden Reiches. Durch die Trennung wurden allerdings die Grenzen nicht so hermetisch verriegelt, daß nicht ein gesamtungarischer Wirkungszusammenhang bestehen geblieben wäre. Ungarischer Adel saß trotz Fluchtbewegungen aus dem türkisch okkupierten Gebiet nach Westen und Norden, in allen drei Teilungsgebieten. So war gewissermaßen ein Netz persönlicher, verwandtschaftlicher, politischer und geistiger Interessen über ganz Ungarn gespannt, und die Idee der Wiedervereinigung war lebendig, am stärksten in Siebenbürgen, dessen Fürsten eine aktive, zeitweise aggressive Nationalpolitik gegen die im Westen und Norden herrschenden Habsburger betrieben.

In diesem Teil Ungarns waren die Bedingungen für die Annahme der Reformation, d. h. zunächst der lutherischen, erst seit der Jahrhundertmitte auch der calvinistischen Lehre, ungünstig, weil Ferdinand I. und seine Nachfolger, von Maximilian II. (1564–1576) abgesehen, den Protestantismus verabscheuten und ihn niederzuhalten suchten. Die deutschen oder teilweise noch deutschen Städte hielten jedoch am Luthertum fest, und die adeligen Stände neigten überwiegend dem Calvinismus zu. Den evangelischen Gottesdienst zu behaupten, war freilich nicht überall möglich. In Preßburg z. B., der Hauptstadt West-Ungarns seit 1526, wo die Stephanskrone aufbewahrt wurde, wurde evangelisches Gemeindeleben nur im geheimen und im privaten Bereich gepflegt.

Freier konnten sich im allgemeinen die Lutheraner in den nordungarischen Städten bewegen, die sich städtebundartig überörtliche Bekenntnisschriften als Grundlage ihres Gemeindelebens gaben: so die fünf Städte Bartfeld, Eperjes, Leutschau, Zeben und Kaschau in der «Confessio pentapolitana» (1549), die sieben Bergstädte des ungarischen Erzgebirges in der «Confessio montana» (1559) und die 24 Städte und Orte der Zips in der «Scepusiana» (1577). In diesen Landschaften der Karpaten und des Vorgebirges verhalf die von Wittenberg übernommene Reformation dazu, den deutschen Charakter der Städte zu stärken; die geistige Verbindung zu Binnendeutschland wurde belebt durch das Studium in Wittenberg, durch Einwanderung deutsch-lutherischer Pfarrer und durch die Tätigkeit der vielfach aufblühenden Gymnasien. Es gab auch hier also eine enge Beziehung von Deutschtum und Luthertum, wie wir es für Polen festgestellt haben. Doch wäre es unzutreffend, dies als Gleichung national zu deuten. Überall, wo sich Deutsche im Übergang zur madjarischen Sprache befanden, bildeten sich wie von selbst auch madjarisch-lutherische Gemeinden, wie denn die spätere lutherische Kirche Ungarns im 19. und 20. Jahrhundert sich vornehmlich aus madjarisierten Deutschen und Slaven zusammengesetzt hat.

Vor allem aber breitete sich die lutherische Konfession im nördlichen Ungarn unter den Slovaken sowohl der Städte wie der Dörfer aus. Das ist für eine erste, von den Kirchengemeinden ausstrahlende Bewußtseinsbildung der Slovaken, besonders in den deutsch-slovakisch sich mischenden Städten von großer Bedeutung gewesen. Die Slovaken wuchsen in eine lutherisch geprägte Schriftkultur hinein, deren Sprachen deutsch und slovakisch waren. Der aus der sprachlich-nationalen Mischzone Teschens stammende slovakische Dichter Georg Tranovskij (1591–1637) hatte in Wittenberg studiert. Die geistlichen Lieder, darunter auch Übersetzungen von Luther-Chorälen, seiner «Cathara Sanctorum» übten eine breite Wirkung aus.

Wenn nicht ein erheblicher Teil dieser slovakischen Lutheraner im Laufe des 17. und 18. Jahrhunderts von der Gegenreformation erfaßt worden wäre, hätte sich die Identität von Luthertum und slovakischem Volk so gefestigt, daß sie zur Grundlage der Nationalbewegung seit dem 19. Jahrhundert hätte werden können. Wir werden jedoch sehen, daß in dieser Hinsicht die Katholiken den Lutheranern den Rang abgelaufen haben.

Noch stärker als bei den Slovaken haben bei den Kroaten, besonders im Gebiet der Militärgrenze, durch die Gegenreformation alle, anfangs beträchtlichen Ansätze zur Annahme protestantischer Konfessionen zurückgenommen werden müssen.

Insgesamt kann also trotz der erwähnten Vorgänge in den deutschen Städten von einer vorwiegenden Affinität nur der deutschen Bevölkerung zum Luthertum nicht gesprochen werden. Alle anderen Völker sind im 16. Jahrhundert an der Ausbreitung des Protestantismus beteiligt gewesen. Eindeutig ist dagegen die Neigung des ungarischen Adels – besonders des kleineren und mittleren Adels aller drei Teilgebiete Ungarns – gewesen, die reformierte Kirche in der Nachfolge Calvins mit der Confessio Hungarica und dem Heidelberger Katechismus von 1564 als Grundlagen gewissermaßen zur Nationalkirche zu erheben. Dies war einzigartig in Ostmitteleuropa. Was sich in Polen als Tendenz abgezeichnet hatte, wurde in Ungarn zur Wirklichkeit. Es ist augenscheinlich, daß die Teilung des Reiches diese national-religiöse Einheit stark, vielleicht entscheidend befördert hat.

Im inneren, türkisch besetzten Teil Ungarns ist gleichfalls keine größere und offiziell anerkannte Kirchenorganisation erlaubt gewesen. Doch war der Gottesdienst, wenn er auf rein örtliche Gemeinden beschränkt blieb, im allgemeinen geduldet. Diese Politik der Osmanen, die keine potentiell gefährlichen Großorganisationen zulassen wollte, schadete selbstverständlich den Katholiken und begünstigte die ohnehin organisationsabgeneigten Reformierten. Deren Startbedingungen waren um die Mitte des Jahrhunderts im übrigen dadurch begünstigt worden, daß die ohnehin im Verfall begriffenen katholischen Priester offenbar in großer Zahl sich der türkischen Besatzung durch Flucht entzogen haben.

Erheblich freier und sehr mannigfaltig entwickelte sich der Protestantismus in Siebenbürgen: bei den Sachsen lutherisch, bei den Ungarn und Szeklern, abgesehen von kleineren Gemeinschaften, calvinistisch. Das Fürstentum Siebenbürgen erfreute sich einer weitgehenden Religionsfreiheit und errang sich auch politisch-militärisch eine relativ unabhängige Stellung trotz nomineller türkischer Oberhoheit. Besonders die aus ostungarischem Hochadel stammenden Fürsten Stephan Báthory (1571–1586, seit 1575 König von Polen), Stephan Bocskay (1605–1606) und Gabriel Béthlen (1613–1629) nutzten die wechselnden Konstellationen inmitten der Spannungslage zwischen Osmanen und Habsburgern tatkräftig aus. Sie spielten mehrfach die Rolle von Vorkämpfern der nationalungarischen und protestantischen Freiheit. Eine gesamtungarische Adelsmonarchie, befreit vom Islam ebenso wie vom Katholizismus, wurde nie aus dem Blick verloren, wenn auch im Laufe der Zeit sich ein wachsender Teil der ungarischen Magnaten zur alten Kirche zurückwandte und das protestantisch-reformiert geprägte ungarische Freiheitsbewußtsein in erster Linie beim Kleinadel lebendig blieb.

Abschließend sei ein Blick auf die Siebenbürger Sachsen geworfen, weil bei ihnen der Zusammenhang von Reformation, ständischer Verfassung und Nationsbewußtsein besonders eindrucksvoll zutage tritt.

Die Sachsen sind zwar früh, d. h. vom Beginn der 20er Jahre an, von der Wittenberger Bewegung berührt und durch das Studium einer kleinen Zahl von Siebenbürger Studenten an der Universität Wittenberg beeinflußt worden. Aber die Reformation kam, anders als in Königsberg und in Riga, gewissermaßen auf leisen Sohlen. Evangelisches Bewußtsein breitete sich aus, ohne daß öffentlich schon Konsequenzen gezogen wurden. Der im Jahre 1536 in Hermannstadt zum Stadtpfarrer gewählte, lutherisch gesinnte Matthias Ramser war kein reformatorischer Führer, sondern verhielt sich vorsichtig. Erst 1542 begann, plötzlich und mit großer Schwungkraft, die Reformation in Siebenbürgen, zunächst noch ohne daß damit die Absicht eines Bruchs mit der römischen Kirche verbunden gewesen, ohne daß eine klare Trennung zwischen schweizerisch-oberdeutschen und Wittenberger Tendenzen gezogen worden wäre. Den Anstoß gab ein überragender Reformator, dessen Weckruf eine gewissermaßen darauf wartende, bewegte, aber noch unentschiedene bürgerliche Öffentlichkeit erreichte. Johannes Honterus aus Kronstadt war an den Universitäten Wien, Krakau und Basel zum gelehrten Theologen und Humanisten geworden, hatte sodann in Kronstadt eine humanistische Schule, eine Bibliothek und eine Druckerei gegründet, ehe er um 1540 in die Kronstädter kirchenpolitischen Auseinandersetzungen hineingezogen und schnell zum führenden Reformator nicht nur Kronstadts, sondern der Sachsen überhaupt wurde. In Kronstadt wurde, nachdem Honterus den Anstoß gegeben hatte, im Oktober 1542 «angefangen evangelische Mess zu halten in Croner Kirch und die papistische weggeschafft, Gott und seinem heiligen Namen zu Ehren». Das hatte nicht ohne die Stadtobrigkeit geschehen können. Der Stadtrat, zu dem Honterus gehörte, hatte gehandelt, und damit war das Beispiel für die in den folgenden Jahren überall obrigkeitlich angeordnete Umstellung gegeben. Die letzten Hemmungen fielen, als das «Reformationsbüchlein» von Honterus – «Reformatio Coronemsis ac totius Barcensis provinciae» (Burzenland) – 1543 erschien und in einem Gutachten Luthers, erbeten vom Hermannstädter Stadtpfarrer, als vorbildlich gelobt worden war.

Damit war endgültig die Entscheidung für die Wittenberger Reformation und demgemäß später auch für die Annahme der Augsburger Konfession gefallen. Alles, was nun folgte, vollzog sich in den Bahnen der Verfassung, in der sich die Siebenbürger seit dem 15. Jahrhundert befanden. Das heißt, die Annahme der lutherischen Reformation durch die Städte einschließlich der umliegenden Dörfer mußte nach drei Richtungen hin politisch bestätigt werden: 1. Durch die Lösung aus der katholischen Kirchenorganisation, im Erzbistum Gran; 2. durch die landesherrliche Billigung der Reformation; beides bereitete keine besonderen Schwierigkeiten mehr, da die katholische Kirche keine Sanktionsmöglichkeiten mehr besaß, die Reformation zu verhindern, und da die Fürstin (die Witwe von Johann Zapolya) in Weißenburg, der Hauptstadt des Fürstentums, den Lutheranern gewogen war; 3. durch die Zustimmung der Nations-Universität zur Konstituierung einer sächsischen Landeskirche als neuer, integrierender Bestandteil der autonomen Sachsengemeinschaft. So wurde 1547 die auf Honterus' Reformationsbüchlein fußende «Reformatio ecclesiarum Saxonicarum in Transsylvania» von Theologen ausgearbeitet und im Jahre 1550 von der Nations-Universität unter dem Vorsitz des Hermannstädter Bürgermeisters als Gesetz angenommen. Drei Jahre später wurde Paul Wiener auf der sächsischen Synode zum Superintendenten oder Bischof der neuen Landeskirche gewählt. Er war ein Freund Trubars. Er hatte im Dom von Laibach deutsch, Trubar slovenisch gepredigt. Nach einem Ketzer-Prozeß war er durch ein mildes Gerichtsurteil des Landes verwiesen und nach Siebenbürgen verbannt worden. Von da an sind bis heute in ununterbrochener Kette Bischöfe der deutschen Kirche Siebenbürgens gewählt worden. Sie residierten zunächst in Hermannstadt und seit dem ausgehenden 16. Jahrhundert in Birthälm, da der dritte gewählte Bischof dort Pfarrer war.

Doch konnte und sollte die Reformation bei den Sachsen nicht isoliert vor sich gehen. Zu eng waren sie in die Landesverfassung der drei Nationen eingebunden. So ist die Reformationsgeschichte seit 1540 eine Geschichte ganz Siebenbürgens gewesen. Diese Geschichte kann hier nicht erzählt werden. Es genügt festzuhalten, daß die theologischen Dispute um die evangelischen Glaubensartikel zwei Jahrzehnte lang nicht abgerissen sind. Sie umkreisten vor allem immer wieder die gleiche Grundfrage, die seit dem Marburger Religionsgespräch zwischen Luther und Zwingli im Jahre 1529 die Trennung zwischen Reformierten und Lutheranern verursacht hatte: ob Christus im Sakrament des Heiligen Abendmahls leibhaftig anwesend sei oder ob es sich nur um eine Feier in seinem Geiste und zu seinem Gedächtnis handeln könne. Trotz immer wieder neuer Bemühungen und trotz des Interesses der siebenbürgischen Landesherrschaft an einer Einigung spitzte sich der Konflikt unlösbar zu: Genf gegen Wittenberg, Klausenberg gegen Hermannstadt. 1564 wurde der Trennungsstrich auf einer Synode zu Straßburg an der Mieresch endgültig gezogen. Von nun an stand der sächsisch-lutherischen Kirche eine reformiert-ungarische Kirche gegenüber – unter dem Superintendenten Franz Davidis, der als Sohn eines Schuhmachers aus Klausenburg selbst deutscher Herkunft war.

Es lag nahe, daß diese Kirche engen Anschluß an die starke reformierte Kirche Innerungarns mit dem Zentrum Debrecen fand. Nur am Rande sei vermerkt, daß die umfassende calvinistisch-ungarische Einheit dadurch gestört wurde, daß die Kirchengemeinschaft der Antitrinitarier zeitweise großen Anhang fand und Davidis selbst sich dieser Sekte anschloß.

Der Abschluß der Reformation in Siebenbürgen wurde auf der Synode in Mediasch 1572 erreicht, als nicht ohne Betreiben des neuen, katholischen Fürsten Stephan Bathory die Augsburger Konfession in aller Form von den Siebenbürger Sachsen angenommen wurde. Dies geschah im befestigten Grenzgebiet der lateinisch-reformatorischen Christenheit, angesichts der unmittelbar benachbarten und Siebenbürgen durchdringenden griechischen Orthodoxie, der die unterhalb der Nations-Würde stehenden Rumänen angehörten. Es ist nichts Genaues darüber bekannt, warum die evangelische Mission unter den «Walachen» zwar geplant und durch Übersetzung des Katechismus in die rumänische Volkssprache gefördert wurde, aber ohne Erfolg geblieben ist, so daß für Siebenbürgen auch nach dieser Richtung die Übereinstimmung von sprachlich-nationaler und konfessioneller Zugehörigkeit typisch geworden ist.

Die Gegenreformation

Überblicken wir die schnelle, oft unwiderstehlich erscheinende Ausbreitung des Protestantismus in Mitteleuropa, zuerst der Lutheraner, dann der Reformierten und kleinerer Glaubensgemeinschaften, im ganzen, so sehen wir, daß die evangelische Bewegung in der zweiten Hälfte des 16. Jahrhunderts an ihre Grenzen gestoßen war, noch ehe die Gegenbewegung der katholischen Reform und der Gegenangriff zur Rekatholisierung voll eingesetzt hatten. Es ist unzutreffend zu meinen, daß «das Volk» sich überall von der Überzeugungskraft der evangelischen Predigt angezogen und von den Mißbräuchen der alten Kirche abgestoßen gefühlt hätte; und wo fürstliche, adelige oder städtische Obrigkeiten sich aus mannigfaltigen, keineswegs vorwiegend religiösen Gründen der Reformation verschlossen, da wurde auch die Zugehörigkeit der Untertanen durch solches Beharren bestimmt.

Doch Beharren und Festhalten konnten nur dann durchgehalten werden, wenn aktive Kräfte formiert wurden, die sich die Wiederherstellung der verlorengegangenen Einheit der katholischen, d. h. der allgemeinen Kirche zur Aufgabe machten oder, wenn dies Ziel nicht mehr erreichbar schien, mindestens den Bestand der alten Kirche zu sichern und ihre Anhängerschaft zu vermehren sich vornahmen.

Aktive Kräfte wuchsen der Kirche mehr und mehr zu, seit sich Papst Paul III. (1534–1549) für die Reform einsetzte. 1540 bestätigte er den zunächst kleinen, in den folgenden Jahrzehnten schnell zunehmenden und in seine Aufgabe der Mission für die allein selig machende Kirche hineinwachsenden Jesuitenorden. 1545 berief er ein allgemeines Konzil nach Trient, das nach Hemmungen und Unterbrüchen 1563 einen erfolgreichen Abschluß erreichte. Dessen Glaubensdekrete und der 1566 verbindlich gemachte Katechismus wurden die dogmatische Grundlage für die zur Konfession unter Konfessionen werdende katholische Kirche. Diese gewann ihr Selbstbewußtsein zurück, regenerierte sich innerlich, sowohl moralisch als auch theologisch und institutionell. Sie gewann weite, verloren gewesene Teile Europas für sich zurück. Die romanischen Länder Spanien, Italien und Frankreich entwickelten in sich die Kraftzentren, von denen die Rekatholisierung nach Norden und Osten getragen werden konnte. Die Jesuiten standen dabei, im Geiste ihres Gründers, des spanischen Edelmanns Ignatius von Loyola, mit ihrem Schulbildungswesen und ihrem Eindringen in Schlüsselstellungen der Politik an fürstlichen Höfen vorne an. Traf ihre Offensive im Westen Europas auf die erfolgreiche Abwehr des Calvinismus und der anglikanischen Kirche, so errangen sie in Deutschland und in Ostmitteleuropa große Erfolge. Diese wären allerdings nicht möglich gewesen, wenn sie nicht von fürstlichen Häusern, vor allem den bayerischen Wittelsbachern und den Habsburgern gestützt oder gar angetrieben worden wären. Die habsburgische Rekatholisierungspolitik ist sowohl für viele Territorien des Heiligen Römischen Reiches Deutscher Nation als auch für Ostmitteleuropa entscheidend gewesen.

Die Habsburgischen Länder   Das Haus Habsburg war in den Jahrzehnten vor und nach 1500 zur stärksten und an Ausdehnung größten Macht Europas aufgestiegen. Durch Heiraten in den Jahren 1477 und 1497 wurden die Habsburger in den Besitz des burgundischen Zwischenreichs und der vereinigten spanischen Königreiche gebracht. Im Jahre 1519 war Maximilians Enkel Karl I. von Spanien als Karl V. zum römischdeutschen Kaiser gewählt worden, und im Jahre 1526 fielen den Habsburgern nach dem Tode des Jagiellonen Ludwigs II. in der Schlacht bei Mohacs die Kronen Böhmens und Ungarns zu. Auch wenn Karl V. schon 1521/22 seinem Bruder Ferdinand die österreichischen Erblande übertrug und nach seinen Thronverzichten 1555/56 die Niederlande und Spanien endgültig von den deutsch-böhmisch-ungarischen Ländern getrennt wurden, blieb es doch wahrscheinlich, daß die habsburgischen Länder gemeinsam zur Vormacht Europas werden konnten.

Das wurde entscheidend für die Ziele der Gegenreformation, die in dem nun folgenden Jahrhundert überall dort durchgesetzt wurden, wo die Habsburger herrschten, aber überall dort angehalten wurden, wo Fürstenstaaten wie Frankreich oder Ständestaaten wie die Niederlande und Siebenbürgen der habsburgischen Macht entgegentraten oder, wie im Nordosten Deutschlands und Europas, am Luthertum festhielten. Von «Gegenreformation» kann, wenn wir dem Sinn dieses Wortes folgen, erst von der Mitte des 16. Jahrhunderts an gesprochen werden, als die Kämpfe zwischen Habsburg und Frankreich sowie zwischen dem Kaiser und den protestantischen Reichsfürsten an ihr Ende kamen. Drei Daten sind geeignet, die Epoche zu bezeichnen, von der an «Gegenreformation» in Europa möglich wurde: 1. Im Deutschen Reich war 1555 auf dem Augsburger Reichstag der «Religionsfriede» geschlossen worden, der den Protestanten des Augsburgischen Bekenntnisses von 1530, nicht dagegen den Reformierten, reichsrechtlich die Gleichberechtigung brachte; 2. 1559 wurde der Friede von Câteau-Cambrésis zwischen Spanien und Frankreich geschlossen, durch den Spanien und damit die Habsburger allgemein entlastet wurden, so daß Kräfte für die Gegenreformation freigesetzt wurden; 3. 1563 wurde das Konzil von Trient beendet, und damit hatte die katholische Kirche ihr einheitliches theologisches Rüstzeug für eine kämpferische Mission erhalten.

Symbolisieren diese drei Daten das Ende der noch unterschiedenen Lage vor der nun nicht mehr umkehrbaren, in Deutschland sogar legalisierten Glaubensspaltung, so kann der Beginn aktiver und planmäßiger Gegenreformation in Österreich und Böhmen, also im Kerngebiet der habsburgischen Herrschaft, auf die Mitte der 50er Jahre festgelegt werden. Damals erschien der aus Nimwegen stammende Kölner Jesuit Petrus Canisius mit einer kleinen Gruppe von Ordensbrüdern 1551 in Wien und 1555 in Prag, um die ersten Kollegien zu gründen.

Diese Jesuiten wurden von Ferdinand I. gerufen, der damit den Beginn für eine von nun an fortgesetzte katholische Bildungs- und Missionstätigkeit setzte, durch welche die Kader herangezogen wurden, die in der folgenden Zeit ein Kolleg nach dem anderen in den habsburgischen Erblanden und in Böhmen/Mähren gründeten. Das vollzog sich freilich zu einer Zeit, als die Habsburger selbst sich noch zurückhielten und eher den Ausgleich als den Konflikt suchten. Nur Erzherzog Karl, Sohn Ferdinands I. und Landesfürst von Innerösterreich, d. h. (seit 1564) der Herzogtümer Steiermark, Kärnten, Krain sowie der Grafschaften Görz, Gradiska, Istriens und der windischen Mark, bil-

dete eine Ausnahme, als er in den 80er Jahren die Stände, besonders die
Städte der Steiermark, unter konfessionellen Druck setzte, mißliebige
protestantische Pfarrer des Landes verwies, den Jesuitenorden in seine
Residenz Graz rief und dort im Jahre 1585 die Universität als ein Zentrum der Gegenreformation gründete.

Selbst Ferdinand I., auf den die habsburgische Förderung des Jesui-
tenordens zurückging, hatte noch den Kompromißvorschlag seines
Bruders Karls V. weiter verfolgt, den konfessionellen Ausgleich dadurch herbeizuführen, daß von katholischer Seite der Laienkelch und
die Priesterehe zugestanden werden sollten. Für ihn erforderte die
Staatsraison also noch, die konfessionellen Gegensätze zu überbrücken,
um seine Länder nicht durch Konfliktsteigerung zu schwächen. Das
politische Gegenmodell dieser Tendenz lag im Gedanken der konfessionellen Vereinheitlichung mit allen Mitteln, auch der Gewalt, um
solcherart die Reibungsflächen im Lande zu beseitigen, durch Glaubenseinheit die monarchische Herrschaft, soweit wie möglich absolu-
tistisch gesteigert, gegenüber den Ständen durchzusetzen und durch
Brechung jeglichen Widerstandes dauerhaft zu festigen. Der Nachfolger Ferdinands I., Maximilian II. (1564–1576), war noch stärker jegli-
chem Glaubenseifer abhold und huldigte in seinen Höfen in Wien und
Prag einem anspruchsvollen europäischen Humanismus mit Pflege der
Künste und Hingabe an die Astrologie. Er gewährte de facto in allen
Kronländern, de jure in Schlesien, Mähren und Ungarn Religionsfreiheit. Auch Rudolf II. setzte den Lebensstil seines Vorgängers fort,
freilich zunehmend angefochten durch wirtschaftliche und politische
Widrigkeiten, die sich gefährlich steigerten, als im Jahre 1593 der
Türkenkrieg nach langer Unterbrechung wieder ausbrach. Erst in
dieser Situation, gegen Ende des Jahrhunderts, war die Stunde harter,
ja militanter Gegenreformation in den habsburgischen Ländern gekommen. Nicht der schwache Rudolf II., sondern der vom Grundsatz
der Ketzervernichtung durchdrungene, durch einen Eid auf dieses
Ziel verpflichtete Erzherzog, später König und Kaiser, Ferdinand (II.)
stellte sich und sein Haus konsequent in den Dienst der Erneuerung
und Ausbreitung des Katholizismus.

Ferdinand führte als Landesfürst in Ober- und Niederösterreich in
den Jahren nach 1598 mit großer, vorher nicht gekannter Entschiedenheit die Gegenreformation durch. Mochten auch die Privilegien
des noch protestantischen Adels hinderlich sein, so gab es doch
vielfältige Möglichkeiten, außerhalb des landadeligen Besitzes besonders in den Städten, um zahlreiche Übertritte zur katholischen Kirche
zu erzwingen und solche, die sich dem widersetzten, an erster Stelle

die evangelischen Geistlichen, aus dem Lande zu treiben. Die «Exulanten» aus Glaubensgründen wurden von nun an zu einer für das ganze 17. Jahrhundert und noch darüber hinaus typischen Erscheinung in Mitteleuropa. Das war die Konsequenz des seit 1555 im Reich geltenden Grundsatzes «cuius regio eius religio» mit dem «jus reformandi» der Landesherren und dem «jus emigrandi» der den Glaubenswechsel ablehnenden Untertanen. Dieser Grundsatz wurde vielfach auch dort verfolgt, wo das Reichsrecht nicht gültig war.

Auch in Schlesien begann kurz darauf die gegenreformatorische Politik, die sich verstärkte, als im Jahr 1608 der Bruder Ferdinands, Erzherzog Karl, Fürstbischof von Breslau wurde, als 1610 der Herzog von Teschen aus politischen Gründen konvertierte und 1613 der enge Vertraute des Kaisers Matthias, Karl von Liechtenstein, mit dem Herzogtum Troppau, nach Ächtung der evangelischen Stadt Troppau, belehnt wurde.

Doch wurde der Vorstoß der ohnehin langsam Boden gewinnenden Gegenreformation noch einmal aufgehalten. Noch war Rudolf II. Kaiser und Herr der habsburgischen Erblande. Er besaß nicht den Willen und die Entschlossenheit zu einer entschiedenen Zusammenfassung habsburgischer und katholischer Machtpolitik. Der kranke und immer weniger handlungsfähige Kaiser wurde von 1606 an, als sein Bruder Matthias von den Erzherzögen zum Haupt des Hauses Habsburg erhoben worden war, immer mehr in seiner Bewegungsfreiheit beschnitten und schließlich auf Böhmen allein beschränkt, wo er den protestantisch geführten Ständen im sog. Majestätsbrief 1609, ebenso auch für Schlesien, volle Religionsfreiheit versprechen und ihnen die Universität Prag überlassen mußte. Dies geschah in einer Situation, da Europa in einem konfusen Wirkungszusammenhang vieler ständisch-konfessionell-monarchischer Konflikte einem großen Krieg entgegenzutreiben drohte. In den österreichischen Erblanden, in Böhmen, Mähren, Schlesien und auch in Ungarn und Siebenbürgen waren die Stände, deren Behauptungspolitik evangelisch bestimmt war, überall offensiv geworden. Das Fortschreiten der Gegenreformation wurde dadurch zum Stehen gebracht oder mindestens stark behindert. Die Macht Habsburgs war gefährdet – durch den Bruderzwist zwischen Rudolf und Matthias sowie durch die Verquickung von Territorialkonflikten mit ständischer und konfessioneller, also überterritorialer Bündnispolitik. Diese gipfelte im Reich 1608 in der «Union» protestantischer und 1609 in der «Liga» katholischer Fürsten. Die allgemeine Krise spitzte sich akut in Böhmen zu. Dort kam es 1618–1620 zur Entscheidung durch die Waffen, und diese wirkte sich für die Sache der Gegenreformation als Umbruch aus. Nicht nur Böhmen wurde dadurch betroffen, sondern der große, der «Dreißigjährige Krieg» wurde dadurch ausgelöst.

In den Jahren nach dem Tode Kaiser Rudolfs (1612), dessen Nachfolger, sowohl als König von Böhmen wie als römischer Kaiser, Matthias geworden war, verschärfte sich die Spannung zwischen den böhmischen Ständen und dem habsburgischen König aufs neue. Die Religionsfreiheit des Majestätsbriefes von 1609 wurde nach Auffassung der Stände vom König nicht eingehalten. Es kam in zwei Fällen sogar zur Schließung evangelischer Kirchen. Ein Beschwerdebrief der Stände, soweit sie der «böhmischen Konfession» angehörten, wurde von König Matthias zurückgewiesen. Die Erregung stieg. Die Verfechter aktiven Widerstands gegen Habsburg trieben zum Aufstand. Im Mai 1618 besetzten die radikalen Vertreter der böhmischen Stände die Prager Burg und warfen die verhaßten königlichen Statthalter Slavata und Martinitz aus dem Fenster in den Burggraben. Die mit dem Leben davongekommenen Statthalter wurden abgesetzt, eine ständische Landesregierung wurde gebildet. Die Jesuiten wurden des Landes verwiesen, Güter von Mißliebigen konfisziert. Die Kämpfe zwischen kaiserlichen und ständischen Truppen begannen. Sie hatten aber noch keine klare Entscheidung gebracht, als König Matthias starb und die Stände Böhmens, Mährens und Schlesiens zu einem General-Landtag zusammentraten, der das Ziel eines Bündnisses aller Stände der habsburgischen Kronländer zum Ziel erhob. Damit war programmatisch, aber ohne die Fähigkeit zur praktischen Ausführung ein grundlegender Verfassungsumbau der habsburgischen Landesherrschaften im ständischen Sinne verkündet worden. Dem Absolutismus sollte vorgebeugt und der Rekatholisierung begegnet werden. Statt daß ein solches Konzept vorsichtig und planmäßig verfolgt worden wäre, entschieden sich die Stände für das große Wagnis. Der Habsburger Ferdinand war als Träger der Krone Böhmens umstritten. Der gemäßigte, lutherische Kurfürst Johann Georg von Sachsen konnte ebenfalls als König nicht durchgesetzt werden. Statt seiner wurde der durch seine europäischen Verbindungen scheinbar mächtige Kurfürst Friedrich V. von der Pfalz zum König gewählt, der wenige Jahre vorher in Heidelberg seine glanzvolle Hochzeit mit Elisabeth Stuart, der Tochter König Jakobs von England und Schottland gefeiert hatte. Doch stellte sich schnell heraus, daß der angeblich einflußreiche Repräsentant des entscheidenden, kampfbereiten Protestantismus in Europa im entscheidenden Moment fast ohne Unterstützung blieb, während der 1619 auch zum

Kaiser gewählte Ferdinand II. die Hilfe der katholischen Liga gewann.
Es war bezeichnend für die Lage, daß der Kurfürst von Sachsen sich
dem calvinistischen Pfälzer versagte, sich loyal gegenüber dem Kaiser
verhielt und sich, nachdem ihm der Besitz der Lausitz zugesagt
worden war, zum Eingreifen auf der Seite Ferdinands II. verleiten
ließ.

Am 8. November 1620 unterlag das pfälzisch-böhmische Heer der
Übermacht der vereinigten Truppen Ferdinands und Maximilians von
Bayern in der Schlacht am Weißen Berg, nahe von Prag. Friedrichs
Heer wurde vernichtend geschlagen. Der Sieg der katholischen Verbündeten war so vollständig, daß sich die Stände und Städte Böhmens,
dann auch Mährens und Schlesiens schnell ergaben und damit auf Ge-
deih und Verderb dem Willen des Siegers ausgeliefert waren. Friedrich,
der «Winterkönig», floh und schied für immer aus dem Machtspiel um
Böhmen aus.

Die Hoffnung auf Gnade des Siegers trog. Ferdinand erachtete sich
nach der «Rebellion» der böhmischen Stände jeder staatsrechtlichen
Bindung ledig. Statt zu verhandeln, war er entschlossen zu diktieren.
Durch Jesuiten auch theoretisch gestützt, beanspruchte er die «absoluta
potestas». Die führenden Männer des Aufstandes wurden gefangengesetzt und zu schweren Strafen, meist Konfiskation ihres Grundbesitzes,
verurteilt. 27 von ihnen – Herren, Ritter, Bürger – wurden im Sommer
1621 auf dem Altstädter Ring in Prag öffentlich zur Schau gestellt und
hingerichtet. Ferdinand II. verwirklichte ungehemmt die Grundsätze
seiner jesuitischen Erziehung. Er ist wohl der entschiedenste Vertreter
der politisch-religiösen Vereinheitlichungsidee gewesen. Gewiß war
diese Idee zeitgemäß, und wir können sie in der Geschichte vieler europäischer Fürstenstaaten der Zeit verfolgen. Aber nirgends sind die
Maßnahmen so rücksichtslos, gewaltsam, umfassend und rasch durchgeführt worden wie in den böhmischen Ländern nach 1620. Es ging
nicht nur darum, die Glaubenseinheit durch den Zwang zum Glaubenswechsel oder zur Auswanderung zu erzwingen und alle protestantischen, auch utraquistischen Pfarrer in wenigen Jahren aus dem Lande
zu vertreiben. Vielmehr wurde die konfessionelle Purifizierung mit der
Säuberung des Landes von politischen Gegnern im Adel, unter den
Stadtbürgern und z. T. sogar unter den Bauern verbunden. Adelige
Güter wurden in großer Zahl enteignet. Fast die Hälfte aller grundbe-
sitzenden Herren und Ritter verloren ihr Land. Durch den Besitzwech-
sel der Grundherrschaften wurde der Adel ausgewechselt: Von eigenmächtigen, Widerstand leistenden, eingesessenen zu botmäßigen,
großenteils ausländischen Geschlechtern deutscher oder romanischer

Zunge, z. T. Offizieren, die sich im Heeresdienst verdient gemacht hatten. Im Jahre 1627 wurde mit der «Verneuerten Landesordnung» die Verfassung zu Gunsten der königlichen Machtvollkommenheit so geändert, daß von einem Ständestaat trotz Beibehaltung des Landtages nicht mehr die Rede sein konnte. In Art. 8 der Landesordnung hieß es: «Wir behalten uns und unsern Erben und Nachkommen den Königen ausdrücklich bevor in diesem Erbkönigreich Gesetze und Rechte zu machen und alles dasjenige, was des jus legis ferendae, so als dem König allein zusteht, mit sich bringt.» Böhmen wurde also zum Erbkönigreich der absolut regierenden Habsburger. Die oberste Landesbehörde, die böhmische Hofkanzlei, wurde 1624 nach Wien verlegt. Mähren wurde 1628 in ähnlicher Weise seiner ständischen Eigenmacht beraubt.

Ferdinand II. hat das Ziel seiner Gewaltmaßnahmen so weit erreicht, wie es unter den Bedingungen seiner Zeit möglich war. Wollen wir das Ausmaß und das Ergebnis seiner Einheitspolitik recht beurteilen, so muß die brutale Konsequenz ebenso hervorgehoben werden wie – anders als in totalitären Systemen der Gegenwart – die Grenzen der Macht. Eine totale Einebnung des Landes, d. h. Verwandlung in den Status der Provinz eines Einheitsstaates, die Bekehrung der im Lande bleibenden Protestanten zu wirklich überzeugten Katholiken, die Ersetzung adeliger Amtsträger durch abhängige Beamte eines reinen Funktionärtyps – solche Extremlösungen politischer Gleichschaltung waren in Böhmen auch in den Jahren nach 1620 nicht denkbar. Das alltägliche Leben im gleichbleibenden Wirtschaftssystem bei nur geringer Wachstumsmöglichkeit der Wirtschaft des reichen und relativ dicht bevölkerten Landes ging weiter. Alsbald entwickelte sich, nachdem die Umstellungsschwierigkeiten und die Kriegsschäden ausgeglichen waren, von neuem ein anspruchsvolles adeliges Landleben mit großen Hofhaltungen auf den durch Neubauten stattlich vergrößerten Schlössern der Magnaten, in die ausländische, besonders italienische Künstler herbeigerufen wurden. Der Prozeß der Eingewöhnung der Menschen aller Schichten, auch der Bauern trotz ihrer bedrückten Lage, deren sie sich bewußt wurden und gegen die sie sich durch Unruhen Luft machten, ging mit innerer Notwendigkeit nach Menschenart voran. So wurden im Laufe der Jahrzehnte die geschlagenen Wunden überdeckt, wenn sie auch nicht überall verheilten.

Trotzdem bleibt bestehen, daß die Schlacht von 1620 mit den ihr folgenden Umwälzungen epochal gewesen ist, nicht allein für Böhmen und Mähren, sondern für die Rekatholisierung und für den Sieg des Absolutismus in Europa allgemein.

Der Umbruch in Böhmen wurde dadurch gesichert, daß eine neue
adlige Führungsschicht geschaffen wurde. Die Konfiskationen und
Neubesetzungen von Herren- und (stark verminderten) Rittergütern
sind so erheblich gewesen, daß am Ende nur noch etwa ein Drittel aller
Güter ihren alten Eigentümern gehörte. Im Jahre 1654 befanden sich
von 107 000 bewirtschafteten Bauernhöfen noch 47 000 unter der Herrschaft des alten Herrenstandes, nur noch 16 000 in der Grundabhängig-
keit vom Ritterstand. Alle übrigen, also gut ein Drittel, standen unter
neuer, großenteils außerböhmischer Herrschaft. Bemerkenswert ist
dabei allerdings nicht nur der zunächst ins Auge springende Einschub
neuer Adelsgeschlechter, sondern die Tatsache, daß ein starker Bestand
alten Eigentums die Krise überdauert hatte. Es hatte ja auch vor 1620
katholische Grundherren gegeben. Ihre Zahl war damals sogar im
Wachsen begriffen, da seit dem ausgehenden 16. Jahrhundert nach und
nach führende Adelsgeschlechter in Böhmen und Mähren der neuen
Zeitströmung katholischer Reform nachgegeben hatten und zum alten
Glauben zurückgekehrt waren, so z. B. die Familien Liechtenstein und
Lobkowitz. Wie groß die politischen Aufstiegsmöglichkeiten waren,
wenn die protestantische Widerstandslinie aufgegeben und der Übergang zur kommenden Übermacht vollzogen wurde, zeigt das Beispiel
Karl von Liechtenstein (1569–1627), der 1599 zur katholischen Kirche
übertrat und auf der Grundlage eines gewaltigen, durch Erbschaften
und politische Konjunkturen ständig vergrößerten Güterbesitzes eine
zunächst von Mähren ausgehende ständisch-fürstliche Ausgleichspolitik vertrat, bis er schließlich 1623 Statthalter Ferdinands II. in Böhmen
wurde, nachdem er schon vorher dessen gegenreformatorische Politik,
wenn auch mit Mäßigungsabsichten gestützt hatte. Magnaten solchen
Formats rückten in fürstliche Positionen auf. Das gehörte in der
Folgezeit zum habsburgischen Herrschaftsstil. Dazu muß berücksichtigt werden, daß auch die neuen Eigentümer nach 1620 nicht durchweg Landfremde gewesen sind. So ist also die geschichtliche Kontinuität des Adels über die Epoche von 1620 hinweg höher anzusetzen, als auf Grund der Ereignisse auf den ersten Blick vermutet
werden könnte. Im übrigen sind die neu ins Land Gekommenen teils
bald wieder ausgeschieden, teils durch Konnubium und Einbeziehung
in die Landespolitik böhmisch-mährisch eingeschmolzen worden.
Der Kontinuitätsbruch der 20er Jahre betraf also nur zum Teil die
Substanz der Familien, besonders stark im Ritterstand. Einschneidend
war er trotzdem durch den totalen Konfessionswechsel und den
Verlust der Stände-Herrschaft. Damit war von Grund auf eine neue
Epoche eingeleitet. Nicht mehr Prag, sondern Wien wurde zum

großen Zentrum politischer Macht und höfisch-adeliger Kultur. Doch ist andererseits zu betonen, daß die nun katholischen, politisch machtlos gewordenen Geschlechter, in erster Linie die hochadeligen Herren, nach wie vor die Ämter in Verwaltung und Gerichtsbarkeit in der Hand hatten. Landespatriotismus und Loyalität gegenüber dem Hause Habsburg waren keine Gegenstände mehr, sondern gingen Hand in Hand.

Neu war auch die ständische Einbeziehung und Rangerhöhung der hohen Geistlichkeit, des Prälatenstandes auf den Landtagen. Das entsprach der neuen, allein bestimmenden Rolle der katholischen Kirche. Ihre Spitzen waren großenteils mit den gut 100 Adelsfamilien verwandtschaftlich verbunden. Die führenden Geschlechter verfügten über ausgezeichnete Beziehungen zum Wiener Hof. Sie hatten nicht nur Böhmen in der Hand, sondern wirkten über Wien auch in die große Politik Europas hinein.

Durch die Heiratskreise, ihre politischen Beziehungen und ihre Kultur orientierten sie sich zunehmend böhmisch-österreichisch-europäisch. Dem nationalen Gegensatzpaar «deutsch»-«tschechisch» können sie nicht eingeordnet werden. Die Tschechen hatten ihre landesnationale Führungsschicht eingebüßt. Die tschechische Sprache verlor ihren hohen Rang, den sie besessen hatte. Sie drohte zur Volkssprache abzusinken.

Die Radikalität des Kontinuitätsbruchs muß auch in konfessioneller Hinsicht eingeschränkt werden. Zwar war die katholische Konfession zur einzigen anerkannten Glaubensgemeinschaft der böhmischen Länder bestimmt worden. Die Unbedingtheit dieser Forderung wird durch die Tatsache unterstrichen, daß allein im Jahrzehnt nach 1620 etwa 30 000 Familien ausgewandert sind. Diese «Exulanten» gingen vorwiegend in die Nachbarländer Sachsen und Schlesien. Denn sie hofften, freilich vergeblich, auf Rückkehr. Die böhmischen Brüder dagegen folgten ihren Vorgängern aus dem 16. Jahrhundert nach Großpolen – so auch der tschechische Theologe, Philosoph und Pädagoge Amos Comenius (Komensky), der nach Lissa ging und der letzte Bischof der Brüdergemeinde wurde.

Trotz der «Säuberungen» von Glaubensfeinden sind Böhmen und Mähren nie zu eindeutig katholischen Ländern geworden, auch wenn der Konfessionswechsel ganzer Gemeinden wiederholt durch Einsatz von Militär erzwungen worden ist. Die Bekehrungen konnten in den Städten leichter durchgesetzt werden als auf dem Lande. Da sich Obrigkeit und Kirche über die missionarischen Methoden immer von neuem uneinig waren und der Pfarrermangel nur langsam behoben werden konnte, zog sich die Rekatholisierung durch das ganze 17. Jahrhundert hin. Sie war um 1700 schließlich, so schien es, fast an ihr Ende gekommen. Doch von einer durchgehenden inneren Volksbekehrung konnte auch dann noch keine Rede sein, als im beginnenden 18. Jahrhundert die Gegenbewegung neuer evangelisch-pietistischer Mission begann und nicht verhindert werden konnte. Trotz aller Anstrengungen der Erzbischöfe von Prag und der Verdichtung kirchlicher Infrastruktur durch die Gründung der Bistümer Leitmeritz und Königgrätz ist der endlich nach außen sichtbare Erfolg großenteils doch nur oberflächlich gewesen.

In Ungarn ist die Gegenreformation in Folge der Dreiteilung des Königreichs nicht so einheitlich und rasch durchgesetzt worden wie in Böhmen und Mähren. Wohl begannen sich die Jesuiten auch in Ungarn seit den 60er Jahren des 16. Jahrhunderts niederzulassen. Doch im großen Stil setzte die Rekatholisierung, mit allmählich steigender Härte, erst seit der Jahrhundertwende, wie in Österreich, ein, zunächst freilich nur im habsburgisch beherrschten West- und Nordungarn, wo die Jesuiten von der weltlichen Obrigkeit gewaltsam unterstützt wurden.

Am Anfang stand – symbolisch für das ganze 17. Jahrhundert – das aufsehenerregende Ereignis von Kaschau. Auf Beschluß des ungarischen Landtags war 1597 der von den Türken vertriebene Bischof von Erlau für diese oberungarische Stadt vorgesehen worden. Durch Handstreich wurde 1604 der Dom der Stadt nächtlich besetzt und sofort als katholische Bischofskirche geweiht. Die evangelischen Pfarrer der Stadt und der Umgebung wurden vertrieben, evangelische Gottesdienste untersagt.

Die Absicht war unverkennbar, überall, so zunächst in der Zips, mit ähnlicher Härte zu verfahren. Doch waren die ständischen Gegenkräfte – lutherische Städte, calvinistische Grundherren – vorerst noch zu stark, um so mehr, als sie politisch-militärisch durch das Fürstentum Siebenbürgen gestützt wurden. Das geschah besonders wirkungsvoll durch den Angriffskrieg des Fürsten Bocskay (gestorben 1606), der dazu führte, daß der Grundsatz der Religionsfreiheit in den Wiener Frieden des Jahres 1606 aufgenommen wurde; sodann durch die Feldzüge des Fürsten Gabriel Bethlen bis zum Frieden von Nikolsburg 1622. Dieser brachte Bethlen zwar nicht an sein Ziel, die Krone Ungarns zu behaupten, bot aber doch der Ausbreitung der Gegenreformation ein Gegengewicht. Unter Bethlen und seinem Nachfolger Georg Rákóczi (1629–1648) wurde die reformierte Kirche mit Hilfe von Lateinschulen in Weißenburg, Klausenburg, Debrecen und ande-

ren Orten ausgebreitet, gestärkt und zu einer Institution kulturell-
wissenschaftlicher Blüte gesteigert. Das Fürstentum Siebenbürgen war
in dieser Zeit der protestantische Eckpfeiler im europäischen Südosten. Doch auch durch die stets auf ganz Ungarn gerichtete Politik der
Fürsten dieses Landes konnte nicht verhindert werden, daß Ungarn,
soweit es habsburgisch beherrscht war, in das Rekatholisierungspro-
gramm Ferdinands II. einbezogen wurde. Der Jesuit Peter Pázmány,
der aus einer reformierten ungarischen Adelsfamilie stammte, wurde,
nachdem er Professor in Graz gewesen war, von 1616–1637 Erzbischof
von Gran (seit 1543 verlegt nach Tyrnau) und damit Primas von Ungarn. Es gelang ihm, die führenden ungarischen Magnatengeschlechter, so z. B. die Forgasch, Esterházy, Erdödy, Pálffy und damit ihre
Bauern, dem katholischen Glauben zuzuführen und durch seine zahlreichen, z. T. wirkungsvollen populären Schriften zum Haupt der Gegenreformation in Ungarn zu werden. Zahlreiche Jesuitenschulen und
die 1635 gegründete Universität Tyrnau wurden zu Pflanzstätten katholischer Mission und Reform. Im katholischen Selbstverständnis
schon seiner Zeitgenossen wurde Pázmány zum «zweiten Apostel Ungarns». Die enge Durchdringung von Katholizität und ungarischem
Patriotismus war dabei unverkennbar. Um die Mitte des Jahrhunderts
wurde von dem ungarischen Jesuitenpater slovakischer Herkunft in der
Vorrede zu seinem slovakischen Gesangbuch der Begriff der «pannonischen Nation» geprägt. Damit war implizit zum Ausdruck gebracht,
daß der übergeordnete Nationsbegriff den Ungarn zukam und daß
dieser Nation auch ein Slovake, gente Slavus, angehörte. Die Verschie-
denheit der Sprache hinderte nicht die übergreifende Einheit der «Nation» im gemeinsamen «Vaterland». Dieses aber sollte erneut ein rein
katholisches sein. Das war das Verständnis der katholischen Reform in
Ungarn, die im Endergebnis zwar weitgehend, aber nie vollständig
durchgesetzt werden konnte.

Erst als nach 1648 die Fürsten Siebenbürgens politisch versagten und
ihre nach außen wirkende Macht verloren, vor allem aber, als die
Habsburger durch das Ende des Dreißigjährigen Krieges in ihren Ländern handlungsfähiger wurden, ist die Gegenreformation in Ungarn,
zunächst und vor allem im habsburgischen Westen und Norden des
Königreichs, auf die Spitze getrieben worden. Nun waren es nicht nur
die großen Familien, sondern die ungarischen Adeligen allgemein, die
unter so starken Druck gesetzt wurden, daß die Protestanten auf dem
Landtag zu einer allmählich immer schwächeren Minderheit absanken.
Vorgänge wie der oben für Kaschau beschriebene häuften sich. Unter

Leopold I. (ungarischer König seit 1655, römischer Kaiser 1658), der noch stärker als Ferdinand I. vom katholischen Glaubenseifer erfüllt war, steigerten sich die gegen die verbriefte Religionsfreiheit verstoßenden Maßnahmen noch weiter. Es kam zu einer planmäßigen Ausrottungskampagne gegen den Protestantismus, seine Geistlichen, seine öffentlichen Gottesdienste. Als dies im vollen Gange war, änderte sich aber die große politisch-militärische Lage von Grund auf: die Belagerung und der Entsatz Wiens im Jahre 1683 leiteten die große Wende ein, die mit den Siegen über den Sultan zur habsburgischen Großmacht in Südosteuropa führte. Davon wird weiter unten die Rede sein, und im Zusammenhang damit wird die Frage der Rekatholisierung und des protestantischen Widerstands in Ungarn noch einmal aufgegriffen und abschließend betrachtet werden.

Polen-Litauen   In Polen und Litauen hat ein Umbruch von ähnlicher Stärke wie in den habsburgischen Ländern nicht stattgefunden. Denn die Reformation Luthers und Calvins war, abgesehen von den Städten deutscher Prägung, in der polnischen Adelsnation nur begrenzt durchgedrungen, und die verstärkende Wechselwirkung von Gegenreformation und Absolutismus hat es in Polen und Litauen nicht gegeben. Als der unter jesuitischem Einfluß stehende König Sigismund III. Vasa (1587–1623) eine allzu eigenwillige Außen- und Kriegspolitik, zuerst gegen Schweden, dann gegen Moskau, betrieb und dies mit einem scharf antiprotestantischen Kurs im Innern verband, regte sich der Widerstand im polnischen Adel. Der König setzte sich darüber hinweg und trieb den Konflikt auf die Spitze, als er im Jahre 1605 sich zum zweiten Mal mit einer Habsburgerin verheiratete. Diese Provokation führte zum Adelsaufstand, der erst im Jahre 1609 mit einem Kompromiß endete. Dahinter stand das Mißtrauen des Adels gegenüber jeglicher Tendenz zu absoluter Königsgewalt, von der sich König Sigismund ausdrücklich lossagen mußte. Doch war es bezeichnend, daß dieser Kampf zwischen König und Adelsrepublik nicht konfessionell verquickt wurde. Im Aufstand fanden sich Katholiken und Protestanten zusammen. Zebrzydowski, der Anführer, war selbst katholisch. Der Aufstand zeigte also, daß Verfassungs- und Machtkämpfe zwischen Adel und König sich bereits unabhängig von konfessioneller Parteinahme abspielten. Polen hatte um 1600 keine protestantisch bestimmten Stände, wie das um diese Zeit noch für alle habsburgischen Länder gegolten hat.

Der Protestantismus hatte den Gipfel seiner Ausbreitung bereits am Ende der für ihn relativ günstigen Regierung Sigismunds II. August erreicht. Erst gegen Ende der Herrschaft dieses toleranten Königs kamen die Jesuiten auch nach Polen-Litauen. Wie üblich gründeten sie zahlreiche Kollegien und Schulen, bis zu den äußersten Grenzgebieten im Osten, wo sie sich z. B. in Černigov, in Smolensk und in Polock niederließen. In Wilna wurde 1579 das schon 1570 gegründete Gymnasium zur «Akademie» erhöht, der zur Universität nur die Fakultäten der Juristen und Mediziner fehlten. Wilna wurde solcherart zum Antipoden der lutherischen Universität Königsberg im europäischen Nordosten. Hier wurde der kräftige Einsatz der Jesuiten entscheidend für den Sieg über den Calvinismus, der unter polonisiert-litauischen Magnaten zeitweise maßgebend und politisch durch den mächtigen Nikolaus Radziwiłł, «den Schwarzen», Kanzler des Großfürstentums und Wojewoden von Wilna, wirksam gestützt wurde.

Im Königreich Polen dagegen haben die Jesuiten in den letzten Jahrzehnten des 16. Jahrhunderts nur den Niedergang des reformierten Protestantismus befördert, der unter Magnaten und Szlachta ohnehin im Gange war. Sie gewannen gegenüber dem absinkenden Protestantismus das Bildungsmonopol. Das wurde wichtig für die höhere Bildung der Söhne von Magnaten und größeren Szlachta-Familien.

Schon im 16. Jahrhundert begannen sich, ähnlich wie ein wenig später in Ungarn, maßgebende Magnatengeschlechter, deren Beispiel im kleineren Adel weiterwirkte, zur erneuerten katholischen Kirche zurückzuwenden. Das lag in ihrem politischen Interesse, besonders seit es ihnen gelungen war, die kirchliche Jurisdiktion auf ihren Grundherrschaften zurückzudrängen. Ihre Konversionen hatten mit Selbstverständlichkeit zur Folge, daß die untertänigen Bauern, soweit sie vom protestantischen Gemeindegottesdienst überhaupt schon erfaßt gewesen waren, gezwungen wurden, dem Beispiel ihrer Herren zu folgen.

In den Städten wurde die Rückkehr zur alten Kirche vielfach durch Gewalt und Terror erzwungen. Durch Predigten aufgewiegelte Massen zerstörten nicht nur evangelische Kirchen, sondern auch Geschäfts- und Wohnhäuser ihrer Glaubensfeinde, so in Posen, Krakau und Lublin in den Jahren um die Jahrhundertwende.

Polen wurde also wieder ein fast rein katholisches Land, obwohl oder gerade weil die Einheit von absoluter Königsgewalt und katholischer Kirche, wie sie noch der Jesuit Peter Skarga 1597 in seinen Sejm-Predigten gegen die Adelsprivilegien vergeblich vertreten hatte, nicht zustande kam und statt dessen sich im Laufe des 17. Jahrhunderts adelige Freiheitsideologie und Katholizismus im Patriotismus der Adelsre-

publik (Rzeczpospolita) verbunden. Dies war im übrigen personell begründet, da die Bischöfe überwiegend aus Magnatenfamilien stamm-
ten, d. h. aus der Führungsgruppe des zahlreichen Adels. In Litauen reichte der Katholizismus weit in das Gebiet der unierten
und der orthodoxen Ostkirche hinein. Im Zuge einer häufig doppelten
Konversion, zunächst von der Union oder Orthodoxie zur calvinisch-
reformierten, sodann zur katholischen Kirche dehnte sich diese auf
Kosten der beiden anderen Konfessionen aus, ohne daß aber die Gleichung von Katholizismus und Polentum im Adel schon voll erreicht
gewesen wäre. Doch begann seit dem ausgehenden 16. Jahrhundert
eine zunehmende katholisch-polnische Ausstrahlung von oben in die
östlichen Landschaften des Großfürstentums Litauen.

Lutherische Kirchen hielten sich nicht im eigentlichen Polen, sondern nur in den deutschen oder deutschgeprägten Grenzgebieten, die
im 15. und 16. Jahrhundert dem Königreich angegliedert worden waren: im westlichen, «königlichen» Preußen vornehmlich in den großen
Städten Danzig, Elbing und Thorn, im Herzogtum Kurland und in
Livland auf Grund der dort vom polnischen König verbrieften Privilegien – nicht dagegen im Bistum Ermland, das 1466 aus der Kirchenprovinz Riga ausschied und als selbständiges Fürstbistum eximiert
wurde. Dort setzte der von 1551 bis 1570 in Heilsberg amtierende
Bischof Stanislaus Hosius, der aus der Krakauer, von Pforzheim ein-
gewanderten Honoratiorenfamilie Hoos von Renchen stammte, dem
Vordringen des Luthertums mit Erfolg harten Widerstand entgegen.
1564 ließ er den Jesuitenorden in Braunsberg ein Kolleg gründen, das
zu einem katholischen Vorposten an der sonst rein lutherischen Ostseeküste wurde.

Überblicken wir das Ergebnis des gegenreformatorischen Rück-
und Vorstoßes im Osten Lateineuropas, so bietet sich uns ein eindrucksvolles Bild. Konsequent ist mit allen Mitteln politischer Macht-
ausübung und theologisch disziplinierter Bildungspolitik ganz Ostmitteleuropa außerhalb der nordöstlichen deutschen Fürstenstaaten und
der baltischen Länder teils vollständig, teils weit vorwiegend der erneuerten katholischen Kirche auf Kosten des zersplitterten und seit
dem ausgehenden 16. Jahrhundert nicht mehr ausdehnungskräftigen
Protestantismus zugeführt worden. Doch war die evangelische Reformation nicht überall gänzlich ausgetilgt worden. Besonders für Ungarn sowie für Böhmen, Mähren und Schlesien hatte sich die konfessionelle Vielfalt, wenn auch beengt durch die Majorität und die Macht
der katholischen Kirche, oft unterhalb offizieller Anerkennung durchgehalten; und dies wurde geschichtswirksam, als die nationalen Bewe-

gungen entstanden, sich steigerten und mit den Konfessionsgegensätzen verquickt wurden.

Die Rekatholisierung Ostmitteleuropas östlich und südlich der evangelischen Territorien hat ihren sichtbaren Ausdruck in der Kunst, vornehmlich der Baukunst gefunden. Zwar ist das Luthertum nicht wie die reformiert-protestantischen Konfessionen kirchenkunstfeindlich gewesen und hat in den stürmischen Anfangsjahren der Reformation den Bildersturm meist abwehren können. Doch haben die evangelischen Gemeinden Augsburgischer Konfession ihre Gotteshäuser fast durchweg aus der vorreformatorischen Zeit übernommen und kaum um- oder neu gebaut. Der Raum für den Gottesdienst reichte aus, da ja außer den Stadt- oder Domkirchen in den Städten Kapellen oder Kirchen der geistlichen Orden zur Verfügung standen. So hat es keine eigentlich protestantische Baukunst gegeben. Erst später, in der zweiten Hälfte des 17. und 18. Jahrhunderts sind spezifisch evangelische, vom Predigt-Innenraum aus entworfene Kirchen, in relativ geringer Zahl allerdings, gebaut worden.

Anders die Gegenreformation! Sie hat alsbald nach ihrem Beginn ein starkes Bedürfnis zu sakralen Neubauten hervorgerufen. Die Kirchenorden, zuerst die Jesuiten, entfalteten eine rege Bautätigkeit für Kirchen, Kollegien und Klöster. Seit dem Beginn des 17. Jahrhunderts wurde der Barock, der von Rom ausging, zur herrschenden Stilform der Zeit. Er wurde nicht nur von Italien übernommen, sondern bis weit über die Jahrhundertmitte hinaus auch von italienischen Bauunternehmern, Baumeistern und Bauhandwerkern über die Alpen getragen und erst im Laufe der Zeit auch Künstlern anderer, meist süddeutscher Herkunft vermittelt. Die schulmäßig gut gelernte neue Baukunst verbreitete sich über die süddeutschen Länder, vor allem Bayern, Franken, Salzburg, Österreich, in die Länder der böhmischen Krone und nach Polen-Litauen. Sie steigerte sich, nachdem die Hemmungen der Kriegszeit mehr oder weniger gefallen waren, von der Mitte des 17. Jahrhunderts an sowohl an Zahl der Bauten als auch in der qualitativen Vielfalt ihrer äußeren Formen und ihrer reich ausgestatteten Innenräume.

Der weiten Streuung der Jesuiten-Niederlassungen nördlich von Italien entsprach die Ausbreitung der Barockkirchen des Ordens sowie, damit in Verbindung stehend, der sakralen und profanen Kunst des Barock seit dem Ende des 16. Jahrhunderts überhaupt. Das große Muster für die Kirchenbauten der Jesuiten in Mitteleuropa war die Kirche Il Gesu in Rom. Sie zeigt in ihrer eigenen, über ein Jahrhundert währenden Baugeschichte den allgemeinen typischen Weg von klassischer

Strenge zu bewegteren Formen, sowohl an der Fassade wie im breiten, auf Predigtwirkung angelegten Einheitsraum von düsterem Langhaus, lichtdurchfluteter Kuppel-Mitte und dem in breiter Rundung endenden Chor. Dem entsprachen die vielen Kirchen des Ordens: herausragende Kunstwerke wie St. Salvator in Prag und St. Peter und Paul in Krakau und die vielen kleineren, einfacher gebauten Kirchen, die meist der Kuppeln entbehrten. In allen diesen Kirchen wurde im Laufe des 17. Jahrhunderts immer reicher und vielfältiger die ursprüngliche Strenge des im Geiste des Tridentinums gebauten Vorbilds im Laufe der Zeit gefällig abgemildert: durch architektonischen Schwung, durch Stukkatur, Plastik und Malerei an Altären und gewölbten Decken. Dabei sollte überirdische Erhabenheit und himmlischer Glanz welthaft sinnenfroh auf die Betrachter wirken. Äußere Entrückung und mystische Erregung trafen sich, wie im prototypischen Meisterwerk Berninis, der «Ekstase der Heiligen Therese», mit starker, erotisch durchdrungener Sinnlichkeit, mit Freude am menschlichen Körper. So sollte sich in diesen Kirchen die Berührung göttlich-heiliger Ausstrahlung von oben mit dem menschlichen Verlangen von unten berühren.

Hält man dazu die bunte Welt der Wallfahrten, Prozessionen, Wunder- und Heiligenbilder, besonders in den von Umgängen umringten «Gnadenkirchen» mit ihren Ursprungslegenden, durch welche die Phantasie in der Volksfrömmigkeit angereizt wurde und die überirdische Welt durch die Farbenpracht der heilsvermittelnden Kirche sichtbar wurde, dann läßt sich ermessen, welche Bindekraft die erneuerte Kirche einzusetzen vermochte, um das Volk in allen seinen Schichten zu erfassen und der bilderarmen evangelischen Kirche mit ihrem fordernden Anspruch der reinen Wortverkündigung im Gefühlsüberschwang des sinnlich vermittelnden Glaubens entgegenzutreten.

Dieser Katholizismus wurde im Zuge des gegenreformatorischen Kampfes gegen die Protestanten bewußt auch durch landesnationale Heiligen-Symbolik ausgespielt. Den Ungarn und den Polen wurde die Gottesmutter Maria als die Königin des Himmels und ihres Landes dargestellt. Bei ihrer Bildverehrung schwang daher beides mit: das himmlische und das irdische Vaterland in enger Verschmelzung.

In Böhmen wurde die Verehrung des Heiligen Wenzel in den Dienst der Gegenreformation gestellt. Der Wenzelstag wurde, von der Kurie genehmigt, gegen Ende des 17. Jahrhunderts zum öffentlichen Feiertag erhoben. Doch damit nicht genug. Im Jahre 1675 wurde in Prag eine erzbischöfliche Kommission gebildet, die sich um die Heiligsprechung des Johannes von Nepomuk bemühen sollte, der 1393 in der Moldau ertränkt und in einer Legende zum Märtyrer stilisiert worden war. Als er 1729 endlich heiliggesprochen worden war, wurde in Prag tagelang prunkvoll gefeiert. Das war eine sinnfällige Verbindung von Kirchenmacht, Landespatriotismus und Belebung katholischen Volksglaubens. Der Heilige Nepomuk hatte schon 1693 ein Standbild auf der Karlsbrücke erhalten und ist seitdem zum volkstümlichen Brückenheiligen in Böhmen und über Böhmen hinaus geworden. Wenzel und Nepomuk sollten Hus im Bewußtsein des Volkes endgültig verdrängen.

III.

Moderner Fürstenstaat und Gipfel der Adelskultur
Habsburg – Romanov – Hohenzollern

Im 17. Jahrhundert büßten die Nachfolgestaaten der politischen Nationen des Mittelalters, d. h. der Böhmen, der Polen, der Ungarn und Kroaten den Rest ihrer ihnen noch verbliebenen Eigenmacht ein. Für Böhmen und Mähren war dies die Folge der 1620 gefallenen Entscheidung. Ungarn und Kroatien verloren ihre politische Eigenständigkeit just in dem Moment, als die Osmanenherrschaft zusammenbrach, die Dreiteilung Ungarns beseitigt und das Königreich unter Habsburgs Herrschaft wiedervereinigt wurde. Polen-Litauen aber ging unaufhörlich seinem machtpolitischen Verfall entgegen, nachdem Johann III. Sobieski 1683 vor Wien ein letztes Mal das polnische Machtgewicht erfolgreich in die europäische Waagschale geworfen hatte.

Die drei großen Dynastien, Habsburger, Romanovs und Hohenzollern, breiteten sich im 18. Jahrhundert teils mit ihren unmittelbaren Staatsgebieten, teils mit den Machtmitteln indirekter Herrschaft über ganz Ostmitteleuropa aus. Diese Großdynastien, zwei deutsche und eine kulturdeutsch-russische, waren politische Gebilde, die einerseits, soweit sie von ihren «Häusern» her dachten und handelten, alteuropäisch-patrimonial geprägt waren, andererseits aber durch die fortgesetzte Steigerung ihrer Staatsrationalität und organisatorischen Effizienz «modern» waren und sich der Ressourcen der ostmitteleuropäischen Agrarwirtschaft für ihre Zwecke zu bemächtigen wußten. Die dynastische Politik der drei Großen ging mit der vorhandenen Adelswelt eine eigentümliche, höfisch-feudale Symbiose ein; sie trug aber, indem sie den «modernen Staat» entwickelte, zugleich den Keim ihres eigenen Untergangs oder mindestens ihres sie transformierenden Wandels in sich. Diese Tendenz gipfelte im «aufgeklärten Absolutismus», der sich, am radikalsten bei Joseph II. (1780-1790), mit dem «revolutionären» Gedankengut des jüngeren Naturrechts verband und in die antifeudalen und antimonarchischen Programme der Französischen Revolution umzuschlagen drohte. Mit Joseph II. soll daher das folgende Kapitel beginnen, durch den für Ostmitteleuropa die moderne «Bewegung» auch und besonders der Nationen und Nationalitäten eingeleitet wird. Das 18. Jahrhundert war bis in die 70er Jahre hinein erfüllt vom allmählich spürbar werdenden Zwiespalt zwischen glanzvoller fürstlich-adeliger Herrschaftsstruktur oberhalb der Nationen alter Art und oberhalb der untertänigen Bauern einerseits, gesellschafts- und wirtschaftspolitischer Kritik andererseits.

Wir wollen versuchen, die Gewichtsveränderungen der Herrschaftsstrukturen infolge der Politik der drei großen Mächte, den Wandel der politischen Ordnung und den Zustand der (vorwiegend agrarischen) Gesellschaft bis zur Schwelle des Beginns der modernen Bewegung in ihren Grundzügen wiederzugeben und in ihrer Bedeutung für den Beginn der modernen Welt in Ostmitteleuropa zu bedenken.

a) Die Entstehung der österreichischen Großmacht im Südosten

Fast eineinhalb Jahrhunderte waren ins Land gegangen, als im Jahre 1683 auf einen Schlag der zur Gewohnheit gewordene Status quo im Südosten zusammenbrach. Die Herrschaft der Osmanen im mittleren Ungarn und ihre Oberhoheit über das zeitweise recht selbständig handelnde Fürstentum Siebenbürgen waren zwar grundsätzlich stets ein Ärgernis für Habsburg, vor allem aber für die an ihrer Einheit hängende ungarische Adelsnation geblieben; aber die Dreiteilung Ungarns ist nicht das einzige Beispiel für die geschichtliche Aporie gewesen, daß ein widersinnig und ungerecht erscheinender Zustand auf Grund einer Art von Pattsituation Generationen lang bestehenbleiben und zur Gewohnheit werden oder gar zum Glauben an eine Dauerhaftigkeit führen kann. Seit dem Frieden von Wien im Jahre 1606 war es nicht mehr zu nennenswerten habsburgisch-osmanischen Kämpfen gekommen, und das türkisch-polnische Verhältnis ist, von wenigen Ausnahmen abgesehen, im 16. und 17. Jahrhundert durch Kriegshandlungen kaum gestört worden. Für Habsburg war, besonders während des Dreißigjährigen Krieges in Deutschland, die Ruhe an der Türkenfront von unschätzbarem Wert gewesen, und auch nach dem Westfälischen Frieden von 1648 war der Herrscher über die habsburgischen Erblande, zugleich als deutscher Kaiser, durch den Dauerkonflikt mit der französischen Monarchie im Westen meist so in Atem gehalten worden, daß – ganz abgesehen von dem ständig deplorablen Zustand der Finanzen – den Habsburgern Ferdinand II., Ferdinand III. und seit 1658 Leopold I. eine Rückeroberungspolitik gegenüber der osmanischen Macht nicht in den Sinn kommen konnte. Bis um 1660 fehlte es allgemein am Willen und am Können aller unmittelbar beteiligten Mächte, die grundsätzlich unbefriedigenden, faktisch aber nicht zu ändernden Grenzen im Südosten Europas anzutasten. Trotzdem war die Revisionsbedürftigkeit des Status quo potentiell stets vorhanden, und es bedurfte nur eines oder mehrerer Anstöße, um das Glück gewünschter Veränderungen bei den Waffen zu suchen.

Der Anstoß kam zunächst aus Konstantinopel, wo Ende der 50er Jahre durch den ersten der aus dem albanischen Hause Köprülü stammenden Großvesire eine energische Wendung gegen Verfall, Anarchie und Staatsverschuldung eingeleitet wurde. Dies führte zwar nicht zu einem durchschlagenden, dauerhaften Erfolg, hatte aber doch zur Folge, daß die Rettung in dem alten Mittel des Beute bringenden Eroberungskrieges gesucht wurde, die Osmanen also nach langer Zeit wieder zu expandieren begannen. Ein erster gegen die alles andere als kriegsbegierigen Habsburger angezettelter Krieg schlug 1663/64 fehl, und ein darauf jahrelang sich hinziehender Krieg gegen Polen-Litauen führte nicht zu klaren Entscheidungen; aber der See- und Belagerungskrieg um Kreta gegen die Venezianer endete 1669 nach furchtbaren türkischen Verlusten mit dem Gewinn Kretas erfolgreich.

Anfang der 80er Jahre spitzte sich die Lage erneut zu, da der oberungarische Magnat Imre Tököly das Ziel eines von Habsburg unabhängigen Fürstentums Oberungarn anstrebte, sich deswegen mit dem Sultan verbündete und dessen Kriegsvorbereitungen begünstigte. Da beide, der Sultan und der ungarische Heerführer, starke Kräfte sammelten und zum Krieg gegen Habsburg entschlossen waren, kam es 1682/83 zu umfangreichen Mobilisierungen und schließlich zum Vormarsch der Türken über Belgrad nach Ungarn mit der Absicht, Wien zu erobern. Die Truppenstärke des osmanischen Heeres, das durch vielfältige Kontingente der Tataren sowie ungarischer und Siebenbürger Söldner verstärkt wurde, betrug rund 150 000 Mann. Von diesen standen dem Sultan allerdings nur etwa die Hälfte noch zur Verfügung, als im September 1683 die Entscheidung vor Wien nahte. Die kaiserlichen und mit dem Kaiser verbündeten, vorwiegend deutschen Truppen, die z. T. vom Papst subventioniert wurden, kamen schließlich auf etwa die gleiche Stärke wie das türkische Heer. Daß es überhaupt zu einer derartigen Truppenkonzentration der Verbündeten kommen konnte, ist eine Folge des Bündnisses mit dem polnischen König Johann III. Sobieski gewesen, der sich durch das türkisch-ungarische Bündnis an seiner langen Südgrenze bedroht fühlte. Er zog im August 1683 mit rund 35 000 Soldaten von Krakau nach Wien und konnte endgültig etwa 21 000 Mann zum Entsatz vor Wien führen. Die 10 000 Mann starken Truppen aus dem Großfürstentum Litauen kamen, da sie nicht rechtzeitig finanziert werden konnten, zu spät zur Aufstellung und verpaßten daher den Einsatz vor Wien. Die in und um die österreichische Hauptstadt versammelten Truppen beider Seiten stellten die Kriegfüh-

renden vor große Probleme der Unterhaltung und der Versorgung. So
waren die Türken durch Futtermangel für ihre Pferde stark behindert.
Die Lage der zwischen dem Juli und der ersten Septemberhälfte in Wien
Eingeschlossenen wurde immer bedrohlicher, bis endlich das Entsatz-
heer des kaiserlichen Feldherrn Karl von Lothringen und des polnischen
Königs Johann Sobieski von Westen her über den Wiener Wald heranrückte und in einer gut koordinierten Schlacht bei geringen eigenen und
hohen türkischen Verlusten die Befreiung brachte. Der Großvesir Kara
Mustafa floh mit der Masse des türkischen Heeres, im wesentlichen un-
behelligt durch die kaiserlichen und die polnischen Truppen, die nur begrenzt zur Verfolgung ansetzten und diese nicht bis zur Vernichtung des
Gegners zu steigern vermochten.

Der osmanische Widerstand gegen die nach Ungarn – bald ohne die
Polen – vorrückenden kaiserlichen Truppen erwies sich immer wieder
als hartnäckig, auch nachdem Kara Mustafa mit der ihm vom Sultan
zugesandten seidenen Schnur erwürgt und der Sultan wenig später
zum Rücktritt gezwungen worden war. So groß die einzelnen Siege
und der Raumgewinn der kaiserlichen Truppen bis über Belgrad hinaus auch gewesen sind, so war es doch kennzeichnend für das wirkliche
Kräfteverhältnis, daß die Idee, alle Balkanchristen von der Türkenherr-
schaft zu befreien, illusorisch blieb und daß in drei Etappen – 1699,
1718, 1739 – die vor 1683 drückend gewesene Pattsituation wieder
eintrat, allerdings mit weit nach Südosten vorgeschobenen Grenzen,
die bis zum letzten Friedensschluß von 1739 im wesentlichen nicht über
die Gewinne des ersten der drei Friedensschlüsse (1699 in Karlowitz)
hinausgingen. Damals waren ganz Ungarn und Siebenbürgen außer
dem später sog. Banat den Osmanen für immer entrissen worden. Die
weiter ausgreifenden Gewinne des Friedens von Passarowitz (1718),
die über Belgrad hinaus nach Bosnien und in die kleine Walachei reichten, konnten mit Ausnahme des Banats nicht behauptet werden. Das
heißt: Das Gebiet des mittelalterlichen Königreichs Ungarn war wiedergewonnen worden, aber der Griff darüber hinaus auf die eigentliche
Balkanhalbinsel war vergeblich gewesen. Die aus dem Mittelalter
stammende lateinisch-griechische Kulturgrenze konnte nicht überschritten werden. Das ist das Ergebnis der Schlacht bei Wien und der
nachfolgenden Siege des Prinzen Eugen gewesen. Sie waren zwar glän-
zende Gipfel der damaligen Kriegskunst, hatten aber doch nur eine
begrenzte politische Reichweite, die der Balance des europäischen
Staatensystems entsprach. Habsburg war zur ersten Großmacht, nicht
aber zum Hegemonialimperium im mittleren und südöstlichen Europa
aufgestiegen.

Den Raum des Königreichs Ungarn, wie er vor 1526 bestanden hatte, wiedergewonnen zu haben, hieß aber nicht zugleich auch, daß die alte Verfassung wiederhergestellt worden wäre. Die beiden gegensätzlichen Wunschziele – der habsburgische Einheitsstaat einerseits, das Königreich der Adelsnation im alten Sinne andererseits – waren prinzipiell unvereinbar, wurden aber doch durch Kompromisse de facto schließlich in ein dauerhaft werdendes Provisorium gebracht. Die Versuche Leopolds I.,, schon vor 1683 den damals habsburgischen Teil Ungarns konfessionell und politisch zu vereinheitlichen und unter Leitung Wiens zu zentralisieren, hatten nicht durchgesetzt werden können. Leopold hatte 1671 Todesurteile gegen aufständische ungarische und kroatische Magnaten vollstrecken lassen. Er hatte kurz darauf (1673) eine königliche Statthalterei in Preßburg unter Caspar von Amspringen, dem Hochmeister des deutschen Ordens, eingerichtet, damit den Palatin, die ungarische Regierungsspitze, ausgeschaltet, und auch sonst durch Veränderungen oder Fortfall von Ämtern versucht, Ungarn institutionell und persönlich gleichzuschalten. Damit war er aber schnell gescheitert, da der Widerstand der Ungarn zu stark und seine Handlungsfreiheit aus den üblichen Gründen – Krieg gegen Frankreich und Finanznot – zu schwach gewesen waren. 1681 hatte er auf dem ungarischen Reichstag von Ödenburg zurückstecken, die Palatinswahl zugestehen und die ungarische Verfassung im wesentlichen wieder anerkennen müssen. Auf diesem Reichstag hatte Leopold I. auch den, alsbald freilich wieder gebrochenen, Religionsfrieden zugestanden. Damit ging ein Jahrzehnt zu Ende, das im Bewußtsein der Ungarn, besonders ihrer reformierten Kirche, bis heute als «Trauerjahrzehnt» nachlebt. Leopold I. hatte dem Primas von Ungarn freie Hand zur Verfolgung, letztlich Ausrottung des Protestantismus gegeben. Die protestantischen Geistlichen, von denen sich allerdings viele durch die Flucht nach Siebenbürgen retten konnten, wurden vor Gericht gestellt, insgesamt 336, nachdem vor ihnen schon über 30 diesen Weg hatten gehen müssen. Sie wurden aufgefordert, zu konvertieren oder das Land zu verlassen, widrigenfalls ihr Todesurteil vollstreckt werden würde. Der Kaiser «begnadigte» sie zu Peinigungen und Folter, bis sie sich zur Aufgabe ihrer Konfession oder zur Auswanderung entschließen würden. Viele wählten diesen Ausweg. Viele aber, die unbeugsam blieben, wurden in Gefängnissen gequält oder als Galeerensklaven nach Neapel verkauft. Soweit sie überlebt hatten, wurden die letzten 26 von ihnen durch den niederländischen Admiral de Ruyter befreit. Das Aufsehen und die Teilnahme in Europa, besonders in England und den Niederlanden, waren groß.

Dies «Trauerjahrzehnt» war der Gipfel der gewaltsamen Gegenreformation in Ungarn, wenn auch keineswegs der Anfang oder das Ende. Das Ziel, den Protestantismus dort völlig zu beseitigen, ist schließlich nicht erreicht worden, wenn auch Ungarn im 17. und 18. Jahrhundert zu einem vorwiegend katholischen Land gemacht worden ist.

Der Sieg von Wien hatte dem Kaiser Entlastung gebracht, da nunmehr nicht nur die akute osmanische Gefahr, sondern auch die Bedrohung durch den Aufstand Tökölys fortgefallen war. Auf dem ungarischen Reichstag zu Preßburg (1687) setzte sich Kaiser Leopold als König von Ungarn gegen die adligen Stände bis zu den Grenzen des Möglichen durch. Der Reichstag gestand zu, daß künftig jeweils der älteste Sohn der habsburgischen Dynastie ohne Wahl als König von Ungarn anerkannt werden sollte. Bei Aussterben der Linie sollte das Thronfolgerecht auf die spanischen Habsburger übergehen, und nur falls auch diese erlöschen würden, sollte das Recht der Königswahl durch die Adelsnation wieder in Kraft treten. Die Thronfolge des jeweiligen habsburgischen Nachfolgers sollte jedoch erst dann rechtskräftig werden, wenn er in Ungarn mit der Stephanskrone gekrönt worden war und wenn er die ständischen Freiheiten der ungarischen Nation beschworen hatte. Damit war der erste Schritt zur Sicherung der habsburgischen Herrschaft über Ungarn getan. Diesem Ziel diente auch die Vereinbarung, daß das seit der Goldenen Bulle von 1222 ausdrücklich geltende Widerstandsrecht der ungarischen Stände gegen den König aufgehoben wurde.

Der zweite Schritt folgte auf dem ungarischen Reichstag von Preßburg (1722/23), der nicht nur den Beschluß von 1687 bestätigte, sondern dem Begehren des erbenlosen Kaisers und Königs nachgab, die weibliche Erbfolge der Dynastie auch für Ungarn anzuerkennen. Das war aktuell, da Karl VI. ohne männliche Nachkommen geblieben war; in der sog. Pragmatischen Sanktion, einer umfassenden Erbrechtsregelung des Hauses unter Einschluß weiblicher Thronfolge, wurde praktisch das Erbrecht seiner beiden Töchter mit dem Vorrang der älteren Maria Theresia (geb. 1717) gesichert. Ungarn war das letzte Land der österreichischen Gesamtmonarchie (Monarchia Austriaca), das diese Erbfolgeordnung annahm. Es ist hervorhebenswert, daß der kroatische Landtag allen anderen Ländern des Hauses Habsburg in dieser Richtung aus eigener Initiative schon 1712, d. h. vor dem Beschluß und der Publikation der Pragmatischen Sanktion, vorangegangen war. Die kroatische Nation erkannte ihr Interesse an äußerer Sicherheit (gegenüber den Osmanen) und Eigenständigkeit (gegenüber den Ungarn) wieder einmal in enger Anlehnung an Wien. Die schließlich, zehn Jahre später, auch von den Ungarn ausgesprochene Zustimmung zur Pragmatischen Sanktion führte die Adelsnation stärker als je zuvor an Habsburg heran.

Kurz vorher war das Verhältnis zwischen König und Nation noch einmal durch einen großen Aufstand gefährlich in Frage gestellt worden. Franz Rákóczi, Sohn des früh verstorbenen, gewählten Fürsten von Siebenbürgen, wurde zuerst zögernd, dann aber entschieden zum Führer der aus wirtschaftlichen und nationalen Gründen «Malkontenten», sowohl Adligen als auch zahlreichen Bauern. Seine Anfangserfolge sind groß gewesen. 1704 wurde er zum Fürsten von Siebenbürgen und 1705, noch ohne Königstitel, zum Fürsten von Ungarn gewählt. Doch konnte sich Rákóczi gegen das überlegene habsburgische Militär nicht halten, da seine Hoffnung auf ausländische Hilfe vergeblich geblieben war. Zudem verlor der katholisch erzogene, aber für Glaubenstoleranz eintretende und bauernfreundliche Reformen einführende Rákóczi weithin das Vertrauen im ungarischen Adel.

Dieser war zunehmend geneigt, sich gegenüber dem habsburgischen König loyal zu verhalten. Die Anpassung der Adelsnation an das Haus Habsburg war seit Jahrzehnten im Gange und setzte sich im Geiste einer gesamtstaatlichen, königstreuen, mehrheitlich katholisch gewordenen Gesinnung unter Vorbehalten durch, gestärkt durch Heiratsverbindungen und Ämterverleihungen, aber auch infolge habsburgischer Rücksichtnahme auf ungarische Wünsche. So wurde die ungarische Statthalterei (consilium regium locumtenentiale) unter Leitung des ungarischen Palatins eingerichtet, also eine oberste ungarische Regierungsbehörde, deren Beschlüsse im Rahmen der von Habsburg gewährten Begrenzung vom König anzuerkennen waren. Die Annäherung des Adels an Wien machte also Fortschritte. Sie ergab sich aus den neuen, für Habsburg günstigen Kräfteverhältnissen.

Ungarn ist schrittweise der Gesamtmonarchie eingefügt worden, blieb aber doch ein eigenes Land, ein Königreich mit adelsnationalem Selbstbewußtsein. «Einfügung in die Gesamtmonarchie», das hieß endgültiger Verlust eigener Außen- und Militärpolitik, die von Rákóczi vergeblich noch einmal hatte erzwungen werden sollen. «Eigenes Land», das hieß nationale Selbstregierung und Selbstverwaltung im bundesstaatlichen Sinne. Von einer rational einheitlichen Organisation mit klar gesicherten Kompetenzen konnte allerdings noch nicht voll die Rede sein. Das wurde erst unter Maria Theresia durchzusetzen versucht. Gleichwohl: das grundlegende Strukturprinzip der habsburgischen Herrschaft – Entmachtung der «Länder» zugunsten der Wiener Zentralgewalt und, komplementär, nicht gegensätzlich dazu, das Fortbestehen reduzierter adelig geführter Landespolitik – ist durch die gegenreformatorisch bewirkte Konfessionsvereinheitlichung, durch die Folgen des Sieges von Wien 1683 und durch die Zustimmung der Landtage aller Länder zur Pragmatischen Sanktion durchgesetzt worden. Auch Ungarn hatte sich, endgültig 1722/23, eingefügt, bezeichnenderweise aber nicht durch Unterwerfung unter einen verstärkten Wiener Zentralismus, sondern bei gesteigerter Regierungs- und Verwaltungsautonomie, sowohl institutionell als auch personell.

Die starke Stellung Wiens als Hauptstadt der Gesamtmonarchie kam auch darin zum Ausdruck, daß Siebenbürgen aus dem ungarischen Zusammenhang, in dem es bis 1526 gestanden hatte, herausgelöst blieb und unmittelbar Wien unterstellt wurde. Im Jahre 1691 sprach sich Leopold I. den Titel des Fürsten von Siebenbürgen zu und wurde hinfort als solcher anerkannt. Er bestätigte im «Leopoldinischen Diplom» die alten Rechte und Freiheiten der «Nationen» des Landes. Diese gaben freilich ihr Recht freier Fürstenwahl auf und wurden wie die anderen Kronländer der erblichen Monarchie der Habsburger eingeordnet. In Wien wurde eine siebenbürgische Hofkanzlei eingerichtet, während in Hermannstadt als oberste Gerichts- und Verwaltungsbehörde des Landes das sog. Gubernium entstand. Die Direktiven kamen fortan aus Wien, d. h. der siebenbürgischen Hofkanzlei. Das Gewicht des siebenbürgischen Landtags nahm im Laufe der Zeit ab.

Doch war andererseits auch die Macht Wiens begrenzt. Schwache Rekatholisierungsversuche bei Ungarn, Szeklern und Sachsen hatten kaum Erfolg. Das Land, das im 16. und 17. Jahrhundert durch seine konfessionelle Toleranz ausgezeichnet gewesen war, wurde in der Kirchenverfassung seiner sog. «Rezipierten Religionen» nicht verändert. Der Status quo war ihm im Leopoldinischen Diplom ausdrücklich bestätigt worden.

Lediglich außerhalb der drei bestimmenden «Nationen», bei den griechisch-orthodoxen Rumänen, war die römisch-habsburgische Konfessionspolitik erfolgreich. Im Jahre 1798 schloß der griechisch-orthodoxe Bischof die Kirchenunion mit Rom. Diese wurde allerdings von der Geistlichkeit nicht einhellig angenommen, so daß es zur Kirchenspaltung unter den Orthodoxen kam. Der Brückenschlag nach Rom leitete die Entwicklung zum «lateinischen» Selbstbewußtsein und damit zur beginnenden National-Emanzipation des romanisch sprechenden Bauern- und Hirtenvolkes ein.

Die deutsche Linie des Hauses Habsburg ist, so können wir zusammenfassen, in den Jahrzehnten von 1683–1722 in großen Schritten, durch militärische und diplomatische Erfolge, die Europa beeindruckten, zur Großmacht aufgestiegen. Weniger die drei schwachen Monarchen als Prinz Eugen, der überragende Feldherr, bewahrende Staatsmann und überlegene Diplomat, ist das Symbol dieser Epoche gewesen. Erinnern wir daran, daß nicht nur Ungarn und Siebenbürgen der Gesamtmonarchie eingefügt, sondern daß im Frieden von Rastatt (1714), der den spanischen Erbfolgekrieg beendete, auch die südlichen (spanischen) Niederlande, Sardinien, Mailand und Neapel gewonnen worden sind. Der Reichtum vieler Länder ist aber nicht nur auf alte Weise durch die Habsburgische Dynastie gebündelt worden, sondern sollte im modernen Geiste der Wirtschaftstheorie des Kameralismus durch rationelle Nutzung seiner Ressourcen entwickelt und zum Zwecke der Machtpolitik der Monarchie zusammengefaßt werden.

Kurz vor der Eroberung Ungarns war in der Aufsehen erregenden, zwölfmal aufgelegten Schrift Philipp Wilhelm von Hörnigks «Österreich über alles, wenn es nur will» (1684) schon im Titel das Programm verkündet, nach dessen Grundsätzen in den folgenden Jahrzehnten habsburgische «Entwicklungspolitik» getrieben worden ist oder wenigstens getrieben werden sollte. Denn die Wirklichkeit blieb hinter der geforderten Konsequenz und Willensanspannung des Programms weit zurück. Hörnigk hatte seine Wirtschaftstheorie von seinem Schwager Johann Joachim Becher übernommen. Sie war durch das Ziel bestimmt, die Staatswirtschaft, von dem Verfasser als «Landes-Ökonomie» bezeichnet, durch Wachstum der Produktion und des Finanzvolumens fortgesetzt zu steigern. Dies sollte bewirkt werden durch eine aktive Handelsbilanz, eine planmäßige Einwanderungs- und Siedlungspolitik, sowohl im landwirtschaftlichen wie im gewerblichen Bereich, ferner durch Produktionsförderung (Manufakturen) und Maßnahmen zur Steigerung des Handels. Das war eine moderne, systematisch programmierte Fortsetzung älteren Landesausbaus mit dem klar ausgesprochenen Ziel, die machtpolitischen Möglichkeiten des Hauses Österreich durch Wirtschaftswachstum zu verstärken.

Aber war es dann nur das «Haus» in hergebrachtem Sinne, dem dieses Programm zu seinem Glanz, seinem Ansehen und seiner Macht dienen sollte? Hörnigk erklärte deutlich, daß er unter «Österreich» nicht wie üblich das «zu beiden Seiten des Donau-Stroms erstreckte Erzherzogtum dieses Namens» verstehe, sondern «alle und jede des teutschen Österreichischen Erzhauses, es seie in – oder außerhalb des Römischen Reichs gelegene Erbkönigreiche und Länder, demnach Ungarn mit darunter begriffen». Diese Ländermasse sollte nicht nur als summierte «Haus»-Macht des Geschlechts Habsburg, sondern als eine wirtschaftliche und politische Einheit verstanden werden. Es ist bezeichnend, daß zur gleichen Zeit, um die Wende vom 17. zum 18. Jahrhundert, der diese Einheit ausdrückende Begriff «Monarchia Austriaca» aufkam, ohne freilich zum offiziellen Namen im Rechtssinne zu werden. So wie damals die Monarchia Hispanica die historischen Königreiche Kastilien, Aragon u. a. m. als Einheit übergriff, so sollte die Monarchia Austriaca über allen historischen Ländern, auch über dem Königreich Ungarn stehen. Auch von einem «Austriacum Imperium» ist in jener Zeit die Rede gewesen. Doch konnte sich diese Bezeichnung nicht durchsetzen; denn die Königreiche und Länder der habsburgischen Monarchie sind nie völlig entmachtet oder eingeebnet worden. Auch «Generalstände» des Reiches, die in Wien hätten tagen sollen, sind nie vom bloßen Gedanken zur Wirklichkeit gelangt. Das ist auch nie ernstlich versucht worden. Frankreich konnte nicht zum Vorbild werden.

Trotzdem ist die Einheit «Österreichs» nicht nur ein wirksames Leitbild, sondern in hohem Maße Wirklichkeit gewesen. 1687/1722 war Ungarn endgültig in die Ebene der anderen Ländern der Gesamtmonarchie abgesunken. Diese allein war fortan Völkerrechtssubjekt nach außen; sie allein gebot über Krieg und Frieden; sie bildete zudem in ihren Wiener Behörden ein Beamtentum für das Habsburger Reich im ganzen aus, das nicht nur deutscher Herkunft war, sondern auch Adelige oder neu geadelte Herren aus böhmisch-tschechischen, ungarischen, kroatischen und italienischen Geschlechtern umfaßte. Auch wirtschaftspolitisch ist die Wiener Zentrale trotz vielfältiger Reibungen und Hemmnisse sowie trotz aller Zugeständnisse an die eigenen Behörden des Königreichs Ungarn erfolgreich tätig gewesen. Die kameralistischen Grundregeln sind dabei den Wiener Beamten durchaus bekannt gewesen.

In diesem Zusammenhang der an die Monarchie gebundenen, «österreichisch» gesinnten, kameralistisch gebildeten und erfahrenen Führungsschicht steht Graf Leopold Kollonich, der, mit halbem Erfolg, den Versuch unternahm, die Verwaltung Ungarns nach der Eroberung im gesamtösterreichischen Sinne zu organisieren und die zerrüttete Wirtschaft des Königreichs neu aufzubauen. Er stammte aus einer ursprünglich kroatischen, aber längst eingedeutschten Familie. Er war von Jugend auf als Sohn des Festungskommandanten von Komorn, Ernst von Kollonich, mit dem ungarischen Leben vertraut. Als Ritter des Johanniterordens und Günstling Kaiser Leopolds I. wurde er nach militärischer und Verwaltungsbewährung Bischof von Neutra, dann von Wiener Neustadt, später Raab und schließlich als Erzbischof von Gran 1695 Primas von Ungarn. Trotz seiner geistlichen Würden ist er fortgesetzt politisch tätig gewesen, wurde z. B. 1672 Präsident der ungarischen Hofkammer in Preßburg. Im Jahre 1688 ernannte ihn der Kaiser zum leitenden Mitglied der Kommission zur «Einrichtung Ungarns» und einer weiteren Kommission für die neu erworbenen Gebiete, in denen der Grundbesitz neu verteilt und das weithin wüste Land durch Siedlung erschlossen werden sollte. Frucht seiner daraus folgenden, sehr gründlichen Arbeit war die ausführliche Denkschrift zum «Einrichtungswerk des Königreichs Hungarn» (1689).

Da diese Denkschrift programmatisch am Beginn der hundertjährigen Periode des Wiederaufbaus und der Neubesiedlung Ungarns gestanden hat, sei sie hier hervorgehoben. Sie gibt den modernen Gestaltungswillen Wiens ebenso wieder wie die hemmenden Kräfte der praktisch noch nicht angetasteten Adelswelt, besonders Ungarns. Da diese Denkschrift nicht eine theoretische Abhandlung war, auch nicht Kollonich allein zum Verfasser hatte, vielmehr das Ergebnis langer Kommissionsberatungen gewesen ist, gebricht es ihr an Einheitlichkeit und Mut zu einem durchgreifenden Reformkonzept aus einem Guß. Naturrechtliche Tendenzen, z. B. der grundsätzlichen Gleichheit aller Untertanen vor dem Gesetz, der Hebung allgemeiner Wohlfahrt und Minderung adeliger Vorrechte, etwa der Steuerfreiheit, durchziehen das ganze Werk, werden aber immer wieder zurückgenommen, wenn es um harte Konsequenzen hätte gehen müssen. So wurde die Verfassung der Adelsnation Ungarns in ihren Grundzügen kaum berührt. Es konnte im Grunde nur darum gehen, auf Grund der gegebenen politisch-sozialen Ordnung so viel Verbesserungs- und Milderungsvorschläge gegen Notstände und Mißbräuche vorzubringen wie nur möglich. Hielten sich die Stellungnahmen zur Rechts-, Wirtschafts- und Sozialordnung auf einer mittleren Linie der Dankbarkeit, auf der radikale Folgerungen aus naturrechtlichen Prinzipien vermieden wurden, so trug der Abschnitt über das «Ecclesiasticum» ausgeprägt gegenreformatorische Züge. Der geringe Status der Protestanten wurde nicht verbessert. Religionsfreiheit sollte es nur in schmalen Grenzen geben. Der immer wieder unbotmäßige ungarische Adel sollte zur Kenntnis nehmen, daß er einer streng katholischen Gesamtmonarchie eingefügt werden und bleiben sollte, in der Nichtkatholiken nur eine gering geachtete Stellung hatten, durch die ihnen Karrieren und Ansehen abgeschnitten wurden. Das kam einer strikten Bestätigung des kirchlichen Fundaments der österreichischen Monarchie gleich.

Dagegen wiesen manche wirtschaftlichen Vorschläge, besonders in ihrem Hauptstück, der «Bevölkerung» oder «Impopulation», in die Zukunft. In die am stärksten entvölkerten Komitate des südlichen Ungarn sollten Siedler von auswärts mit dem Versprechen eingeladen werden, «daß diese Untertanen und Bauren nicht adscriptitii glebae, noch weniger Leibeigene, sondern freie Untertanen sein und bleiben sollen». Dabei sollte es kein «discrimen nationum» geben, «jedoch allezeit die Teutschen aus denen Erblanden vor andern zu beobachten wären». Sollte also die nationale Gleichstellung durch den Vorrang der Deutschen durchbrochen werden, so auch die religiöse Duldung durch den Grundsatz, daß möglichst nur Katholiken berücksichtigt werden sollten. Mit Einwanderern deutscher Herkunft sollten in Landwirtschaft und Gewerbe, in Land und Stadt, wirtschaftstüchtige Kräfte zwecks wirksamer Entwicklungshilfe herangezogen werden. Im einzelnen wurden viele Vorschläge zur Privilegierung, vornehmlich der deutschen Ansiedler, gemacht. Mit Germanisierung im späteren Sinne hatte dies nichts zu tun, wohl aber mit dem Interesse an einer möglichst wirksamen Hebung der Landeskultur. Es konnte nicht ausbleiben, daß die Bevorzugung sowohl der Deutschen wie der Katholiken bei vielen ungarischen Edelleuten böses Blut machte.

Dieses Siedlungsprogramm konnte wegen des noch andauernden Türkenkrieges und auch nach seinem Ende 1699 angesichts der sich immer wiederholenden Kriege und Unruhen erst seit den 20er und 30er Jahren durchgeführt werden. Auch dann wurde die Verwirklichung immer wieder aufgehalten. Sie zog sich noch lange hin, bis zu den Gipfeln der Kolonisation entlang der Donau unter Maria Theresia und Joseph II.

Aus deutscher Sicht hat es früher nahegelegen, das Augenmerk in erster Linie oder gar allein auf den deutschen Anteil an der Wiederbesiedlung und dem Wiederaufbau Ungarns in der Zeit von 1720 bis 1790 zu legen. Das ist verständlich und einseitig zugleich. Deutsche wurden, abgesehen vom Karpatenraum und der Sathmarer Volksinsel, vorwiegend im Banat um Temesvar, in der Batschka, der Schwäbischen Türkei um Fünfkirchen, in Slavonien und Syrmien sowie in verschiedenen Gebieten der ungarischen Mittelgebirge angesiedelt. Bis gegen Ende des 19. Jahrhunderts lebten diese deutschen Bauern und Handwerker ziemlich abgesondert voneinander. Erst in den 20er Jahren unseres Jahrhunderts wurde die Sammelbezeichnung «Donauschwaben» üblich. Mit diesem Namen wurde eine übergreifende Einheitlichkeit ausgedrückt. Die Siedler stammten alle aus der gleichen Kolonisationsperiode, lebten bis 1918 alle im Königreich Ungarn und waren alle aus Süddeutschen Ländern, von Österreich bis zum Elsaß und zur Pfalz, auf der Donau nach Südosten verschifft worden. «Schwaben» wurden sie allesamt genannt, obgleich nur ein Teil von ihnen aus schwäbischalemannischen Landschaften stammte. Sie waren weit überwiegend katholisch. Erst unter Joseph II. wurden absichtlich auch Protestanten in größerer Zahl herangezogen. Insgesamt sind unter Karl VI., Maria Theresia und Joseph II. mindestens 160 000 «schwäbische» Siedler in Ungarn seßhaft geworden.

Das ist eine große Zahl, und ihr Nutzen für den Neuaufbau Ungarns ist erheblich gewesen, auch und besonders durch die ausstrahlende Wirkung ihrer vorbildhaften Mustersiedlungen. Doch darf nicht verkannt werden, daß diese Wirkung begrenzt gewesen ist und daß die deutschen Siedler insgesamt nur eine Minderheit gewesen sind. Es ging der Wiener Regierung stets um die «Impopulation» und «Einrichtung» des vom Kriege heimgesuchten Ungarn überhaupt. Es ergab sich von selbst, daß dabei die unmittelbar umwohnenden Völker in erster Linie herangezogen wurden, d. h. außer den Madjaren vorwiegend Kroaten, Serben und Rumänen.

Das Banat sei hier als besonders eindrucksvolles Beispiel hervorgehoben. Diese südöstliche Grenzlandschaft Ungarns, begrenzt durch die Donau, die Theiß, die Marosch und die südlichen Karpaten, war fast gänzlich entvölkert, als 1716 die Festung Temesvar durch den aus Lothringen stammenden General Graf Mercy erobert und darauf 1718 der Friede mit den Osmanen geschlossen worden war. Prinz Eugen übertrug Mercy die militärische Kommandogewalt und die Zivilverwaltung des «Temescher Banats», das bis 1778 unmittelbar von Wien aus regiert und erst danach dem Königreich Ungarn einverleibt wurde. Die Siedlung, sowohl die serbische und rumänische wie die deutsche, wurde also «staatlich-österreichisch» durchgeführt, bis unter Joseph II. die Privatisierung zugunsten ungarischer Grundherren erfolgte. Ganz im Sinne der Denkschrift von Kollonich wurde das Banat in den 20er und beginnenden 30er Jahren nach kameralistischen Leitlinien entwikkelt. Die das verkommene Land nur extensiv viehwirtschaftlich nutzenden Serben und Rumänen wurden bäuerlich seßhaft gemacht, die Städte durch deutsche Handwerker gewerblich besetzt; Straßen wurden gebaut und schließlich Dörfer angelegt, in denen zwölf- bis fünfzehntausend deutsche Kolonisten angesetzt wurden, der Bergbau wurde im östlichen Bergland durch deutsche Bergleute aus Oberungarn und aus Tirol in Gang gebracht, Kanäle wurden gebaut, die Marosch für die Flußschiffahrt reguliert, Entwässerungsarbeiten begonnen. Zwar trat Mitte der 30er Jahre durch den neuen Krieg mit den Türken ein Rückschlag ein, aber die Grundlagen waren gelegt. Das von Mercy eingeleitete Landeskulturprogramm konnte trotz vieler Hemmungen, die besonders durch persönliche Rivalitäten der leitenden Beamten hervorgerufen wurden, in den folgenden Jahrzehnten fortgesetzt werden. Um 1770 war das seit 1720 fast aus dem Nichts entwickelte Banat bereits von 320 000 Menschen bevölkert, darunter 40 000 Deutsche, 180 000 Rumänen und 80 000 Serben.

Das Temescher Banat nahm wegen seines unmittelbaren Kronland-Status in den entscheidenden Aufbaujahrzehnten eine Sonderstellung ein. In den übrigen Gebieten des ungarischen Einrichtungswerks unterstand die Siedlung meist entweder, wie in der Batschka, der ungarischen Hofkammer in Preßburg oder wurde den ungarischen Grund- und Gutsherren überlassen.

Bis zum Ende des 18. Jahrhunderts war das Land wirtschaftlich gut entwickelt. Die Ansiedler, besonders die deutschen, besaßen meist eine günstige Rechtsstellung, wenn sie auch nicht völlig aus der grundherrschaftlichen Abhängigkeit entlassen worden waren. Durch die Siedlungsentwicklung seit 1720 waren weite Gebiete besonders des südlichen Königreichs in ihrer sprachlich-nationalen Zusammensetzung erheblich verändert oder neu gestaltet worden.

In diesem Zusammenhang ist auch der Ausbau der österreichischen «Militärgrenze» im 18. Jahrhundert zu sehen. Limes-artige Befestigungsgrenzzäune zu errichten, ist dem mittelalterlichen ungarischen Königreich, wie wir oben sahen, eigentümlich gewesen. An diese Erfahrung konnte angeknüpft werden, als es nach der Katastrophe von Mohacs 1526 sich aufdrängte, nach neuen Wegen der Grenzsicherung gegen die Osmanen zu suchen. Es entsprach der militärischen Lage und dem Schutzbedürfnis der innerösterreichischen Erblande Steiermark, Kärnten und Krain, daß Ferdinand I. sich entschloß, im vorgelagerten Kroatien, soweit es noch beherrschbar war, d. h. mindestens in einer Linie Varazdin-Zeng, von der Drau bis zur Adria mit dem Ausbau von Wehrdörfern zu beginnen. Serbische und kroatische Bauern, die vor den Türken auf der Flucht waren – sie wurden «Uskoken» (Flüchtlinge) genannt –, boten sich als Grenzsoldaten an. 1538 erhielten sie ein erstes Ansiedlungsprivileg. Die «Krabatische» und die «Windische Gränitz» entstanden auf der Grundlage neuer kroatischer und serbischer Dörfer. Doch kam zunächst bei weitem noch nicht eine durchgehende Linie in der eben genannten Höchstausdehnung zustande, und die Zahl der verpflichteten «Grenzer» ist im 16. Jahrhundert noch nicht über 10 000 hinausgewachsen. Die Geschichte der (zunächst nur) kroatischen Militärgrenze ist voller Unruhe und von fortgesetzten inneren Konflikten erfüllt gewesen. Die Militärsiedler vermehrten sich im Laufe des 17. Jahrhunderts und kamen ihrer Pflicht als Grenzschützer weggerecht nach.

Nach der Wende von 1683 dehnte sich das Militärsiedlungswerk schnell in Kroatien aus, da die Grenzer aus der Enge ihrer übervölkerten Dörfer herausdrängten und den Behörden die Ansiedlung in neuen Dörfern aufdrängten, vor allem in den Landschaften Lika und Korbavia nördlich der Adria. Weiters trugen neue Flüchtlinge zur Auffüllung der Militärgrenzgebiete Kroatien bei. Wichtiger war, daß die Militärgrenze planmäßig, wenn auch langwierig und immer wieder verzögert, unter Karl VI., Maria Theresia, Joseph II. und schließlich im Zusammenhang der Kriege gegen Napoleon auf die ganze Grenzlinie gegenüber dem Osmanischen Reich ausgedehnt wurde: von der Save in Slavonien und Syrmien bis zur Donau im Süden des Banats und schließlich im Karpatenbogen bis zum Gebiet der Szekler.

Je schwächer die türkische Gefahr wurde, um so mehr wurde die Militärgrenze als breiter Siedlungsstreifen ausgedehnt, aufgefüllt, durchorganisiert und in «Regimenter» gegliedert. Sie wurde zunehmend in eine klare Verfassung gebracht.

Es hat lange gedauert, bis ein solcher Endzustand, erst im 19. Jahrhundert, erreicht worden ist. Die unmittelbare Unterstellung unter die Wiener Zentralregierung, die schon von Ferdinand I. nach der Gründung des Hofkriegsrats in Wien 1558 festgelegt worden war, ließ sich lange Zeit nicht gegen die konkurrierende Hofkammer der innerösterreichischen Stände in Graz behaupten. Auch griffen ungarische und kroatische Grundherren vielfach in das Gefüge der Militärsiedlungen ein. Diesen allerdings widerstanden die Grenzer immer von neuem mit Erfolg. Sie wollten sich nicht zu hörigen Bauern herabdrücken lassen und beharrten stolz auf ihrem Recht und ihrer Ehre.

Es lohnt sich in diesem Zusammenhang nicht, das Auf und Ab der Schicksale und der Rechtsstellung der Grenzer im Zeitablauf zu berichten. Statt dessen sei versucht, die Grundzüge hervorzuheben, die der Militärordnung, trotz allen Wandels und aller Uneinheitlichkeit im einzelnen, eigentümlich gewesen sind.

Die Militärgrenze war dauerhaft organisiert zum ständigen Schutz gefährdeter Grenzgebiete. Sie war von Truppen besetzt, die weder eine Miliz oder ein Volksaufgebot noch eine stehende Söldnerarmee waren, vielmehr statt des Soldes ein Bauerngut zu ihrem und ihrer Familie Lebensunterhalt erhalten hatten. Sie waren in Dörfern so dicht angesiedelt, daß sie in wenigen Stunden mobilisiert werden konnten. Ihre konzentrierte Wohnweise konnte (im 18. Jahrhundert) bis zur Kasernierung gesteigert werden. Aber auch ohne dieses Extrem war strenge Disziplin ihr oberstes Gebot. Doch war ihr Gehorsam nicht unbedingt.

Er schlug um in ein häufig geübtes Widerstandsrecht, wenn sie verbrieftes Recht und Ehre verletzt glaubten.

Die Dörfer der Grenzer waren in ein Verteidigungssystem mit Wachtürmen und Wachposten eingefügt. Die Soldaten waren in militärischen Einheiten von der Kompanie, oft auf der Grundlage eines Dorfes, bis zum Regiment, das als «Generalat» einem Militärbezirk entsprach, erfaßt.

Diese Bezirke waren aus der Landesverwaltung herausgenommen und unmittelbar der Wiener Zentrale unterstellt. Die «Militärgrenze» war also autonom und exemt gegenüber dem Lande, d. h. dem Königreich Ungarn. Sie war ein eigenes Territorium unter Militärverwaltung und darunter dörflicher Selbstverwaltung. Die Militär-Bauern waren als persönliche Freie sowohl zum Wehrdienst wie zur ordentlichen Bewirtschaftung ihres Bauernguts verpflichtet. Diese doppelte Leistung konnte in der Familie arbeitsteilig bewerkstelligt werden. Die Grenzsoldaten erhielten in der Regel keinen Sold. Für die Habsburgische Monarchie boten sie den doppelten Vorteil: eine billige und loyale, dem Hause Habsburg besonders ergebene Truppe zu sein. Mehrfach bewährte sich ihre Loyalität im Kampf gegen aufständische ungarische Adelige.

Ihre Sprach- und Volkszugehörigkeit ist stets ziemlich einheitlich gewesen. Bis ins 19. Jahrhundert hinein waren vom kroatischen Westen bis zum Banat die Grenzer vornehmlich Serben (daher konfessionell weitgehend griechisch-orthodox) und Kroaten, im östlichen Banat und in Siebenbürgen «valachisch» (rumänisch) und im nördlichen Teil des Karpatenbogens ungarische Szekler. Diese ließen sich 1764 erst nach blutigen Kämpfen in die Militärgrenzordnung einfügen, da sie um die Bewahrung ihrer traditionellen Rechte und Freiheiten besorgt waren, die einst auf der Pflicht zur Landesverteidigung beruht hatten.

Die Gesamtzahl der Wehrpflichtigen der Militärgrenze wurde 1573 mit knapp 6 000 angegeben. Ihre Zahl wuchs zwar im 17. Jahrhundert, blieb aber, damals noch beschränkt auf die kroatische und windische Grenze, stets relativ niedrig, d. h. unter 10 000. 1815 betrug die Zahl der Grenzkrieger für alle Bezirke der Militärgrenze von Kroatien bis Siebenbürgen 135 000 bei einer Gesamtbevölkerung unter Militärgrenzverwaltung von 940 000. Im südslavischen Teil der Militärgrenze lebten die Familien der Grenzer in der großfamilialen Verfassung der Zadruga, die von der österreichischen Militärverwaltung nicht nur anerkannt, sondern sogar in ihrem bevölkerungspolitischen Nutzen erkannt und daher verpflichtend gemacht wurde.

Von den 940 000 Menschen der Militärgrenze waren 1815 rund 730 000 Südslaven, d. h. vorwiegend Serben und Kroaten, rund 120 000 Rumänen, rund 80 000 Ungarn (Szekler). Die 9 000 Deutschen dieses Jahres waren, wie es schon für die Zeit vor 1683 nachweisbar ist, Offiziere und Beamte, daneben auch Kaufleute. Insgesamt hat es sich also um eine serbo-kroatische Elitetruppe unter deutscher Führung gehandelt. Von dieser Truppe wurde in den Jahrzehnten der Eroberung Ungarns und Siebenbürgens die ganze Süd- und Ostflanke des Königreichs Ungarn samt Österreich erfaßt. Auf diese Weise ist die Monarchia Austriaca von der Grenze her sichtbar gemacht worden.

Als Karl VI. 1740 starb, war fast ein halbes Jahrhundert seit der Wende von 1683 vergangen. Dank der Siege des Prinzen Eugen auf den westlichen und östlichen Kriegsschauplätzen war ein großes Reich entstanden und gefestigt worden, das sich gegen und neben Frankreich behauptet hatte. Es war zur Vormacht in Mittel- und Südosteuropa aufgestiegen. Es war die Hauptmacht des erstarkten Katholizismus in Europa. Die drei persönlich wenig bemerkenswerten Habsburger Leopold I., Joseph I. und Karl VI. wurden zu Sinnbildern historischer Größe. Sie spielten die ihnen zugefallenen Rollen fürstlich glanzvoller Machtentfaltung von Gottes Gnaden über allem Volk, demütig und doch unnahbar, mit eingeübter Würde und Kunst der auf Wirkung bedachten Selbstdarstellung. Die bildende Kunst Wiens, Architektur, Plastik, Malerei, drückte die christliche und heidnisch begründete Selbsterhöhung des Monarchen und seines hohen Adels in einem Stil aus, der als imperial bezeichnet worden ist. Als sein Gipfel erscheint die Karlskirche. Sie ist zwischen 1713 und 1737 als Votivkirche geplant und gebaut, dem Heiligen Karl Borromäus geweiht, aber in ihrem Erscheinungsbild, architektonisch und allegorisch, mit den Kaisern Karl V. und Karl VI. in einer bewußt zugrunde gelegten Mischung von jüdischer, römischer und christlich-katholischer Tradition grandios gestaltet worden. Die Barockbauten Johann Bernhard Fischers von Erlach und von Lukas Hildebrandt sind Zeugen der Geltung und des Geltungsanspruchs der Habsburger in Wien, der Hauptstadt des römisch-deutschen Reiches und der österreichischen Monarchie zugleich gewesen.

Doch war das doppelgesichtige Imperium begrenzt sowohl in den Absichten seiner Herrscher als auch durch die einsetzbaren Machtmittel. Es zeigte sich alsbald, daß es nicht die Hegemonialmacht Ostmitteleuropas werden konnte oder wollte, und daß neben den absteigenden Reichen der Osmanen und der Polen zwei neue Monarchien auf den Plan traten, neben und gegen Österreich in Ostmitteleuropa ihre wachsende Macht auszudehnen: Preußen und Rußland.

Ostmitteleuropa um 980

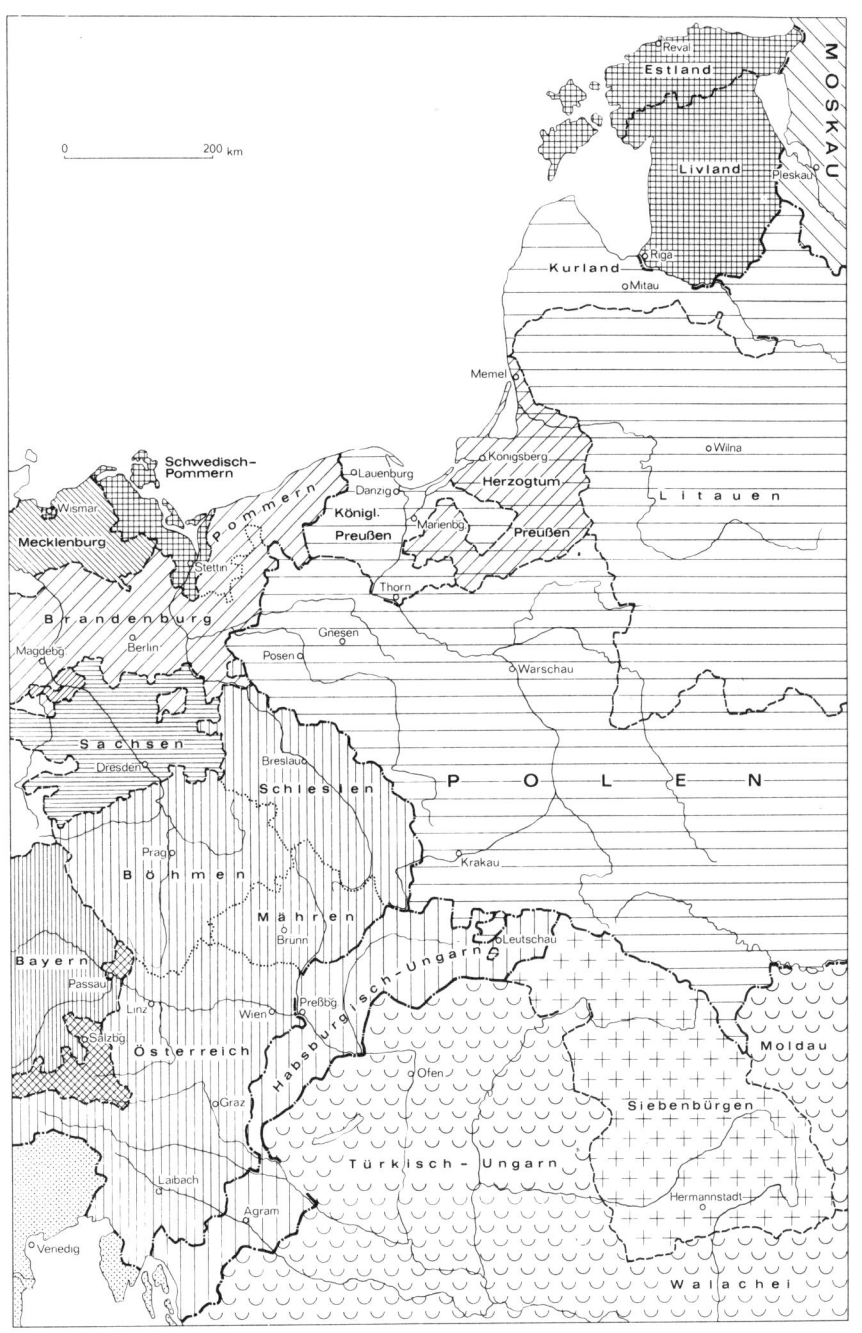

Ostmitteleuropa um 1650

Nachwort
Werner Conze als Osteuropahistoriker

Das unvollendete Manuskript Conzes bricht ab nach einer eindrucksvollen Pointierung der ostmitteleuropäischen Machtstellung des Hauses Österreich beim Tode Karls VI. im Jahre 1740. Die Erörterung sollte von hier aus hinüberführen zu Preußen und Rußland, den konkurrierenden Großmächten in der Auseinandersetzung um die Beherrschung des östlichen Mitteleuropa. Beabsichtigt war in diesem Kapitel, «die Gewichtsveränderungen der Herrschaftsstrukturen infolge der Politik der drei großen Mächte, den Wandel der politischen Ordnung und den Zustand der (vorwiegend agrarischen) Gesellschaft bis zur Schwelle des Beginns der modernen Bewegung in ihren Grundzügen wiederzugeben und in ihrer Bedeutung für den Beginn der modernen Welt in Ostmitteleuropa zu bedenken» (S. 220). Damit wären die epochemachenden Wirkungen der Großen Mächte, der «unifizierenden Großstaaten», als ein System der Unterdrückung der Völker und ihrer Modernisierung zugleich in den Blick gekommen.

In der weiteren Planung des Buches waren noch drei bis vier Kapitel für das 19. und 20. Jahrhundert vorgesehen. Aber auch die Einleitung läßt schon erkennen, daß es Conze überhaupt darauf ankam zu zeigen, wie die «spezifisch ostmitteleuropäische(n) Problematik des 19. und 20. Jahrhunderts» mit den mittelalterlichen Ursprüngen des geschichtlichen Raumes verbunden ist. Deshalb kommt der Siedlungsgeschichte im Argumentationsgang des Buches eine so hohe Bedeutung zu. «Die Besiedlung und die Siedlungsverteilung zu erklären, heißt dann zugleich, die politisch-sozialen Strukturen zu entdecken und solcherart sich schließlich doch auch wieder den Entscheidungen und Wandlungen der politischen Geschichte zuzuwenden. Gehen wir siedlungs- und strukturgeschichtlich vor, so kommen wir nicht nur den Ursachen für die nationalen Spannungen des 19. und 20. Jahrhunderts auf die Spur, sondern gelangen auch zu politisch-sozialen Indikatoren für die Eigenart des in Frage stehenden Raumes bis zu den Anfängen im 9. und 10. Jahrhundert» (S. 7).

Aber auch ohne die Einbeziehung der jüngsten Epoche ist dieses nachgelassene Manuskript ein in sich konziser Gedankengang, war es Conze doch in erster Linie darum zu tun, einen nach dem Ersten Welt-

krieg politisch geprägten Begriff «in seinen alten Voraussetzungen aufzusuchen und Ostmitteleuropa in geschichtlicher Tiefe zu erfassen»
(S. 11). Es sind die Tiefendimensionen eines ganzen Jahrtausends, die
Conze in diesem fragmentarischen Werk zu durchleuchten vermag.
Dabei zeigt sich, daß Conze in seinem Denken als Historiker nicht nur
in allen Epochen dieses millenären Geschichtsprozesses zu Hause war,
sondern daß er auch an die regionalen Spezifika des Themas mit der
unzweifelhaften Kompetenz eines professionellen Osteuropahistori-
kers heranging.
  Die Nachrufe auf Werner Conze haben mit Recht vor allem sein
Lebenswerk als das eines Sozialhistorikers gewürdigt. Dennoch ist eine
Nachzeichnung seines Profils auch als Osteuropahistoriker aufschlußreich, wenngleich er dieses Arbeitsgebiet für sich nie als einen diszipli-
när separierten Bereich der Geschichtswissenschaft verstanden wissen
wollte, ebensowenig wie die Zeitgeschichte. Doch er hat die fachlich
disziplinäre Entwicklung der Osteuropahistorie immer begrüßt, mit
größtem Interesse verfolgt und sich zugehörig gefühlt. Er verdankte ja
auch gerade seinen osteuropageschichtlichen Einzelthemen sehr viel an
Einsichten und Inspiration für seine sozialgeschichtliche Systematik.
Und auch diese war ihm kein Selbstzweck, sondern es ging ihm
darum, «den archimedischen Punkt zu finden, von dem aus die ausein-
anderstrebenden Teilfächer der Geschichte wieder systematisch aneinander gefügt werden konnten».[1]
  Die osteuropahistorischen Gegenstände standen am Anfang dieses
Historikerlebens. Conze selbst betont die ausschlaggebenden Impulse
Königsbergs. Bis er 1931 dorthin ging und sich Hans Rothfels als Lehrer anschloß, war die Entscheidung für die Geschichtswissenschaft offensichtlich noch in der Schwebe. Rothfels' «Wirkung in der vor 1933
faszinierenden Stadt Königsberg wurde bestimmend für mich. Ich begann neben der Geschichte Slavistik zu studieren und mich mit osteu-
ropäischer Geschichte zu befassen.»[2]
  Aber auch die vorangegangenen Leipziger Semester (Wintersme-
ster 1931/32 und Sommersemester 1932) sind nicht ganz ohne Bedeutung für die Regung slavistisch-osteuropakundlicher Interessen gewesen. Sein Freund Werner Markert hat ihm slavische Sprachstudien na-

---

[1] Wolfgang Schieder, Sozialgeschichte zwischen Soziologie und Geschichte. Das
wissenschaftliche Lebenswerk Werner Conzes. In: Geschichte und Gesellschaft
13, 1987, S. 246.
[2] Werner Conze, Antrittsrede. In: Heidelberger Akademie der Wissenschaften,
Jahrbuch 1962/63, Heidelberg 1964, S. 55.

hegelegt. Aber wenn man beobachten kann, wie stark in Königsberg bald die Soziologen mit der Volkstheorie seine Aufmerksamkeit erregten, wird man auch die in hoher Blüte stehende Landes- und Volksforschung der Leipziger Landesgeschichte nicht übersehen dürfen. Sie hatte eine beachtliche Tradition in der Erforschung des deutschen Ostens und der ostdeutschen Kolonisation und stand damit in dem größeren Verbund der «Deutschen Ostforschung», die in der «Stiftung für deutsche Volks- und Kulturbodenforschung» ihren Dachverband besaß. Die Stiftung hatte von 1926 bis 1931 in Leipzig ihren Sitz.

Mit einigen zentralen Kategorien seiner ersten Arbeiten, wie Volksgeschichte, deutscher Volksboden, deutscher Kulturboden, könnte Conze also sehr früh in Berührung gekommen sein. Auch die für die Leipziger «Ostforschung» kennzeichnende Interdisziplinarität, in der sich Historische Landeskunde, Geographie, Ökonomie, Volkskunde, die Philologien und die Historie um das große Thema «Deutschland und der Osten» gruppierten, mochte nicht ohne Einfluß geblieben sein. Ob aber hier schon Skepsis gegenüber dem naturhaft-ahistorischen Verständnis von Volksgeschichte, wie es in den 20er Jahren um sich gegriffen hatte, wachgeworden ist, läßt sich schwer sagen.

Deutlich zutage tritt dies, wie Conze selbst bezeugt, erst in Königsberg. Das möglicherweise schon in Leipzig geweckte Interesse an bevölkerungs- und agrarsoziologischen Methoden konnte hier in der Einarbeitung in Gunther Ipsens «Volkslehre» vertieft werden. Conze sah sofort den Zugang, den diese Methode für das Verständnis Ostmitteleuropas und damit des deutschen Ostproblems bot, hielt ihn aber offensichtlich allein nicht für tragfähig. Von Hans Rothfels und seinem Nachdenken über die Strukturprobleme der europäischen Nationen in West und Ost inspiriert, fand Conze zu seiner eigenen «Verbindung von historischer, soziologischer, volkskundlicher und statistischer Methode» mit vornehmlich «historisch-politischer» Akzentuierung. So hat er seinen Ansatz in der Einleitung seiner Königsberger Dissertation von 1934 selbst beschrieben.[3] Folgte er in dieser ersten wissenschaftlichen Publikation durchaus dem methodischen Muster der Sprachinselforschung Walter Kuhns (1903–1983), so war doch die politisch-historische Distanzierung von dessen fast «naturgeschichtlichem» Verständnis unüberhörbar. Kuhn wollte zeigen, daß, wie er selbst sagte, «alle jungen Sprachinseln geschichtslos im westlichen Sinne sind und das Schwergewicht des Geschehens bei ihnen in den biologischen Vorgän-

---

[3] Werner Conze, Hirschenhof. Die Geschichte einer deutschen Sprachinsel in Livland. Leipzig 1934, S. 14.

gen liegt».[4] Conze dagegen hatte sich vorgenommen, «die Sozialgeschichte der einzigen älteren, d. h. aus dem 18. Jahrhundert stammenden deutschen Bauernsiedlung in Livland» zu schreiben. Ihn reizte das
Problem der «Einfügung einerseits, Abkapselung andererseits, durch
die dieser merkwürdige Fremdkörper in der deutsch-lettischen Symbiose gekennzeichnet gewesen ist».[5] Sozialgeschichte, Agrarsiedlung,
Völkersymbiose in Ostmitteleuropa – das also waren die großen Themen der ersten Arbeit, und sie blieben Conzes Leitthemen.

Die eigentümliche Faszination, die er an Königsberg und dem hier
so nahen östlichen Mitteleuropa empfand, hängt aber auch mit den
politischen Orientierungsversuchen seiner Generation zusammen.
Rückschauend auf «die Königsberger Jahre» hat er 1985 von der «großen Strömung» gesprochen, «die seit den Erschütterungen der Kriegs-
und Nachkriegszeit in der deutschen Jugendbewegung verbreitet gewesen ist. Sie kann, ungeachtet recht verschiedenartiger Vorstellungen
im Einzelnen, als großdeutsch, volksdeutsch oder mitteleuropäisch bezeichnet werden. Gemeinsam war allen solchen Äußerungen, daß der
auf die Entscheidungen von 1866 und 1871 zurückgehende Nationalstaat, sei es in seiner Hohenzollern-Tradition, sei es als Republik, nicht
mehr als Modell künftiger Gestaltung Deutschlands und Mitteleuropas
angesehen wurde und das über das feststehende großdeutsche Ziel hinaus vielfältige mitteleuropäische Ideen im Schwange waren, in denen
die absolute Geltung des Nationalstaatsprinzips in Frage gestellt
wurde. Um diese Problematik der ungelösten deutschen Frage inmitten der Europa Irredenta von 1919 wurde in den Bünden der Jugendbewegung, so auch im Studentenbund der Deutsch-akademischen Gil-
denschaft lebhaft gestritten, meist mit leidenschaftlich jugendlicher Ir-
rationalität. . . Der Versuchung des Nationalsozialismus wurde in diesen Kreisen meist widerstanden.»[6]

Dem Lehrer Hans Rothfels hat Conze in diesem Zusammenhang
eine durchaus orientierende Kraft für die junge Generation attestiert.
Das bezog sich vor allem auf Rothfels' Nachdenken über das Problem
«Bismarck und der Osten». Rothfels sah die «Ostzone Mitteleuropas»
von der «lebensfremden Doktrin» des Nationalstaats bedroht, und er
wollte die konservativ-föderalistischen Traditionen des vornationalisti-

---

[4] Conze, Hirschenhof, S. 14 f.
[5] Conze, Antrittsrede, S. 55 f.
[6] Werner Conze, Die Königsberger Jahre. In: Vom Beruf des Historikers in einer
    Zeit beschleunigten Wandels. Gedenkschrift für Theodor Schieder, hrsg. von
    Andreas Hillgruber, München 1985, S. 24.

schen Europa auch für eine künftige übernationale Ordnung in der Erinnerung behalten.[7] Freilich, zu einer Analyse der nationaldemokratischen Gegenwart Deutschlands und Ostmitteleuropas war der Meister nicht durchgestoßen. Wie immer seine Schüler sich in dieser Beziehung orientierten – die Königsberger Imprägnierung mit den Problemen «Zwischeneuropas»[8] hat sie nicht mehr losgelassen.

Am wenigsten von allen Werner Conze, auch als er nach einem Jahr Militärdienst dann im Wintersemester 1935 Assistent bei Gunther Ipsen wurde. Ausschlaggebend für diesen Wechsel war, daß nach Rothfels' Vertreibung von der Universität die Zustände am Historischen Seminar «wechselhaft(en) und unerfreulich(en)» geworden waren,[9] aber auch, daß ihn die Grenzgebiete zwischen Geschichte und Soziologie als Lernfeld reizten. Unter dem Einfluß der «stets historisch gerichteten bevölkerungs- und agrarsoziologischen Studien» Ipsens[10] war auch schnell ein Habilitationsthema gefunden, das nun mitten nach Ostmitteleuropa hineinführte: Die Untersuchung des Zusammenhangs von Agrarverfassung und Bevölkerungsentwicklung im alten Großfürstentum Litauen unter dem Einfluß der großen Agrarreform des Königs Sigismund August im 16. Jahrhundert. Das war ein gewaltiges Thema, allein was den archivalischen Forschungsaufwand und seine philologischen Mühen und Finessen betraf. Litauisch, Polnisch, Weißrussisch und Russisch waren erforderlich. Conze hat die Arbeiten an diesem Thema in einer für heutige Verhältnisse unglaublich kurzen Zeit bewältigt. Die Jahre 1935 bis 1938 nutzte er zu intensiven Archivforschungen in Königsberg, Berlin, Wilna und Grodno und kurz vor Kriegsausbruch war der erste Teil, «der Zusammenhang von Landesausbau, Agrarverfassung und Bevölkerungswachstum» im Großfürstentum Litauen vom 16. bis zum 18. Jahrhundert, im Manuskript abgeschlossen. Im August 1939 reichte er es als Habilitationsschrift in Wien (wohin Ipsen im Sommersemester 1939 berufen worden war) ein.

Beim Blick auf die weitere Planung dieser Arbeit wird klar, daß Conze hier ein Schlüsselthema der osteuropäischen Geschichte aufgegriffen hatte. Er wollte offensichtlich die agrarsozialgeschichtliche Innenseite der Auseinandersetzung um einen nichtmoskauischen Weg der westrussischen Geschichte aufhellen. Denn in dem zweiten Teil sollte «das Problem durch das 19. und 20. Jahrhundert mit den Wand-

---

[7] Werner Conze, Hans Rothfels. In: Historische Zeitschrift 237, 1983, S. 327f.
[8] Giselher Wirsing, Zwischeneuropa und die deutsche Zukunft. Jena 1932.
[9] Conze, Antrittsrede, S. 56.
[10] Conze Antrittsrede, S. 56.

lungen durch die russische Bauernbefreiung, die litauische Agrarreform und die sowjetrussische Kollektivierung fortgeführt werden».[11] Das zum Teil schon dafür gesammelte Material ging im Krieg verloren. Der erste Teil der Arbeit aber konnte schon 1940 in der Schriftenreihe des Preußischen Geheimen Staatsarchivs «Deutschland und der Osten» publiziert werden.[12] Kurz zuvor hatte das Habilitationsverfahren bei einem kurzen Urlaub vom Heeresdienst an der Universität Wien stattgefunden. Das Buch des erst Dreißigjährigen erweist sich bis zum heutigen Tag als tragfähig und von der ersten bis zur letzten Seite überzeugend in seiner Sachlichkeit. Auch in Polen ist das wissenschaftliche Echo nicht ausgeblieben.[13]

Es ging Conze in dieser fundamentalen Untersuchung um den Zusammenhang zwischen Agrarverfassung und Bevölkerungsbewegung. Bevölkerung war für ihn nach dem Vorbild Ipsens nicht nur die «ausgewählte Summe von Individuen», sondern, so sagt er in der Einleitung, ein «ständiger Vorgang, der sich im Lebensraum eines Volkes vollzieht». Dieses «Wirkungsverhältnis eines Lebensraums mit bestimmter Verfassung und seiner Bevölkerung» war an dem alten Großfürstentum besonders gut zu studieren, denn «durch die Einführung der Hufenverfassung im Großfürstentum Litauen wurde Litauern und Weißrussen der Lebensraum erheblich erweitert und für drei Jahrhunderte bestimmt».

In dem nationalistischen Gewoge der 30er Jahre argumentierte dieser junge Osteuropa-Historiker ohne nationalistische Vorurteile, weil er im Bemühen um die soziographische Analyse der Volksgeschichten Ostmitteleuropas erkannt hatte, daß «der Lebensanspruch, die Lebensgestaltung und der Lebensstand der Völker» historisch verschiedene waren. So steht es in dem Beitrag über die ländliche Übervölkerung Polens, den er für den Internationalen Soziologie-Kongreß, der 1940 stattfinden sollte, vorbereitet hatte.[14] Nur hier tauchen auch bei Conze, und zwar bei der historisch-demographischen Beschreibung Wilnas und Nordostpolens in der Vorkriegszeit, ganz wenige heute befremd-

---

[11] Conze, Antrittsrede, S. 56.
[12] Werner Conze, Agrarverfassung und Bevölkerung in Litauen und Weißrußland. 1. Teil: Die Hufenverfassung im ehemaligen Großfürstentum Litauen. Leipzig 1940.
[13] S. die ausführliche Rezension von Henryk Łowmiański, in: Roczniki Historyczne 16, 1947, S. 292–295; dazu Wolfgang Zorn, in: Vierteljahrsschrift für Sozial- und Wirtschaftsgeschichte 74, 1987, S.242–245.
[14] Werner Conze, Die ländliche Übervölkerung in Polen. In: XIV. Internationaler Soziologie-Kongreß Bucuresti 1940. Mitteilungen 1939, S. 6.

lich klingende Wendungen in bezug auf die jüdische Bevölkerung Ostmitteleuropas auf.[15] Im ganzen hielt er den Blick aber – gerade die
kleinen Aufsätze der späten 30er Jahre zeigen dies[16] – auf das Lebens-
recht jeder einzelnen Volksgeschichte Ostmitteleuropas gerichtet und
vermied es, ostforschungsgemäß die Deutschtumsfragen in den Vordergrund zu stellen. Wohin nämlich die isolierende Betrachtung führte,
hat er mit viel Takt in der Rückschau auf die Begegnung mit Theodor
Schieder an dessen Habilitationsschrift hervorgehoben. Bereits der Titel «Deutscher Geist und ständische Freiheit im Weichsellande» zeige,
daß «die Fragestellung der Landesverfassung im ganzen faktisch einge-
engt (werde) auf das deutsch-protestantische Bürgertum, vornehmlich
der drei großen Stadtstaaten Danzig, Elbing und Thorn ... Denn der
Adel hatte nach der Inkorporation des Landes in das polnische Königreich seinen Vorteil in der Angleichung an die polnische Adelsstellung
und damit der Polonisierung gesehen. Dieser das Land Westpreußen
ständisch-national trennende Vorgang wird zwar in seiner grundlegenden Bedeutung hervorgehoben, aber nicht in die Problemstellung
selbst einbezogen. So wird die Frage ‹ständischer Freiheit› eingegrenzt
auf den ‹deutschen Geist› des deutschen Bürgertums und wird damit zu
einem Beitrag zur Geschichte des deutsch-polnischen Gegensatzes, wie
er damals auf polnischer und auf deutscher Seite im Vordergrund der
geschichtlichen Sicht gestanden hat.»[17]

Trotz der Wiener Habilitation blieb Conze Assistent in Königsberg,
war aber während des ganzen Krieges im Felde. Doch als ein von
Königsberg geprägter Osteuropahistoriker ist er in der deutschen Ostforschung seinen eigenen Weg gegangen. In der eindringlichen Be-
schäftigung mit den ständisch bestimmten Landschaften des östlichen
Mitteleuropa und ihren Agrargesellschaften beim Übergang in die moderne Welt hatte Conze offensichtlich eines seiner großen Themen gefunden. Hier war aber auch von Anfang an sowohl der sozialwissen-
schaftlich universell begründete Ansatz seiner modernen Sozialgeschichte als auch sein Zugang zu den Problemen der Nationsbildung zu
erkennen, wie sie in der Schaffensphase nach dem Zweiten Weltkrieg in
den Vordergrund treten sollten.

---

[15] Ebd. S. 11, sowie Werner Conze, Wilna und der Nordosten Polens. In: Osteuropa
13, 1938, S. 657–664, hier 657 f.; ders., Die Besiedlung der litauischen Wildnis. In:
Deutsche Monatshefte in Polen. NF 5, 1938/1939, S. 427–443, hier 439.

[16] S. Anm. 15 sowie Werner Conze, Polnische Dorfforschung in Oberschlesien. Bemerkungen zu J. Chalasinski. In: Zeitschrift für Volkskunde 47, 1938, S. 286–299.

[17] Conze, Die Königsberger Jahre, S. 30 f.

Zunächst aber war es, ungeachtet des düsteren Hintergrunds deutscher Okkupation in Polen, folgerichtig, wenn die rein baltendeutsch besetzte Philosophische Fakultät der sog. Reichsuniversität Posen (namentlich wohl ihr Dekan Reinhard Wittram) mitten im Krieg die Berufung Conzes auf ein Extraordinariat für Sozial- und Wirtschaftsgeschichte betrieb. Im Mai 1943 hielt er seine Probevorlesung über «Die Wirkungen der liberalen Agrarreformen auf die Volksordnung in Mitteleuropa». Noch die überarbeitete Fassung von 1949, die den ersten Nachkriegsband der Vierteljahrsschrift für Sozial- und Wirtschaftsgeschichte (1949/50) einleitet, läßt erkennen, auf welchen fundamentalen demographischen und ökonomischen, sozialen und politischen Einsichten Conzes historisches Verständnis der Strukturprobleme Ostmitteleuropas beruhte. Die Weiterarbeit an diesem zentralen Thema der Königsberger Zeit ermöglichte es ihm, auch dem Eröffnungsjahrgang der Vierteljahrshefte für Zeitgeschichte 1951 einen einschlägigen Aufsatz über die «Strukturkrise des östlichen Mitteleuropa vor und nach 1919» zur Verfügung zu stellen. Und nochmals kam er 1955 in der Tübinger Ringvorlesung «Deutscher Osten und slavischer Westen», die Hans Rothfels veranstaltete, darauf zurück.[18]

Für den akademischen Lehrer in Göttingen (1946–51), Münster (1951–57) und Heidelberg (seit 1957) sollten nun auch die «Entscheidungen und Wandlungen der politischen Geschichte» Ostmitteleuropas,[19] die ihn ja frühzeitig zur Geschichtswissenschaft hingezogen hatten,[20] wieder eine stärkere Rolle spielen. Auch im Œuvre hat sich dies niedergeschlagen. Aber stets waren es die politischen Fragen in ihrer Relevanz als Beziehungsprobleme in Ostmitteleuropa, die als solche auf die Prozesse der gesellschaftlichen Modernisierung, der Nationsbildung, einwirkten.[21] Schon an Friedrich Naumanns politischem Mitteleuropa-Konzept, dem Conze in zwei Festschriften-Beiträgen nachging,[22] kam dies zum Vorschein.

---

[18] Werner Conze, Agrargesellschaft und Industriegesellschaft in Osteuropa. In: Deutscher Osten und slavischer Westen. Tübinger Vorträge. Hrsg. von Hans Rothfels und Werner Markert. Tübingen 1955, S. 85–93.

[19] Siehe oben, S. 7.

[20] Conze, Antrittsrede, S. 55.

[21] Das kommt als Summe lebenslangen Nachdenkens in diesem nachgelassenen Manuskript über Ostmitteleuropa ebenso zur Geltung wie in dem späten Aufsatz: Ethnogenese und Nationsbildung. Ostmitteleuropa als Beispiel. In: Studien zur Ethnogenese (Abhandlungen der Rheinisch-westfälischen Akademie der Wissenschaften, Bd. 72) Opladen 1985, S. 189–206.

[22] Werner Conze, Friedrich Naumann. Grundlage und Ansatz seiner Politik in der

Zu ihrem Höhepunkt gelangte Conzes politische Geschichtsschreibung an dem Thema der polnischen Nationsbildung. Im Zentrum steht das große Buch «Polnische Nation und deutsche Politik im Ersten Weltkrieg», das 1958 erschien. Die weit bis in das 19. Jahrhundert zurückgreifende, mit großer Kraft zur Synthese geschriebene Einleitung läßt erkennen, daß Conze hier bei seinem ureigensten Thema war. Und es war ihm betonenswert, daß er das Thema in einer Zeit «der quasi eingefrorenen deutsch-polnischen Beziehungen» aufgriff. Deshalb stimmt seine Aussage, daß es ihm «von außen zugefallen war»[23] nur in bezug auf die Archivalien, die Akten des deutschen Generalgouverneurs von Beseler für die Zeit von 1915 bis 1918.

Mit der Auswertung dieses wichtigen Materials beschäftigt, war es ihm auch möglich, sich an dem großen Projekt des Osteuropa-Handbuchs der Arbeitsgemeinschaft für Osteuropakunde in Tübingen zu beteiligen und für deren Polen-Band den politikgeschichtlichen Einleitungsartikel «Der Weg zur Unabhängigkeit Polens im Ersten Weltkrieg»[24] zu schreiben. In diesem Konzentrat des Buches vom Vorjahr auf ganzen 11 Seiten tritt der Duktus von Conzes strukturell begriffener Politikgeschichte nochmals deutlich in Erscheinung. Kaum minder ist eine solche Beurteilung am Platz bei der Einleitung zu den Manuskripten über die polnische Frage von Karl Marx, die Conze 1961 zusammen mit Dieter Hertz-Eichenrode herausgegeben hat.[25] Hier wird auf 35 Seiten nicht nur die vormärzliche Einbindung der Marxschen Denkweise in bezug auf die nationale Frage deutlich, sondern vor allem das deutsch-polnisch-russische Beziehungsproblem als die für die europäische Zukunft entscheidende Spannung analysiert.

So kommt das Rußland-Problem für Mitteleuropa, worüber der akademische Lehrer in den Münsterschen Jahren mitreißend zu reden verstand, auch in dem Œuvre in den Blick. Zusammengefaßt hat Conze sein Nachdenken über Rußland in dem schmalen Band «Das

national-sozialen Zeit (1895–1903). In: Schicksalswege deutscher Vergangenheit. Festschrift für S. A. Kaehler, hrsg. von Walter Hubatsch, Düsseldorf 1950, S. 355–386; ders., Nationalstaat oder Mitteleuropa. Die Deutschen des Reichs und die Nationalitätenfragen in Ostmitteleuropa im Ersten Weltkrieg. In: Deutschland und Europa. Festschrift für Hans Rothfels, hrsg. von Werner Conze, Düsseldorf 1951, S. 201–230.

[23] Conze, Antrittsrede, S. 57.

[24] Osteuropa-Handbuch Polen. In Zusammenarbeit mit zahlreichen Fachgelehrten hrsg. von Werner Markert. Köln-Graz 1959.

[25] Karl Marx, Manuskripte über die polnische Frage 1863 bis 1864. Hrsg. v. W. Conze und D. Hertz-Eichenrode. Den Haag 1961, S. 7–41.

deutsch-russische Verhältnis im Wandel der modernen Welt» von 1967. Wieder, wie schon im Fall des großen Polen-Buches, bekennt sich Conze zu seinen aktuellen politischen Beweggründen: «Diese Schrift entstand aus der Besorgnis, daß die menschlichen und politischen Beziehungen der Deutschen zu den Menschen und Bürgern der Sowjetunion seit Hitlers frevelhafter Zerstörung des einst engen deutschrussischen Verhältnisses» nicht wieder ins reine gekommen sind» (S. 5). Das Büchlein, ein ausgearbeiteter Vortragstext, bietet auf engstem Raum eine historische Strukturanalyse der deutsch-russischen Beziehungen seit dem Aufstieg Rußlands zu seiner modernen Weltgeltung, also seit dem ausgehenden 17. Jahrhundert. Die Beziehungsgeschichte zweier europäischer Nationen ist kaum irgendwo überzeugender im Strukturvergleich präsentiert worden als an dieser Stelle. Die starke Wirkung dieses Gedankengangs ist vor allem darauf zurückzuführen, daß der konkrete Beziehungsfall Deutschland-Rußland eingeordnet ist in den Prozeß der modernen Weltrevolution, in welchem die atlantische und die eurasische Welt, Meer und Land, phasenverschoben miteinander zusammengeschlossen werden. Damit war Conze bei dem Problem, um dessentwillen er überhaupt Historiker war und sein wollte: Das Verständnis der modernen Revolutionen. Aber das Universelle deckte bei ihm den konkreten Fall nicht etwa zu. Die meisterhafte historische Analyse der deutsch-russischen Beziehungen im Gefüge des staatlichen Verhältnisses zwischen Deutschland und dem Sowjetimperium nach 1917 läßt seine erstaunliche Hellsichtigkeit für die Chancen und Notwendigkeiten einer Beendigung des Kalten Krieges erkennen zugunsten einer Heilung des deutsch-russischen Verhältnisses, so wie es jetzt, wenige Jahre nach Conzes Tod, Wirklichkeit zu werden scheint.

In den notwendigen Versöhnungsprozessen zwischen den Völkern, die im Zeitalter des Nationalismus in so tiefe Verfeindung geraten waren, kam nach Conzes Auffassung der Arbeit der Geschichtswissenschaft große Bedeutung zu. Mit Verve hat er sich deshalb für die Zusammenarbeit mit der polnischen[26] und sowjetischen Geschichtswissenschaft eingesetzt und uns Jüngere bei unseren Bemühungen

---

[26] Siehe dazu: Modernisierung und nationale Gesellschaft im ausgehenden 18. und im 19. Jahrhundert. Referate einer deutsch-polnischen Historikerkonferenz. Hrsg. von Werner Conze, Gottfried Schramm und Klaus Zernack, Berlin 1979 (darin Conzes eigener Beitrag: Staatsnationale Entwicklung und Modernisierung im Deutschen Reich 1871 bis 1914, S. 59–70, mit wichtigen Beobachtungen zur Polenpolitik).

kraftvoll unterstützt. Als Vorsitzender des Verbandes der Historiker Deutschlands war er der Initiator des ersten deutsch-sowjetischen Historikertreffens in der Bundesrepublik, in Mainz 1973. Daß er mit seinen wie immer weitgreifenden und komparativen sozialgeschichtlichen Fragen – wie dem Vergleich zwischen dem Durchbruch der Industrialisierung in Deutschland um 1850 und phasenverschoben in Sowjetrußland um 1929 – in der Diskussion damals noch auf recht schroffe Zurückweisung von sowjetischer Seite stieß, hat ihn nicht entmutigt. Selbstverständlich durften für ihn die heuristischen Möglichkeiten des Vergleichens nicht an der vorgeblichen Inkommensurabilität von kapitalistischer und sozialistischer Industrialisierung scheitern.[27] Die deutsch-sowjetische Diskussion steht inzwischen vor den Möglichkeiten, die er sich immer erhofft hat.

So war Werner Conze ein Osteuropahistoriker in dem Maß, in dem er überhaupt Spezialdisziplinen akzeptierte: als einen unter vielen Zugängen zu dem Ganzen der Geschichte.

---

[27] Deutschland und Rußland im Zeitalter des Kapitalismus 1861–1914. Erstes deutsch-sowjetisches Historikertreffen in der Bundesrepublik Deutschland, Mainz 14.–21. Oktober 1973, Wiesbaden 1977, S. 148f., 154f.

Bibliographische Hinweise
zur Geschichte Ostmitteleuropas
bis ins 18. Jahrhundert

A. Ostmitteleuropa im ganzen betreffend

I. Bibliographien und Forschungsberichte

Bücherkunde Ostdeutschlands und des Deutschtums in Ostmitteleuropa. Bearb. v. *H. Jilek, H. Rister, H. Weiss*. Köln Graz 1963.

    P. L. Horecky, East Central Europe. A Guide to Basic Publications. London 1969.

    Ch. Jelavich (Ed.), Language and Area Studies. East Central and Southeastern Europe. Chicago 1969.

    Fünfunddreißig Jahre Forschung über Ostmitteleuropa. Veröffentlichungen der Mitglieder des *J. G. Herder-Forschungsrates* 1950–1984. Marburg/L. 1985 (=Bibliographien zur Geschichte und Landeskunde Ostmitteleuropas 1).

    Deutsche Ostforschung. Ergebnisse und Aufgaben seit dem ersten Weltkrieg. Hrsg. v. *H. Aubin* u. a. 2 Bde., Leipzig 1942, 1943.

II. Quellenkunde und Quellensammlungen

H. F. Schmid, Le pubblicazioni di fonti storiche medioevali nei paesi slavi, in Romania e Ungheria. In: La pubblicatione delle fonti del medioevo europeo negli ultimi 70 anni (1883–1953). Rom 1954, S. 141–210.

    Ausgewählte Quellen zur Kirchengeschichte Ostmitteleuropas. Wiss. Gesamtleitung: *G. Meyer*, Ulm 1959.

    Urkunden und erzählende Quellen zur deutschen Ostsiedlung im Mittelalter. Gesammelt und hrsg. v. *H. Helbig u. L. Weinrich*. 1. Teil: Mittel- und Norddeutschland, Ostseeküste; 2. Teil: Schlesien, Polen, Böhmen-Mähren, Österreich, Ungarn-Siebenbürgen (=Ausgewählte Quellen zur deutschen Geschichte des Mittelalters – Freiherr vom Stein-Gedächtnisausgabe, Bde. XXVI a,b) Darmstadt ³1984.

    Glossar zur frühmittelalterlichen Geschichte im östlichen Europa. Begr. v. *J. Ferluga, M. Hellmann, H. Ludat*, hrsg. von *F. Kämpfer, R. Stichel, K. Zernack*, Serie A: Lateinische Namen bis 900. Bd. I–III; Aba-Emnetzur. Wiesbaden Stuttgart 1973–1989.

    Das Ethnikon Sclavi in den lateinischen Quellen bis zum Jahr 900. Bearbeitet von *J. Reisinger, G. Sowa*, Stuttgart 1990 (= Glossar zur frühmittelalterlichen Geschichte im östlichen Europa, Beiheft Nr. 6).

    P. L. Horecky (Ed.), East Central and Southeast Europe. A Handbook of Library and Archival Resources in North America. Chicago 1976.

    J. M. Bak, Mittelalterliche Geschichtsquellen in chronologischer Übersicht.

Nebst einer Auswahl von Briefsammlungen. In Zusammenarbeit mit H. Quirin und P. Hollingworth. Wiesbaden 1987.

III. Zeitschriften

Zeitschrift für Ostforschung. Länder und Völker im östlichen Mitteleuropa. Hrsg. v. J. G. Herder-Forschungsrat. Marburg/L. 1, 1952 ff.

The Journal of Central European Affairs. Colorado 1, 1941 – 27, 1976.

Central European History. Spons. by the Conference Group for Central European History of the American Historical Association. Atlanta 1, 1968 ff.

Slavia Occidentalis. Poznańskie Towarzystwo Przyjaciół Nauk. Wydz. filolog.-filozof. Poznań I, 1921 ff.

Wissenschaftlicher Dienst für Ostmitteleuropa. Hrsg. v. J. G. Herder-Institut, Marburg/L. I, 1951 – 24, 1974. Fortgef. als: Dokumentation Ostmitteleuropa, 1 (25), 1975 ff.

IV. Atlanten

Atlas östliches Mitteleuropa. Hrsg. v. *Th. Kraus, E. Meynen, H. Mortensen* und *H. Schlenger.* Bielefeld Berlin Hannover 1959.

Atlas zur Geschichte der deutschen Ostsiedlung. Bearb. *W. Krallert* u. a. Bielefeld 1958.

Staats- und Verwaltungsgrenzen in Ostmitteleuropa. Historisches Kartenwerk. Hrsg. v. *Göttinger Arbeitskreis.* Teil 1 ff. München 1954 ff.

V. Herkunft des Begriffes

F. Naumann, Mitteleuropa (1915) In: Werke, Bd. IV: Schriften zum Parteienwesen und zum Mitteleuropaproblem. Bearb. von *Th. Nipperdey* und *W. Schieder.* Köln Opladen 1964.

A. Penck, Politisch-geographische Lehren des Krieges. In: Meereskunde, Heft 106, Berlin 1915.

R. Charmatz, Minister Freiherr von Brück. Der Vorkämpfer Mitteleuropas. Sein Lebensweg und seine Denkschriften. Leipzig 1916.

H. Hassinger, Das geographische Wesen Mitteleuropas. In: Mitteilungen der kaiserlich-königlichen Geographischen Gesellschaft in Wien 60, 1917, 437–493.

M. Sering, Westrußland in seiner Bedeutung für die Entwicklung Mitteleuropas. Leipzig Berlin 1917.

F. Machatschek, Länderkunde von Mitteleuropa. Leipzig Wien 1925

M. Sering, Die agrarischen Umwälzungen im außerrussischen Osteuropa. Leipzig Berlin 1930.

M. H. Boehm, Die Lage des deutschen Volkes in Mitteleuropa. In: Volk und Reich, Febr./März 1931, S. 107–114.

G. Wirsing, Zwischeneuropa und die deutsche Zukunft. Jena 1932.

N. Krebs, Die Grenzen Osteuropas. Berlin 1940.

E. Beneš, New Central Europe. In: Journal of Central European Affairs, 1, 1942, S. 1 ff.

H. Rothfels, Frontiers and Mass Migration in Eastern Central Europe. In: The Review of Politics 8, 1946, S. 37 ff.

W. Conze, Nationalstaat oder Mitteleuropa? Die Deutschen des Reichs und die Nationalitätenfrage Ostmitteleuropas im ersten Weltkrieg. In: Deutschland und Europa. Festschrift H. Rothfels, hrsg. von *W. Conze*. Düsseldorf 1951, S. 201–230.

W. Conze, Die Strukturkrise des östlichen Mitteleuropa vor und nach 1919. In: Vierteljahrshefte für Zeitgeschichte 1, 1953, S. 319–338.

H. C. Meyer, Mitteleuropa in German Thought and Action 1815–1945. The Hague 1955.

VI. Gesamtdarstellungen und grundsätzliche Erörterungen

O. Halecki, Grenzraum des Abendlandes. Eine Geschichte Ostmitteleuropas. Salzburg 1956 (urspr. Borderlands of Western Civilization. New York 1952).

O. Halecki, Europa. Grenzen und Gliederung seiner Geschichte. Darmstadt 1957.

O. Forst-Battaglia, Zwischeneuropa von der Ostsee bis zur Adria. Teil 1: Polen, Tschechoslowakei, Ungarn. (Mehr nicht erschienen). Frankfurt 1954.

H. Ludat, Deutsch-slawische Frühzeit und modernes polnisches Geschichtsbewußtsein. Ausgew. Aufsätze. Köln Wien 1969.

H. Ludat, Slaven und Deutsche im Mittelalter. Ausgewählte Aufsätze zu Fragen ihrer politischen, sozialen und kulturellen Beziehungen. Köln Wien 1982

G. Rhode, Die Geschichte Ostmitteleuropas als Ganzes und in seinen Teilen als Problem und Aufgabe. In: Probleme der Ostmitteleuropaforschung. Rückblicke und Ausblicke auf die Arbeiten von J. G. Herder-Forschungsrat und J. G. Herder-Institut Marburg/L. 1975, S. 35–43.

Das östliche Mitteleuropa in Geschichte und Gegenwart. Wiesbaden 1966.

K. Zernack, Osteuropa. Eine Einführung in seine Geschichte. München 1977

G. Stökl, Osteuropa und die Deutschen. Geschichte und Gegenwart einer spannungsreichen Nachbarschaft. Stuttgart ³1982.

G. Stadtmüller, Geschichte Südosteuropas. München 1950 (Neudruck 1976).

B. Die einzelnen Kapitel des Buches betreffend

I. Beginn und Entfaltung im Mittelalter

1. Die römisch-christliche Mission

F. Dvornik, The Making of Central and Eastern Europe. London 1949.

H. D. Kahl, Bausteine zur Grundlegung einer missionsgeschichtlichen Phänomenologie des Hochmittelalters. In: Miscellanea Historiae Ecclesiasticae. Congrès de Stockholm, 1960, Louvain 1961, S. 50–90.

H. Łowmiański, Religia Słowian i jej upadek (w. VI–XII). Warszawa 1979.

Karl der Große. Lebenswerk und Nachleben. Bd. 1: Persönlichkeit und Geschichte. Hrsg. v. *H. Beumann*. Düsseldorf ³1967.

F. *Zagiba*, Das Geistesleben der Slaven im frühen Mittelalter. Wien Köln Graz 1971.

L. *Waldmüller*, Die ersten Begegnungen der Slaven mit dem Christentum und den christlichen Völkern vom VI. bis VII. Jahrhundert. Die Slaven zwischen Byzanz und Abendland. Amsterdam 1976.

E. *Herrmann*, Slavisch-germanische Beziehungen im südostdeutschen Raum von der Spätantike bis zum Ungarn-Sturm. Ein Quellenbuch mit Erläuterungen. München 1965.

F. *Dvornik*, Les Slaves, Byzance et Rome au IXe siècle. Paris 1970 (ursprüngl. 1926).

Cyrillo-Methodiana. Zur Frühgeschichte des Christentums bei den Slaven 863–1963. Hrsg. v. M. *Hellmann* u. a. Köln Wien 1964.

T. *Wasilewski*, Bizancjum a Słowianie w IX wieku. Warszawa 1972.

Heidenmission und Kreuzzugsgedanke in der deutschen Ostpolitik des Mittelalters. Hrsg. v. H. *Beumann*. Darmstadt 1963 (= Wege der Forschung VIII).

J. *Petersohn*, Der südliche Ostseeraum im kirchlich-politischen Kräftespiel des Reichs, Polens und Dänemarks vom 10.–13. Jahrhundert. Köln Wien 1979.

W. *Schlesinger*, Kirchengeschichte Sachsens im Mittelalter. Bd. I–II. Köln Graz 1962.

H. F. *Schmid*, Die rechtlichen Grundlagen der Pfarrorganisation auf westslavischem Boden und ihre Entwicklung während des Mittelalters. Weimar 1938.

A. *Angenendt*, Kaiserherrschaft und Königstaufe. Berlin New York 1984.

J. *Deér*, Heidnisches und Christliches in der altungarischen Monarchie. Darmstadt ²1969.

J. *Dowiat*, Chrzest Polski. Warszawa ⁴1969.

Gli inizi del Christianesimo in Livonia-Lettonia. Atti del Colloquio internazionale di storia ecclesiastica in occasione del 8. centenario della chiesa in Livonia (1186–1986). Roma 24.–25. 6. 1986. Citta del Vaticano 1989

M. *Hellmann* (Hrsg.), Studien über die Anfänge der Mission in Livland. Sigmaringen 1989.

A. M. *Ammann*, Kirchenpolitische Wandlungen im Ostbaltikum bis zum Tode Alexander Nevskijs. Rom 1936.

P. *Johansen*, Nordische Mission, Revals Gründung und die Schwedensiedlung in Estland. Stockholm 1951.

2. Herrschafts- und Nationsbildung

B. *Zientara*, Świt narodów europejskich. Powstanie świadomości narodowej na obszarze Europy pokarolińskiej. Warszwawa 1985.

Aspekte der Nationenbildung im Mittelalter. Ergebnisse der Marburger Rundgespräche 1972–1975. Hrsg. v. H. *Beumann* und W. *Schröder*. Sigmaringen 1978 (= Nationes. Historische und philologische Untersuchungen zur Entstehung der europäischen Nationen im Mittelalter. Bd. 3)

F. *Graus*, Die Nationenbildung der Westslaven im Mittelalter. Sigmaringen 1980 (= Nationes Bd. 2).

R. *Wenskus*, Stammesbildung und Verfassung. Das Werden der frühmittelalterlichen gentes. Köln Wien 1961, ²1977.

H. Wolfram, Das Reich und die Germanen. Zwischen Antike und Mittelalter. Berlin 1990 (= Das Reich und die Deutschen Bd. 1).

H. Wolfram, Die Geburt Mitteleuropas. Eine Geschichte Österreichs vor seiner Entstehung 378–907. Berlin 1987.

H. Aubin, Die Ostgrenze des alten deutschen Reiches. In: Historische Vierteljahrsschrift 28, 1934, S. 225–272. Neudr. Darmstadt ²1967.

H. Ludat, An Elbe und Oder um das Jahr 1000. Skizzen zur Politik des Ottonenreiches und der slavischen Mächte in Mitteleuropa. Köln Wien 1971.

F. Graus, Die Entstehung der mittelalterlichen Staaten in Mitteleuropa. In: Historica 10, 1965, S. 5–65.

L'Europe aux IXᵉ – XIᵉ siècles. Aux origines des Etats nationaux. Ed. *T. Manteuffel, A. Gieysztor*. Varsovie 1968.

W. Eggert und *B. Pätzold*, Wir-Gefühl und Regnum Saxonum bei frühmittelalterlichen Geschichtsschreibern. Weimar 1984.

E. Müller-Mertens, Regnum Teutonicum. Aufkommen und Verbreitung der deutschen Reichs- und Königsauffassung im frühen Mittelalter. Berlin 1970.

L. Leciejewicz, Słowanie zachodni. Z dziejów tworzenia się średniowiecznej Europy. Wrocław (u. a.) 1990.

Germania Slavica. Hrsg. von *W. H. Fritze*, Bd. I–V. Berlin 1980–1987.

Gli slavi occidentiali i meriodionali nell'alto medioevo. T. 1–2. Spoleto 1983 (Settimane di studio del Centro Italiano di studi sull'alto medioevo XXX).

Chr. Lübke, Regesten zur Geschichte der Slaven an Elbe und Oder (vom Jahr 900 an). Teil I–V. Berlin 1984–1988.

Die Slawen in Deutschland. Geschichte und Kultur der slawischen Stämme westlich von Oder und Neiße vom 6. – 12. Jahrhundert. Hrsg. von *J. Herrmann*. Berlin 1985.

L. Dralle, Slaven an Havel und Spree. Studien zur Geschichte des hevellisch-wilzischen Fürstentums (6.–10. Jahrhundert). Berlin 1981.

3. Raumordnung durch Landesausbau

O. Schlüter und *O. August* (Bearb.), Atlas des Saale- und mittleren Elbegebietes. 3 Teile. ²1959–1961. Mit Erläuterungsband.

R. Kötzschke und *W. Ebert*, Geschichte der ostdeutschen Kolonisation. Leipzig 1937.

W. Kuhn, Vergleichende Untersuchungen zur mittelalterlichen Ostsiedlung. Köln Wien 1973.

W. Schlesinger (Hrsg.), Die deutsche Ostsiedlung des Mittelalters als Problem der europäischen Geschichte. Sigmaringen 1975.

Ch. Higounet, Die deutsche Ostsiedlung im Mittelalter. Berlin 1986 (dazu die Rezension von *K. Zernack*, in: Jahrbuch für die Geschichte Mittel- und Ostdeutschlands 36, 1987, S. 431–434).

Deutsche und europäische Ostsiedlungsbewegung. Bericht über die wissenschaftliche Jahrestagung des Johann Gottfried Herder-Forschungsrates vom 7.–9. März 1963. Marburg/L. 1964 (als Ms. gedr.).

K. Zernack, Der hochmittelalterliche Landesausbau als Problem der Entwicklung Ostmitteleuropas. In: *K. Zernack*, Preußen – Deutschland – Polen. Aufsätze zur Geschichte der deutsch-polnischen Beziehungen. Berlin 1991, S. 185–202 (ursprüngl. Bukarest 1980).

G. *Rhode*, Die Ostbewegungen des deutschen, polnischen und russischen Volkes im Mittelalter – Versuch eines Vergleichs. In: Europa Slavica – Europa Orientalis. Festschrift H. Ludat, hrsg. v. *K. D. Grothusen* und *K. Zernack*. Berlin 1980, S. 178–204.

Genetische Siedlungsforschung in Mitteleuropa und seinen Nachbarräumen. Hrsg. von *K. Fehn* u. a. T. 2. Bonn 1988.

H. *Ludats* oben, unter A VI (Gesamtdarstellungen und grundsätzliche Erörterungen) zitierten Aufsatzsammlungen enthalten einige seiner bahnbrechenden Studien zum vorkolonialen und kolonialen Städtewesen in Ostmitteleuropa.

D. *Willoweit* und *W. Schich* (Hrsg.), Studien zur Geschichte des sächsisch-magdeburgischen Rechts in Deutschland und Polen. Frankfurt/M. 1980.

W. *Kuhn*, Die deutschrechtlichen Städte in Schlesien und Polen in der ersten Hälfte des 13. Jahrhunderts. Marburg/L. 1968.

B. *Zientara*, Zur Geschichte der planmäßigen Organisierung des Marktes im Mittelalter. In: Festschrift W. Abel, Bd. 2. Köln Wien 1974.

B. *Zientara*, Źródła i geneza «prawa niemieckiego» (ius Theutonicum) na tle ruchu osadniczego w Europie zachodniej i środkowej w XI–XII w. In: Przegld Historyczny 69, 1978, S. 47–74.

K. *Bosl*, Die Entstehung der ostdeutschen Neustämme. In: Leistung und Schicksal. Abhandlungen und Berichte über das Deutschtum im Osten. Köln Graz 1967, S. 46–64.

H. D. *Kahl*, Slaven und Deutsche in der brandenburgischen Geschichte des 12. Jahrhunderts. Die letzten Jahrzehnte des Landes Stodor. Köln Graz 1964.

J. J. *Menzel*, Die schlesischen Lokationsurkunden des 13. Jahrhunderts. Studien zum Urkundenwesen, zur Rechts-, Siedlungs- und Wirtschaftsgeschichte einer ostdeutschen Landschaft im Mittelalter. Köln Wien 1979.

B. *Zientara*, Henryk Brodaty i jego czasy. Warszawa 1975.

Schlesien und Pommern in den deutsch-polnischen Beziehungen im Mittelalter. XII. Deutsch-polnische Schulbuchkonferenz der Historiker in Allenstein 1979. Braunschweig 1980.

H. J. *Karp*, Grenzen in Ostmitteleuropa während des Mittelalters. Ein Beitrag zur Entstehungsgeschichte der Grenzlinie aus dem Grenzsaum. Köln Wien 1972.

G. *Rhode*, Die Ostgrenze Polens. Politische Entwicklung, kulturelle Bedeutung und geistige Auswirkung. I: Im Mittelalter bis zum Jahre 1401. Köln Graz 1955.

H. *Łowmiański*, Studia nad początkami społeczeństwa i państwa Litewskiego. T. I-II. Wilno 1931/32.

M. *Hellmann*, Das Lettenland im Mittelalter. Münster Köln 1954.

P. *Johansen*, Siedlungs- und Agrarwesen der Esten im Mittelalter. Reval 1925 (Verhandlungen der Gelehrten Estnischen Gesellschaft 23).

R. *Grodecki*, Dzieje żydów w Polsce do końca XIV w. In: R. Grodecki, Polska piastowska. Warszawa 1969, S. 595–702.

M. A. *Bałaban*, Z historyi żydów w Polsce. Szkice i studja. Warszawa 1920.

Deutsche – Polen – Juden. Ihre Beziehungen von den Anfängen bis zum 20. Jahrhundert. Hrsg. von *St. Jersch-Wenzel*. Berlin 1987 (darin die Beiträge von *M. Horn*, Wirtschaftliche Tätigkeit der polnischen Juden im Mittelalter unter Berücksichtigung des Siedlungswesens, S. 49–64, sowie *W. Schich*, Zum Problem der Juden in der frühen deutschrechtlichen Stadt, S. 65–101).

II. Gefährdung und Behauptung (14.–17. Jahrhundert)

1. Länder und Grenzen

R. Kötzschke und *H. Kretzschmar*, Sächsische Geschichte. Bd. 1–2. Dresden 1935, Frankfurt/M. ²1965 (in einem Band).

J. Schultze, Die Mark Brandenburg. Bd. 1–5. Berlin 1961–1969.

M. Hamann, Mecklenburgische Geschichte. Von den Anfängen bis zur Landständischen Union von 1523. Köln Graz 1968.

M. Wehrmann, Geschichte von Pommern. Bd. 1–2. Gotha 1919–1921 (Neudr. Frankfurt/M. 1982).

Historia Pomorza (Geschichte von Pommern, West- und Ostpreußen). Sammelwerk, hrsg. v. *G. Labuda*. T. I, 1–2 (bis 1466), T. II, 1 (bis 1648/57). Poznań 1969, 1976.

K. Ślaski, Beiträge zur Geschichte Pommerns und Pommerellens. Dortmund 1987.

Geschichte Schlesiens. Hrsg. von der Historischen Kommission für Schlesien. Bd. 1 (bis 1526), hrsg. von *H. Aubin*, *L. Petry*, *H. Schlenger*. Breslau 1938, ⁵1988 (neubearb. ist nur das vorgeschichtliche Kapitel).

Historia Śląska. Sammelwerk, hrsg. von *K. Maleczyński*. T. I, 1–2 (bis 16. Jahrhundert). Wrocław 1960/61.

J. Kłoczowski, Europa Słowiańska w XIV – XV wieku. Warszawa 1984.

M. Małowist, Wschód a Zachód Europy w XIII– XVI wieku. Konfrontacja struktur społeczno-gospodarczych. Warszawa 1973 (franz. Ausgabe Paris 1972).

Corona Regni. Studien über die Krone als Symbol des Staates im späten Mittelalter. Hrsg. v. *M. Hellmann*. Darmstadt 1961 (mit Beiträgen über Polen, Böhmen und Ungarn).

J. M. Bak, Königtum und Stände in Ungarn im 14.–16. Jahrhundert. Wiesbaden 1973.

Z. Fiala, Předhusitské Čechy 1310–1419. Praha 1968.

F. Prinz, Böhmen im mittelalterlichen Europa. München 1984.

O. Pustejowsky, Zur Geschichte der böhmischen Länder im 14. Jahrhundert. Dreißig Jahre tschechischer und slovakischer Forschung (1935–1964). Teil 1–3. In: Jahrbücher für Geschichte Osteuropas NF 13, 1965, S. 65–106; 15, 1967, S. 99–130, 251–276.

O. Pustejowsky, Schlesiens Übergang an die böhmische Krone. Machtpolitik Böhmens im Zeichen von Herrschaft und Frieden. Köln Wien 1975.

R. Wenskus, Das Ordensland Preußen als Territorialstaat des 14. Jahrhunderts. In: Der deutsche Territorialstaat im 14. Jahrhundert. Hrsg. von H. Patze. Sigmaringen 1969.

H. Boockmann, Der Deutsche Orden. Zwölf Kapitel aus seiner Geschichte. München ³1989 (darin die Kapitel 6–9).

K. Neitmann, Die Staatsverträge des Deutschen Ordens in Preußen 1230–1449. Köln Wien 1986.

M. Hellmann, Die Verfassungsgrundlagen Livlands und Preußens im Mittelalter. Ein Beitrag zur vergleichenden Verfassungsgeschichte. In: Ostdeutsche Wissenschaft 3/4, 1956/57, S. 78–108.

M. Hellmann, Livland und das Reich. Das Problem ihrer gegenseitigen Beziehungen. München 1989.

J. Kostrzak, Narodziny ogólno inflanckich zgromadzeń stanowych od XIII do połowy XV wieku. Warszawa 1985.

H. Quednau, Livland im politischen Wollen Herzog Albrechts von Preußen. Ein Beitrag zur Geschichte des Herzogtums Preußens und des preußisch-livländischen Verhältnisses 1525–1540. Diss. Königsberg 1938.

P. Knoll, The Rise of the Polish Monarchy: Piast Poland in East Central Europe, 1320–1370. Chicago 1972.

O. Halecki, Dzieje unii Jagiellońskiej. 2 Bde. Kraków 1919/20.

O. Halecki, From Florence to Brest 1439–1596. In: Sacrum Poloniae Millenium 5, 1958, S. 9–444.

J. Maciczewski, Szlachta Polska i jej państwo. Warszawa 1969.

F. Koneczny, Litwa a Moskwa w latach 1449–1492. Wilno 1929.

W. Conze, Agrarverfassung und Bevölkerung in Litauen und Weißrußland. T. I. Leipzig 1940.

2. Bewegende Kräfte, Machtverschiebungen und Strukturwandlung

a) Bedrohung von außen

M. Hellmann, Moskau und Byzanz. In: Jahrbücher für Geschichte Osteuropas NF 17, 1969, S. 321–344.

J.L.I. Fennell, Ivan the Great of Moscow. London New York 1961.

H. Fleischhacker, Die staats- und völkerrechtlichen Grundlagen der moskauischen Außenpolitik (14.–17. Jahrhundert). Breslau 1938, Neudr. Darmstadt 1959.

N. Angermann, Studien zur Livlandpolitik Ivan Groznyjs. Marburg/L. 1972.

K. Zernack, Das Zeitalter der nordischen Kriege als frühneuzeitliche Geschichtsepoche. In: Zeitschrift für historische Forschung 1, 1974, S. 55–79.

H. Neubauer, Zar und Selbstherrscher. Beiträge zur Geschichte der Autokratie in Rußland. Wiesbaden 1964.

H. J. Torke, Die staatsbedingte Gesellschaft im Moskauer Reich. Zar und Zemlja in der altrussischen Herrschaftsverfassung 1613–1689. Leiden 1975.

F. Kämpfer, «Rußland an der Schwelle zur Neuzeit». Kunst, Ideologie und historisches Bewußtsein unter Ivan Groznyj. In: Jahrbücher für Geschichte Osteuropas NF 23, 1975, S. 504–524.

R. Wittram, Peter I., Czar und Kaiser. Bd. 1–2. Göttingen 1964.

E. Werner, Die Geburt einer Großmacht – die Osmanen (1300–1481). Ein Beitrag zur Genesis des türkischen Feudalismus. 3. bearb. u. erw. Aufl. Berlin 1978.

F. Babinger, Mehmed der Eroberer und seine Zeit. München 1953.

H. Inalcik, The Ottoman Empire: The Classical Age, 1300–1600. New York 1973.

A. Fischer-Galati, Ottoman Imperialism and German Protestantism 1521–1555. Cambridge/Mass. 1959.

W. Schulze, Reich und Türkengefahr im späten 16. Jahrhundert. Studien zu den politischen und gesellschaftlichen Auswirkungen einer äußeren Bedrohung. München 1978.

A. Lefaivre, Les Magyars pendant la domination Ottomane en Hongrie 1526–1722. 2 Bde., Paris 1902.

H. Lamparter, Luthers Stellung zum Türkenkrieg. Leipzig 1940.

J. Stoye, Wien 1683 oder Die Rettung des Abendlandes. Wien Düsseldorf 1967 (engl. Ausg. London 1964).

J. Wimmer, Wiedeń 1683. Dzieje kampanii i bitwy. Warszwa 1983.

Z. Wójcik, Jan Sobieski 1629–1696. Warszawa 1983.

J. Amstadt, Die k. k. Militärgrenze 1522–1881. 2 Bde. Würzburg 1969.

K. Kaser, Freier Bauer und Soldat. Die Militarisierung der agrarischen Gesellschaft in der kroatisch-slowenischen Militärgrenze (1535–1881). Graz 1986.

b) Geistige, soziale und religiöse Bewegungen

E. Winter, Tausend Jahre Geisteskampf im Sudetenraum. Salzburg 1938.

E. Winter, Frühhumanismus. Seine Entwicklung in Böhmen und deren europäische Bedeutung für die Kirchenreformbestrebungen im 14. Jahrhundert. Berlin 1964.

P. Moraw, Die Universität Prag im Mittelalter. Grundzüge ihrer Geschichte im europäischen Zusammenhang. München 1986.

S. Schumann, Die «nationes» an den Universitäten Prag, Leipzig und Wien. Ein Beitrag zur Universitätsgeschichte. Diss. Berlin 1968.

F. Seibt, Hussitica. Zur Struktur einer Revolution. Köln Graz 1965.

F. Šmahel, The Idea of «Nation» in Hussite Bohemia. An Analytical Study of the Ideological and Political Aspects of the National Question in Hussite Bohemia from the End of the 14th to the Eigthties of the 15th Century. In: Historica 16, 1969, S. 143–247; 17, 1969, S. 93–197.

J. Macek, Tabor v husitskem revolučnim hnuti. T. 1, Praha ²1956, T. 2, 1955.

J. Macek, Jean Hus et les traditions hussites XVᶜ-XIXᶜ s. Paris 1973.

F. Graus, Struktur und Geschichte. Drei Volksaufstände im mittelalterlichen Prag. Sigmaringen 1971.

H. Kaminsky, A History of the Hussite Revolution. Berkeley Los Angeles 1967.

F. G. Heymann, The Hussite Revolution and Reformation and its Impact on Germany. In: Festschrift H. Heimpel, Göttingen 1972.

R. R. Betts, The place of the Czech Reform Movement in the History of Europe. In: Essays in Czech History. London 1969.

W. Eberhard, Konfessionsbildung und Stände in Böhmen 1478–1530. München Wien 1981.

W. Eberhard, Monarchie im Widerstand. Zur ständischen Oppositionsbildung im Herrschaftssystem Ferdinands I. in Böhmen. München Wien 1987.

A. Gindely, Geschichte des Böhmischen Aufstands von 1618. 3 Bde. Prag 1869–1878.

A. Gindely, Geschichte der Böhmischen Brüder. 2 Bde. Prag 1861. Neudr. Osnabrück 1968.

G. Rhode, Die lutherische Reformation im östlichen Mitteleuropa. In: Jahrbuch für Berlin-Brandenburgische Kirchengeschichte, Sonderband 1984, S. 59–81.

G. Lösche, Luther, Melanchthon und Calvin in Österreich/Ungarn. Tübingen 1909.

G. Mecenseffy, Geschichte des Protestantismus in Österreich. Graz Köln 1956.

G. Stökl, Die deutsch-slavische Südostgrenze des Reiches im 16. Jahrhundert. Breslau 1940.

W. Hubatsch und *I. Gundermann,* Luther und die Reformation im Herzogtum Preußen. Berlin 1983.

G. Heinrich, «Mit Harpffen, Paucken, Zimbeln und Schellen». Martin Luther, die Kirchenreform und Landeskirchenherrschaft in der Mark Brandenburg, den Herzogtümern Pommern und Preußen. In: Jahrbuch für Berlin-Brandenburgische Kirchengeschichte, Sonderband 1984, S. 27–58.

W. Weintraub, Udział Prus Książęcych w reformacji polskiej. In: Reformacja w Polsce 6, 1934, S. 38–63.

W. Chojnacki, Bibliografia polskich druków Ziem Zachodnich i Północnych, 1530–1939. Warszawa 1966.

J. Małłek, Dwie części Prus. Studia z dziejów Prus Książęcych i Prus Królewskich w XVI i XVII wieku. Olsztyn 1987.

D. H. Arnoldt, Ausführliche und mit Urkunden versehene Historie der Königsbergischen Universität. 4 Bde. Königsberg 1746–1769.

R. Wittram (Hrsg.), Baltische Kirchengeschichte. Beiträge zur Geschichte der Missionierung und der Reformation, der evangelisch-lutherischen Landeskirchen und des Volkskirchentums in den Baltischen Landen. Göttingen 1956.

G. Schramm, Der polnische Adel und die Reformation. Wiesbaden 1965.

B. Stasiewski, Reformation und Gegenreformation in Polen: Neue Forschungsergebnisse. Münster 1960.

J. Tazbir, Szlachta i teologowie. Studia z dziejów polskiej kontrreformacji. Warszawa 1987.

E. W. Zeeden, Das Zeitalter der Gegenreformation von 1555–1648. München 1979.

E. W. Zeeden, Die Entstehung der Konfessionen. Studien zur Reformation, Gegenreformation und katholischen Reform. Stuttgart 1985.

G. Rhode, Stände und Königtum in Polen/Litauen und Böhmen/Mähren. Bemerkungen zur Entwicklung ihres Verhältnisses vom 16. bis ins 18. Jahrhundert. In: Jahrbücher für Geschichte Osteuropas NF 12, 1964, S. 221–246.

J. Tazbir, Rzeczpospolita i świat. Studia z dziejów kultury XVII wieku. Wrocław (u. a.) 1971.

E. Szarota, Die gelehrte Welt des 17. Jahrhunderts über Polen. Zeitgenössische Texte. Historische Einführung, Einleitung und Anmerkungen von A. Kersten. Wien München Zürich 1972.

III. Moderner Fürstenstaat und Gipfel der Adelskultur. Habsburg, Romanov, Hohenzollern

a) Die Entstehung der österreichischen Großmacht im Südosten (bis ins 18. Jahrhundert)

O. Subtelny, Domination of Eastern Europe. Native Nobilities and Foreign Absolutism 1500–1715. Kingston Montreal 1986.

R. Evans, Das Werden der Habsburgermonarchie 1550–1700. Köln Graz 1986.

O. Redlich, Das Werden einer Großmacht. Österreich von 1700 bis 1740. Wien ⁴1962.

O. Redlich, Weltmacht des Barock. Wien 1961.

H. Sturmberger, Vom Weißen Berg zur Pragmatischen Sanktion. Österreich in Geschichte und Literatur, Bd. 5, 1961.

H. L. Mikoletzky, Das große 18. Jahrhundert von Leopold I. bis zu Leopold II. Wien München 1967.

R. Vierhaus, Staaten und Stände. Vom Westfälischen bis zum Hubertusburger Frieden 1648–1763. (Propyläen Geschichte Deutschlands 5) Berlin 1984.

Personenregister

Das Register wurde von Herbert Wutz erstellt